Französisch für die Oberstufe

Parcours

plus

Cornelsen

Inhalt

Les jeunes

En famille (1)
DVD Tanguy extrait de film . . . 12
Résidence des jeunes statistique . . . 12

En famille (2)
Le cocon nouvelle génération extrait de magazine . . . 13
CD Ma chambre et moi: témoignages extrait de magazine . . . 14

En famille (3)
Racontez-nous votre famille trois lettres de lecteur . . . 15

En famille (4)
Anna Gavalda, *Ensemble, c'est tout* extrait littéraire . . . 17
DVD Ensemble, c'est tout extrait de film . . . 17

En famille (5)
Claire Bretécher, *Agrippine* BD . . . 19

Mes amis et moi (1)
Tahar Ben Jelloun, *La soudure fraternelle* extrait littéraire . . . 20

Mes amis et moi (2)
CD Bénabar, *Tu peux compter sur moi* chanson . . . 22

L'amour (1)
Anna Gavalda, *Permission* extrait littéraire . . . 24

L'amour (2)
Marc Chagall, *Deux personnages sur fond bleu* tableau . . . 26
CD Victor Hugo, *Vieille chanson du jeune temps* poème . . . 27
CD Grand Corps Malade, *Les voyages en train** slam . . . 28
Victor Hugo biographie . . . 28

Passions (1)
WoW, pas de repos pour les guerriers* extrait de magazine . . . 29

Passions (2)
Jeux vidéo caricature . . . 31
DVD Jeux vidéo et dépendance* reportage filmé . . . 31
CD Le jeu ne crée pas la dépendance interview . . . 31

Passions (3)
Guillaume Chérel, *Sur la piste de Liza* extrait littéraire . . . 32

Avenir (1)
Orientation: Comment tirer profit de l'avis des autres? extrait de magazine . . . 34
CD Comment reconnaître une vocation?: Cinq témoignages extrait de magazine . . . 35

Avenir (2)
Philippe Geluck, *Le chat* caricature . . . 36
Michel Le Bourhis, *Échancrure** extrait littéraire . . . 36

Coin lecture
Emmanuelle Laborit, *Le cri de la mouette* extrait littéraire . . . 38

Point final
Faire le point, discussion, projet, bibliographie, filmographie, discographie 39

Aspects de la société

Les visages de la France (1)
CD Faudel, *Mon pays* chanson . . . 42

Les visages de la France (2)
Jean-Claude Izzo, *Total Khéops* extrait littéraire . . . 44

Les visages de la France (3)
Didier Daeninckx, *Banlieue Nord** extrait littéraire . . . 45
Répartition des immigrés par pays d'origine statistique . . . 46

Les visages de la France (4)
Saint-Denis photos . . . 47
CD Grand Corps Malade, *Saint-Denis** slam . . . 47

La famille dans la société (1)
Vive les bébés! extrait de magazine . . . 50
L'Europe stérile statistique . . . 51

La famille dans la société (2)
Enquête: ménage, courses, cuisine, chacun sa part extrait de magazine . . . 53

La famille dans la société (3)
DVD Paris je t'aime court-métrage . . . 55

La société de consommation (1)
Comment le commerce peut-il être équitable? extrait de magazine . . . 56
Décomposition du prix d'un paquet de café schéma . . . 57

La société de consommation (2)
Études à l'école de la performance extrait de magazine . . . 58
CD Études à l'école de la performance: témoignages extrait d'interview . . . 59

La société de consommation (3)
Ahmed Djouder, *Désintégration* extrait littéraire . . . 60
Zep, *Titeuf – Nos ancêtres les veinards* BD . . . 61

La société de consommation (4)
CD Kiemsa, *Faut consommer* chanson . . . 62

La société de consommation (5)
Bienvenue à Boboland caricature . . . 63

Engagement (1)
L'AFEV affiche . . . 64

Engagement (2)
Sport sans frontières interview . . . 65

Engagement (3)
Olivier Adam, *À l'abri de rien** extrait littéraire . . . 67
DVD Maman est folle extrait de film . . . 68
Rencontre avec Olivier Adam interview . . . 68

Engagement (4)
Bernard Ollivier, *La méthode Seuil** extrait de document . . . 69

Coin lecture
Francis Mizio, *L'Agence Tous-Tafs** extrait littéraire . . . 71

Point final
Faire le point, discussion, recherche, bibliographie, filmographie, discographie . . . 73

Vivre la culture

Quels médias pour quel usage? (1)
«France-Soir» et «Le Monde»: la une premières pages de deux journaux . . 76
Diffusion des journaux français statistique 77

Quels médias pour quel usage? (2)
La lecture statistique 78
CD Et pourtant ils lisent émission de radio 78
Daniel Pennac, *Les droits imprescriptibles du lecteur* extrait littéraire 78

Quels médias pour quel usage? (3)
Le piratage caricature 79
La gratuité va-t-elle tuer la musique?* extrait de magazine 79
Le téléchargement illégal: entretien avec Manu Chao interview 81

Quels médias pour quel usage? (4)
Quatre festivals français affiches 82

La peinture (1)
L'art s'ennuie au musée* extrait de magazine 83
Fréquentation record pour le Louvre statistique 85

La peinture (2)
Édouard Manet, *Le déjeuner sur l'herbe* tableau 86
CD Comment regarder une œuvre d'art visite guidée audio 86
Claude Monet, Pablo Picasso, Paul Gauguin tableaux 87

La bande dessinée
Quels sont vos genres de livres préférés? statistique 88
Léo Malet – Jacques Tardi, *Brouillard au pont de Tolbiac* BD 89
Jacques Tardi biographie 92
Dessinateurs de BD vignettes 92

Le cinéma (1): l'image
DVD Ensemble, c'est tout extrait de film 93
Ensemble, c'est tout affiches 93

Le cinéma (2): le son
DVD Ensemble, c'est tout extrait de film 94

Le cinéma (3): Du livre au film
Anna Gavalda, *Ensemble, c'est tout* extrait littéraire 95

Coin lecture
Yasmina Reza, *Art* extrait de pièce de théâtre 97

Point final
Faire le point, discussion, projet, bibliographie, filmographie 99

La France, l'Allemagne, l'Europe

La France divisée (1)
La France sous l'Occupation carte . . . 102
Collaboration et Résistance extrait de magazine . . . 103

La France divisée (2)
CD Discours du général de Gaulle* discours politique . . . 105
Appel du 18 juin 1940 affiche politique . . . 105
Charles de Gaulle biographie . . . 106
Silence, l'ennemi ... affiches de propagande . . . 106

La France divisée (3)
Révolution nationale* affiche de propagande . . . 107
Loi du 3 octobre texte de loi . . . 107

La France divisée (4)
Antoinette Dard-Puech, *Un amour* extrait littéraire . . . 108

Les relations franco-allemandes (1)
DVD Trois gestes documentaire historique commenté . . . 110

Les relations franco-allemandes (2)
CD Le stage d'Yvanna interview . . . 112
L'OFAJ accorde des bourses extrait de magazine . . . 113

Les relations franco-allemandes (3)
Les idées reçues publicité . . . 114

La France et l'Allemagne, moteurs de l'Europe (1)
Tomi Ungerer, L'Europe de la moulinette caricature . . . 115
DVD La construction de l'Europe extrait de documentaire . . . 115
Les États membres de l'Union européenne schéma . . . 116
De Gaulle et Adenauer, Au sujet de l'Europe citations . . . 117

La France et l'Allemagne, moteurs de l'Europe (2)
Les étudiants européens bénéficiant du programme d'Erasmus carte . . . 118
Le fabuleux destin des euro-étudiants* extrait de magazine . . . 118
DVD L'auberge espagnole extrait de film . . . 120
Le tour d'Europe publicité . . . 120

Coin histoire
Les relations et la coopération franco-allemandes chronologie . . . 121

Point final
Faire le point, bibliographie, filmographie . . . 123

Le monde francophone

L'Algérie (1)

Azouz Begag, *Un train pour chez nous* extrait littéraire . . . 126
Les dates-clés de l'histoire de l'Algérie chronologie . . . 128

L'Algérie (2)

DVD Indigènes* extrait de film . . . 129
CD L'histoire des tirailleurs commentaire . . . 129
La France répare une «injustice» de 47 ans extrait de magazine . . . 130
Pour la défense de l'empire affiche de propagande . . . 130

L'Algérie (3)

DVD Alexandrine Brisson, *C'était pas la guerre* extrait de ciné-roman . . . 131
Des pieds-noirs se souviennent: témoignages extrait de magazine . . . 132

L'Algérie (4)

L'Algérie française et l'Algérie indépendante deux photos historiques . . . 134
Maïssa Bey, *Bleu, blanc, vert* extrait littéraire . . . 135

L'Afrique subsaharienne (1)

CD Tiken Jah Fakoly, *Viens voir* chanson . . . 136

L'Afrique subsaharienne (2)

Emmanuel B. Dongala, *Les petits garçons naissent aussi des étoiles**
extrait littéraire . . . 138
Trois personnalités qui font l'Afrique extraits de magazine . . . 139

L'Afrique subsaharienne (3)

Préparons-nous à la métamorphose d'un continent extrait de journal . . . 140
Côte d'Ivoire: Production de cacao extrait de journal . . . 141

Le Québec (1)

Le Canada carte et mots-clés . . . 142
CD Immigrants au Canada: témoignages extrait de magazine . . . 143
De la fondation de Québec BD . . . 144
Les dates-clés du Québec chronologie . . . 144

Le Québec (2)

Montréal article publicitaire . . . 146
Vivre à Montréal extrait de magazine . . . 147

Le Québec (3)

Population de langue française au Canada statistique . . . 148
Le Québec et la francophonie extrait de journal . . . 148
Impressions du Québec témoignage . . . 149
La charte de la langue française de 1977 extraits de la loi 101 . . . 149

Le Québec (4)

CD Michel Tremblay, *Un Canadien à Paris* extrait littéraire . . . 150

Coin lecture

Albert Camus, *Le premier homme** extrait littéraire . . . 151
Fatou Diome, *Le ventre de l'Atlantique* extrait littéraire . . . 152

Point final

Faire le point, recherche, bibliographie, filmographie, discographie . . . 153

De l'unification à la régionalisation

Les grandes idées qui ont fait la France (1)
Vers l'unification linguistique de la France cinq documents historiques . . 156

Les grandes idées qui ont fait la France (2)
Hyacinthe Rigaud, *Le roi Louis XIV* tableau 158
DVD Le roi danse extrait de film 158
Les finances de la monarchie sous Louis XIV statistique 158

Les grandes idées qui ont fait la France (3)
L'État absolu schéma 159
Des Lumières aux Droits de l'Homme trois sources historiques 159
Montesquieu, Rousseau biographies 160

Les grandes idées qui ont fait la France (4)
Bonaparte, maître de la France page d'un manuel d'histoire de France . . 162

Les institutions en France (1)
Les institutions schéma 163
À quoi sert un député? extrait de magazine 164

Les institutions en France (2)
Le Français moyen caricature 166
L'axe gauche-droite* interview 166
Les partis en France schéma explicatif 167

Paris – province (1)
Honoré de Balzac, *Illusions perdues* extrait littéraire 168

Paris – province (2)
CD Jacques Dutronc, *Paris s'éveille* chanson 170
CD Thomas Dutronc, *J'aime plus Paris* chanson 171
La population en France et en Allemagne extrait d'encyclopédie 171

Paris – province (3)
L'attrait de la province extrait de magazine 172
CD Et le mouvement de néoruralité se confirme extrait de magazine 173
Le PIB en France et en Allemagne cartes 173
De la centralisation à la régionalisation schéma 174

Paris – province (4)
Nantes, le phare ouest extrait de magazine 175

Paris – province (5)
DVD Le fils de l'épicier extrait de film 177
Un épicier ambulant extrait de blog 178

Une région: La Provence (1)
La Provence carte 179
Marcel Pagnol, *Jean de Florette* extrait littéraire 179
Paul Cézanne, *Montagnes en Provence* tableau 181
DVD Jean de Florette extrait de film 181

Une région: La Provence (2)
Le fabuleux destin des plantes de Haute-Provence extrait de magazine . . 183
Cadarache extrait de magazine 185

Coin lecture
Jean-Marie G. Le Clézio, *Ariane** extrait littéraire 187

Point final
Faire le point, discussion, bibliographie, filmographie, discographie 189

L'avenir de l'Homme

L'Homme et la planète (1)
Ce qui va changer avec le réchauffement extrait de magazine 192

L'Homme et la planète (2)
Comment s'adapter au changement de climat extrait de magazine ... 194
2027 dans un monde écolo* extrait de magazine 195
Voiture-boulot-dodo, c'est out extrait de magazine 197

L'Homme et la planète (3)
Jacques Sternberg, *Les bocaux** extrait littéraire 198

L'Homme et l'énergie (1)
La part du nucléaire dans la production mondiale statistique 200
L'énergie nucléaire affiches 200

L'Homme et l'énergie (2)
Beau temps pour Hydro!* extrait de magazine 202
Pétition extrait de magazine 204

L'Homme et l'énergie (3)
Le Mali carte 205
Électrification rurale: Sirakorola, «village phare» extrait de journal 205
La Banque mondiale extrait de magazine 206
CD Les fours solaires en Afrique extrait de journal 206

L'Homme et la machine (1)
Jules Verne, *Le tour du monde en 80 jours* extrait littéraire 207
CD L'AGV reportage publicitaire 209
Quand l'avion devient un luxe extrait de magazine 209

L'Homme et la machine (2)
Benoît Duteurtre, *Service clientèle* extrait littéraire 210

L'Homme et la machine (3)
Nous sommes tous sous haute surveillance extrait de magazine 212
CD Espion 001* extrait de magazine 214
La carte MyKad schéma 214

L'Homme et le travail (1)
Faïza Guène, *Expériences de travail* extrait littéraire 216
DVD Paris extrait de film 216
Le taux de chômage des jeunes en Europe statistique 217

L'Homme et le travail (2)
Quels métiers recruteront demain? extrait de magazine 219
Les métiers à l'horizon 2015 statistique 219

L'Homme et le travail (3)
Zoé Azar, *Un été à la Défense* extrait littéraire 220

Coin lecture
Dupuy & Berberian, *Bienvenue à Boboland* BD 221

Point final
Faire le point, activité, bibliographie, filmographie, discographie 223

Parcours littéraires

La poésie
Pierre de Ronsard 226
Paul Verlaine 226
Paul Éluard 227

La fable
Jean de La Fontaine 228

La comédie
Molière 229

Le conte philosophique
Voltaire 230

La nouvelle
Guy de Maupassant 232

Le théâtre de l'absurde
Eugène Ionesco 233

Méthodes

Compréhension écrite 235
Compréhension orale 236
Expression orale 237
Médiation 240
Expression écrite 241
Analyse et commentaire de textes 247
Outils de travail 258

Annexe

Vocabulaire thématique 266

* textes pour niveau avancé

Les jeunes

1

2

Ce qui compte pour les jeunes Français/es — en %

La famille est le seul endroit où l'on se sent bien et détendu.	47
Se marier correspond à un engagement profond.	62
Le nombre idéal d'enfants est d'au moins trois.	39
Voit régulièrement des membres de sa famille proche.	87
Reçoit des amis ou des copains à domicile au moins une fois par semaine.	63
Fait partie d'au moins une association.	40
Le chômage est la principale préoccupation.	22

3

4

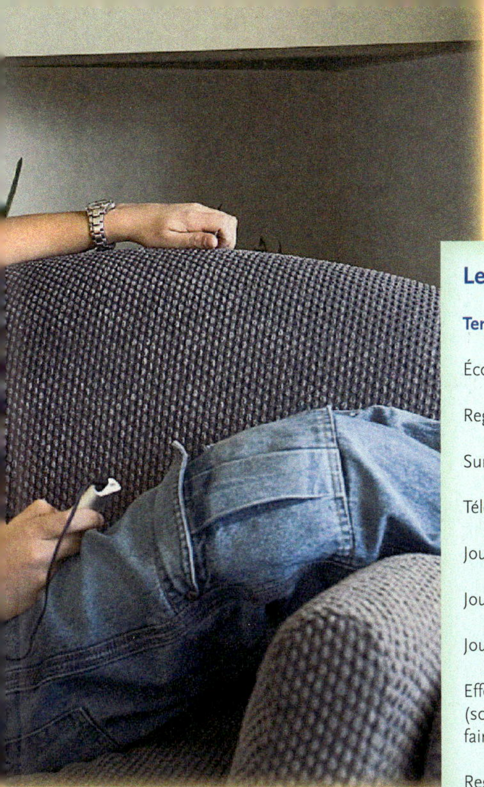

Le temps des loisirs

Temps consacré par les 15–25 ans à différentes activités (par semaine) — **en heures**

	Heures
Écouter de la musique	16
Regarder un film à la télévision	12
Surfer sur Internet	11
Téléphoner	6
Jouer à des jeux vidéo sur un ordinateur	6
Jouer à des jeux vidéo sur une console de jeux	6
Jouer à des jeux vidéo sur un téléphone portable	3
Effectuer des activités de loisirs sur un ordinateur (scanner des photos, télécharger de la musique, faire des montages vidéo ...)	8
Regarder un film sur un DVD	4
Aller au cinéma	2

5

6

1. *Décrivez les photos et dites quels aspects de la vie des jeunes elles évoquent. Remarquez-vous des différences avec votre mode de vie?*

→ Méthodes, p. 254

2. *Décrivez les résultats des deux sondages.*
3. *Faites votre propre enquête sur ces deux sujets dans votre classe/lycée.*

→ Méthodes, p. 255

4. *Comparez vos résultats à ceux des sources françaises.*

En famille (1)

Approches

Regardez cette affiche de film et faites des hypothèses sur son sujet.

Objectif lecture

DVD 1

→ Méthodes, p. 236

A Comprendre un extrait de film

Décrivez ce que vous voyez.

B Commenter un extrait de film

Donnez votre avis sur le comportement de ce jeune.

Objectif langage

Comment Tanguy pourrait-il contribuer aux tâches ménagères? Donnez-lui au moins quatre conseils. Complétez les phrases. Attention aux temps et aux modes.

1. À ta place, je [...]. cond. 1
2. Tu devrais [...]. inf.
3. Il faudrait que tu [...]. subj.
4. Si j'étais toi, je [...]. cond. 1

Pour aller plus loin

Les jeunes?

Tous Tanguy, chez papa-maman jusqu'à 30 ans.

→ Méthodes, p. 254

Expliquez le titre ci-dessus et commentez-le à l'aide de la statistique.

Résidence et type de départ	Hommes		Femmes	
En %	19–24 ans	25–29 ans	19–24 ans	25–29 ans
Chez les parents				
À temps plein, jamais parti	59	18	45	10
De retour après un premier départ	8	10	7	5
Dans un logement personnel				
Payé par les parents	16	6	18	6
Payé par le jeune	17	66	30	79
	100	100	100	100

© Insee, 2000

Discussion

→ Méthodes, p. 237

Vivre chez ses parents jusqu'à l'âge de trente ans: Qu'est-ce que vous en pensez? Discutez.

En famille (2)

Approches

La chenille fabrique un cocon dans lequel elle se développe avant de devenir papillon.

la chenille

le cocon

le papillon

Qu'est-ce que vous associez au mot «cocon»?

Objectif lecture

→ Méthodes, p. 237

A Faire une lecture sélective

Répondez aux questions. Faites une grille dans votre cahier.

1. *Que font les jeunes dans leur chambre?*
2. *Qu'est-ce qu'on trouve dans la chambre «cocon version 2007»?*

activités	*équipement*
surfer, manger, tchater, regarder un DVD, convier/inviter ses amis, dormir, bûcher (büffeln/pauken), se reposer, regarder la télé, peindre, se balader sur le Net, écrire un blog *[...]*	*chaîne hi-fi*, téléviseur, lecteur de DVD, ordinateur, webcam, console vidéo, baladeurs numériques (walkman) → MP3 *[...]*

3. *Utilisez vos réponses de 1 et 2 pour expliquer la phrase «Les nids douillets des jeunes se sont transformés en îlots de technologie» (l. 46–47).* = gemütliche / behagliche Nester

B Analyser un texte à partir de son titre

1. *Relevez dans le texte les mots utilisés à la place du mot «chambre» et dites quelle image est transmise.*
2. *Expliquez pourquoi l'auteur a choisi le titre «LE COCON nouvelle génération».*

LE COCON *nouvelle génération*

SURFER, MANGER, TCHATER, REGARDER UN DVD, INVITER SES AMIS ... Il EST LOIN LE TEMPS OÙ LA CHAMBRE NE SERVAIT QU'À DORMIR! ELLE COUVE DÉSORMAIS LA PLUPART DE VOS ÉVOLUTIONS ... JUSQU'À VOUS VOIR PARTIR.

Certains en ont une, certains deux, d'autres la partagent avec un frère ou une sœur. [...] Pour tous, la chambre est un refuge. Un abri où le monde extérieur est mis en sourdine.

Aujourd'hui, 89 % des 13–19 ans ont leur propre chambre. Un atout pour la réussite scolaire, selon une étude de l'Insee menée en 2003. Entre ces quatre murs pourtant, on ne fait pas que bûcher. Loin de là. On s'y retrouve, on s'y ressource, on y réfléchit ... Jusqu'à y passer plus d'un tiers de notre vie! Du temps perdu? Pas vraiment. D'abord, on s'y repose. Étudiants et lycéens dorment neuf heures vingt minutes par nuit. De vraies marmottes, comparées aux actifs, qui dorment en moyenne huit heures quinze minutes ... Qu'y fait-on ensuite? Tout. Ou presque. «J'y mange, j'y regarde la télé, j'y peins, j'y invite des amis», énumère

cocon · chambre · refuge · abri (Schutz, Unterschlupf) · atout (Trumpf, Pluspunkt, Vorteil, Vorzug) · quatre murs

2 couver qc etw. ausbrüten **7 en sourdine** gedämpft **10 l'atout** *m.* Trumpf **11 l'Insee** *m.* Institut national de la statistique et des études économiques **13 bûcher** *fam.* büffeln **14 se ressourcer** *ici* Energie tanken **19 la marmotte** Murmeltier

Bibi, 15 ans. [...] Ma chambre est petite, mais j'y suis bien. Mon lit me sert de canapé, de salle à manger et de salle de ciné!» Même ambiance chez Julien, 17 ans: «[...] Je considère ma chambre comme un studio. Je me fais des plateaux-repas devant des épisodes de *Heroes* ou de *Lost*, je me balade sur le Net, j'écris mon blog, je tchate avec des amis à l'autre bout du monde.» [...]

Le cocon version 2007 comblerait-il tous les besoins? Il est en tout cas bien équipé: 56 % d'entre vous l'ont doté d'une chaîne hi-fi, 48 % d'un téléviseur et 30 % d'un lecteur de DVD. Ordinateurs, webcams, consoles vidéo et autres baladeurs numériques y font aussi leur percée. «La baisse des prix des téléviseurs et des ordinateurs a accompagné leur irruption dans la chambre», explique la sociologue Dominique Pasquier. Cadeaux de Noël et récup de la vieille télé des parents ont fait le reste! Résultat? Les nids douillets des jeunes se sont transformés en îlots de technologie [...]

D'après: Phosphore n° 317, Bayard Presse, novembre 2007

34 combler qc *ici* remplir qc **36 être doté/e de qc** mit etw. ausgestattet sein **40 faire la percée** *ici* erfolgreich eindringen **44 la récup** *fam.* la récupération, la réutilisation **46 douillet/te** gemütlich, behaglich

Objectif langage

1. *Retrouvez ce qui va ensemble. Plusieurs combinaisons sont parfois possibles.*

surfer sur, manger, regarder, combler, convier, inviter, se balader sur, écrire, tchater avec, passer, partager	un sandwich, des copains, le Net, un DVD, la télé, un besoin, Internet, des amis, l'aspirateur, son blog, sa chambre avec qn

2. *Relevez dans le texte les phrases qui contiennent le pronom «y» et dites quel mot il remplace. Expliquez la règle.*

Écouter

CD 2

→ Méthodes, p. 236

1. *Décrivez d'abord les photos.*
2. *Écoutez le texte, prenez des notes et dites quelle chambre correspond à quel jeune. Justifiez votre réponse.*

Commentaire

→ Méthodes, p. 240/244

Au choix

1. *Des chambres présentées ci-dessus, laquelle préférez-vous? Dites pourquoi.*
2. *Que représente votre chambre pour vous? Écrivez un texte.*

Activité créative

→ Méthodes, p. 245

Au choix

1. *Décrivez votre chambre (de rêve).*
2. *Imaginez la chambre «cocon version 2030».*

En famille (3)

Approches

Donnez votre avis.

Pour moi, la famille, c'est […].

le père la marraine l'oncle
le copain de la mère le voisin
le cousin le beau-frère le chien
le frère la tortue les amis
la grand-mère la demi-sœur
la nouvelle femme du père […]

Objectif lecture

A Comprendre des informations
Relevez ce qu'on apprend sur la famille de ces jeunes dans chaque lettre.
Que signifie la famille pour eux?

B Analyser des témoignages
Ces jeunes sont-ils satisfaits de leur famille? Justifiez votre réponse.

Le magazine Phosphore a lancé une action «Racontez-nous votre famille». Voici les lettres de quelques jeunes parues dans la rubrique **Courrier**.

Un mélange détonnant

Ma famille? Laquelle? Je suis l'unique fille issue d'un amour entre deux personnes assez différentes. Mon père, d'origine colombienne, hyperactif, ambitieux et déterminé mais également très tête en l'air. Ma mère, originaire de Bretagne plutôt calme, généreuse, à l'esprit artistique. Je les ai vus ensemble mes trois premières années de vie. Puis ma famille a pris une autre forme. (…) À ma dixième année, j'ai eu un petit frère du côté de mon père, Pablo. Je passe plusieurs détails et présente ma famille actuelle: ma mère a désormais un ami méga, hyper, ultra-génial! C'est Fred, grand rockeur, généreux, gentil, à l'esprit artistique. (…) Puis mon père s'est marié avec Florence, encore plus hyperactive que lui, compréhensive, infatigable, intelligente, elle sait tout faire! J'ai quatre nouvelles demi-sœurs issues de l'ancien mariage de Florence, toutes des blondinettes! D'un côté, Paris, le petit appart, ma mère, Fred et le calme. De l'autre, Beauvais, l'immense maison, les cinq demi-frères et sœurs, les infatigables, l'animation et le bruit! Tout ça ne forme qu'une famille: la mienne!

Éléonore

le mélange Mischung **détonnant/e** explosif/-ive **2 issu/e de** stammend aus **4 ambitieux/-euse** ehrgeizig **5 déterminé/e** qui sait ce qu'il/elle veut **5 tête en l'air** gedankenverloren, zerstreut **12 passer qc** *ici* etw. auslassen

Ne restez pas fâchés!

Laissez-moi vous raconter une histoire. Celle d'un homme qui aimait ses enfants plus que tout. Celle d'une femme qui souhaitait protéger sa fille, Candice. Alors la femme quitte l'homme, puis empêche sa fille de voir son père. Des années plus tard, elle lui annonce que son père s'est suicidé. Je m'appelle Candice, j'ai 17 ans. Je m'adresse à vous qui vous plaignez de vos parents, qui êtes même parfois fâchés avec eux. Ne restez pas éloignés d'une personne que vous aimez. Et vous, parents, ne séparez pas un enfant de l'un de ses parents pour des histoires de famille. Je souffre d'avoir perdu mon père. J'aurais voulu qu'il voie quelle jeune femme je suis maintenant, qu'il soit fier de moi. Profitez de vos proches, le bonheur est éphémère.

Candice

7 se suicider se tuer **17 les proches** *m. pl.* Angehörige **18 éphémère** vergänglich, kurz

La plus belle, c'est la mienne!

[...] Si je devais choisir ma famille, je la choisirais comme elle est: chaleureuse, souriante, unie, énervante, importante, sacrée, magnifique ... Chaque personne de ma famille apporte sa joie de vivre. Entre ma tante qui parle le patois vendéen, mon cousin qui ne fait qu'embêter tout le monde, mon père qui n'arrête jamais de parler, ma mère et ses trois sœurs qui parlent plus fort qu'une équipe de rugby, mes cousins et cousines qui se font cajoler et demandent bisous et câlins, j'en passe et des meilleures ... À chaque moment avec ma famille, je m'arrête quelques minutes pour la regarder et me remplis la tête de souvenirs. Et c'est là que je me dis que, pour moi, c'est LA plus belle des familles et que je l'aime ...

Camille

2 chaleureux/-euse warmherzig **6 le patois vendéen** le dialecte parlé en Vendée **12 cajoler qn** jdn liebkosen **12 le câlin** Liebkosung, Streicheleinheit **13 j'en passe et des meilleures** und so weiter und so fort

D'après: Phosphore n° 317, Bayard Presse, novembre 2007

Objectif langage

1. *Traduisez les expressions suivantes. Utilisez aussi votre dictionnaire unilingue.*

une sacrée famille	une famille sacrée
l'unique fille	la fille unique
différentes personnes	deux personnes différentes
l'ancien mariage	une maison ancienne

2. *Trouvez d'autres adjectifs qui changent de signification selon leur place avant ou après un nom. Formulez des phrases d'exemple.*
3. *Relevez, dans les lettres des jeunes, des mots et des expressions que l'on peut utiliser pour caractériser sa famille.*

Activité créative

→ Méthodes, p. 245

Écrivez votre lettre pour l'action «Racontez votre famille». Mettez vos lettres en commun et faites un poster en classe.

En famille (4)

Approches
→ Méthodes, p. 255

Décrivez la photo et faites des hypothèses sur la nature de la relation entre ces deux personnes.

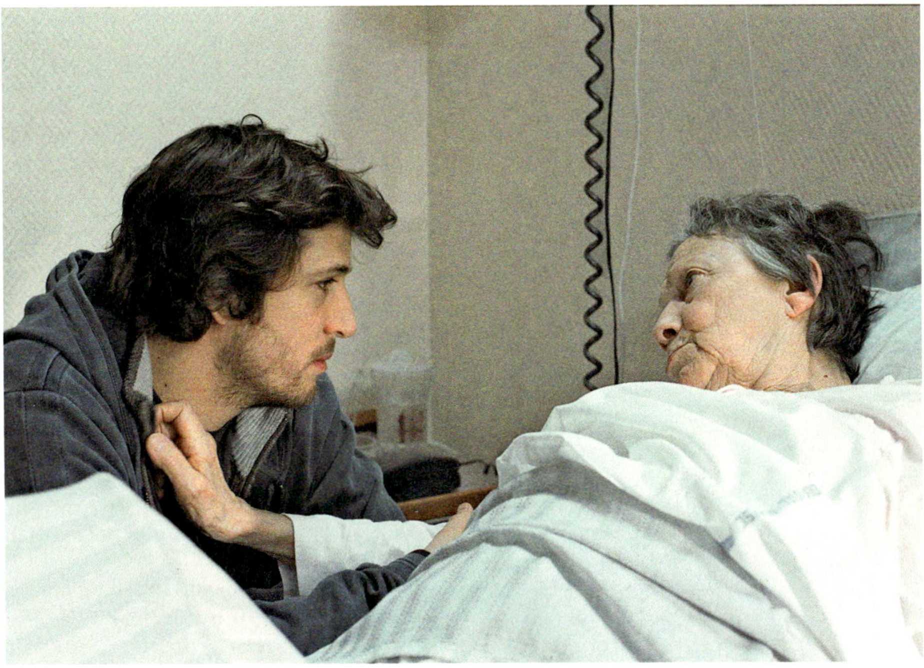

Objectif lecture

A Analyser les relations entre les personnages d'un texte

1. *Décrivez la situation dans laquelle se trouvent Franck et sa grand-mère. Quels sont leurs problèmes et leurs attentes?*
2. *Analysez le comportement de Franck vis-à-vis de sa grand-mère et vice-versa.*

DVD 2
→ Méthodes, p. 257

B Comparer un extrait de film à un texte littéraire

Regardez la séquence du film. Comparez-la avec l'extrait du roman. D'après vous, dans quel média les sentiments des personnages sont-ils le mieux représentés? Justifiez votre réponse.

Franck, qui habite et travaille à Paris comme cuisinier, rend visite à sa grand-mère envoyée dans une maison de convalescence en province après avoir fait une chute dans sa maison.

Plus de trois semaines s'étaient écoulées. Franck, qui travaillait tous les dimanches comme extra dans un autre restaurant sur les Champs, se rendait chaque lundi au chevet de sa grand-mère.
Elle se trouvait dans une maison de convalescence à quelques kilomètres au nord de la ville et guettait son arrivée dès le lever du jour.
Lui, par contre, était obligé de régler son réveil. Il descendait [...], buvait deux ou trois cafés d'affilée, enfourchait sa moto et venait se rendormir auprès d'elle sur un affreux fauteuil en skaï noir.
[...]
D'ailleurs il se réveillait [...]:
– Il est quelle heure?
– Bientôt cinq heures ...
– Oh, putain, déjà?
– Franck, pourquoi tu dis putain?

---

3 l'extra *m.* Aushilfe **4 les Champs** les Champs-Elysées **4 se rendre au chevet de qn** rendre visite à une personne malade **8 guetter qn/qc** *ici* jdn/etw. sehnsüchtig erwarten **12 d'affilée** de suite **12 enfourcher sa moto** monter sur sa moto **14 le skaï** Kunstleder **19 putain** *vulg.* verdammt!

– Oh, saperlipopette, déjà?
– Tu as faim?
– Ça va, soif plutôt … Je vais aller faire un tour …
Et voilà, songea la vieille dame, voilà …
– Tu t'en vas?
– Mais non, j'm'en vais pas, pu … perlipopette!
– Si tu croises un monsieur roux avec une blouse blanche, tu pourras lui demander quand est-ce que je sors d'ici?
– Ouais, ouais, fit-il en passant la porte.
– Un grand avec des lunettes et une …
Il était déjà dans le couloir.

– Alors?
– Je l'ai pas vu …
– Ah?
– Allez mémé … lui dit-il gentiment, tu vas pas te remettre à chialer quand même?
– Non, mais je … Je pense à mon chat, à mes oiseaux … Et puis il a plu toute la semaine et je me fais du mouron pour mes outils … Comme je ne les ai pas rangés, ils vont rouiller, c'est sûr …
– Je passerai à la maison en repartant et j'irai les mettre à l'abri …
– Franck?
– Oui?
– Emmène-moi avec toi …
– Oh … Me fais pas ce coup-là à chaque fois … J'en peux plus …
Elle se reprit:
– Les outils …
– Quoi?
– Il faudrait les passer à l'huile de pied de bœuf …
Il la regarda en gonflant ses joues.
– Hé, si j'ai le temps, hein? Bon, c'est pas le tout, mais on a notre cours de gym, nous … Il est où ton déambulateur?
– Je ne sais pas.
– Mémé …
– Derrière la porte.
[…]
– Tu me téléphoneras?
Il hocha la tête.
– Tu dis ça et puis tu ne le fais jamais …
– J'ai pas le temps.
– Juste bonjour et tu raccroches.
– D'accord. Au fait, je ne sais pas si je pourrai venir la semaine prochaine … Y a mon chef qui nous emmène en goguette …
– Où donc?
– Au Moulin-Rouge.
– C'est vrai?
– Mais non, c'est pas vrai! On va dans le Limousin rendre visite au gars qui nous vend ses bêtes …
– Quelle drôle d'idée …
– C'est mon chef, ça … Il dit que c'est important …
– Tu ne viendras pas alors?
– Je ne sais pas.
– Franck?
– Oui …
– Le médecin …
– Je sais, le rouquin, j'essaye de le choper … Et tu fais bien tes exercices, hein? Parce que le kiné n'est pas très content à ce que j'ai pu comprendre …
Avisant la mine étonnée de sa grand-mère, il ajouta, facétieux:
– Tu vois que ça m'arrive de téléphoner …

21 saperlipopette verflucht! **25 songer** penser **27 perlipopette** *ici* saperlipopette **39 chialer** *fam.* pleurer **42 se faire du mouron** *fam.* se faire du souci **44 rouiller** rosten **46 mettre qn/qc à l'abri** protéger qn/qc **55 passer qc à l'huile de pied de bœuf** etw. mit einem Lederpflegemittel ölen **58 c'est pas le tout** das ist nicht das Wichtigste **60 le déambulateur** Gehgerät **66 hocher la tête** lever et baisser la tête **72 emmener qn en goguette** *fam.* emmener qn faire la fête **87 le/la rouquin/e** *fam.* Rothaarige/r **87 choper qn/qc** *fam.* attraper qn/qc **89 le kiné** *fam.* le kinésithérapeute **92 facétieux/-euse** drôle, moqueur/-euse

Objectif langage

Relevez les éléments typiques de la langue parlée et donnez-en les équivalents en français standard.

Activité créative

→ Méthodes, p. 245

Au choix

1. *«Tu vois que ça m'arrive de téléphoner …» (l. 93) Imaginez une suite.*
2. *En rentrant de l'hôpital, Franck rencontre un copain avec qui il discute de sa situation actuelle. Imaginez la discussion.*

En famille (5)

Approches

Qui est-ce qui ou qu'est-ce qui peut vous aider quand vous êtes triste? Racontez brièvement.

Objectif lecture
→ Méthodes, p. 256

A Comprendre une bande dessinée à partir de ses images

1. *Racontez l'histoire en vous servant seulement des images.*
2. *Comparez la première et la dernière image.*

B Analyser une bande dessinée

1. *À l'aide des images, faites une courbe de l'humeur de la mère et de celle de la fille.*
2. *Faites une liste de ce que dit la mère dans les vignettes 4 à 9. Regroupez les énoncés qui, d'après vous, vont ensemble. Comparez-les avec vos résultats de 1. Que constatez-vous?*

Agrippine

mignon/ne süß, niedlich **un tas de** beaucoup de **être voué/e à l'échec** zum Scheitern verurteilt sein **le leurre** Täuschung, Augenwischerei **le boulet** *ici* ein Klotz am Bein **le fossoyeur** Totengräber **remuscler** reprendre des muscles

Objectif langage

Mettez le texte des bulles au discours indirect.
La mère d'Agrippine a essayé de consoler sa fille. D'abord, elle lui a [...].

Activité créative
→ Méthodes, p. 245

Agrippine écrit son journal intime. Imaginez ce qu'elle écrit pour ce jour-là.

Mes amis et moi (1)

Approches

Un/e ami/e, qu'est-ce que c'est pour vous? Formulez deux ou trois phrases.

Objectif lecture
→ Méthodes, p. 235

A Faire une lecture globale d'un extrait littéraire

1. *Faites une première lecture du texte et répondez aux questions suivantes:*
   – *Quel est le sujet du texte?*
   – *Qui sont les personnages principaux?*
2. *Trouvez un titre pour chacune des expériences du narrateur.*
3. *Les expériences racontées par le narrateur sont-elles plutôt négatives ou plutôt positives? Justifiez votre réponse.*

B Faire une lecture détaillée d'un extrait littéraire

→ Méthodes, p. 235

1. *Travaillez en trois groupes. Chaque groupe fera le portrait d'un des amis du narrateur.*

physique	traits de caractère
sujets de conversation	activités effectuées ensemble

2. *Mettez ensuite vos résultats en commun et comparez les trois types de relation évoqués dans le texte.*
3. *D'après le narrateur, qu'est-ce qui est favorable ou défavorable à l'amitié? Trouvez les passages-clés dans le texte.*

Le texte suivant est un extrait d'un roman autobiographique de Tahar Ben Jelloun (*1944), écrivain marocain d'expression française.

Mon premier ami avait un an de plus que moi. Nous n'étions pas au même collège. Nous nous étions rencontrés en été, à Ifrane, où ma tante avait sa résidence secondaire [...]. Il avait les cheveux blonds, il était mince et élégant. Je ne me souviens plus dans quelles circonstances nous nous étions connus. Nous nous retrouvions tous les après-midi près de la cascade d'eau de source. Sérieux, nous parlions des études, de la famille et même de l'avenir de notre pays qui venait de recouvrer son indépendance. Nous étions trop sérieux et nous nous comportions comme de grandes personnes. [...]

Si je me souviens aujourd'hui de cette amitié, c'est qu'elle fut construite sur un mensonge. D'un an plus âgé, il paraissait plus jeune que moi. Je venais d'entrer en sixième. Quand je lui demandai en quelle classe il était, il me répondit «en cinquième» avec l'air de dire «évidemment». Et moi, sans réfléchir, je répondis «moi aussi». J'ai entretenu ce mensonge toute une année. Nous nous écrivions des lettres. Il me parlait des auteurs qu'il lisait en classe et je me précipitais à la bibliothèque française pour emprunter leurs livres, essayant de les lire à mon tour pour soutenir la discussion. Deux étés plus tard, je lui écrivis une longue lettre où j'avouais la vérité. Je n'arrivais plus à supporter les effets de mon mensonge. Je préférais m'en débarrasser. Ce fut la fin de cette amitié. Je ne reçus plus aucune lettre de lui. Je compris que l'amitié ne souffrait aucune dérogation, même pas un petit mensonge d'orgueil. La leçon se résumait ainsi: j'ai perdu un ami parce que je lui ai menti.

Ce petit mensonge d'un enfant de treize ans allait me poursuivre longtemps, au point que la vérité deviendrait pour moi une

3 Ifrane une petite ville marocaine **4 la résidence secondaire** Zweitwohnsitz **5 mince** *contraire de* gros/se **7 les circonstances** *f. pl.* la situation, les conditions **12 recouvrer qc** *litt. ici* regagner qc **16 le mensonge** *contraire de* vérité
25 se précipiter *ici* courir, aller très vite **26 emprunter qc** etw. ausleihen **28 soutenir qc** *ici* pouvoir participer à qc
32 se débarrasser de qc se libérer de qc **35 la dérogation** l'exception **36 l'orgueil** *m.* Stolz

véritable religion aux conséquences graves. Pourtant, dire systématiquement la vérité n'est pas toujours souhaitable: toutes les vérités ne sont pas bonnes à dire.

Mon deuxième ami était mon contraire: joueur, aventurier, séducteur, il faisait merveilleusement danser les filles. Nourredine était ce qu'on appelle un beau gosse, agréable et léger. Au lycée, il était classé dans les derniers. Il aimait me fréquenter parce qu'il voulait «casser» mon air sérieux et grave et me pousser dans le monde de la frivolité et de la fête. [...]
Chez nous, il n'y avait pas de cigarettes, encore moins d'alcool. Pas de sortie non plus au-delà d'une certaine heure. Et, au lycée, je prenais les cours très au sérieux. Nourredine aimait raconter ses soirées en se vantant de ses conquêtes féminines. [...] Je l'écoutais avec envie. Ma timidité m'empêchait de le suivre dans ses sorties. Pendant que je rêvais des filles, lui découvrait leur corps et collectionnait les lettres d'amour. Le jour où je tombai amoureux, il se moqua de moi. Blessé, je découvris que Nourredine n'écoutait jamais les autres, qu'il n'avait besoin d'un auditoire que pour l'exercice de sa vanité. Sans me disputer avec lui, je pris mes distances, persuadé que l'amitié ne pouvait exister sans écoute réciproque. Pendant longtemps, j'avais écouté Nourredine me raconter ses histoires, tandis que lui était incapable de donner un peu de son temps à celui qu'il considérait comme son ami. [...]

À la même époque, j'allais au cinéma avec Boubker, un garçon petit de taille, méticuleux et possessif. Son comportement me paraissait étrange. Il me faisait un peu peur. Il me parlait de sa mère que son père enfermait à la maison. Je me souviens qu'il ne m'invitait jamais chez lui alors qu'il venait souvent chez mes parents.
Un jour, j'appris que sa mère était devenue folle et qu'il ne s'en était pas remis. Il était tyrannique. Il lui arrivait d'être cruel avec les chats. Je ne me sentais pas à l'aise avec lui. Il me terrorisait. Ce n'était pas une relation d'amitié.
Je compris alors que l'amitié ne peut se fonder sur la peur ou la tyrannie. Je m'éloignai sans rompre tout à fait avec lui.

---

46 le séducteur Verführer **67 l'auditoire** *m.* des gens qui l'écoutent **67 la vanité** Eitelkeit **70 réciproque** gegenseitig **76 méticuleux/-euse** très attentif/-ive aux détails, scrupuleux/-euse **84 se remettre de qc** sich von etw. erholen **86 se sentir à l'aise avec qn** se sentir bien avec qn **90 s'éloigner** s'en aller, prendre ses distances **91 rompre avec qn** *ici* mettre fin à une amitié

Objectif langage

Grammaire: Les temps du passé

1. *Relevez dans le passage, lignes 54–74, les formes des verbes au passé simple, à l'imparfait et au plus-que-parfait et expliquez leur emploi.*
2. *Racontez par écrit une histoire dans laquelle il est question d'amitié. Quelle était la situation? Que s'est-il passé?*

Vocabulaire: Faire le portrait d'une personne

3. *Réunissez tous les mots et expressions du texte qui servent à décrire le physique et le caractère d'une personne. Classez-les dans un associogramme ou une grille. Complétez vos résultats par d'autres mots et expressions que vous connaissez déjà.*

Activité créative

→ Méthodes, p. 245

Faites le portrait d'un/e ami/e réel/le ou imaginaire.

Commentaire

→ Méthodes, p. 240/244

Au choix

1. *Exposez ce que représente l'amitié pour vous. Vous pouvez donner des exemples.*
2. *«... dire systématiquement la vérité n'est pas toujours souhaitable: toutes les vérités ne sont pas bonnes à dire.» (l. 42–44) Êtes-vous d'accord? Justifiez votre opinion.*

Mes amis et moi (2)

Approches

Classez ces citations par ordre de préférence et expliquez ce choix de classement.

«La moitié d'un ami, c'est la moitié d'un traître.» *Victor Hugo*

«L'amitié est un mariage des âmes.» *Montaigne*

«L'amitié multiplie les joies et divise les peines.» *Francis Bacon*

«Tout le monde veut un ami, mais personne ne s'occupe d'en être un.» *Anonyme*

«Tout le monde entend ce que tu dis. Tes amis écoutent ce que tu dis. Tes meilleurs amis découvrent ce que tu ne dis pas.» *Anonyme*

«Quoi de plus doux que d'avoir quelqu'un à qui l'on peut parler comme à soi-même.» *Cicéron*

2 le traître Verräter

Objectif lecture

CD 3

→ Méthodes, p. 252

A Comprendre une chanson

1. *Écoutez la première strophe de la chanson en faisant attention à sa mélodie et à son rythme. Notez vos associations.*
2. *Écoutez la chanson en entier et notez les mots ou phrases que vous reconnaissez.*
3. *Écoutez la chanson encore une fois. Qui s'adresse à qui et pourquoi? Formulez des hypothèses.*
4. *Vérifiez vos hypothèses à l'aide du texte.*

B Interpréter le texte d'une chanson

1. *Lisez les paroles de la chanson et relevez les passages qui confirment ou qui contredisent le titre.*
2. *D'après vous, cette chanson est-elle plutôt ironique ou plutôt sérieuse? Justifiez votre opinion.*

Tu peux compter sur moi

Si t'as besoin de moi,
peu importe le problème,
pour te tendre la main
si les autres portes se referment.
La mienne est ouverte
sans questions, sans conditions,
faut juste s'entendre
sur la date j'ai des obligations.

Tu peux compter sur moi,
quand tu veux et où que ce soit,
je serai toujours là pour toi,
tu peux compter sur moi,
mais surtout n'oublie pas …

2 peu importe le problème egal, welches Problem du hast **3 tendre la main à qn** *ici* aider qn

Faut pas que ce soit trop loin,
j'prends pas l'avion
j'ai trop peur,
j'prends pas non plus le bateau
parce que j'ai le mal de mer.
Je peux venir en train
mais je voyage en première,
comme j'conduis pas,
pour la voiture il me faut un chauffeur.
Sinon, à part ça,
tu peux compter sur moi.
Si tu as perdu le goût
et perdu le chemin,
si tu tiens à peine debout,
si c'est la peine qui te tient.
Si tu te sens seul,
si t'as besoin d'une épaule,
si tu te sens mal,
t'hésites pas, tu m'appelles.

Tu peux compter sur moi,
quand tu veux et où que ce soit,
je serai toujours là pour toi,
tu peux compter sur moi,
mais surtout n'oublie pas ...

Le week-end ça m'arrange pas,
la semaine j'suis pas trop joignable.
Les vacances pourquoi pas,
sauf que je coupe mon portable.
Je peux je crois en juin,
mais vaut mieux que je vérifie.
Dimanche en huit je fais rien, ah non!
Je serai pas à Paris. Sinon,
à part ça, tu peux compter sur moi.
Faut pas que ce soit trop loin
et faut choisir le bon jour,
mais je serai là pour toi,
j'espère que tu en es sûr.
Tu me raconteras tes malheurs,
j'dirai des banalités,
on parlera pendant des heures
et si c'est pas assez,
j'te jouerai n'importe comment
les morceaux de Joe Dassin,
on sortira les trompettes
et tant pis pour les voisins.

Si un jour ça va pas,
j'espère que tu viendras ...
je compte sur toi.

Bénabar, Tu peux compter sur moi, texte: Bruno Jean Jacques Nicoloni

---

28 la peine Not, Leiden **39 joignable** erreichbar **44 en huit** dans une semaine **56 Joe Dassin** chanteur français (1938–1980)

Objectif langage

1. *Trouvez, dans le texte, d'autres mots ou expressions qui expriment une restriction.*

Oui, mais ...

2. *Réagissez aux situations suivantes. Utilisez des expressions de 1.*

Tu m'aideras à installer mon nouvel ordinateur ce week-end?

Tu iras voir ta grand-mère à l'hôpital?

3. *Trouvez d'autres situations et jouez-les.*

Activité créative

→ Méthodes, p. 245

Au choix

1. *Que feriez-vous pour un/e ami/e? Écrivez une strophe alternative.*
2. *Imaginez que le narrateur est votre ami. Écrivez-lui une réponse ou imaginez un dialogue entre vous.*

L'amour (1)

Approches

Répondez individuellement, puis comparez vos résultats en classe.

Vous rencontrez par hasard un/e copain/copine de vacances que vous n'aviez pas vu/e depuis dix ans.
Quelle est votre réaction?

a *Vous vous souvenez tout de suite que vous faisiez ensemble des châteaux de sable et que votre copain/copine avait gagné le concours.*

b *Vous le/la reconnaissez, mais vous avez oublié son nom.*

c *C'est lui/elle qui vous adresse la parole car vous ne vous rappelez même pas que vous avez passé des vacances ensemble.*

Objectif lecture

A Anticiper l'action d'un extrait littéraire

1. *Lisez le texte jusqu'à la ligne 18. Imaginez la suite de l'histoire.*
2. *Lisez la suite et comparez-la avec vos hypothèses.*

B Analyser et interpréter un extrait littéraire

1. *Quand le comportement du narrateur change-t-il? Expliquez en quoi ce changement consiste. Expliquez-en les raisons.*
2. *Dites ce que révèle le monologue du narrateur. Analysez les moyens stylistiques employés par l'auteur. (l. 53–74).*

→ Méthodes, p. 252

Le narrateur (23 ans), qui fait son service militaire, est en permission et rentre chez lui, où il retrouve sa mère et son frère Marc.

Quand j'arrive vers Marc, [...] il est avec une fille. Il la tient par la taille. Et moi, au premier regard, je sais déjà que je suis amoureux d'elle.

[...]

Il y a comme un truc qui fait le mariolle dans mon ventre. J'ai mal et elle est belle.

– Tu la reconnais pas?
– Non.
– Mais si, c'est Marie, la copine de Rebecca ...
– ???

Elle me dit:

– On était ensemble en colo. Aux Glénans, tu te souviens pas? ...
– Nan, désolé. Je secoue la tête et je les laisse en plan. Je vais me servir un truc à boire.

Tu parles si je m'en souviens.

[...]

Marie je m'en souviens très bien. Un soir, elle racontait aux autres qu'elle avait surpris un couple d'amoureux en train de se bécoter sur la plage et qu'elle entendait le bruit du slip de la fille qui claquait.

la permission *ici* le congé pendant le service militaire **6 faire le mariolle** *fam. ici* rumoren (im Bauch) **14 la colo** *fam.* la colonie de vacances **16 laisser qn en plan** *fam.* s'en aller sans rien dire **18 Tu parles si je m'en souviens.** *fam.* Aber hallo, na klar erinnere ich mich an sie. **22 se bécoter** *fam.* s'embrasser

– Comment ça faisait? je lui ai demandé pour la mettre mal à l'aise.

Et elle, en me regardant droit dans les yeux, elle pince sa culotte à travers le tissu de sa robe, elle l'écarte et elle la lâche.

Clac.

– Comme ça, elle me répond en me regardant toujours.

J'avais onze ans.

Marie.

Tu parles que je m'en souviens. Clac.

Plus la soirée avançait, moins je voulais parler de l'armée. Moins je la regardais, plus j'avais envie de la toucher.

Je buvais trop. Ma mère m'a lancé un regard méchant.

Je suis allé dans le jardin. [...] Je l'ai vue arriver de loin. Elle me souriait. Je regardais ses dents et la forme de ses boucles d'oreille.

En s'asseyant à côté de moi, elle m'a dit:

– Je peux?

Je n'ai rien répondu parce que j'avais de nouveau mal au bide.

– C'est vrai que tu te souviens pas de moi?

– Non c'est pas vrai.

– Tu t'en souviens?

– Oui.

– Tu te souviens de quoi?

– Je me souviens que t'avais dix ans, que tu mesurais 1 mètre 29, que tu pesais 26 kilos et que t'avais eu les oreillons l'année d'avant, je m'en souviens, de la visite médicale. Je me souviens que t'habitais à Choisy-le-Roi et à l'époque ça m'aurait coûté 42 francs de venir te voir en train. Je me souviens que ta mère s'appelait Catherine et ton père Jacques. Je me souviens que t'avais une tortue d'eau qui s'appelait Candy et ta meilleure copine avait un cochon d'Inde qui s'appelait Anthony. Je me souviens que tu avais un maillot de bain vert avec des étoiles blanches et ta mère t'avait même fait un peignoir avec ton nom brodé dessus. Je me souviens que tu avais pleuré un matin parce qu'il n'y avait pas de lettres pour toi. Je me souviens que tu t'étais collé des paillettes sur les joues le soir de la boum et qu'avec Rebecca, vous aviez fait un spectacle sur la musique de Grease...

– Oh là là, mais c'est pas possible la mémoire que t'as!!!

Elle est encore plus belle quand elle rit. Elle se penche en arrière. Elle passe ses mains sur ses bras pour les réchauffer.

– Tiens, je lui dis en enlevant mon gros pull.

– Merci... mais toi? Tu vas avoir froid?!

– T'inquiète pas pour moi va.

Elle me regarde autrement. N'importe quelle fille aurait compris ce qu'elle a compris à ce moment-là.

[...]

Elle s'est levée, elle m'a demandé si elle pouvait garder mon pull.

Je lui ai souri aussi. Malgré le marécage de bouillasse et de misère dans lequel je me débattais, j'étais heureux comme jamais.

28 la culotte le slip **28 le tissu** Stoff **29 écarter qc** *ici* tirer de côté **47 le bide** *fam.* le ventre **55 les oreillons** *m. pl.* Mumps **67 le peignoir** Bademantel **68 broder qc** etw. sticken **90 le marécage** Sumpf **91 la bouillasse** *fam.* Schlamm

Objectif langage

Le gérondif

1. *Traduisez les phrases.*

1. ... elle me répond en me regardant toujours. (l. 31–32)
2. En s'asseyant à côté de moi, elle m'a dit ... (l. 44)
3. ... je lui dis en enlevant mon gros pull ... (l. 80–81)

2. *Traduisez les phrases suivantes en utilisant le gérondif.*

1. Marc stellt seinem Bruder seine neue Freundin vor und lächelt dabei.
2. Vorsicht beim Aussteigen aus dem Zug!
3. Auf dem Weg zur Schule habe ich Marie getroffen.

Activité créative

→ Méthodes, p. 245

Au choix

1. *Le lendemain, Marie téléphone à sa meilleure amie, Rebecca. Elle lui raconte la soirée. Imaginez le dialogue et jouez la scène.*

2. *Le lendemain, Marie écrit un message à sa meilleure amie. Écrivez ce message.*

L'amour (2)

Approches

→ Méthodes, p. 255

Décrivez ce tableau et dites quelle atmosphère se dégage de cette peinture.

Marc Chagall, Deux personnages sur fond bleu, 1973

Objectif lecture

A Comparer un poème à une peinture

Comparez l'atmosphère créée dans les deux œuvres. Quelles sont les couleurs qui prédominent?

→ Méthodes, p. 250

B Comprendre et interpréter un poème

1. *Décrivez brièvement la situation et le cadre du poème.*
2. *Qui sont les deux personnages? Décrivez leur comportement et caractérisez-les.*
3. *Analysez comment la nature est présentée et décrivez l'atmosphère qu'elle crée dans le poème.*

CD 4

Vieille chanson du jeune temps

Je ne songeais pas à Rose;
Rose au bois vint avec moi;
Nous parlions de quelque chose,
Mais je ne sais plus de quoi.

J'étais froid comme les marbres;
Je marchais à pas distraits;
Je parlais des fleurs, des arbres;
Son œil semblait dire: Après?

La rosée offrait ses perles,
Le taillis ses parasols;
J'allais; j'écoutais les merles,
Et Rose les rossignols.

Moi, seize ans; et l'air morose.
Elle, vingt; ses yeux brillaient.
Les rossignols chantaient Rose
Et les merles me sifflaient.

Rose, droite sur ses hanches,
Leva son beau bras tremblant
Pour prendre une mûre aux branches;
Je ne vis pas son bras blanc.

Une eau courait, fraîche et creuse,
Sur les mousses de velours;
Et la nature amoureuse
Dormait dans les grands bois sourds.

Rose défit sa chaussure,
Et mit, d'un air ingénu,
Son petit pied dans l'eau pure;
Je ne vis pas son pied nu.

Je ne savais que lui dire;
Je la suivais dans le bois,
La voyant parfois sourire
Et soupirer quelquefois.

Je ne vis qu'elle était belle
Qu'en sortant des grands bois sourds.
– Soit; n'y pensons plus! dit-elle.
Depuis, j'y pense toujours.

Victor Hugo, Les Contemplations, 1856

1 songer à qn/qc penser à qn/qc **2 le bois** la forêt **5 le marbre** Marmor **6 à pas distraits** sans but **8 après** *ici* na und? **9 la rosée** les gouttes d'eau qui se trouvent, le matin, sur les plantes **10 le taillis** les petits arbres et arbustes **10 le parasol** sorte de grand parapluie qu'on utilise pour se protéger contre le soleil **11 le merle** Amsel **12 le rossignol** Nachtigall **13 morose** triste **14 briller** glänzen **16 siffler** pfeifen **17 droit/e sur** hoch aufgerichtet **17 les hanches** *f. pl.* Hüften **19 la mûre** Brombeere **21 creux/-euse** *ici* gewunden, eingegraben **22 la mousse** Moos **22 le velours** Samt **26 ingénu/e** simple, naïf/-ïve **32 soupirer** seufzen

Objectif langage

L'emploi des temps du passé

1. *Expliquez l'emploi de l'imparfait et du passé simple dans le poème de Victor Hugo.*
2. *Racontez avec vos propres mots l'histoire dont parle le poème de Victor Hugo. Utilisez l'imparfait, le passé composé et – si nécessaire – le plus-que-parfait.*

Écouter
CD 5

1. *Voici la première strophe d'un slam. Écoutez-la en lisant le texte. Quelles sont vos impressions?*
2. *Expliquez la métaphore des voyages en train. Donnez vous-même des exemples.*
3. *Écoutez le slam en entier et comparez l'atmosphère du slam avec le poème de Victor Hugo en tenant compte de la fin des deux textes.*

Grand Corps Malade, Les voyages en train © Anouche Productions

Activité créative

Au choix

1. *Lisez le poème de Victor Hugo à haute voix devant la classe. Faites un concours: Qui d'entre vous a le mieux récité le poème?*
2. *Faites une présentation visuelle du poème de Victor Hugo. Trouvez une photo pour chaque strophe.*
3. *Présentez votre poème d'amour préféré.*

Pour aller plus loin/Médiation
→ Méthodes, p. 240

Résumez en allemand les aspects les plus importants de la biographie de Victor Hugo.

Victor Hugo (1802–1885)

Poète, romancier, dramaturge et critique, Victor Hugo est certainement l'un des plus grands écrivains français.

Né en 1802, il fonde à 17 ans sa première revue, publie son premier recueil de poèmes à 20 ans et devient rapidement le chef de file des auteurs romantiques avec la préface de son drame «*Cromwell*» (1827) et la représentation de sa pièce de théâtre «*Hernani*» (1830).

Son engagement politique et social prend forme dès cette période. Son récit «*Le dernier jour d'un condamné*» (1829), son premier grand roman «*Notre-Dame de Paris*» (1831) et son drame «*Le roi s'amuse*» (1833) dessinent les grandes lignes de sa critique de la société (dénonciation de la peine de mort, de la misère, des abus de pouvoir).

En 1851, ses prises de position politiques contre le coup d'État de Napoléon III l'obligent à s'exiler. Il se réfugie en Angleterre et y écrit «*Les Châtiments*» (1853), poème politique critiquant violemment Napoléon III, et «*Les Contemplations*» (1856), recueil de poésies dans lequel il parle de la mort tragique de sa fille Léopoldine. Son deuxième grand roman social, «*Les Misérables*», paraît en 1862.

En 1870, après la défaite de Napoléon III contre l'Allemagne, Victor Hugo rentre en France et s'engage à nouveau dans la politique. «*La légende des siècles*», recueil de poèmes publiés entre 1859–1877, est une énorme fresque qui reprend la totalité de l'histoire. Victor Hugo meurt en 1885. Plus de 3 millions de personnes assistent à son enterrement.

Passions (1)

Approches
→ Méthodes, p. 255

Décrivez cette caricature, expliquez-la et donnez votre avis.

Objectif lecture
→ Méthodes, p. 235

A Extraire les informations essentielles d'un texte complexe

1. *Décrivez ce qu'est «WoW». Utilisez vos propres mots.*
2. *Qu'est-ce qui rend ce jeu attrayant? Qu'est-ce qui crée la dépendance? Faites une liste des arguments donnés dans le texte.*

B Découvrir les stratégies du journaliste

1. *Après avoir lu l'article étudiez-en le début et la fin (lignes 1–7; 87–94). D'après vous, pourquoi le journaliste a-t-il choisi cette entrée en matière et cette fin?*
2. *Pourquoi le journaliste utilise-t-il autant de témoignages individuels?*
3. *«Game over» – une remarque bien choisie? Justifiez votre réponse.*

WoW, pas de repos pour les guerriers

Un jeudi soir, vers 20 heures, dans un cybercafé proche de la place du Châtelet, à Paris. [...] au fond de la salle, comme souvent le soir, Robin, Pierre, Arthur et quelques autres sont au rendez-vous. Ils ont entre 15 et 25 ans. Ils sont lycéens, étudiants en maths ou en géographie, agents de sécurité [...]

Ce sont des joueurs de World of Warcraft, WoW pour les intimes. Ils comptent environ six millions et demi de coreligionnaires partout dans le monde. Et pour comprendre pourquoi certains sont prêts à s'user la santé avec ce jeu, reprenons depuis le début: WoW est un jeu de rôle sur Internet massivement multijoueur (MMO). C'est un univers d'heroic fantasy, du type Seigneurs des Anneaux, de Tolkien. Vous y incarnez un personnage, de race humanoïde («l'Alliance») ou monstrueuse («la Horde»). Dans votre espèce, vous êtes chaman, voleur, guerrier, paladin ...

But du jeu? Mener des quêtes ou affronter d'autres joueurs. Vous accumulez plus de force à chaque monstre descendu et améliorez vos armes petit à petit. Vous pouvez intégrer une communauté de joueurs (une «guilde») ou rester seul(e). [...] Le jeu n'a pas de but ultime, ne connaît pas de fin ni de limite de temps. [...] WoW a été lancé en France en février 2005 par le studio de développement de jeux Blizzard Entertain-

le repos la pause **11 le/la coreligionnaire** *ici* personne qui partage l'extrême enthousiasme pour ces jeux **16 massivement multijoueur** joué simultanément par une multitude de joueurs **16 MMO** *a* ***m****assively* ***m****ultiplayer* ***o****nline game* **18 incarner qn** jouer le rôle de qn **22 le paladin** chevalier du Moyen Âge, *dt.* Paladin **23 mener une quête** sich auf Suche begeben **23 affronter qn** attaquer qn, combattre qn **25 descendre qn** *ici fam.* tuer qn **27 intégrer qc** rejoindre qc, se joindre à qc

ment. Il réunit à ce jour près de la moitié des 14 millions de joueurs en ligne recensés dans le monde. En Europe, ils seraient environ un million. L'Amérique du Nord en compte entre 1,5 et 2 millions. L'Asie probablement trois autres. On paye 30 € pour entrer dans le jeu. Puis, chaque mois, il faut s'acquitter de 11 à 13 € supplémentaires. Grâce à WoW, Vivendi Games, sa maison mère, a enregistré un résultat opérationnel de 62 millions d'euros au premier semestre 2006. Un record absolu dans le genre! [...]
La recette pour accrocher les novices? «Jouer à WoW, tous mes amis peuvent y arriver: c'est très simple», assène Gaëlle, 19 ans. Le jeu multiplie en effet les missions faciles à accomplir: «Ce sont des cycles de récompenses [...]. Vous tuez un monstre pour obtenir un objet, qui vous permet de compléter votre équipement, donc d'acquérir suffisamment de force pour entrer dans une guilde. Cela vous donne ensuite accès à de nouvelles missions, donc à de nouveaux objets, et ainsi de suite.» [...]
«Il n'y a aucun mérite à être fort à WoW», critique Maxence. «Les qualités de joueur, le talent comptent pour presque rien. Si ton personnage est puissant, c'est juste parce que tu auras joué longtemps avec.» Longtemps, mais jusqu'où? Le propre des MMO, c'est justement de n'avoir aucune fin. «Tu peux vivre là dedans», s'enthousiasme Arnaud, 18 ans. [...] «WoW, c'est une drogue, pire que la cigarette ou l'alcool.» [...] Le psychologue Michael Stora recommande désormais aux parents d'interdire à leurs enfants mineurs de jouer en ligne. Selon lui, «dans le jeu, comme dans l'inconscient, le temps n'existe pas». D'où cette sensation de langueur, décrite par Émilie, 17 ans: «On se sent cotonneux, un peu lourd, les idées s'effilochent, on se réveille avec le mal de dos.» [...]
Le sociologue Vincent Berry parle de jeux «englobants, radicaux, car tout y est intégré: l'apprentissage des règles, l'organisation du groupe, les milliers de pages web liées à ces univers»... Même parler du jeu, c'est encore jouer! [...] «On parle bastons et équipements, très rarement de soi ou de politique», précise Nadia, 17 ans.
À moins de passer son temps dans les cybercafés, où beaucoup de joueurs se rassemblent. Comme Arthur, qui avait encore oublié de rentrer, ce jeudi soir, place du Châtelet, quand sa mère a débarqué pour le traîner par le col jusqu'à la maison. Elle promet qu'on ne le «reverra pas de sitôt» traîner dans les parages. Alors son voisin d'écran répond, discrètement: «Game over».

D'après: Phosphore, Bayard Presse, décembre 2006

42 le résultat opérationnel *terme technique économique* Betriebsergebnis **46 accrocher qn** attirer qn, rendre qn dépendant **46 le/la novice** *ici* nouveau joueur/nouvelle joueuse sans expérience **51 une récompense** cadeau ou gratification **54 acquérir de la force** devenir fort **59 il n'y a aucun mérite à qc** c'est très facile, on n'a pas besoin d'être très intelligent **64 le propre de qc** ce qui est typique de qc **70 désormais** maintenant **73 l'inconscient** *m.* das Unterbewusstsein **74 la sensation de langueur** manque d'énergie, de dynamisme **75 se sentir cotonneux/-euse** *fam.* sich benebelt fühlen **76 s'effilocher** *ici* se perdre, être mal structuré **79 englobant/e** ce qui comprend la totalité de son existence **83 le baston** *fam.* le combat **86 à moins de faire qc** sauf si on fait qc **90 débarquer** *ici* entrer **93 traîner dans les parages** *ici* herumhängen

Objectif langage

1. *Faites un associogramme sur le thème des jeux vidéo. Notez les mots et les expressions avec leur contexte.*
2. *Les jeux vidéo, un facteur économique: Relevez le vocabulaire en rapport avec l'économie.*
3. *Cherchez, dans le texte, des phrases ou expressions synonymes.*

1. On trouve un grand nombre de joueurs enthousiastes.
2. Beaucoup d'entre eux acceptent même de se rendre malades en jouant.
3. Comment faire pour attirer les jeunes qui n'ont encore jamais joué?
4. Après cela, vous pouvez commencer d'autres aventures.
5. etc.

Discussion

→ Méthodes, p. 237

Que pensez-vous du comportement de la mère envers son fils? Discutez.

Passions (2)

Approches
→ Méthodes, p. 255

Décrivez cette caricature et dites quel en est le message.

Objectif lecture
DVD 3
→ Méthodes, p. 236

A Établir une grille de visionnement

Répondez aux questions suivantes et notez vos réponses dans une grille de visionnement.

1. En combien de parties l'émission se divise-t-elle?
2. Combien de personnes prennent la parole, dans quel ordre?
3. Qui sont ces personnes? Qu'apprend-on sur leur identité?

DVD 3

B Comparer un article de journal à un reportage

Comparez les informations fournies par l'émission «Jeux vidéo et dépendance» avec celles données dans l'article «WoW, pas de repos pour les guerriers» (p. 29).

Médiation
CD 6

Écoutez l'interview en prenant des notes. Résumez les points essentiels de cette interview à un copain allemand.

Table ronde
→ Méthodes, p. 238

«Les jeux vidéo sont-ils dangereux?» Un présentateur de télévision reçoit deux joueurs, un fabriquant de jeux vidéo et un psychologue dans son émission pour répondre à la question. Imaginez leur discussion.

Recherche

Faites une recherche sur l'utilisation des jeux vidéo en Allemagne. Présentez vos résultats en classe et discutez-en.

Passions (3)

Approches

Quels footballeurs français connaissez-vous? En connaissez-vous qui jouent ou ont joué dans une équipe allemande? Racontez brièvement.

Objectif lecture

A Comprendre et analyser un texte

1. *Le foot pour Diego, c'est [...]*

la vitesse du jeu · les odeurs · la violence · les spectateurs · les équipes célèbres · les copains · l'amitié entre les peuples · le bruit et l'atmosphère dans le stade · la bonne ambiance entre les joueurs

2. *Quelles sont les différentes parties de ce texte? Indiquez le thème de chaque partie en lui donnant un sous-titre.*

B Parler d'un personnage

1. *Notez ce qu'on apprend sur Mapaté Mbodj.*
2. *Décrivez son attitude face à Diego et expliquez quel rôle il joue dans ce passage.*

Le jeune Diego est à la recherche de son idole, le footballeur Bixente Lizarazu. Il prend le train en direction du Sud-Ouest.

Une fois installé dans sa voiture, place 3 (décidément la chance était avec lui, encore le numéro de Liza!), il fit la connaissance de son voisin de banquette, un Sénégalais d'une trentaine d'années.

– *Nanga def?* (comment ça va?) dit Diego, qui avait appris quelques mots de wolof grâce à des amis de sa cité.

– *Mangui ferek* (ça va bien), répondit celui qui disait s'appeler Mapaté Mbodj. Comment tu t'appelles petit *toubab?* (Blanc en wolof)

– Diego Fernandes. Espagnol par ma mère, portugais par mon père ... Comme Robert Pires, mon deuxième joueur préféré, après Liza. C'est pour ça qu'il y a un «s» et pas un «z» à la fin de mon nom. Mais je suis français de naissance ... champion du monde!

– Tu aimes le foot, on dirait, constata Mapaté ...

– J'adore. Il n'y a que ça qui m'intéresse. Je veux être pro.

– Et si tu n'y arrives pas?... Il n'y a pas que le foot dans la vie.

– J'ai seize ans, et pour le moment il n'y a que le foot dans ma vie ... Même pas les filles. Chaque chose en son temps.

– Tu ferais bien de te méfier quand même ... Il y a peu d'élus. En ce moment, les clubs font leur marché en Afrique, parce qu'il y a beaucoup de bons joueurs là-bas ... et pas chers. Mais on ne parle que de ceux qui réussissent ... Les autres, on s'en fout. J'ai un ami, Pape Diouf, qui est agent de joueurs, et il m'a raconté qu'il y avait beaucoup d'échecs dans ce milieu. Si tu veux un conseil ...

– Non, merci ...

– Je te le donne quand même. Termine tes études, passe ton bac, c'est plus sûr. Ou bien dirige-toi vers un métier manuel. Y a du boulot dans cette voie ... Les jeunes veulent plus se salir les mains. Comme ça, si le foot ne marche pas, tu auras une autre corde à ton arc.

– Vouloir, c'est pouvoir, dit mon entraîneur. J'y arriverai parce que je le veux et parce que je suis né sous une bonne étoile ...

Agacé par l'idée même d'un échec, Diego quitta son voisin précipitamment et se leva pour boire un verre au buffet-bar. Il passa la suite du voyage à rêvasser en regardant défiler le paysage à la vitesse de l'éclair. À dormir, à lire, ou à regarder les autres passagers du train.

---

12 le wolof une des langues nationales du Sénégal **29 se méfier** faire attention à qc **30 l'élu/e** *ici* personne qui a du succès **37 l'échec** *m. contraire de* succès **44 se salir** rendre sale **46 avoir plusieurs cordes à son arc** mehrere Eisen im Feuer haben **50 agacé/e** verärgert **51 précipitamment** très vite, brusquement **53 rêvasser** rêver, penser vaguement à plusieurs choses à la fois

[...]
Les meilleurs moments de sa jeune existence, Diego les a passés à jouer au football. Un point commun avec Liza et Zidane.
Ce n'est pas le foot-business qui l'intéresse. Les hooligans, pseudo-supporters et tout le tralala qu'on voit à la télé, lui, il en a rien à battre ... La rivalité PSG-OM et le show télévisuel, ça le fait vraiment pas kiffer. Ce qu'il aime, c'est le foot des copains de toutes les couleurs et la liesse d'un peuple enfin réuni le temps d'une Coupe du monde. La fête dans la rue, avec, bras dessus bras dessous, Blacks, Blancs, Beurs et tous les autres ...
Le football est le sport le plus populaire au monde: 200 millions de «pratiquants»! ... Comme on dit d'une religion. Un jeu qui rapproche les peuples, contrairement à ce qu'on lui reproche souvent. Un sport qui combat le racisme. Grâce au foot, Diego a joué avec des Feujs, des Renois, des Robeus, des Chinois, des Arabes, des Portugais, des Africains, des Turcs, des Albanais ... et des Serbes ou des Croates de l'ex-Yougoslavie. Super techniques les Yougos, en général ... Le foot est un langage universel. Pas besoin de parler. On s'exprime avec les pieds. Pas besoin de grand-chose pour jouer: une balle ou, à défaut, une chaussette roulée en boule, voire une boîte de conserve, des vêtements posés par terre pour faire les buts ... Même seul, c'est bien le foot. Contre un mur, ou en jonglant. Diego est un as du jonglage. Cent cinquante, c'est son record.

Le foot, c'est le pied!

60 Zidane Zinédine Zidane: footballeur français célèbre **63 en avoir rien à battre** *vulg.* cela ne l'intéresse pas **64 PSG-OM** Paris Saint-Germain – Olympique de Marseille **65 ne pas faire kiffer qn** *fam. ici* ne pas amuser qn **67 la liesse** l'enthousiasme, la folie **77 Feuj, Renoi, Robeu** *verlan* Juif, Noir, Beur **85 à défaut** s'il n'y en a pas **86 voire** ou même **91 c'est le pied** *fam.* c'est super

Objectif langage

1. Le langage imagé

a *Expliquez ce que signifient ces phrases. Trouvez les phrases correspondantes en allemand. Quelles phrases peut-on traduire mot à mot? Pour lesquelles faut-il trouver une autre image?*

1. «Chaque chose en son temps.» (l. 28)
2. «Il y a peu d'élus.» (l. 30)
3. «les clubs font leur marché en Afrique.» (l. 30–31)
4. «Tu auras une autre corde à ton arc.» (l. 45–46)
5. «Vouloir, c'est pouvoir.» (l. 47)
6. «je suis né sous une bonne étoile.» (l. 49)

b *Expliquez la phrase: «Le foot, c'est le pied!» (l. 91)*

2. Le langage du foot

a *Relevez le vocabulaire utile pour décrire cette photo. Aidez-vous d'un dictionnaire.*

b *Imaginez que vous êtes commentateur de foot. Décrivez cette scène.*

Discussion

→ Méthodes, p. 237

«Vouloir, c'est pouvoir». Qu'en pensez-vous? Discutez.

Jeu de rôle

→ Méthodes, p. 237

Vous aussi, vous rêvez d'être professionnel, un jour, dans un domaine qui vous passionne mais vos parents ne sont pas d'accord. Trouvez des arguments pour les convaincre de vous soutenir. Jouez la scène.

Avenir (1)

Approches

À votre avis, quel est le rôle de chacun de ces critères dans le choix de votre avenir professionnel? Discutez brièvement.

les notes	les profs	les parents
le hasard	les goûts personnels	
les amis	[...]	

Objectif lecture

A Comprendre les principales informations d'un article

Dites qui, d'après l'article, peut aider un jeune à trouver son orientation. Notez dans un tableau les avantages et les inconvénients offerts par chacun de ces conseillers possibles.

B Analyser un article à partir d'une citation

Expliquez la signification de la phrase suivante et décrivez comment l'article justifie cette assertion: «Vous êtes votre meilleur juge» (l. 9).

ORIENTATION: Comment tirer profit de l'avis des autres?

L'orientation, ça vous concerne vous, avant tout. Vous ne choisissez pas votre avenir pour faire plaisir aux autres. [...] Mais parents, amis, profs ou conseillers d'orientation peuvent être un appui précieux pour vous aider à découvrir ce pour quoi vous êtes fait(e).

[...]

Vous êtes votre meilleur juge

Qui mieux que vous connaît vos aptitudes, vos goûts, vos rêves et vos valeurs? Personne! [...] Pourquoi, sous prétexte d'expérience, les adultes seraient-ils plus capables de décider de ce qui est bon pour vous? Ne compter que sur eux pour s'orienter comporte un gros risque pour vous: la démotivation.

Prenez l'avis de vos proches

Parents, grands-parents, oncles, tantes, frères, sœurs et autres potes vous connaissent depuis toujours ou presque! Parce qu'ils sont proches [...] on peut même dire qu'ils connaissent mieux que quiconque ce que vous avez de plus intime. Ils ont forcément des choses à dire concernant votre avenir et leur avis peut être utile. Discuter avec son meilleur ami a ainsi permis à David de réaliser qu'il aimait trop la justice... pour devenir avocat! «Jamais je n'aurais pu défendre un meurtrier ou un homme d'affaires véreux», reconnaît-il maintenant.

Orientez-vous ... pour vous

Mais les conseils des parents, des proches, ne sont pas sûrs à 100%, car ils restent souvent tiraillés entre leurs propres rêves et la réalité.

[...] Les avis de vos proches sur votre orientation sont parfois motivés par des raisons personnelles, profondes, parfois inconscientes: ils rêvent que vous deveniez le chirurgien qu'ils n'ont pas pu être, le musicien que leurs propres parents leur ont interdit de devenir, ou qu'ils n'ont pas osé être.

Leur volonté d'être de bons parents et de vous voir réussir votre vie les incite parallèlement à vous pousser vers des professions qui les rassurent: ingénieur, avocat, prof, cadre commercial ... Parce que ces métiers jouissent d'une bonne image dans la société [...] et assurent presque tous un revenu correct.

Ils accordent aussi beaucoup d'importance à la sécurité de l'emploi (fonction-

9 être son meilleur juge selbst am besten urteilen (**le juge** Richter) **10 l'aptitude** *f.* le talent **11 la valeur** Wert **12 sous prétexte de** unter dem Vorwand **24 quiconque** n'importe qui **25 forcément** en tout cas **31 le meurtrier** le tueur **31 véreux/-euse** malhonnête **36 être tiraillé/e** hin- und her gerissen sein **40 profond/e** tief **41 inconscient/e** unbewusst **46 la volonté** Wille **47 inciter qn à faire qc** jdn dazu bringen, etwas zu tun **50 le/la cadre** der/die leitende Angestellte **51 jouir d'une bonne image** positiv besetzt sein **52 assurer un revenu** ein Einkommen sichern **54 accorder de l'importance à qn/qc** trouver qn/qc important naire par exemple) ou pensent à des métiers pour lesquels il existe un minimum de débouchés (commercial, infirmier ...).

Demandez des infos aux pros

[...] À travers le travail fourni en cours, ou votre attitude en classe, les profs ont une image assez précise de votre personnalité. Ils peuvent donc vous aider à choisir une filière.

Mais leurs remarques sont justes et honnêtes... en ce qui concerne leur matière! [...] De plus, les profs s'en remettent essentiellement aux notes pour vous orienter ... sans tenir compte de vos autres aptitudes et de votre personnalité. [...] Et puis leur connaissance des métiers, de l'entreprise, bref du monde du travail est souvent limitée.

Pour vous aider à y voir plus clair, il y a les co-psys (conseillers d'orientation psychologues). Ils vous permettront de mieux vous cerner [...] grâce à différents tests de personnalité. Mais [...] on compte seulement un co-psy pour 1380 lycéens et collégiens en France! Autant dire qu'il est difficile d'y revenir à deux fois. Alors n'y allez pas «en touriste», sans avoir commencé à réfléchir avant!

D'après: Phosphore, Bayard Presse, janvier 2006

---

55 le/la fonctionnaire (Staats-)Beamter/-in **58 le débouché** *ici* Berufsperspektive **59 les pros** *m. pl. fam.* les professionnels **60 à travers** durch **60 fourni/e** *ici* fait/e, réalisé/e **64 la filière** Studiengang **72 bref** kurz gesagt **77 cerner qn** connaître qn **80 autant dire que** das heißt, dass

Objectif langage

1. *Expliquez la fonction de «ce qui» et «ce que» dans les phrases suivantes.*

1. Pourquoi les adultes seraient-ils plus aptes à décider **ce qui** est bon pour vous?
2. Ils connaissent mieux que quiconque **ce que** vous avez de plus intime.

2. *Complétez par «ce qui» ou «ce que».*

Mon expérience: Autrefois, je croyais qu'il suffisait de faire [...] les autres attendaient de moi pour réussir et être heureuse. Mais [...] l'on attendait de moi n'était pas forcément [...] m'intéressait dans la vie. Quand j'ai réussi à comprendre [...] comptait pour moi, j'ai aussi pu facilement convaincre mes proches de me laisser faire [...] je voulais.

Écouter

CD 7

→ Méthodes, p. 236

1. *Écoutez ces témoignages et attribuez les bulles suivantes à chacune des personnes interviewées.*

1 Mon rêve de gosse réalisé, je n'en reviens pas!

2 J'ai renoué avec mon ancienne envie.

3 Je n'imaginais pas échouer.

4 Ma conviction m'a donné une grande confiance.

5 J'aurais pu passer à côté de ma vocation.

2. *Dites quel métier exercent ces personnes.*

Commentaire

→ Méthodes, p. 240/244

Au choix

1. *Que pensez-vous des conseils donnés dans cet article? Donnez votre avis.*

2. *«Ne pas choisir est une facilité». Qu'en pensez-vous? Justifiez votre opinion.*

Jeu de rôle

→ Méthodes, p. 237

Imaginez un entretien entre un jeune et un conseiller d'orientation. Jouez la scène.

Activité créative

→ Méthodes, p. 245

Réalisez une affiche sur le sujet: Orientation – les pièges à éviter. Présentez votre affiche en classe.

Exemple: Ne deviens pas ce que ton père n'a pas pu devenir!

Avenir (2)

Approches

→ Méthodes, p. 255

Décrivez le dessin et dites ce que vous en pensez.

Philippe Geluck, Le chat

Objectif lecture

A Comprendre un texte littéraire

1. *Relevez les informations qui concernent Mme Goderche et Thomas Rapassé.*
2. *Que pense Thomas de Mme Goderche? Montrez comment s'exprime son opinion.*

→ Méthodes, p. 248

B Analyser la perspective narrative

1. *Qui est le narrateur? Caractérisez-le à l'aide du texte.*
2. *Racontez l'épisode du porte-photo et expliquez ce qu'il symbolise.*

Thomas Rapassé, 17 ans, au LP, est convoqué chez la conseillère principale d'éducation (CPE) pour avoir fumé dans la cour, alors que c'est interdit.

– J'en ai plus qu'assez de perdre mon temps avec toi, Rapassé!

Le dossier qu'elle tenait dans la main s'est abattu violemment sur son bureau, faisant tomber le pot à crayons et un porte-photo qui s'est brisé sur le sol.

[...]

J'étais debout dans le bureau de Goderche et je la regardais rassembler sur son bureau les morceaux de verre de son porte-photo. J'ai jeté un œil à la photo: un gosse de deux-trois ans, emmitouflé dans un anorak, poussant un gros ballon du pied. Ce devait être son fils, et j'ai imaginé Goderche essayant d'oublier son boulot de merde en lorgnant cette photo, enfoncée dans son fauteuil, les bras posés sur les accoudoirs, soupirant et comptant les heures.

LP le lyceé professionnel **6 se briser** se casser **6 le sol** la terre **11 le/la gosse** *fam.* l'enfant **12 emmitouflé/e** eingemummt **12 pousser qc** *ici* etw. schieben **15 le boulot de merde** *fam.* Scheißjob **15 lorgner qn/qc** regarder qn/qc **16 enfoncé/e** versunken **16 le fauteuil** Sessel **17 l'accoudoir** *m.* Armlehne **17 soupirer** seufzen

Normalement, je devrais te renvoyer deux jours, Rapassé ...
Les débris de verre ont été balayés d'un revers de main et ont atterri dans la corbeille à papier. La CPE a lissé du bout de l'ongle un coin corné de la photo. [...] Elle a secoué la tête:
– Arrête de faire l'idiot, Thomas. Tu as dix-sept ans, pense à ton avenir ...
Le grand mot était lâché.
L'avenir ... Je l'aurai entendu, ce mot-là, depuis le collège. Des centaines de fois. Personne n'a jamais compris que je l'aie rayé de mon dictionnaire, que j'aie même déchiré la page. Pas plus d'avenir devant moi qu'à la caisse de ma mère, à Leclerc. C'est la même crasse qui revient à chaque fois, collée sous la semelle ou le tapis roulant. Les mêmes feuilles de salades noircies, les mêmes flaques de bières. L'avenir ... Ça me faisait rigoler d'entendre ce mot-là dans la bouche des profs, du principal ou de la CPE. Qu'est-ce qu'ils savaient de moi, de ma vie, tous ces gens qui me voulaient tant de bien? Qu'ils s'occupent de la leur, d'abord, on discutera ensuite! [...] À les écouter, ils semblent nager dans le bonheur, jusqu'à s'y noyer. Ils se donnent en exemple, ils ont tout, plus rien à attendre. Pourtant, il faut les voir arriver le matin, garer leur bagnole sur le parking et franchir le couloir de l'administration, leur cartable à la main, le front plissé par le souci, la peur, la fatigue ... Bonjour l'avenir ... [...]
Elle pouvait dire ce qu'elle voulait, la CPE. [...] Elle faisait semblant de s'intéresser à mon *avenir*, sachant que le sien était grillé et qu'elle ne pouvait plus revenir en arrière. Son enfance, elle l'avait plumée dans les études et les bouquins, elle s'était privée de sorties, n'avait jamais franchi la ligne blanche, avait toujours traversé dans les clous, et maintenant elle me balançait des leçons de morale [...] ... Son môme, c'était sa bouée de sauvetage, elle s'y accrochait pour se maintenir en vie. C'était ça, son *avenir*, finalement. Passer le relais. Se serrer la ceinture pour que son gosse réussisse ce qu'elle avait raté ...
Elle parlait, ça devait faire des plombes qu'elle parlait. Mais je n'entendais plus rien.

---

19 renvoyer qn *ici* von der Schule verweisen **21 le débris de verre** Glasscherbe **21 balayer qc** etw. fegen **21 le revers de la main** Handrücken **22 atterrir** landen **22 la corbeille** Korb **23 lisser qc** etw. glätten **23 l'ongle** *m.* Nagel **24 le coin** Ecke **24 corné/e** an der Ecke eingeknickt **24 secouer qn/qc** jdn/etw. schütteln **31 rayer qc** etw. streichen **32 déchirer qc** etw. zerreißen **34 Leclerc** nom d'une chaîne de supermarchés **35 la crasse** Dreck **36 la semelle** Schuhsohle **36 le tapis roulant** Laufband **37 la flaque** Lache, Pfütze **39 la bouche** Mund **45 se noyer** ertrinken **49 le couloir** Flur **50 plissé/e** gefaltet **54 être grillé/e** *fam.* être perdu/e **55 revenir en arrière** *ici* von vorne anfangen **56 plumer qc** *ici* verschwenden **57 le bouquin** *fam.* le livre **57 se priver de qc** auf etw. verzichten **59 les clous** *m. pl. ici* Zebrastreifen **60 balancer qc à qn** *fam.* jdm etw. um die Ohren hauen **61 le/la môme** *fam.* l'enfant **61 la bouée de sauvetage** Rettungsring **64 passer le relais à qn** jdm den Stab übergeben **64 se serrer la ceinture** *fig.* den Gürtel enger schnallen **67 des plombes** *f. pl. fam.* des heures

Objectif langage

Complétez le texte suivant à l'aide des verbes pronominaux suivants. Utilisez le passé composé ou l'imparfait s'il le faut.

s'abattre	se briser	s'occuper	s'intéresser	se priver	s'accrocher

Il y a quelques années, Gérard et Julie [...] à un projet d'entreprise. Alors, Julie [...] de trouver l'argent et Gérard de développer le projet. Quand la grande crise financière [...] sur leur petite entreprise, tous les espoirs de Gérard [...], mais Julie [...] et elle avait raison. Quand ils ont commencé à avoir du succès, ceux qui les avaient critiqués au début ne [...] pas de les imiter! Malgré leur succès, ils sont restés très simples.

Activité créative

→ Méthodes, p. 245

Au choix

1. *Mme Goderche raconte au principal du LP ce qui s'est passé avec Thomas Rapassé.*
2. *De retour chez elle, Mme Goderche téléphone à une amie pour lui raconter ce qu'elle a vécu dans son bureau.*
3. *Mme Goderche raconte la scène qu'elle a vécue dans son journal intime.*

Coin lecture

L'extrait suivant est tiré du roman autobiographique d'une jeune femme sourde depuis sa naissance.

Vendredi, réunion McDo. Ma bande se rassemble au premier étage de l'établissement. On vient là parler pendant des heures, comme dans un salon, c'est plus confortable que dans le métro. De toute façon, nous ne savons pas où aller. Cela peut durer de six heures à neuf heures du soir. On achète un hamburger, un Coca ou un café, et on ne bouge plus. On «bloque», comme disent les adolescents.

Le patron n'aime pas beaucoup. Je ne pense pas qu'il s'agisse pour lui d'un problème de place. Autour de nous, les tables sont libres; il n'y a pas foule en permanence entre six et neuf. Je crois que ce patron n'aime pas que notre bande de sourds ait choisi son McDo pour être ensemble.

Un serveur arrive et nous demande de partir. On ne veut pas. Il s'en va, il revient, et ainsi de suite. Un soir, le patron s'en mêle. Franchement en colère.

«Allez-vous-en! Fichez le camp! Cassez-vous!»

Un copain sourd, en face de moi, signe en lui expliquant qu'il a le droit de rester là, puisqu'il consomme. Le patron ne veut rien savoir.

«Toi, tu ne restes pas! Casse-toi. Tu as deux secondes pour filer!»

Il lui parle comme à un chien. Je ne supporte pas. J'interviens en parlant français:

«S'il te plaît, on peut discuter? On n'est pas des chiens, on est des êtres humains!»

Est-ce qu'il a compris? Je ne sais pas. Mon «accent» oral est parfois difficile, surtout quand je suis en colère, et c'est le cas. En tout cas, il a dû comprendre le ton, mais il refuse la discussion.

«Pas question! Casse-toi!»

Il ne m'a pas écoutée. Encore un entendant qui refuse d'écouter. Je voudrais au moins lui expliquer que nous sommes là parce que nous nous sentons frustrés toute la journée dans ce monde qui n'est pas le nôtre. Que l'on a besoin de se retrouver ensemble. Que sa salle est vide en bas, qu'on ne prend la place de personne. Qu'on s'excuse. Que s'il faut reprendre un Coca ou un hamburger, on va se débrouiller pour le faire. Que l'on peut trouver un compromis, discuter. Mais il refuse d'écouter, ce type, donc de nous comprendre. Un copain me signe:

«Laisse tomber, on s'en va.»

On a l'habitude, de toute façon, d'être virés. Comme d'autres bandes de jeunes. On change d'endroit tout le temps, à la recherche d'un lieu, d'un accueil, mais, en général, on nous vire gentiment; c'est la première fois qu'on le fait méchamment. Nous sommes des humains, et cet homme nous parle comme à des chiens; et encore, il aurait sûrement plus de compréhension pour une trentaine de chiens de la SPA.

Je peux comprendre son problème: une bande de jeunes dans son McDo, ça l'encombre, ça dérange ses habitudes, il n'est pas là pour ça. Mais pas sur ce ton! Pas avec ce mépris. Même s'il ne sait pas comment s'exprimer avec moi, ce n'est pas le vrai problème, on peut toujours essayer.

Je le regarde, vraiment en colère. [...] Mais il baisse le ton:

«Bon d'accord, mais ne restez pas trop longtemps.»

Finalement nous sommes partis, écœurés. En rentrant à la maison, j'ai dit à ma mère:

«C'est ça, la communication avec des entendants? Je ne peux pas accepter.»

Elle a essayé de me calmer, mais j'étais furieuse. Ma colère vient masquer ma souffrance. Je me disais: «C'est dégoûtant, on ne peut pas changer le monde en claquant des doigts.»

Cela peut paraître anecdotique, mais ce conflit qui revient assez souvent entre les sourds et les entendants, surtout lorsque nous sommes un peu nombreux, ça me met en colère. Je crois dur comme fer à la possibilité de dialogue entre les deux mondes, les deux cultures. Je vis avec des entendants, je communique avec eux, je vis avec des sourds, je communique encore mieux, c'est normal. Mais l'effort nécessaire à cette communication, c'est toujours à nous de le faire. En tout cas, c'est ce que je ressens personnellement. Je m'obstine, je cherche encore, je voudrais l'union dans cette relation. Je voudrais que tombe la méfiance. Mais je n'y parviens pas.

sourd/e qui ne peut pas entendre **9 le patron** *ici* le chef du restaurant **11 la foule** (Menschen-)Menge **11 en permanence** tout le temps **16 ainsi de suite** und so weiter **17 se mêler de qc** sich in etw. einmischen **19 signer** *ici* faire des signes et des gestes pour communiquer entre ou avec des sourds **45 virer qn** *fam.* mettre qn dehors **52 la SPA** Société Protectrice des Animaux **54 encombrer qn** embarrasser qn, gêner qn **62 écœuré/e** découragé/e, frustré/e **80 s'obstiner** stur bleiben **82 la méfiance** Misstrauen

1. *Résumez la situation exposée dans le texte.*
2. *Avez-vous déjà vécu ou assisté à une scène semblable? Racontez-la.*

Point final

Faire le point
→ Méthodes, p. 261

1. *Faites le point sur ce que vous avez appris dans ce dossier. Notez les points importants et réunissez-les sous forme d'organigramme, d'affiche ou de journal de lecture.*

Tanguy – les jeunes restent plus longtemps chez leurs parents
[...]

2. *Travaillez en groupes. Répartissez-vous le travail à partir des mots ci-dessous. Un/e élève dit ce qu'il / elle sait sur son sujet, les autres complètent. Après, c'est le tour d'un/e autre élève avec un autre sujet:*

la famille	l'amitié	l'amour	les jeux vidéo	le football	les loisirs	l'orientation

3. *Faites une liste des aspects / thèmes que vous aimeriez approfondir.*
   a *À partir de cette liste, formulez des questions.*

Pourquoi les jeunes prennent-ils des médicaments?
[...]

   b *Lisez les textes que vous n'avez pas encore lus en classe pour voir si vous y trouvez les informations que vous recherchez.*
   c *Sinon, réfléchissez où vous pourriez trouver des réponses à vos questions.*

Discussion
→ Méthodes, p. 237

1. Les jeunes mènent-ils une vie différente en Allemagne et en France? Ont-ils les mêmes problèmes, la même conception de la vie, le même point de vue?
2. Quelles sont pour vous les conditions incontournables de l'amitié?
3. Partager un appartement ou une maison avec des gens appartenant à différentes générations: Qu'en pensez-vous?

Projet

1. Chaque génération de jeunes développe son propre langage. Cherchez des exemples pour la langue française sur Internet, dans des livres ou magazines et présentez-les.
2. Faites un petit dictionnaire franco-allemand du langage des jeunes.

Littérature

Louis Aragon, Que serais-je sans toi?, dans: Les yeux et la mémoire, Gallimard 2001 (1954)
Anne-Sophie Brasme, Respire, Hachette 2002
Anna Gavalda, Tahar Ben Jelloun, Éric-Emmanuel Schmitt, À la recherche du bonheur – Anthologie de contes francophones, Cornelsen Verlag 2008
Marie-Aude Murail, Simple, Médium 2004
Irène Némirovsky, Le Bal, Cornelsen Verlag 2008
Brigitte Peskine, Mon grand petit frère, Bayard Jeunesse 2001

Films

Sandrine Bonnaire, Elle s'appelle Sabine, France 2007
Patrice Leconte, Mon meilleur ami, France 2006
Philippe Lioret, Je vais bien, ne t'en fais pas, France 2006
Noémie Lvovsky, La vie ne fait pas peur, France 1999
Safy Nebbou, Le cou de la girafe, France / Belgique 2004

Chansons

Diam's, Jeune demoiselle recherche, dans: Dans ma bulle 2006
Françoiz Breut, De fil en aiguille, dans: À l'Aveuglette 2008

Aspects de la société

Population de la France au 1er janvier 2008

Population de la France
Évaluation provisoire au 1er janvier 2008

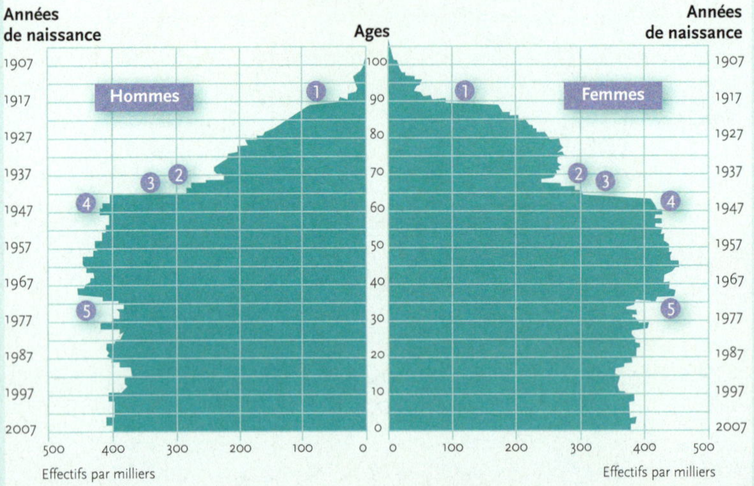

1 Déficit des naissances dû à la guerre de 1914–1918 (classes creuses)
2 Passage des classes creuses à l'âge de fécondité
3 Déficit des naissances dû à la guerre de 1939–1945
4 Baby-boom
5 Fin du baby-boom

Portrait robot de Monsieur Tout-le-monde

Sa maison:

C'est un pavillon construit dans une ville de plus de 2000 habitants en grande banlieue. Il possède 4 pièces avec une surface de 91 m².

Ses repas:

Il consacre 15 min à son petit-déjeuner et 45 min à son dîner.

Sa voiture:

Un couple sur deux possède deux voitures.

Ses déchets:

360 kg de déchets par an, ce qui fait 1500 kg de déchets pour un ménage avec deux enfants, dont seulement 300 kg sont recyclés.

4

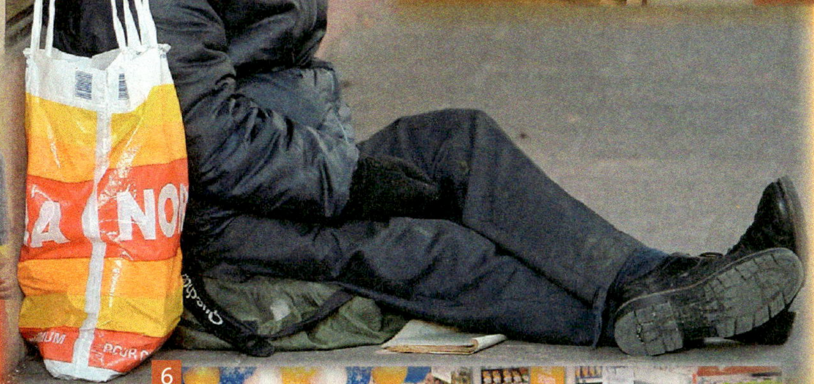

5

6

7

→ Méthodes, p. 254

1. *Dites quels aspects de la société française sont évoqués ici et quels aspects manquent à votre avis.*
2. *Décrivez le schéma de la population de la France, p. 40.*

Les visages de la France (1)

Approches

Nommez des instruments de musique et dites lesquels vous associez à la France.

Objectif lecture

CD 8

→ Méthodes, p. 252

A Aborder une chanson par l'écoute

1. *Écoutez les deux premières strophes de la chanson. Concentrez-vous sur les sons, les instruments, la mélodie, le rythme et indiquez à quoi ces éléments vous font penser.*
2. *Écoutez la chanson en entier, prenez des notes et dites de quels lieux parle le chanteur.*
3. *Expliquez le rapport du chanteur à ces différents lieux.*

CD 8

→ Méthodes, p. 252

B Écouter et analyser une chanson

1. *Écoutez la chanson. Dites dans quel pays le chanteur est né et faites des hypothèses sur le pays dont son père est originaire.*
2. *Écoutez maintenant la chanson en lisant le texte. De quel pays le chanteur parle-t-il lorsqu'il dit «mon pays»?*
3. *Dans les deux dernières strophes, le chanteur s'adresse directement à quelqu'un en disant «tu». À votre avis, qui est cette personne?*

Mon pays

Je n'connais pas ce soleil
Qui brûle les dunes sans fin
Je n'connais pas d'autre terre
Que celle qui m'a tendu la main
Et si un jour je pars d'ici
Que je traverse le désert
Pour aller voir d'où vient ma vie
Dans quelles rues jouait mon père
Moi qui suis né près de Paris
Sous tout ce vent, toute cette pluie
Je n'oublierai jamais mon pays
Jamais mon pays

Et si demain, comme aujourd'hui
Je dois faire le tour de la terre
Pour chanter au monde mes envies
Voyager des années entières
Moi qui suis né tout près d'ici
Même si je quitte mes amis
Je n'oublierai jamais mon pays

Refrain:
Trop de souvenirs gravés
De cours d'écoles et d'étés
Trop d'amour pour oublier
Que c'est ici que je suis né
Trop de temps abandonné
Sur les bancs de ma cité
Trop d'amis pour oublier
Que c'est ici que je suis né
Que c'est ici que je suis né

21 gravé/e eingemeißelt, eingeprägt

Je n'connais pas ce parfum
De menthe et de sable brûlant
Mais seulement les embruns
Sous les rouleaux de l'océan
Et toi qui me trouves un peu mat
Pour ces rues bordées de prairies
Un peu trop blanc couleur d'Euphrate
Pour ces poèmes que j'ai appris
Tu es bien le seul que j'oublie
Telle l'étoile, fidèle à la nuit
Je n'oublierai jamais mon pays
Jamais mon pays

Refrain

Et comme toi j'attends la pluie
Pour lui dire toutes mes peines
Tout comme toi je lui souris
Quand elle tombe sur la plaine
Quand elle tombe sur la plaine

Refrain (bis)

31 la menthe Minze **32 les embruns** *m. pl.* Gischt **33 le rouleau** *ici* la grosse vague **34 mat/e** *ici* dunkel **35 être bordé/e de qc** von etw. gesäumt sein **36 l'Euphrate** *m.* fleuve qui passe en Turquie, en Irak et en Syrie **39 tel/telle** comme

Objectif langage

1. «Moi qui suis né près de Paris». «Toi qui me trouves un peu mat». *Comment exprimeriez-vous la même chose en allemand? Expliquez la différence.*

2. *Complétez avec la forme du pronom qui convient et mettez le verbe à la forme correcte.*

TARIK: [...] qui *(avoir)* des parents français, vous ne pouvez pas vraiment comprendre comment c'est quand on est un fils d'exilé! [...] qui *(grandir, p.c.)* entre Paris et Alger, je peux vous dire que c'est très difficile!

THOMAS: Je ne comprends pas. Regarde Karl. [...] qui *(avoir)* une mère allemande et un père français, il n'a aucun problème d'identité!

TARIK: Oui, mais ce n'est pas pareil! Ce n'est pas un fils d'immigrés! Nos parents ne se sentent bien dans aucun des deux pays! [...] qui *(fuir, p.c.)* leur pays pour s'installer en France, ils sont considérés ici comme des étrangers et là-bas comme des étrangers! [...] qui *(croire)* tout savoir, tu devrais penser à cela!

LEILA ET SACHA: [...] qui *(connaître)* ce problème, nous te comprenons. Mais avoue que ça peut aussi être une chance d'appartenir à deux cultures, non?

3. *Quelles sont les formes qui n'apparaissent pas dans le texte? Faites une phrase d'exemple avec chacune de ces formes.*

Médiation

→ Méthodes, p. 240

Expliquez à un ami français ce que cet Allemand d'origine turque raconte sur son identité.

Ich habe Deutschland umarmt

Ich habe mir meine Eltern mit „Migrationshintergrund" nicht ausgesucht – für die deutsche Staatsbürgerschaft hingegen habe ich mich bewusst entschieden. Ich habe mich für dieses Land und seine Menschen entschieden, für seine Landschaft, seine Kultur, auch für die dunklen Kapitel seiner Geschichte und für die Größe damit umzugehen. Diese Geschichte ist jetzt auch meine Geschichte. Ja, es mag pathetisch klingen, aber ich habe Deutschland umarmt und das Ruhrgebiet, wo ich aufgewachsen bin und wo ich heute noch lebe, ins Herz geschlossen. Ich möchte nirgendwo sonst leben. Doch macht man es mir und anderen Migranten nicht immer leicht. Immer wieder werden wir nach unserer „eigentlichen" Identität gefragt. Wie türkisch darf ein Deutscher denn sein? Wie deutsch darf ein Türke sein? Warum fällt es so schwer, zu begreifen, dass man mehrere Identitäten haben – und trotzdem Deutscher sein kann?

Activité créative

→ Méthodes, p. 245

À vous. Écrivez un texte (poème, chanson, slam, ...).

Mon pays, c'est [...].

Les visages de la France (2)

Approches

Qu'est-ce qui est important pour vous dans une société? Complétez cette liste et classez les mots par ordre d'importance.

beauté organisation tolérance égalité amour justice partage dignité respect liberté éducation nature [...]

Objectif lecture

A Comprendre l'avis de différents personnages

1. *Retracez les différents points de vue exprimés par les jeunes à la table du café.*
2. *Résumez le souvenir de Montale avec ses copains Manu et Ugo et expliquez la réponse de Manu, «[on est] des Arabes» (ligne 24).*
3. *Expliquez pourquoi Montale se sent attiré par la conversation à la table voisine.*

B Analyser un aspect du texte

Expliquez la dernière phrase du texte: «Marseille appartient à ceux qui y vivent».

Le narrateur, Fabio Montale est marseillais d'origine italienne âgé d'une cinquantaine d'années. Témoin d'une discussion entre des jeunes dans un café, il se souvient de sa propre jeunesse avec ses amis Ugo et Manu.

Je pris mon verre et allai m'asseoir en terrasse, à côté d'une table d'Arabes.

– Mais on est français, con. On est né ici. L'Algérie, moi, j'connais pas.

– T'es français, toi. On est les moins français de tous les Français. Voilà ce qu'on est.

– Si les Français y veulent plus de toi, tu fous quoi? T'attends qu'y te flinguent. Moi, je me casse.

– Ah oui! Tu vas où, eh con! Arrête de délirer.

– Moi, je m'en tape. Je suis marseillais. J'y reste. Point. Et si on m'cherche y me trouveront.

Ils étaient de Marseille, marseillais avant d'être arabes. Avec la même conviction que nos parents. Comme nous l'étions Ugo, Manu et moi à quinze ans. Un jour, Ugo avait demandé: «Chez moi, chez Fabio, on parle napolitain. Chez toi, on parle espagnol. En classe, on apprend le français. Mais on est quoi, dans le fond?»

– Des Arabes, avait répondu Manu.

Nous avions éclaté de rire. Et ils étaient là, à leur tour. À revivre notre misère. Dans les maisons de nos parents. À prendre ça pour paradis comptant et à prier pour que ça dure. Mon père m'avait dit: «Oublie pas. Quand je suis arrivé ici, le matin, avec mes frères, on savait pas si on aurait à manger à midi, et on mangeait quand même.» C'était ça, l'histoire de Marseille. Son éternité. Une utopie. L'unique utopie du monde. Un lieu où n'importe qui, de n'importe quelle couleur, pouvait descendre d'un bateau, ou d'un train, sa valise à la main, sans un sou en poche, et se fondre dans le flot des autres hommes. Une ville où, à peine le pied posé sur le sol, cet homme pouvait dire «C'est ici. Je suis chez moi.»

Marseille appartient à ceux qui y vivent.

3 con *vulg. ici* interjection utilisée à Marseille **9 y** *ici fam.* ils **9 foutre qc** *vulg. ici* faire qc **9 flinguer qn** *fam.* tuer qn **10 se casser** *fam.* s'en aller **11 délirer** *fam. ici* dire n'importe quoi **13 se taper de qn/qc** *fam.* auf jdn/etw. pfeifen **17 la conviction** Überzeugung **27 prendre qc pour paradis comptant** croire que c'est le paradis **37 se fondre dans le flot** disparaître dans la masse

Objectif langage

Réécrivez le dialogue à la table des jeunes en français standard.

Jeu de rôle

→ Méthodes, p. 237

Les jeunes demandent à Fabio Montale pourquoi il les observe ainsi. Montale s'assoit à leur table et leur explique. Ils lui posent des questions. Imaginez le dialogue.

Les visages de la France (3)

Saint-Denis

Approches

→ Méthodes, p. 255

1. *Cherchez sur une carte de France où se trouve la ville de Saint-Denis.*
2. *Décrivez l'image.*

Objectif lecture

A Utiliser un texte pour trouver des informations

Lisez le texte et faites une liste des principales étapes de l'histoire de la ville de Saint-Denis mentionnées dans ce texte.

B Comprendre les thèmes principaux d'un texte

1. *Trouvez dans le texte des informations concernant les points suivants:*

Saint-Denis ville des rois de France	Saint-Denis ville multiculturelle
Saint-Denis ville industrielle	

2. *Expliquez le lien entre Saint-Denis ville industrielle et Saint-Denis ville multiculturelle.*

Didier Daeninckx explique ici comment Saint-Denis a pris son visage actuel.

La légende prétend qu'aussitôt décapité, Denis, premier évêque de Paris prit sa tête dans ses mains, traversa ce qui allait devenir le quartier Latin, escalada la colline de Montmartre, puis redescendit droit sur un village qui bien des temps plus tard fut baptisé du nom de ce martyr chrétien: Saint-Denis. C'est à l'endroit même où la vie le quitta que fut édifiée une orgueilleuse basilique. Elle renferme les dépouilles des rois de France [...].

On sait que les dernières décennies ne furent pas tendres pour le paysage de ce qui est ma ville natale. Tous les minerais de France, tous les produits chimiques, conver-

1 aussitôt décapité tout de suite après qu'on lui a coupé la tête **2 l'évêque** *m.* Bischof **4 le quartier Latin** le quartier des universités et des étudiants à Paris **6 baptiser qn** jdn taufen **9 édifier qc** construire quelque chose de grand **9 orgueilleux/-euse** fier/-ère **10 renfermer qc** *ici* etw. beherbergen **10 la dépouille** sterbliche Überreste **12 la décennie** la période de dix ans **12 ne pas être tendre** être dur/e **14 le minerai** Erz **15 converger** se diriger vers qc

geaient sur ce coin de banlieue. Toutes les misères aussi. [...]
Le monde entier fournissait des bras aux industries dyonisiennes. Au début du siècle, c'est par milliers que les jeunes désertaient les villages du Morbihan, du Morvan ou de l'Aubrac pour venir peupler les ateliers des usines automobiles Delaunay-Belleville ou Hotchkiss. Les Bretons étaient les plus nombreux. Les plus rejetés aussi à cause de leur langue, étrangère d'apparence. [...]
Plus tard, ce furent les Italiens qui prirent la relève, puis les cohortes républicaines, vaincues par les armées noires de Franco. Le quartier se transforma en «petite Espagne» où résonnèrent longtemps les accords de guitare rageurs de Paco Ibáñez. D'autres exilés, affamés de pain ou de liberté, trouvèrent le chemin à leur tour. Portugais, Algériens, Maliens, Yougoslaves, s'installèrent par vagues successives dans les pauvres maisons laissées vacantes par ceux qui avaient, enfin, réussi à gagner le cœur des villes.
Aujourd'hui, c'est d'un pas volontaire et le sourire aux lèvres que de tous les pays du monde on se presse vers Saint-Denis. Toutes les couleurs, tous les drapeaux, toutes les musiques.

17 la misère Elend **18 fournir qc à qn** donner qc à qn **19 dyonisien/ne** *adj. de* Saint-Denis **20 par milliers** zu Tausenden **20 déserter qc** *ici* quitter qc **22 peupler** bevölkern **22 l'atelier** *m.* Werkstatt **25 les plus rejetés** les moins acceptés **26 étrangère d'apparence** qui avait l'air étrangère **27 prendre la relève** remplacer qn **28 les cohortes républicaines** *f. pl.* die republikanischen Heerscharen **29 Franco** dictateur espagnol (1892–1975) **31 résonner** erklingen **32 rageur/-euse** plein de rage, de colère **33 être affamé/e de qc** avoir très faim de qc **37 vacant/e** *ici* vide **40 volontaire** décidé/e

Objectif langage

Racontez la légende de Saint-Denis en utilisant le passé composé (lignes 1–9).

Pour aller plus loin

→ Méthodes, p. 254

1. *Relevez les parallèles entre le texte de Didier Daeninckx et celui de Jean-Claude Izzo. Que disent les deux auteurs sur la capacité de leur ville à accueillir les immigrés?*
2. *Comparez les chiffres du tableau avec les textes de Jean-Claude Izzo (p. 44) et de Didier Daeninckx (p. 45–46). Indiquez en quoi les immigrés présentés par ces auteurs sont représentatifs.*

Répartition des immigrés par pays d'origine	1962 en %	1982 en %
Europe	**78,7**	**57,3**
Espagne	18,0	11,7
Italie	31,8	14,1
Afrique	**14,9**	**33,2**
Algérie	11,6	14,8
Maroc	1,1	9,1
Tunisie	1,5	5,0
Total	**100,0**	**100,0**
Effectif	2 861 280	4 037 036

3. *Faites des recherches sur la répartition des immigrés en France aujourd'hui (www.insee.fr).*

Les visages de la France (4)

Approches

Décrivez ces photos représentant la ville de Saint-Denis et commentez-les.

1

2

3

4

Objectif lecture

CD 9

A Comprendre un slam à l'aide de photos

1. *Écoutez le slam et dites à quelle partie du texte correspondent les photos des Approches.*
2. *Cherchez dans le texte des informations supplémentaires sur ces différents lieux.*

CD 9

→ Méthodes, p. 252

B Comprendre un slam à partir de son écoute

1. *Concentrez-vous sur les mots et les bruits que vous reconnaissez pour faire des hypothèses sur le thème du slam.*
2. *Écoutez bien les paroles du slam, imaginez que vous êtes à Saint-Denis: Que pouvez-vous voir, sentir, goûter, toucher et entendre? Citez des exemples.*

Saint Denis

J'voudrais faire un slam pour une grande dame que j'connais depuis tout petit
J'voudrais faire un slam pour celle qui voit ma vieille canne du lundi au samedi
J'voudrais faire un slam pour une vieille femme dans laquelle j'ai grandi
J'voudrais faire un slam pour cette banlieue nord de Paname qu'on appelle Saint-Denis
Prends la ligne D du RER et erre dans les rues sévères d'une ville pleine de caractère
Prends la ligne 13 du métro et va bouffer au McDo ou dans les bistrots d'une ville pleine de bonnes gos et de gros clandos

---

2 la canne *ici* Krücke **4 Paname** *fam.* Paris **5 errer** marcher sans avoir de but **7 la go** *fam.* la fille **7 le clando** *fam.* le/la clandestin/e, *dt.* Illegale/r

Si t'aimes voyager, prends le tramway et va au marché. En une heure, tu traverseras Alger et Tanger.
Tu verras des Yougos et des Roms, et puis j't'emmènerai à Lisbonne
Et à 2 pas de New-Deli et de Karashi (t'as vu j'ai révisé ma géographie), j't'emmènerai bouffer du Mafé à Bamako et à Yamoussoukro.
Et si tu préfères, on ira juste derrière manger une crêpe là où ça sent Quimper et où ça a un petit air de Finistère.
Et puis en repassant par Tizi-Ouzou, on finira aux Antilles, là où il y a des grosses re-noi qui font «Pchit, toi aussi kaou ka fé la ma fille!»
Au marché de Saint-Denis, faut que tu sois sique-phy. Si t'aimes pas être bousculé tu devras rester zen.
Mais sûr que tu prendras des accents plein les tympans et des odeurs plein le zen
Après le marché on ira ché-mar rue de la République, le sanctuaire des magasins pas chers
La rue préférée des petites rebeus bien sapées aux petits talons et aux cheveux blonds peroxydés
Devant les magasins de zouk, je t'apprendrai la danse. Les après-midi de galère, tu connaîtras l'errance. Si on va à la Poste j't'enseignerai la patience ...
La rue de la République mène à la Basilique où sont enterrés tous les rois de France, tu dois le savoir! Après géographie, petite leçon d'histoire
Derrière ce bâtiment monumental, j't'emmène au bout de la ruelle, dans un petit lieu plus convivial, bienvenue au Café Culturel
On y va pour discuter, pour boire, ou jouer aux dames. Certains vendredis soir, y'a même des soirées slam
[...]

10 le Yougo le Yougoslave, personne originaire de l'Ex-Yougoslavie **10 le Rom** Roma **12 le mafé** plat africain traditionnel **12 Bamako** capitale du Mali **12 Yamoussoukro** capitale de la Côte d'Ivoire **13 Quimper** ville en Bretagne **14 le Finistère** département français situé en Bretagne **15 Tizi-Ouzou** ville au nord de l'Algérie dans laquelle vivent beaucoup de Berbères **15 la re-noi** *verlan* la Noire **16 Pchit, toi aussi kaou ka fé la ma fille?** phrase en créole qui signifie: «Mais enfin, que fais-tu ici, ma fille?» **17 sique-phy** *verlan* physique **18 rester zen** *ici* rester calme **19 le tympan** Trommelfell **19 le zen** *verlan* le nez **20 ché-mar** *verlan* marcher **20 le sanctuaire** Refugium **21 le/la rebeu** *verlan* le beur/la beurette, l'Arabe **21 sapé/e** *fam.* habillé/e **21 le talon** *ici* Schuhabsatz **22 peroxydé/e** gebleicht **23 le zouk** musique antillaise **23 la galère** *ici* difficile **28 convivial/e** gesellig

Objectif langage

→ Méthodes, p. 252

Trouvez pour chaque figure de style un ou deux exemples dans le texte.

Anaphore: Consiste à commencer plusieurs fois de suite ses phrases de la même manière pour insister sur une idée, convaincre ou provoquer un rythme.

Allitération: Consiste à répéter plusieurs fois de suite la même consonne pour produire un effet.

Assonance: Consiste à répéter plusieurs fois de suite la même voyelle pour produire un effet.

Personnification: Consiste à présenter un animal, une chose, un lieu ou une idée comme s'il s'agissait d'une personne.

Médiation

→ Méthodes, p. 240

Un copain allemand qui ne comprend pas le français vient d'écouter ce slam. Il vous demande de quoi il est question. Aidez-le.

Recherche

Faites des recherches sur l'un de ces lieux de Saint-Denis et présentez vos résultats à la classe.

la Basilique de Saint-Denis | le stade de France | le Café Culturel

Pour aller plus loin

Lisez l'encadré sur le slam et notez les règles principales. Utilisez-les pour l'activité créative.

Le slam, c'est une sorte de compétition de poésie. Et Grand Corps Malade (GCM) est l'un de ceux qui font le succès de cette musique de mots!

Dans le cercle des poètes de rues, Fabien Marsaud s'est fait un nom ou plutôt un surnom, Grand Corps Malade, qu'il a adopté après un accident qui l'a laissé boiteux, le côté droit de son corps tout raide.

Il a commencé à écrire à l'hôpital, pour exprimer ce qu'il ressentait. Cinq ans plus tard, il déclame ses textes en public. [...] Un cocktail fait du meilleur rap français et des grandes plumes de la chanson française classique. Un nouvel artiste est né. [...]

«Un moment d'écoute, de tolérance et de partage. Le slam, c'est une bouche qui donne et des oreilles qui prennent», voilà comment GCM décrit son art.

Le slam, né à Chicago en 1982, réunit des poètes qui récitent leurs mots, selon des règles précises: pas de musique, pas d'accessoires. Le public élit, en applaudissant, celui qu'il juge le meilleur. La même année, le «spoken word» voit le jour à Los Angeles: c'est un slam agrémenté de musique, costume et autre ... GCM fait partie de cette catégorie. En France, le slam se retrouve surtout dans des cafés de quartier. Chacun y est invité à déclamer ses textes. Pourquoi pas vous, un jour?

2 le surnom Spitzname **4 boiteux/-euse** hinkend **5 raide** steif **10 la grande plume** le/la grand/e auteur **23 agrémenté/e de** verschönert durch

Activité créative

→ Méthodes, p. 252

1. *Faites un slam sur votre ville, votre village, votre région. Vous pouvez prendre celui de Grand Corps Malade comme modèle. N'oubliez pas d'utiliser des figures de style comme celles étudiées dans l'objectif langage.*
2. *Organisez un concours de slam dans votre classe au cours duquel chacun récite le texte qu'il a écrit. Utilisez les informations ci-dessus.*

La famille dans la société (1)

Approches

Expliquez ce gros titre et formulez des hypothèses sur les raisons de ce phénomène.

La France championne d'Europe des naissances

Objectif lecture

A Comprendre un texte

Expliquez, à partir de l'article, les raisons pour lesquelles le taux des naissances en France est élevé.

→ Méthodes, p. 254

B Analyser une statistique

1. *Comparez les taux des naissances actuels des différents pays d'Europe. Que constatez-vous?*
2. *Étudiez l'évolution entre 1994 et 2007.*

Vive les bébés!

On nous dit et on nous répète que les Français n'ont pas le moral. Et pourtant, année après année, ils donnent naissance à un grand nombre d'enfants: 800 000 bébés en 2006. Comment s'explique un tel phénomène? Ursula Gauthier et Claire Fleury ont mené l'enquête.

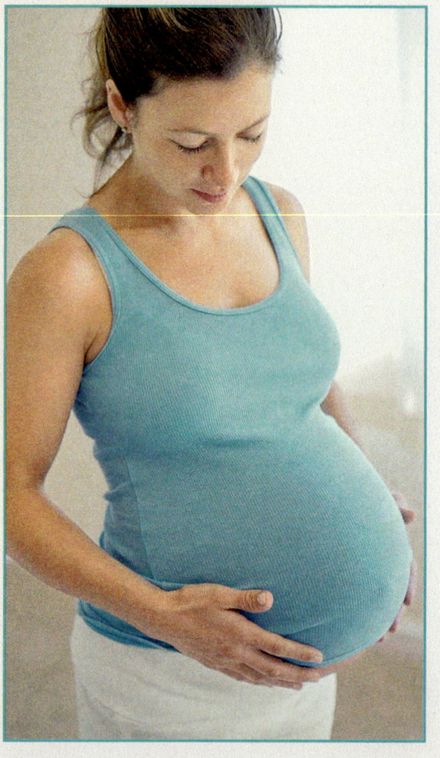

Avez-vous remarqué l'invasion de ventres rebondis depuis quelques années dans les pubs, les clips et sur les affiches? Avec plus de 800.000 bébés nés en 2006, l'indicateur de fécondité atteint désormais 2 enfants par femme [...] et place la France en tête des pays européens. Plusieurs facteurs y contribuent, selon France Prioux, de l'Ined: «Alors que la chute de la fécondité chez les moins de 25 ans s'est arrêtée depuis la fin des années 1990, cela fait dix ans que la fécondité au-delà de 28 ans est repartie.» Autrement dit, les jeunes couples ont cessé de retarder l'arrivée de leur premier enfant – sans doute encouragés par l'amélioration de l'emploi pour les 25–35 ans. Dans le même temps, celles dont on disait qu'elles avaient trop attendu, qu'elles resteraient sans descendance, créent la surprise en faisant un enfant à la quarantaine. Le nombre de ces naissances dites «tardives» a triplé depuis 1980, atteignant presque 4 % du total. «Seule 1 Française sur 10 reste sans enfant, contre un quart des Allemandes», précise France Prioux.

9 rebondi/e rond/e **15 l'Ined** Institut National d'Études Démographiques **16 la fécondité** Fruchtbarkeit **21 retarder qc** etw. hinauszögern **26 la descendance** *ici* les enfants

Autre spécificité française – que nous partageons avec la Norvège: la proportion importante des familles à 3 enfants et plus. Pour le sociologue Arnaud Régnier-Loilier, cela découle en partie de notre conception de la famille: «En France, le modèle de l'enfant unique ne convainc pas: on le juge triste, on craint qu'il ne génère de l'égoïsme. D'ailleurs, pour nos compatriotes, une vraie famille doit comporter une fratrie d'enfants. Plus elle est nombreuse, plus elle est valorisée.»
Les observateurs étrangers ont tendance à attribuer la belle performance française au poids de son immigration. En fait, l'accroissement actuel est tout aussi visible dans des départements qui comptent peu d'immigrés. Pour les sociologues, le vrai secret réside dans une combinaison unique d'aides publiques (allocations diverses), de réductions d'impôts, d'infrastructures et de services (crèches, maternelle gratuite à partir de 3 ans, cantines scolaires, colonies de vacances, etc.). Résultat: près de la moitié des enfants français naissent désormais hors mariage, sans susciter de réprobation. Pour l'hebdomadaire américain «Newsweek», c'est le système social français dans sa globalité, avec ses garanties pour l'emploi, les soins, le logement, l'éducation, les vacances, qui facilite la décision de procréer.

D'après: Le Nouvel Observateur n° 2208, 1er mars 2007, Ursula Gauthier

37 découler de qc von etw. kommen, herrühren **40 générer qc** causer qc **42 la fratrie** Geschwister **44 valoriser qn/qc** jdn/etw. aufwerten **46 attribuer qc à qc** etw. etw. zuschreiben **46 la performance** Leistung **52 l'allocation** *f.* finanzielle Unterstützung vom Staat **54 la crèche** Kinderkrippe **58 désormais** à partir de maintenant **58 susciter la réprobation de qn** Missbilligung hervorrufen **62 les soins** *m. pl.* Pflege

L'Europe stérile
Évolution du taux des naissances dans les pays de l'Union européenne

	1994	2007
Allemagne	1,2	1,3
Autriche	1,5	1,4
Belgique	1,6	1,7
Danemark	1,8	1,9
Espagne	1,2	1,4
Estonie	1,4	1,6
Finlande	1,8	1,8
France	1,7	2,0
Grèce	1,3	1,3
Hongrie	1,6	1,3
Irlande	1,8	1,9

	1994	2007
Italie	1,2	1,4
Lettonie	1,4	1,4
Lituanie	1,6	1,3
Pays-Bas	1,6	1,7
Pologne	1,8	1,3
Portugal	1,4	1,4
République tchèque	1,4	1,3
Royaume-Uni	1,7	1,8
Slovaquie	1,7	1,3
Slovénie	1,3	1,3
Suède	1,9	1,9
Europe	**1,5**	**1,5**

Objectif langage

Trouvez le sens des mots suivants à partir de vos connaissances linguistiques et en tenant compte du contexte dans lequel ils se trouvent dans l'article.

infrastructure	observateur	fécondité	tardif
accroissement	procréer	descendance	performance

Exemple:

mot nouveau	*mots connus (en français, en allemand)*	*contexte*	*signification*
la fécondité →	*fécond/e*	*l'indicateur de fécondité (l. 12)*	*→ Fruchtbarkeit*
[...]	*[...]*	*[...]*	*[...]*

Médiation

Pour vous préparer à une table ronde franco-allemande sur la natalité, lisez l'article ci-dessous.

1. *Qu'est-ce qu'on y apprend sur la situation en Allemagne? Résumez les points principaux en français.*
2. *Quelles différences voyez-vous entre la France et l'Allemagne?*

„[...] Die Vereinbarkeit von Vollzeitbeschäftigung und Kindererziehung ist bei uns extrem schwierig", sagt die stellvertretende SPD-Fraktionschefin und Vorsitzende der Arbeitsgemeinschaft Sozialdemokratischer Frauen, Elke Ferner. „Für die kleineren Kinder existiert bei weitem kein bedarfsgerechtes Betreuungsangebot. Es gibt nicht genügend Plätze, geschweige denn einen Rechtsanspruch auf einen Kindergartenplatz. Doch selbst der würde den Frauen bestenfalls die Möglichkeit eröffnen, eine Teilzeitstelle anzunehmen. Was wir brauchen, ist ein Rechtsanspruch auf ganztägige Betreuung", so Ferner. [...] „Elterngeld und Vätermonate helfen, reichen allein aber nicht aus, um die Stellung der Frauen auf dem Arbeitsmarkt zu stärken. Die Rahmenbedingungen müssen so verändert werden, dass es für einen Arbeitgeber am Ende dasselbe Risiko bedeutet, einen potenziellen Vater oder eine potenzielle Mutter einzustellen."

Table ronde

→ Méthodes, p. 238

Organisez une rencontre franco-allemande d'experts sur le thème:
«Le taux des naissances en Europe et ses conséquences pour nos deux pays. Quelles mesures pourrait-on prendre?»
Vous pouvez faire des recherches au préalable pour obtenir plus d'informations sur ce sujet.

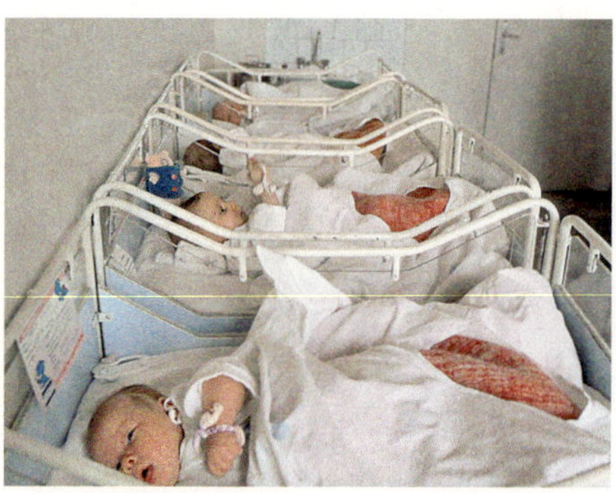

La famille dans la société (2)

Approches

Faites une liste des tâches ménagères à effectuer dans une famille avec des enfants. Puis organisez un petit sondage dans la classe: Auxquelles participez-vous souvent / quelquefois / jamais? Répondez individuellement, puis comparez vos résultats. Y a-t-il des différences entre les filles et les garçons?

Objectif lecture
→ Méthodes, p. 235

A Comprendre un texte

Décrivez la répartition des tâches ménagères dans les deux familles présentées dans l'article.

→ Méthodes, p. 235

B Se concentrer sur un aspect du texte

1. *Parlez de l'attitude des deux femmes face aux tâches ménagères.*
2. *Expliquez l'influence de la répartition des tâches ménagères sur la situation professionnelle des femmes d'après le texte.*

ENQUÊTE: *ménage, courses, cuisine, chacun sa part*

Pendant des années, ils ont tenté de partager au jour le jour les tâches ménagères. «Mais il y avait toujours un transfert de charges insidieux vers Isabelle», admet son compagnon. Fatigués par les discussions sur le nettoyage du linge ou l'organisation des courses, Isabelle Bremond, productrice de cinéma et de documentaires, et Yves Salesse, conseiller d'État et président d'honneur de la Fondation Copernic, ont mis en place, il y a quatre ans, un système «d'alternance». Pendant des années, ils assument, chacun à leur tour les tâches domestiques: préparer les repas, s'occuper de la maison, qui compte deux adolescents de 15 et 19 ans.

Le système est souple – «si on a un déplacement ou un imprévu, on ajuste bien sûr», il a l'avantage d'équilibrer les rôles. «Ça marche, mais il a fallu que j'apprenne à lâcher», raconte Isabelle Bremond. «Tant pis si on mange des nouilles deux soirs de suite ou si les tee-shirts sont étendus en boule: ce qui compte, c'est que l'on fonctionne de manière plus égalitaire. C'est important pour nous, mais aussi pour les enfants: j'avais envie que mon fils devienne un mari acceptable et que ma fille ne soit pas embringuée dans les mêmes schémas.» [...]

Le mode de vie de ce couple parisien est bien loin des constats dressés par la dernière enquête «Emploi du temps» de l'INSEE (1998–1999). Dans une famille de deux enfants dont les parents travaillent à temps plein, les femmes accomplissent en moyenne 65 % du travail domestique, 80 % si l'on retient uniquement le «noyau dur» (courses, cuisine et linge). Ces inégalités pèsent lourdement sur l'investissement professionnel des femmes: sur une année, une femme assume 680 heures de travail domestique de plus que son compagnon, soit dix-neuf semaines de travail de 35 heures [...]

Valérie et Stéphane Brandel, qui vivent ensemble depuis quatre ans, ne cherchent pas l'égalité à tout prix: ils ont, disent-ils, des «domaines de compétence» différents. Valérie, qui est responsable de formation dans une entreprise de cosmétiques, s'occupe de la maison: elle fait les courses, prépare les repas, range la maison, fait le ménage, étend les lessives et repasse les vêtements. Stéphane, qui est attaché commercial, assume les tâches qu'il juge plus «masculines»: il sort les

2 au jour le jour *ici* sans planifier **4 la charge** Belastung **4 insidieux/-ieuse** hinterhältig **13 assumer qc** etw. übernehmen **14 domestique** häuslich **20 équilibrer qc** etw. ausgleichen **22 lâcher qc** etw. loslassen **24 étendre qc en boule** etw. zerknittert aufhängen **30 embringuer qn** mettre qn dans une situation désagréable **33 les constats dressés** *m. pl.* Umfrageergebnisse **35 l'INSEE** Institut **N**ational de la **S**tatistique et des **É**tudes **É**conomiques **55 la lessive** Wäsche **56 repasser qc** etw. bügeln poubelles, nettoie la voiture, réalise les petits travaux de bricolage, s'occupe du barbecue et tond le gazon.

Lorsqu'il lui est demandé d'estimer sa part des tâches ménagères, Stéphane Brandel hésite un instant avant de proposer un petit «30 %». Sa femme le corrige aussitôt dans un sourire. «Je dirais plutôt 20, précise-t-elle. Mon mari a beaucoup de qualités mais ce n'est pas une fée du logis! Il met occasionnellement le couvert, il fait parfois la vaisselle, mais je sens bien qu'il n'est pas à l'aise avec la cuisine, le ménage, le rangement ou le linge, alors je le fais moi-même. Si je le sollicite, il participe, parfois même avec plaisir, mais les offres viennent rarement de lui.»

Cette répartition leur semble naturelle. «Les choses se sont faites toutes seules» affirme Stéphane Brandel. On ne s'est jamais assis autour d'une table en se disant: «Toi, tu feras le repassage, moi je laverai la voiture. C'est venu spontanément.» Valérie Brandel sait que sa charge est plus lourde que celle de son compagnon mais elle accepte. «Je fais l'essentiel mais je sais que ce sera fait comme je le veux. Je n'ai pas envie que la lessive reste entassée dans une bassine ou que l'aspirateur ne passe jamais sous les tapis.»

Jusqu'à la naissance de Timoté, deux ans et demi, et Corentin, trois mois, le déséquilibre n'a pas vraiment pesé. «On avait du temps devant nous, se souvient Stéphane Brandel. On pouvait avoir une vie moins organisée.» Mais avec deux emplois à plein temps, de longs trajets voiture et des enfants en bas âge, la charge de travail s'est considérablement alourdie. «Il y a quinze jours, j'étais tellement fatiguée que j'ai laissé les enfants à Stéphane pour aller me promener pendant quelques heures, reconnaît Valérie. Ça m'a fait du bien de respirer un peu.»

D'après: Le Monde, 7 août 2007, Anne Chemin

60 le bricolage Heimwerken **61 tondre le gazon** Rasen mähen **69 le logis** la maison **69 occasionnellement** gelegentlich **74 solliciter qn** prier qn **88 la bassine** Schüssel, Wanne

Objectif langage

1. *Faites un associogramme sur le thème des tâches ménagères à l'aide des mots que vous trouvez dans le texte. Complétez-le avec d'autres mots et expressions que vous connaissez déjà.*

2. *Relevez, dans le texte, les phrases au discours direct ainsi que des verbes synonymes du mot «dire».*
3. *Utilisez ces éléments pour raconter ce que les personnes interviewées ont dit. Utilisez le discours indirect au passé.*
   Exemple: Yves Salesse a admis qu'il y avait [...].

Discussion
→ Méthodes, p. 237

Dans laquelle des deux familles préféreriez-vous vivre? Expliquez votre point de vue.

Activité créative
→ Méthodes, p. 245

Imaginez que vous avez trouvé et interviewé «la famille idéale». Écrivez à votre tour un article dans lequel vous la décrivez.

La famille dans la société (3)

Approches

Décrivez ces deux photos, comparez-les et faites des hypothèses sur la vie dans chacun de ces immeubles.

Objectif lecture

DVD 4

A Comprendre un court-métrage

Regardez le film, prenez des notes et dites ce qu'on apprend sur la jeune femme (lieu de résidence / de travail, métier, situation familiale, origine, langue maternelle ...).

DVD 4

B Analyser un court-métrage

1. *Reconstituez les paroles de l'employeuse.*
2. *Décrivez la réaction de la jeune femme à ces paroles.*
3. *Étudiez les moyens filmiques utilisés pour souligner les sentiments de la jeune femme.*

→ Méthodes, p. 257

Recherche

Faites des recherches sur le 16e arrondissement à Paris.

Commentaire

→ Méthodes, p. 240/244

Trouvez-vous le titre «Loin du 16e» approprié? Expliquez votre point de vue.

Activité créative

Au choix

1. *Quelles sont les pensées de la jeune femme quand elle regarde par la fenêtre? Écrivez un monologue intérieur.*
2. *Imaginez la journée de la mère du deuxième bébé. Écrivez un petit scénario.*

→ Méthodes, p. 245

La société de consommation (1)

Approches
→ Méthodes, p. 261

Proposez, si nécessaire, à l'aide d'un dictionnaire bilingue, la traduction de:

les échanges internationaux · réduire les intermédiaires · les services · les denrées agricoles · répartir équitablement les bénéfices · le regroupement des producteurs en coopérative

Objectif lecture

A Comprendre certains aspects économiques à partir d'un texte

1. *Trouvez la phrase du texte qui explique le mieux (et le plus brièvement possible) ce qu'est le commerce équitable.*
2. *Expliquez pourquoi les petits cultivateurs sont victimes du système.*
3. *Dites qui profite actuellement du commerce international et qui sont les perdants dans ce système.*

B Faire un résumé oral à partir de mots-clés

1. *Transformez tout d'abord les questions posées par le/la journaliste dans le texte en mots-clés. Exemple:* Comment marche le commerce international?
   → Le fonctionnement du commerce international.
2. *Disposez ensuite ces mots-clés dans un schéma.* → Méthodes, p. 261
3. *Complétez-le par un résumé très bref de chaque réponse.*
4. *Utilisez votre schéma pour résumer le texte à l'oral.*

Comment le commerce peut-il être équitable?

« Comment marche le commerce international? »
Partout dans le monde, les pays font du commerce. Les uns vendent, les autres achètent: des matières premières (pétrole), des denrées agricoles (riz), des produits industriels (voitures, télés), et des services (transports). Ces échanges internationaux produisent une grande part de la richesse mondiale.

« À qui profite ce commerce? »
Aux pays du Nord (Europe, Amérique du Nord) et à quelques pays d'Asie (Japon, Chine) qui achètent des matières premières aux pays du Sud (Afrique, Amérique du Sud ...) à des prix fixés par les grandes bourses. Ces derniers sont très bas car l'offre est supérieure à la demande. Ensuite, les pays du Nord transforment ces matières premières en produits qu'ils vendent très cher. Bilan: ceux qui produisent des matières premières s'appauvrissent; ceux qui fabriquent des produits s'enrichissent.

« Qui est victime de ce système? »
Les petits cultivateurs des pays du Sud, qui produisent des matières premières sur des petites surfaces (environ un hectare, à peine un terrain de foot) à un coût supérieur à celui des cours mondiaux. Ils sont isolés et n'arrivent pas à proposer leur marchandise en quantité suffisante pour négocier avec les acheteurs locaux qui imposent leurs prix. Ces derniers couvrent rarement les coûts de production. Les cultivateurs vendent à perte. Certains abandonnent même leurs terres et vont grossir les bidonvilles.

« En quoi consiste le commerce équitable? »
Ce système permet au producteur de mieux gagner sa vie en réduisant les intermédiaires et en répartissant équitablement les bénéfices entre les différents acteurs de la chaîne de production. 800 000 producteurs du Sud bénéficient ainsi du commerce équitable et peuvent assurer leurs

---

32 imposer un prix *ici* faire accepter un prix **36 le bidonville** quartier pauvre des grandes villes sous-développées besoins élémentaires (logement, santé, éducation des enfants).

« *Quels sont ses principes fondamentaux?* »
Le regroupement des producteurs en coopératives. Ils partagent leurs outils et sont plus forts face aux acheteurs locaux.

« *Est-on sûr qu'un produit équitable bénéficie aux petits producteurs?* »
Oui, parce que c'est un organisme de commerce équitable (Max Havelaar, Artisans du Monde, Alter Eco) qui contrôle toute la chaîne de production (producteur, importateur, distributeur).

« *Un produit équitable est-il plus cher?* »
Oui. Entre 5 à 15 % plus cher qu'un produit issu de la filière classique. C'est ce qui permet au producteur d'augmenter ses revenus de 30 à 40 %.

64 issu/e de la filière classique *ici* aus herkömmlicher Herstellung

Objectif langage

Travailler sur le vocabulaire économique à partir d'un texte

1. *Trouvez, dans le texte, les équivalents français des mots et expressions ci-dessous.*

(das) Angebot und (die) Nachfrage die Zwischenhändler
mit Verlust verkaufen sich bereichern die Grundbedürfnisse
mit jdm verhandeln verarmen die Produktionskosten

2. *Faites une liste de mots et d'expressions qui font partie du domaine économique et classez-les.*

Commentaire
→ Méthodes, p. 240/244

Si les produits équitables coûtent plus cher, alors pourquoi les acheter? Commentez.

Jeu de rôle
→ Méthodes, p. 237

Deux jeunes se trouvent au supermarché pour acheter du chocolat. L'un d'eux veut acheter un produit classique, l'autre essaie de lui faire acheter un produit équitable. Trouvez des arguments. Prenez leur rôle et discutez.

Pour aller plus loin
→ Méthodes, p. 254

1. *Regardez le graphique et expliquez la décomposition du prix d'un paquet de café. Que constatez-vous?*

2. *Le commerce équitable représente 0,01 % des échanges mondiaux. Pourquoi ce taux est-il si bas? Informez-vous et discutez.*

La société de consommation (2)

Approches

Imaginez que vous êtes stressé(e)s à l'école. Que pouvez-vous faire pour améliorer cette situation?

Objectif lecture

→ Méthodes, p. 235

A Résumer les informations principales d'un texte

1. *Énumérez les moyens cités dans le texte pour lutter contre le stress, la fatigue et l'angoisse.*
2. *Donnez la raison du succès de ces produits et nommez les problèmes qui résultent de leur consommation.*

→ Méthodes, p. 235

B Comprendre la problématique centrale d'un texte

1. *À votre avis, lequel ou lesquels de ces titres résument le mieux le texte? Justifiez votre réponse.*
   1. Les Français, grands consommateurs de médicaments psychotropes
   2. La solution est dans le produit
   3. Stress et médicaments: Un problème et sa solution
   4. Stress et médicaments: Quand la solution devient le problème
2. *Décrivez la situation d'Anne (lignes 47–57) et expliquez dans quelle mesure on peut parler dans son cas de cercle vicieux (Teufelskreis).*
3. *Expliquez le terme «la pathologisation» de la vie quotidienne. (lignes 68–69)*

ÉTUDES À L'ÉCOLE DE LA PERFORMANCE

Malheureusement, on n'est pas des machines!

Ce sont des produits banals, que l'on trouve dans des pharmacies ou des grands magasins. Pas de la cocaïne ni du cannabis, mais du café, des vitamines, des boissons énergisantes, des somnifères … Pas de quoi s'inquiéter, assureront certains, puisque les chiffres montrent que les jeunes ne sont pas si nombreux à prendre, par exemple, des médicaments psychotropes. Certes. Mais, comme leurs parents, ils font partie des plus gros consommateurs en Europe. […] Bien utilisés, médicaments, fortifiants et autres somnifères ont leur utilité. Ce n'est pas le produit qui pose ici problème, mais l'usage que l'on en fait: quand on ne peut plus travailler sans café, intervenir en public sans tranquillisant, dormir sans somnifère ou faire la fête sans alcool, alors il est temps de s'interroger. Sur notre intolérance au stress, à la fatigue, à l'angoisse. Et sur la société qui incite ainsi à gommer tout de suite ces faiblesses bien humaines qui pourraient nous rendre moins performants. […] L'accélération du temps ne laisse plus le temps de la réflexion. Il ne s'agit plus d'exister, mais de fonctionner, comme une machine. D'où des risques de surchauffe … et même de panne! Dans le monde professionnel comme dans le milieu scolaire, on voit des «pétages de plombs» […]
Être au top de sa concentration quand on travaille. Se sentir plein d'énergie pour finir un devoir. Travailler énormément sans souffrir du stress. Et le soir, s'endormir comme un bébé. En période d'examens, chacun rêve d'être aussi efficace. Et l'industrie pharmaceutique le sait, proposant aux élèves et parents inquiets un arsenal de potions magiques en vente libre qui servent à vous donner une meilleure mémoire, booster la concentration ou abolir le stress.

---

la performance Leistung **7 le somnifère** médicament destiné à faire dormir **11 les médicaments psychotropes** *m. pl.* Psychopharmaka **15 le fortifiant** médicament qui donne des forces **23 inciter qn à faire qc** pousser qn à faire qc **32 la surchauffe** devenir trop chaud **35 le pétage de plombs** *fam. ici* durchdrehen **43 la potion magique** boisson miracle qui donne des forces surhumaines

En prépa au lycée Henri IV, à Paris, Anne a eu un début d'année chargé. «Malheureusement, on n'est pas des machines, soupire-t-elle. Et certains soirs, on ne réussit ni à travailler ni à dormir.» [...] Pour mieux travailler, Anne a pris l'habitude de prendre un café bien noir après les cours. «Mais ça me tenait parfois éveillée toute la nuit, alors j'ai pris des somnifères pour m'endormir quand je voulais. Mais ils continuaient à agir le lendemain matin en cours ...»

Selon l'Observatoire de la vie étudiante, 22 % des filles et 11 % des garçons usent parfois ou souvent de calmants. Et ils sont presque autant à consommer des stimulants avant les examens. Une enquête auprès de jeunes de 17 ans montre aussi un contraste entre les sexes: à cet âge, près de 30 % des filles ont déjà pris un médicament psychotrope (tranquillisant, somnifère ...), contre seulement 11 % des garçons. [...] C'est précisément cette «pathologisation» de la vie quotidienne que déplorent de nombreux professionnels de santé, comme Pierre Bodenez, psychiatre spécialiste des addictions: «On voit se développer l'idée, caractéristique de la société de consommation, que la solution est dans le produit. Cette relation faussée au produit, pris comme solution à toutes les maladies, est inquiétante.»

D'après: Phosphore, Bayard Presse, mai 2007

47 la prépa classe préparatoire pour préparer l'entrée dans une grande école **68 la pathologisation** ce qui rend malade **69 déplorer qc** se plaindre de qc **72 l'addiction** *f.* Sucht(verhalten)

Objectif langage

Les prépositions

1. *Trouvez dans le texte d'autres exemples de verbes ou d'adjectifs suivis de prépositions. Notez-les dans une grille que vous compléterez au cours de vos lectures.*

à	*de*	*autres*
*être nombreux **à** faire qc (l. 10),*	*[...]*	*[...]*

2. *Complétez le texte à l'aide de prépositions.*
Malheureusement, nous sommes de plus en plus nombreux [...] prendre des médicaments en période de stress. Nous essayons [...] nous donner des forces, [...] nous calmer, [...] être plus performant, en somme. Il est donc nécessaire [...] s'interroger [...] notre société actuelle. Nous incite-t-elle [...] cacher nos faiblesses? Ne nous laisse-t-elle plus le temps [...] réfléchir, [...] nous retrouver, [...] savoir pourquoi on est là? Il s'agit, visiblement [...] être toujours en forme, [...] fonctionner comme une machine. Mais les médicaments psychotropes permettent seulement [...] ne pas tenir compte du problème, et ils n'arrivent jamais [...] le résoudre vraiment! Pensez régulièrement [...] vous occuper [...] vous-mêmes. Chacun a, à un moment ou un autre, besoin [...] prendre du recul!

Écouter
CD 10

Voici deux brefs enregistrements sur le même sujet.
1. *Faites une première écoute en prenant des notes. Notez autant de détails que possible et dites de quelles personnes il est question.*
2. *Écoutez les textes une deuxième fois et indiquez leur message central.*

Discussion
→ Méthodes, p. 237

1. «Ce n'est pas le produit qui pose problème, mais l'usage que l'on en fait.» *Notez vos idées et discutez. Illustrez votre argumentation par des exemples. À quels autres produits, à quelles autres choses pourrait-on appliquer cette phrase?*
2. *Relisez le paragraphe sur le comportement d'Anne (l. 47–57). Discutez et proposez d'autres solutions à son problème.*

Commentaire
→ Méthodes, p. 240/244

«Malheureusement, on n'est pas des machines!» *Commentez cette phrase.*

La société de consommation (3)

Approches

La société de consommation – à quels aspects pensez-vous lorsque vous entendez ce mot? Faites une liste. Vous pouvez vous inspirer des autres textes lus dans ce chapitre.

Objectif lecture

A Comprendre un texte littéraire

1. *Qu'apprend-on sur les parents du narrateur?*
2. *Expliquez pourquoi il dit «nos parents» et non «mes parents». (ligne 1)*
3. *Dites à qui il s'adresse.*

B Analyser le style d'un texte littéraire

→ Méthodes, p. 252

1. *Décrivez les moyens stylistiques utilisés par l'auteur et indiquez leur fonction dans le texte.*
2. *Quel est l'effet du texte sur le lecteur? Notez vos impressions en vous basant sur des exemples concrets.*

Nos parents ne joueront jamais au tennis, au badminton, au golf. Ils n'iront jamais au ski. Ils ne mangeront jamais dans un restaurant gastronomique. [...] Ils n'assisteront jamais à un concert de musique classique. Ils ne posséderont jamais de leur vie un appartement ou une jolie propriété quelque part en France où finir leurs jours tranquillement. Non, ils ont préféré investir dans des maisons au bled, en ciment, au prix de plusieurs décennies de sacrifices, qui ressemblent vaguement à des cubes et qu'ils appellent des villas.

Nos parents ne goûteront jamais au champagne, au caviar, aux truffes. Ils [...] achètent du thon à l'eau, des patates, des salades mexicaines en boîte, des haricots, des flageolets, de la semoule, du riz, des pâtes, des boissons gazeuses, des imitations de Coca-Cola et d'Orangina. Toujours les produits les moins chers, les plus sucrés, les plus salés. Ils ne dormiront jamais dans des draps de luxe. Ils ne passeront jamais un week-end à Londres, à Vienne ou à Milan. Néanmoins, s'ils vivent en province, ils pourront faire un voyage à Paris, en autocar, organisé par leur mairie pour aller chez Tati, visiter Barbès avant d'aller voir la tour Eiffel.

[...] Ils ne savent rien de vos régions. Les belles régions de France, ils ne les visitent pas, ils ne font qu'y passer. Quand ils doivent se faire immatriculer au consulat, parfois situé dans un autre département. Exceptionnellement ils rendent visite à des amis, à quelques heures de la maison, pour éviter de payer le train. Du coup, ils jettent un œil aux verts pâturages depuis les autoroutes et les nationales. Ça arrive une fois tous les dix ans. Quand ils vont en Algérie en passant par l'Espagne et le Maroc, les panneaux routiers leur décrivent très précisément les spécialités des régions. Visiter la magnifique abbaye du joli village perché sur la montagne, cela ne leur effleure même pas l'esprit. Et puis, ils n'ont pas le temps, ils ont trois jours de route à se taper.

7 la propriété *ici* terrain ou maison que l'on possède **10 le bled** petite ville ou village en Afrique du Nord **12 le cube** Würfel **16 le thon** Thunfisch **17 le flageolet** Bohnenart **18 la semoule** Weizengrieß **22 les draps** *m. pl.* Bettwäsche **27 Tati** grand magasin bon marché **27 Barbès** quartier de Paris, peuplé surtout d'immigrés **31 ne faire que + *inf.*** nur tun, nichts anderes tun als **36 du coup** dabei **37 les verts pâturages** die grünen Wiesen/Weiden **40 le panneau routier** Hinweisschild, Verkehrsschild **43 l'abbaye** *f.* Kloster **43 perché/e sur qc** *ici* situé/e sur qc **44 effleurer l'esprit de qn** jdm in den Sinn kommen **46 à se taper** *fam.* à effectuer, à faire

Objectif langage

1. *Quels aspects de la société de consommation ce texte évoque-t-il? Établissez une liste et complétez-la.*

jouer à qc:	*au tennis, [...]*	*acheter qc:*	*du caviar, [...]*
aller quelque part:	*au ski, [...]*	*goûter à qc:*	*au champagne, [...]*

2. *Traduisez la phrase suivante en allemand:*
   «Les belles régions de France, ils ne les visitent pas, ils ne font qu'y passer.» (l. 29–31).
   a *Comment avez-vous traduit la dernière partie? Quelle différence constatez-vous par rapport au français?*
   b *Complétez les phrases en utilisant «ne faire que».*
   – Je ne dors pas, je [...] (rêver).
   – Nous [...] (regarder).
   – J'ai un copain qui [...] (tricher) aux cartes.

Activités

→ Méthodes, p. 256

Au choix

1. *Comparez votre vie à celle de vos grands-parents ou arrière-grands-parents à votre âge. Qu'est-ce que vous n'avez jamais connu ou fait, vous? Qu'est-ce qu'ils n'ont jamais fait ou pu faire, eux? Écrivez un petit texte soit du point de vue de vos grands-parents soit du vôtre.*
2. *Décrivez et analysez cette bande dessinée.*

Zep, Titeuf

Discussion

→ Méthodes, p. 237

S'acheter des produits de luxe pour être heureux? Discutez.

La société de consommation (4)

Approches

Laquelle de ces maximes pourrait être la vôtre? Expliquez pourquoi.
consommer plus   consommer moins   consommer autrement   consommer mieux

Objectif lecture
CD 11

A Faire une écoute et une lecture sélectives

1. *Écoutez la première partie de la chanson. Dites où se passe la scène et qui sont les personnes évoquées.*
2. *Lisez l'extrait du texte correspondant. Qu'apprend-on sur Johnny et sa famille? Faites leur portrait en vous basant sur les informations données.*

CD 11

B Analyser une chanson

Quels adjectifs caractérisent, d'après vous, le mieux le style et le contenu de cette chanson?
sérieux, comique, réaliste, romantique, exagéré, dramatique, neutre, agressif, critique, positif, ironique, triste, optimiste, [...]

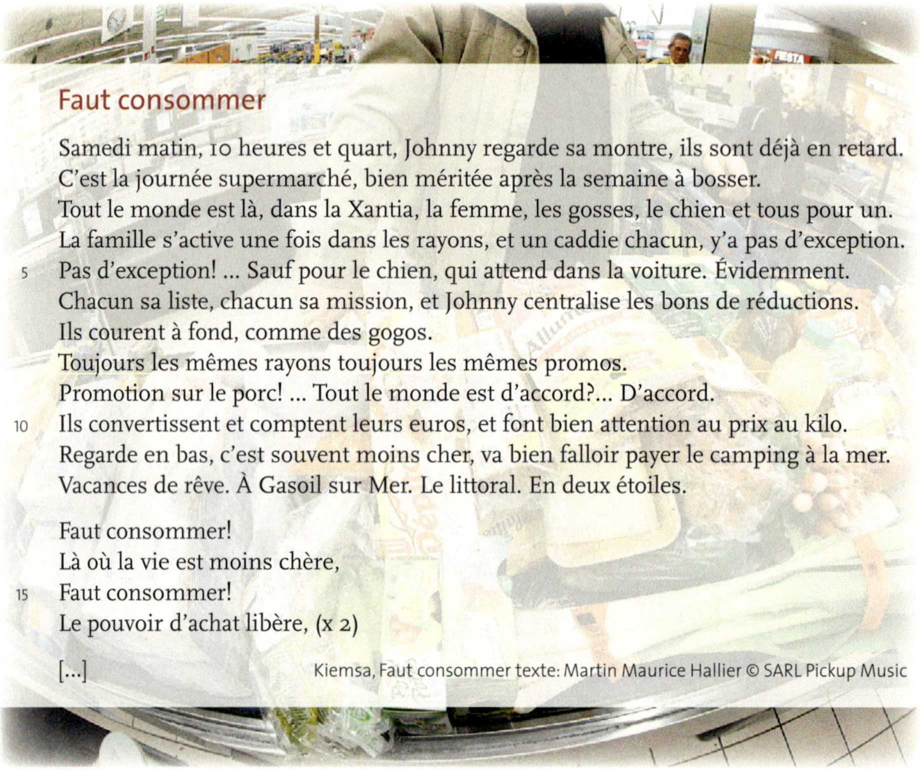

Faut consommer

Samedi matin, 10 heures et quart, Johnny regarde sa montre, ils sont déjà en retard.
C'est la journée supermarché, bien méritée après la semaine à bosser.
Tout le monde est là, dans la Xantia, la femme, les gosses, le chien et tous pour un.
La famille s'active une fois dans les rayons, et un caddie chacun, y'a pas d'exception.
Pas d'exception! ... Sauf pour le chien, qui attend dans la voiture. Évidemment.
Chacun sa liste, chacun sa mission, et Johnny centralise les bons de réductions.
Ils courent à fond, comme des gogos.
Toujours les mêmes rayons toujours les mêmes promos.
Promotion sur le porc! ... Tout le monde est d'accord?... D'accord.
Ils convertissent et comptent leurs euros, et font bien attention au prix au kilo.
Regarde en bas, c'est souvent moins cher, va bien falloir payer le camping à la mer.
Vacances de rêve. À Gasoil sur Mer. Le littoral. En deux étoiles.

Faut consommer!
Là où la vie est moins chère,
Faut consommer!
Le pouvoir d'achat libère, (x 2)

[...]

Kiemsa, Faut consommer texte: Martin Maurice Hallier © SARL Pickup Music

2 bosser *fam.* travailler **3 la Xantia** modèle de voiture **3 le/la gosse** *fam.* enfant **4 le caddie** chariot métallique pour transporter les produits **7 le/la gogo** personne naïve, un peu bête, facile à tromper **8 la promo, la promotion** produit vendu moins cher pour attirer les clients **10 convertir qc** *ici* calculer pour avoir le prix en francs **12 Gasoil sur Mer** nom inventé d'un lieu de vacances sur la côte, «Gasoil», *dt.* Diesel **12 le littoral** *ici* le bord de la mer

Activité créative
→ Méthodes, p. 245

Écrivez une strophe alternative en choisissant une scène typique qui se passerait en Allemagne.

Samedi matin, dix heures et quart [...].

Pour aller plus loin

Comparez la famille de Johnny à celle évoquée dans le texte d'Ahmed Djouder (p. 60). Relevez les points communs et les différences.

La société de consommation (5)

Objectif lecture

→ Méthodes, p. 255

A Comprendre le message d'une caricature

1. *Décrivez la caricature.*
2. *Quels problèmes de société sont évoqués ici?*

B Mettre en relation le message et la composition d'une caricature

→ Méthodes, p. 255

1. *Décrivez en détail les trois personnages et la scène.*
2. *Indiquez le message de la caricature.*
3. *Par quels moyens visuels le dessinateur souligne-t-il son message?*

Commentaire

→ Méthodes, p. 240/244

Comment trouvez-vous cette caricature?
Donnez votre opinion.

Recherche

Faites une recherche sur les conditions de logement à Paris.

les sans domicile fixe (SDF)	le droit au logement (DAL)
les jeudis noirs	les prix d'un appartement

Engagement (1)

Approches

Avez-vous déjà aidé d'autres élèves plus jeunes ou avez-vous été aidés par des élèves plus âgés? Racontez brièvement vos expériences.

Objectif lecture

→ Méthodes, p. 255

A Parler d'une affiche

1. *Regardez l'affiche et décrivez vos impressions.*
2. *Déterminez à qui elle s'adresse et quel est son objectif.*

→ Méthodes, p. 255

B Analyser une affiche

En tenant compte de l'affiche et du texte, décrivez et expliquez les moyens utilisés par les auteurs pour atteindre leur objectif.

Nous avons besoin de toi!

Chaque année, 20% d'une génération sort du système scolaire sans qualification, 40% dans certains quartiers. Pour agir concrètement contre les inégalités, nous avons besoin de toi! Chaque étudiant peut accompagner un jeune qui en a besoin, lui redonner confiance, lui donner l'envie d'apprendre et l'aider dans son parcours. [...]

Rejoins-nous!

7 la confiance Vertrauen

Commentaire

→ Méthodes, p. 240/244

Cette affiche vous donne-t-elle envie de participer à ce projet? Expliquez pourquoi.

Engagement (2)

Approches — *À partir du titre de l'article, faites des hypothèses sur son contenu.*

Objectif lecture
→ Méthodes, p. 235

A Faire une lecture sélective d'une interview
Survolez le texte, trouvez quel sport est privilégié par «Sport Sans Frontières» et indiquez pourquoi.

B Comprendre et commenter une interview

1. *Décrivez les objectifs de «Sport Sans Frontières».*
2. *Expliquez l'importance du sport dans le travail de cette organisation.*
3. «On s'appelle Sport Sans Frontières, ce n'est pas pour commencer à en mettre.» (l. 57–58) *Expliquez et commentez cette phrase dans son contexte.*

Sport Sans Frontières

Tout peut être bon dans le sport si on le souhaite vraiment. Sport Sans Frontières a compris cela et travaille depuis cinq ans dans le monde entier en l'utilisant à des objectifs éducatifs. Loin des enjeux liés à la compétition, l'ONG humanitaire propose le sport en réponse aux problématiques de certains pays. Petit tour du monde en compagnie d'Arnaud MOUROT, fondateur de l'ONG.

Comment t'est venue l'idée de créer l'association?
J'étais en Équipe de France de Lutte, il y a une dizaine d'années, et j'ai voyagé partout dans le monde. Je me suis rendu compte que quel que soit le contexte, on pouvait à chaque fois trouver des enfants qui jouaient. Le jeu fait partie de l'enfance, il est essentiel pour le développement d'un enfant. Je me suis dit que ce serait intéressant de le structurer et d'en faire un outil éducatif, un outil d'accroche en direction de tous ces gamins.

As-tu remarqué des manques au niveau sportif dans ces pays?
Je crois que le sport existe un peu partout. Certes, il prend différentes formes plus ou moins organisées, structurées. Mais, partout dans le monde, le sport a le même impact. Que ce soit dans un pays en voie de développement, dans un pays développé ou un pays qui sort de la guerre, le sport a cette capacité de mobilisation des jeunes assez extraordinaire. À partir du moment où tu as un outil quasiment universel, c'est intéressant d'en faire un outil d'éducation et de socialisation.
[...]

70 % des projets concernent le foot: qu'est-ce qu'il apporte en particulier?
Le foot a plusieurs intérêts. Premièrement, il est facile à mettre en place, il n'y

---

3 l'enjeu *m.* ce qu'on peut gagner ou perdre **3 l'ONG** *f.* l'**O**rganisation **N**on **G**ouvernementale **8 la lutte** *ici* Ringen, Ringkampf **11 quel que soit** in welchem/r ... auch immer **17 l'outil d'accroche** *m. ici* un instrument pour les attacher au projet **22 certes** gewiss, sicherlich **25 le pays en voie de développement** Entwicklungsland a pas besoin de grand-chose pour jouer au foot, délimiter un terrain, faire deux buts et avoir un pseudo-ballon. Cette facilité d'organisation est un avantage énorme. Le deuxième intérêt est que c'est un sport collectif, ce qui permet de travailler sur tout ce qui est relation aux autres, le rôle dans une équipe, la responsabilisation, faire confiance aux autres ... Après il y a un phénomène mondial du foot qui fait que même en Afghanistan Zidane est connu, et que même dans les régions les plus lointaines il y a des idoles qui sont souvent des footballeurs. [...]

Comment vous est venue l'idée de vous engager en France?
Dès le départ, je ne souhaitais pas qu'on ne travaille qu'à l'étranger et qu'on ne s'occupe pas de ce qui se passe en France. On s'appelle Sport Sans Frontières, ce n'est pas pour commencer à en mettre. Ce qui est intéressant, c'est que l'on a développé, en travaillant à l'étranger, une méthodologie qui est complètement [...] transposable en France. Il faut l'adapter, bien sûr, car ce sont des contextes évidemment différents. En France, nous avons deux leviers en direction des jeunes avec lesquels on travaille: le premier est le sport et le deuxième est la solidarité internationale. On peut mobiliser énormément de jeunes autour de projets de solidarité, des jeunes issus de l'immigration mais pas uniquement. On se rend compte aujourd'hui que dans des quartiers difficiles, dans des zones d'éducation prioritaire, la volonté de se mobiliser pour les autres est extrêmement forte.

D'après: Foot Citoyen, 30 mai 2005, Pascal Stefani

62 transposable übertragbar **65 le levier** Hebel **70 issu/e de qc** qui vient de **73 la zone d'éducation prioritaire (ZEP)** nom donné en France aux quartiers difficiles

Objectif langage

Vocabulaire: S'engager

1. *Faites un associogramme sur le thème de l'engagement. Complétez le vocabulaire trouvé dans le texte par celui que vous connaissez déjà. Complétez votre associogramme au cours du travail avec ce dossier.*

2. *Servez-vous du vocabulaire rassemblé pour résumer les informations les plus importantes sur «Sport Sans Frontières».*
Exemple: «Sport Sans Frontières» est une ONG humanitaire fondée par ...

Commentaire

→ Méthodes, p. 240/244

1. *Le sport – quelle importance a-t-il pour vous? Racontez vos expériences.*
2. *Le sport rapproche-t-il ou bien éloigne-t-il les gens? Donnez votre avis et justifiez votre réponse à l'aide d'exemples.*

Médiation

→ Méthodes, p. 240

Écrivez un petit article en allemand dans lequel vous résumerez les activités de «Sport Sans Frontières» pour votre journal scolaire.

Recherche

→ Méthodes, p. 240

Connaissez-vous d'autres ONG que «Sport sans Frontières»? Informez-vous, choisissez-en une et présentez-la.

Médecins sans Frontières Amnesty International Reporters sans Frontières
Ligue française des droits de l'homme Greenpeace UNICEF ...

Discussion

→ Méthodes, p. 237

1. *Être solidaire – que cela signifie-t-il pour vous? Donnez des exemples.*
2. *Auriez-vous envie de vous engager dans une ONG? Si oui, à laquelle et comment?*

Activité créative

→ Méthodes, p. 237

Faites une affiche pour «Sport Sans Frontières» ou une autre ONG qui vous intéresse et présentez-la.

Engagement (3)

Approches

Décrivez la scène représentée sur la photo. Émettez des hypothèses sur les personnages et l'action.

Objectif lecture

→ Méthodes, p. 243

A Comprendre et commenter un extrait littéraire

1. *Résumez l'épisode en quelques phrases (qui? où? quoi? pourquoi? comment?).*
2. *Les actions de Marie ne sont pas bien vues de tout le monde. Expliquez.*

B Étudier les relations entre les personnages

1. *Décrivez et commentez la relation entre la mère et son enfant.*
2. *Comment trouvez-vous les explications que donne Marie à son fils? Comment auriez-vous expliqué le problème à sa place?*

Marie rentre tard dans sa famille après avoir travaillé pour un organisme d'aide humanitaire qui s'occupe des sans-papiers. Son fils de dix ans ne dort pas encore.

Je me suis assise sur le lit, j'ai caressé ses cheveux et ils étaient plus fins que de la soie, d'une douceur irréelle.

– Je peux dormir avec toi? je lui ai demandé.

Il a hoché la tête en me bouffant des yeux. Je me suis glissée sous les draps et sa peau d'enfant était gelée et parfaitement lisse. [...]

– T'étais où ce soir? il a fait.

– Chez une amie. Je te l'ai dit.

– Nicolas il dit qu'il t'a vue avec les réfugiés, à midi.

J'ai serré ses mains tout contre mon ventre, ses bras m'enlaçaient et il a enfoui son visage dans mon cou.

– Il dit ça Nicolas?

– Oui, et aussi que maintenant je vais avoir des maladies et qu'ils vont venir tout voler chez nous et aussi qu'ils vont te faire du mal.

– Il dit ça aussi?

– Oui.

– Eh ben tu lui diras que c'est un petit con.

– C'est ce que je lui ai dit.

– C'est bien.

Je me suis retournée et son visage d'écureuil inquiet touchait le mien. Ses yeux fiévreux luisaient comme des flaques.

– Mais c'est vrai? il a demandé.

– Quoi?

– Que tu donnes de la soupe aux réfugiés?

– Tu le dis pas à papa?

– Non.

– Alors c'est vrai.

– Pourquoi faut pas le dire à papa?

– Parce que je crois que ça lui plairait pas. Allez on dort, fais-moi un bisou.

Il a approché ses lèvres et je les ai senties effleurer ma joue. J'ai tourné la tête pour embrasser sa bouche. On s'est endormis comme ça, l'un en face de l'autre et les mains jointes dans la nuit trop claire. Dans trois heures à peine le jour allait se lever.

le/la sans-papiers Ausländer, die sich illegal in Frankreich aufhalten **6 bouffer** *fam.* manger **7 le drap** Bettlaken **8 gelé/e** très froid/e **8 lisse** glatt **14 enlacer qn/qc** jdn/etw. umschlingen **14 enfouir qc** mettre qc dans qc **15 le cou** Hals **23 le con** *fam.* personne stupide **26 l'écureuil** *m.* Eichhörnchen **28 luire** briller **28 la flaque** Pfütze **39 effleurer qn/qc** toucher qn/qc légèrement **39 la joue** Wange **41 les mains jointes** *f. pl.* les mains unies

Objectif langage

Vocabulaire: Les parties du corps

1. *Relevez dans le texte les mots et expressions qui désignent les parties du corps.*
2. *Travaillez en groupes et recherchez, à partir d'une partie du corps, des expressions qui vous paraissent utiles.*
   Exemple: la tête – faire la tête, faire non de la tête, avoir mal à la tête, etc.
3. *Écrivez un texte en utilisant quelques-unes des expressions trouvées.*

→ Méthodes, p. 260

Compréhension audiovisuelle

DVD 5

→ Méthodes, p. 236

Regardez un extrait du film «Maman est folle» (2007) qui a été tourné d'après le roman «À l'abri de rien» d'Olivier Adam.
Racontez brièvement ces deux scènes (où? qui? quoi?).

Pour aller plus loin

Lisez ce texte extrait d'un entretien avec Olivier Adam et relevez les raisons pour lesquelles
a *il a écrit ce livre,*
b *son personnage Marie aide les migrants.*

Rencontre avec Olivier Adam

Comment en êtes-vous arrivé à écrire sur les sans-papiers? Vous êtes-vous documenté?

Le travail n'a pas été d'apprendre des choses à ce sujet, ç'a été de les oublier. J'ai travaillé à Calais pendant trois ans [...] et la réalité vous sautait à la figure: il y avait là des centaines de réfugiés qui cherchaient à passer en Angleterre. On les voyait dans le centre-ville, le long des routes, près du port. [...] Alors que je marchais sur la plage une nuit, j'ai entendu les chiens, les flics, ils étaient vingt pour arrêter quatre réfugiés qui s'étaient abrités dans un chalet (le nom des cabanes en bord de plage). Quand je me suis approché, les policiers m'ont dit de me casser. Autre scène qui m'a marqué: près du port, j'ai vu 150 sans-papiers à la file. Au bout, des tréteaux, des Butagaz et quatre femmes bénévoles qui nourrissaient les réfugiés. [...]

Le prof avec lequel je travaillais [...] aidait les réfugiés. Il en avait pris un jour dans sa voiture pour les transporter, des parents se sont plaints, invoquant les maladies, le risque de contagion pour les élèves. Tout est bon pour décourager ceux qui aident les migrants, la calomnie, l'intimidation, les convocations judiciaires et même les procès. Le livre s'est nourri de tout ça, même si l'image qui fonde le livre, c'est celle de Marie, cette femme qui vide ses armoires pour tout donner aux réfugiés. Et l'autre image, c'est celle du fils qui voit partir sa mère dans la nuit et sait qu'il ne pourra pas dormir avant qu'elle rentre. [...]

Une quête de sens?

Oui. À force de vider les choses de leur sens, de réduire l'être à l'avoir, l'être humain au consommateur, il y a le retour d'une quête de sens. C'est aussi ça qui préoccupe Marie [...]: les émissions nulles à la télé, l'appel à la consommation. Elle manque d'air [...]. Cette bulle d'air, c'est la place qu'elle a l'impression de retrouver dans l'aide aux migrants, ce concentré d'humanité.

D'après: France Télévisions, 10 juin 2008, Anne Brigaudeau

7 sauter à la figure frapper, être très clair **17 se casser** *fam.* s'en aller **18 à la file** faire la queue **19 les tréteaux** *m. pl. ici* Tisch auf Böcken **19 le Butagaz** *ici* bouteille de gaz **26 la contagion** Ansteckung **28 la calomnie** Verleumdung **28 l'intimidation** *f.* Einschüchterung **29 la convocation judiciaire** gerichtliche Vorladung **38 à force de faire qc** durch das ständige + *subst. Inf.*

Projet

→ Méthodes, p. 240

Quelle est la situation des réfugiés en France, en Allemagne et en Europe en général? D'où viennent-ils, pourquoi viennent-ils, où vont-ils? Y a-t-il des foyers qui accueillent des migrants près de chez vous? Dans quelles conditions vivent-ils?
Travaillez en groupes. Choisissez un aspect, faites des recherches et présentez vos résultats à la classe.

Engagement (4)

Approches

Expliquez ces citations avec vos propres mots.

Le véritable voyage de découverte ne consiste pas à chercher de nouveaux paysages, mais à avoir de nouveaux yeux. *Marcel Proust*

On peut voyager non pour se fuir, chose impossible, mais pour se trouver. *Jean Grenier*

Le voyage apprend la tolérance. *Benjamin Disraeli*

Objectif lecture

→ Méthodes, p. 235

A Faire une lecture sélective d'un texte

1. *Relevez le(s) passage(s) qui explique(nt) la méthode «Seuil» et définissez-la en quelques phrases.*
2. *Réunissez les informations qu'on obtient sur l'auteur de ce texte.*

B Analyser un texte

1. *Cherchez les mots ou phrases-clés qui montrent que l'auteur éprouve de la sympathie pour les jeunes délinquants et commentez-les.*
2. *«Seuil», un mot bien choisi? Justifiez votre réponse.*
3. *D'après vous, laquelle des citations ci-dessus s'applique le mieux à la méthode «Seuil»? Justifiez votre réponse à l'aide du texte.*

La méthode Seuil

Bernard Ollivier a parcouru à l'âge de soixante ans la Route de la soie à pied, soit 12 000 kilomètres. Cette expérience de la marche et de ses effets bénéfiques sur l'esprit lui a donné l'idée de développer la méthode Seuil qui s'adresse à des jeunes délinquants volontaires.

J'ai, seul et à pied, parcouru environ la moitié des terres émergées et j'ai [...] quelques connaissances en matière de marche [...]. La pérégrination est sans doute le meilleur moyen pour rétablir cet équilibre essentiel entre le corps et l'esprit que notre civilisation mécanique et matérialiste a mis à mal. [...] Je ne suis ni juge, ni éducateur, ni policier, encore moins psychologue ou sociologue. Mais je sais que la marche est capable d'aider des jeunes considérés comme «perdus» à redevenir de «bons citoyens», pour peu que nous les encouragions à aller jusqu'au bout, à poursuivre un effort quotidien, à dominer leurs pulsions violentes.

[...]

Seuil, cette merveilleuse utopie réaliste, se propose de s'occuper des jeunes en très grande difficulté et de les aider à se réinsérer dans la société. Les adolescents, volontaires, qui nous sont confiés par des juges des enfants et par des éducateurs, partent pour trois à quatre mois, à pied, sac au dos, dans un pays étranger dont ils ne maîtrisent pas la langue. En autonomie complète, ils parcourent une distance de 2 000 à 2 500 km, accompagnés d'un adulte. S'ils sont candidats, ils ne sont pas vraiment volontaires: ils doivent choisir entre la marche et la prison. L'expérience de Seuil en France est trop courte pour donner lieu à un constat sérieux, celle menée en Belgique par nos amis d'Oikoten est impressionnante. Les jeunes reviennent en ayant démontré qu'ils sont capables, contre vents et marées, pluie, neige et soleil, de réussir un vrai exploit – eux qui avaient tout raté jusque-là. La marche les recons-

---

1 la soie Seide **2 bénéfique** wohltuend, günstig **4 le seuil** Schwelle **5 les terres émergées** *f. pl.* festes Land **7 la pérégrination** long voyage à pied **10 mettre à mal qc** déranger qc, détruire qc **11 le juge** Richter **15 le/la citoyen/ne** (Staats-)Bürger/in **16 pour peu que** + *subj.* si seulement + *ind.* **22 se réinsérer** se réintégrer **24 confier qn/qc à qn** jdm etw./jdn anvertrauen **38 contre vents et marées** contre tous les obstacles **40 l'exploit** *m.* l'action extraordinaire, le record **41 rater qc** *contraire de* réussir qc truit, leur apprend l'effort et la réussite qui va avec. Dès leur retour, ils affronteront la vie avec une énergie nouvelle et la conviction que leur malheur n'est pas inéluctable.

D'après: Bernard Ollivier, L'allumette et la bombe. Jeunes: l'horreur carcérale, Éditions Phébus, 2007

44 la conviction la certitude, la foi, la croyance **45 inéluctable** qui ne peut pas être évité

Objectif langage

Les collocations

Combinez les mots qui vont ensemble et utilisez ces expressions dans une phrase.
Exemple: parcourir une distance:
Pour aller de Munich à Marseille, il faut parcourir une distance de plus de 1000 km.

parcourir rétablir
poursuivre redevenir
prendre en charge avoir
maîtriser se réinsérer
affronter

l'équilibre dans la société
des connaissances un effort
un bon citoyen une distance
une langue des gens en difficulté
la vie

Médiation

→ Méthodes, p. 240

Expliquez en allemand ce que Bernard Ollivier dit ici sur la délinquance des adolescents.

Quels sont les ados qui vont entrer en délinquance? Les études menées autour des jeunes en difficulté démontrent, et nous avons pu le constater, que ce n'est pas une question de couleur de peau. Blonds ou bruns, Français «de souche» ou «issus de l'immigration» une recette composée des ingrédients ci-après vous fabrique presque à coup sûr un délinquant:

- habiter en banlieue;
- famille monoparentale;
- famille ouvrière;
- famille nombreuse;
- père (et parfois mère aussi) au chômage;
- habitation collective de type HLM;
- quartier dégradé;
- parents laxistes;
- exclusions répétées de l'école;
- sexe masculin.

6 Français/e de souche né/e en France de parents français, *contraire de* issu/e de l'immigration

Débat

→ Méthodes, p. 238

«La seule solution, c'est de mettre les jeunes délinquants en prison.» *Organisez un débat. Un groupe prépare les arguments en faveur, un autre groupe ceux contre cette thèse. Tenez compte des aides ci-dessous et de ce que Bernard Ollivier dit (texte, p. 69–70; Médiation). Un troisième groupe observe le débat, prend des notes et décide à la fin lequel des deux groupes a le mieux défendu sa position.*

aider un jeune à trouver sa place / à se réinsérer dans la société
venir en aide à qn redevenir un «bon citoyen»
apprendre aux enfants des cités à s'exprimer, à échanger, à se faire comprendre
enfermer qn condamner qn à faire de la prison
vivre en cellule après la libération
persister dans le délit / la criminalité grimper les échelons de la délinquance
exercer son agressivité contre qn proposer une alternative à la prison
éviter le pire se sentir exclu/e parler directement aux ados

Coin lecture*

Jésus, Français d'origine portugaise, est depuis longtemps au chômage. Sa femme, qui travaille très dur dans une agence de publicité, veut absolument qu'il trouve du travail. Le couple a trois enfants.

Alexandre-José, Miguélita-Morgane et Tiphaine-Ramona regardaient la télévision, tandis que Jésus venait péniblement à bout de sa pile de repassage. Il posa le fer sur son socle et essaya de le régler sur «soie».

La tâche n'était pas simple: depuis qu'il s'entraînait à des exercices de musculation comme en pratiquent les adeptes de la varappe, des sortes d'abdominaux lui étaient apparus sur le dessus des doigts. C'est ainsi qu'il brûlait peu à peu tous les corsages d'Évelyne-Claire: les doigts ne passaient plus entre la poignée et le curseur aux petits symboles idiots.

Jésus soupira. Au bruit des explosions intergalactiques qui venaient du poste de télé, il devait être dans les dix-neuf heures. Bientôt, il faudrait faire manger les gosses et, dans une heure ou deux, Évelyne-Claire rentrerait survoltée de sa formidaaaaaaable agence de pub. Elle lui prendrait évidemment la tête pour savoir s'il avait lu le livre *Bien dans mon CV* qu'il avait fini par acheter après trois jours de tergiversations.

Trois jours de chômage de plus. Mais à quoi bon? Quand on est TTLD et homme au foyer, demain est le même jour qu'hier et ainsi passe l'existence.

L'insupportable générique de fin de la série *Dodo La Chenille* retentit, bientôt suivi du jingle des pubs. Tiphaine-Ramona rappliqua dare-dare.

«Quand est-ce qu'on mange?»

Jésus agita impatiemment le fer à repasser au-dessus du trou noir qui ornait le nouveau corsage d'Évelyne-Claire.

«Vous voyez bien que je lis!»

Voilà qu'il perdait les pédales, maintenant. De rage, il tira sur le fil électrique du fer. La prise murale suivit, ainsi que le câblage électrique. De l'autre côté du mur en carton de l'appartement, le bruit d'un objet lourd s'écrasant au sol se fit distinctement entendre. Apparamment, deux prises étaient liées au même câblage … Jésus espéra seulement que ce n'était pas l'aquarium contenant l'élevage de têtards dans la chambre de Tiphaine-Ramona qui avait tenté de passer à travers la cloison via les prises murales.

Calme-toi. Calme-toi.

«À table», gueula-t-il.

Les trois gosses déboulèrent en criant. Jésus assit le petit dernier sur sa chaise haute et empoigna trois sachets de chips.

«Le thème de la semaine, c'est pique-nique. Bon appétit.»

Et il s'enfuit dans le salon sous les cris de joie des gosses.

Une fois installé confortablement dans le canapé, il ouvrit *Bien dans mon CV*, bien décidé à lui faire un sort. La première ligne commençait fort. «Être, savoir être, faire, faire savoir, savoir-faire, savoir faire faire sont les thèmes les plus abondamment abordés dans le monde du travail. Cet ouvrage se veut a contrario un faire savoir-être pour que vous puissiez être un être de savoir-faire.»

Jésus reposa le livre sur la table basse et bâilla. Il se demandait soudain s'il faisait beau au Portugal. Si la pêche à la morue et le *vinho verde* ne lui manquaient pas. S'il n'allait pas reprendre la nationalité portugaise. Retrouver ses racines. S'asseoir sur un banc au crépuscule sous les volubilis en papotant avec de vieux pêcheurs de morue bronzés, aux mains calleuses rongées par le sel. Les femmes en noir reviendraient du lavoir avec des paniers de linge éclatants de blancheur …

«MON CORSAGE!»

Il se réveilla en sursaut.

«T'es déjà là?»

–MON CORSAGE? QU'EST-CE QUI EST ARRIVÉ À MON CORSAGE?»

Jésus planqua prestement *Bien dans mon CV* sous un coussin.

«Les gosses ont tripoté le réglage pendant que j'étais au téléphone.»

---

2 venir à bout de qc terminer qc, finir qc **3 la pile de repassage** Haufen Bügelwäsche **4 le fer** *ici* le fer à repasser **5 la soie** Seide **8 l'adepte de la varappe** *m./f.* Kletterfan **8 les abdominaux** *m. pl.* Bauchmuskeln **17 survolté/e** très excité/e **18 prendre la tête à qn** *fam. ici* jdm auf die Nerven gehen **20 la tergiversation** l'hésitation, le doute **23 TTLD** *abréviation créée par l'auteur pour* chômeur de **t**rès **t**rès **l**ongue **d**urée **25 le générique de fin** Abspann **26 retentir** erklingen **27 rappliquer** *pop.* venir, arriver **27 dare-dare** vite, promptement **30 le trou** Loch **30 orner** schmücken **33 perdre les pédales** *fam.* ins Schleudern kommen **34 la prise** Steckdose **37 s'écraser** se casser **40 le têtard** Kaulquappe **42 la cloison** Trennwand **44 gueuler** *fam.* crier **45 débouler** herunterholpern **46 empoigner** prendre en serrant dans la main **50 s'enfuir** s'en aller, prendre la fuite **53 faire un sort à qc** *ici* lire qc **56 le plus abondamment** le plus souvent, en la plus grande quantité **60 bâiller** gähnen **62 la morue** Dorsch, Kabeljau **65 le crépuscule** le coucher du soleil **65 le volubilis** Prunkwinde *(Kletterpflanze)* **65 papoter** *fam.* bavarder **66 calleux/-euse** schwielig **67 ronger qc** etw. knabbern, annagen **68 éclatant/e** *ici* brillant/e **71 se réveiller en sursaut** hochschrecken **75 planquer qc** cacher qc **75 prestement** vite **76 le coussin** Kissen **77 tripoter qc** herumspielen mit etw.

– Encore avec un de tes fainéants de Chez Laurette? persifla Évelyne-Claire qui avait dû avoir encore une journée épouvantable à l'agence. Et ça t'a tellement fatigué que tu dormais pendant que moi je bosse? Et ton livre sur les CV?»

Soudain, Jésus sentit qu'il n'en pouvait plus. Il fallait en finir. N'importe quoi, mais plus jamais ça.

C'était trop. Depuis trop longtemps.

Il se leva calmement et alla poser un baiser sur la nuque de sa femme. Dans la cuisine, Alexandre-José, Miguélita-Morgane et Tiphaine-Ramona hurlaient qu'il n'y avait pas assez de chips.

«Eh non, ma Lylyne! J'étais au téléphone parce que j'ai trouvé du travail.»

Évelyne-Claire en laissa tomber son corsage ruiné.

«Du ... Tu veux dire que tu as du ...?»

Jésus dégaina son sourire bel canto.

«Jésounet! MAIS C'EST FORMIDABLE? C'EST QUOI?»

Il eut un tic nerveux. Aïe. Bonne question. Il fallait vite dénicher une réponse. Il récapitula avec affolement tout ce dont il avait entendu parler, ces derniers temps ...

«J'ai un poste d'enthousiasmeur», lâcha-t-il d'un trait.

Bon, pourquoi pas. Il venait de lire un truc là-dessus. Des souvenirs vagues. Il lui faudrait retrouver le magazine, maintenant.

«Qu'est-ce que c'est?», demanda Évelyne-Claire d'un air soupçonneux.

Jésus se dirigea vers la planche à repasser et la replia. Il prit un ton désinvolte.

«C'est un poste de ... [...] ... un poste de ... d'incentive. C'est ça. C'est de l'incentive. De la motivation. Oui, oui. Enthousiasmeur, c'est la motivation. L'incentive, quoi. Pour une agence de vente par téléphone.»

Évelyne-Claire frappa dans ses mains, ravie.

«Mais alors ... Mais alors ... T'es dans le marketing!

– Hééééé oui ...!

– Yaouhh! Ils ne vont pas en revenir à l'agence quand je vais leur annoncer ça. Je vais tous les faire taire, les fous du ragot. Mon Jésounet dans le marketing! Mais c'est géniaaaal. Raconte-moi!»

À cet instant, Alexandre-José, Miguélita-Morgane et Tiphaine-Ramona surgirent de la cuisine pour réclamer autre chose que des chips. Évelyne-Claire les rabroua.

«Oh, vous les gosses, ça va. Vos parents ne sont pas vos bonniches. Attendez cinq minutes, là. On parle business avec votre père.»

Elle embrassa tendrement son mari.

«Alors? Dis-moi ... Alors?»

Alors, Jésus débita lentement et avec force détails tout un tas de sornettes improvisées. L'intrusion des gosses lui avait donné un répit salvateur: Enthousiasmeur? Pourquoi pas? Cette fois, il ne pouvait plus reculer. Il allait même se le créer dès le lendemain, cet emploi d'enthousiasmeur! Après tout, le sang d'un peuple d'aventuriers, de conquérants et de bâtisseurs coulait dans ses veines.

Si avec tout ça, il n'y arrivait pas, c'était à désespérer.

79 le fainéant *péj.* personne qui ne veut rien faire **82 bosser** *fam.* travailler **88 la nuque** partie du corps entre la tête et le dos **89 hurler** se plaindre en criant très fort **95 dégainer** *ici* montrer **99 dénicher qc** *fam.* trouver qc **99 l'affolement** *m.* la nervosité, le sentiment de devenir fou **102 lâcher d'un trait** dire très vite **108 soupçonneux/-euse** méfiant/e **110 désinvolte** betont lässig **116 ravi/e** très heureux/-euse **119 ne pas en revenir** es nicht fassen können **121 le ragot** Klatsch, Tratsch **124 surgir** auftauchen **124 réclamer qc** demander qc **125 rabrouer qn** jdn (verbal) anfahren **128 la bonniche** Dienstmädchen **130 tendrement** avec amour **132 débiter des sornettes** raconter des mensonges **132 avec force détails** avec beaucoup de détails **133 l'intrusion** *f. ici* Auftauchen **134 le répit salvateur** la pause qui lui donne le temps de réfléchir **136 reculer** faire demi-tour, revenir en arrière **138 le conquérant** Eroberer **139 le bâtisseur** Gründervater **139 couler dans les veines** in den Adern fließen **140 désespérer** perdre l'espoir

1. *Résumez l'action.*
2. *Faites le portrait de la famille.*
3. *Dans ce texte, des sujets sérieux sont traités sur un ton humoristique. Donnez des exemples.*
4. *D'après vous, comment l'histoire va-t-elle continuer? Émettez des hypothèses.*

Point final

Faire le point
→ Méthodes, p. 261

1. *Faites le point sur ce que vous avez appris dans ce dossier. Notez les points importants et réunissez-les sous forme d'organigramme, d'affiche ou de journal de lecture.*

La France championne d'Europe des naissances – 2 enfants par femme en 2007

[...]

2. *Travaillez en groupes. Répartissez-vous le travail à partir des mots ci-dessous. Un/e élève dit ce qu'il / elle sait sur son sujet, les autres complètent. Après, c'est le tour d'un/e autre élève avec un autre sujet:*

la société multiculturelle   l'immigration   Saint-Denis
le taux des naissances   les tâches ménagères   le commerce équitable
la société de consommation   l'engagement

3. *Faites une liste des aspects / thèmes que vous aimeriez approfondir.*
   a *À partir de cette liste, formulez des questions.*

   Comment les immigrés en Allemagne et en France définissent-ils leur identité?

   [...]

   b *Lisez les textes que vous n'avez pas encore lus en classe pour voir si vous y trouvez les informations que vous recherchez.*
   c *Sinon, réfléchissez où vous pourriez trouver des réponses à vos questions.*

Discussion
→ Méthodes, p. 237

1. *La publicité dans les écoles: qu'est-ce que vous en pensez? Vous pouvez faire référence au rôle que la publicité joue dans votre école.*
2. *Consommer autrement: expliquez ce que vous comprenez par cette maxime et dites dans quelle mesure vous aimeriez changer votre propre façon de consommer.*

Recherche

La société multiculturelle en Allemagne
Recherchez les chiffres des années soixante et/ou les chiffres actuels sur la répartition des immigrés en Allemagne. Comparez-les aux chiffres français (p. 46).

Littérature

Azouz Begag, Le gone du Chaâba, Seuil 1986
Faïza Guène, Kiffe kiffe demain, Hachette 2004
Tahar Ben Jelloun, Le racisme expliqué à ma fille, Seuil 1998

Films

Audrey Estrougo, Regarde-Moi, France 2006
Jacques Fansten, C'est pour la bonne cause, France 1997
Roschdy Zem, Mauvaise Foi, France 2006

Chansons

Francis Cabrel, Les cardinaux en costume, dans: Des roses et des orties, 2008
Barbara Carlotti, Les femmes en zibeline, dans: L'idéal, 2007
Diam's, Ma France à moi, dans: Dans ma bulle, 2006
Tiken Jah Fakoly, Africain à Paris, dans: L'Africain, 2007
Kery James, Banlieusards, dans: À l'ombre du show-business, 2008
Yannick Noah, Donne-moi une vie, dans: Charango, 2006
Tonton David, Il marche seul, dans: Allez leur dire, 1994
Zebda, Je crois que ça va pas être possible, dans: Essence ordinaire, 1999

Vivre la culture

Camille Claudel, La valse (1889)

Le Tour de France

Un spectacle de danse

Jean Nouvel, Le Musée du quai Branly (Paris)

Le Musée du Louvre (Paris)

Un cinéma

Un défilé de mode

Un restaurant

1. *Choisissez trois photos qui représentent, d'après vous, la culture et justifiez votre opinion.*
2. *Nommez d'autres aspects de la culture qui ne sont pas représentés ici.*

Quels médias pour quel usage? (1)

Approches *Quels journaux ou magazines français connaissez-vous?*

Objectif lecture

A Analyser la une d'un journal

1. *Choisissez un des deux journaux et dites quel est son titre, son adresse Internet, son prix, sa date de parution.*
   Mettez en relation la place des articles et leur importance.
2. *Trouvez un exemple de gros titre, de sur-titre, de sous-titre. Quelle est la fonction de chacun d'eux?*

→ Méthodes, p. 247

B Comparer la une de deux journaux différents

1. *Comparez la mise en page de la une de France-Soir et de celle du Monde.*
   Quelles sont les différences qui vous frappent (couleurs, taille des caractères et des photos, longueur des textes)?
2. *Nommez les thèmes traités par les deux journaux. Quelle est l'importance que leur accorde chaque journal?*

SPÉCIAL JEUX DE L'ÉTÉ
JUSQU'AU 23 AOÛT, NOTRE CAHIER DÉTACHABLE 8 PAGES

France-Soir
VOTRE GRAND QUOTIDIEN NATIONAL
N° 19875 • 0,90 € www.francesoir.fr JEUDI 14 AOÛT 2008

JUGEMENT DANS L'AFFAIRE DE L'ENSEIGNANT FRAPPEUR
Une gifle vaut 500 euros
Pour avoir corrigé un élève qui l'avait traité de "connard", le professeur de technologie José Laboureur encourait cinq ans de prison et 75.000 euros d'amende. Le procureur avait requis 800 euros. Finalement, le tribunal a réduit la peine. Clémence ou sévérité ? *France-Soir* a recueilli l'avis des lecteurs
Page 6 et retrouvez la vidéo sur le site *francesoir.fr*

Steeve Guenot, champion olympique de "haute" lutte
Enfin... une médaille d'or française
Page 27

POLITIQUE
Géorgie : plan de paix incertain
Russes et Géorgiens s'accusent mutuellement de ne pas respecter les engagements Page 4

FOOTBALL
Jérémy Clément, joueur clé du PSG
"Le recrutement de Paris m'a donné envie de rester dans le club" Page 30

DOSSIER
Le travail au noir n'est plus de saison
Des opportunités professionnelles sont offertes aux saisonniers, mais attention aux abus ! Les sanctions vont être plus sévères Pages 2 et 3

TÉLÉVISION
Les défis de la rentrée
Les grandes chaînes de télévision l'ont compris : cette année, la course à l'audience sera primordiale Page 34

Annonces légales page 7

Le Monde

www.lemonde.fr

JEUDI 14 AOÛT 2008

Comment la France a arraché l'amorce d'une négociation

Russie-Géorgie Le cessez-le-feu n'a pu être consolidé qu'aux conditions posées par Moscou

Pékin 2008 La moisson de l'extraordinaire Michael Phelps

Michael Phelps au départ du 200 mètres papillon, mercredi 13 août, au « Cube d'eau » de Pékin. En participant, un peu plus tard dans la même matinée, à la victoire du relais américain du 4 × 200 mètres nage libre – en battant à chaque fois le record du monde –, l'extraordinaire nageur a remporté sa cinquième médaille d'or au cours de ces Jeux olympiques. Avec la moisson qu'il a récoltée lors des JO d'Athènes, il y a quatre ans, Phelps compte désormais onze médailles d'or, ce qu'aucun champion avant lui n'avait réalisé, quelle que soit la discipline. Et ce n'est pas fini. Il espère gagner encore trois titres afin de dépasser l'autre grande figure de la natation américaine, le légendaire Mark Spitz (sept médailles d'or à Munich en 1972).
Lire notre supplément et les pages 12 et 19 du quotidien

Une révolution dans la façon de circuler en voiture

L'avenir de la biodiversité se joue maintenant

La visite du dalaï-lama et la « sourde oreille » de Pékin

il l'évite il l'évite

PAGE TROIS
L'élan brisé des lévriers anglais
Le plus célèbre cynodrome du Royaume-Uni, près de Londres, ferme le 16 août. Les courses de lévriers tombent en désuétude.

Cuba
Dissidents : le chaud et le froid
Le nombre de prisonniers politiques se réduit. Celui des arrestations de courte durée augmente. *Page 7 et l'éditorial page 2*

Best-sellers
« La Casta »
Le livre-enquête des journalistes italiens Sergio Rizzo et Gian Antonio Stella a déjà été vendu à 1,3 million d'exemplaires. La curiosité de leurs compatriotes à propos de la corruption et des privilégiés est insatiable. *Page 14*

Débats
Sauver l'université
Le physicien Jacques Blamont, membre de l'Académie des sciences, propose des pistes pour mettre fin à *« la descente dans les classements »* internationaux et *« l'affaiblissement dans la réalité »* du système universitaire français. *Page 15*

Culture
La rave, mode durable
A Brest, du 13 au 17 août, le festival Astropolis célèbre deux décennies de culture électronique. L'engouement pour les raves ne se dément pas. En France, elles ont réuni jusqu'à 40 000 personnes au début des années 2000. *Page 17*

Recherche/Analyse

Comparez la une des différents journaux internationaux que vous trouverez sur le site Internet: www.lesunes.com.

Pour aller plus loin

→ Méthodes, p. 254

1. *Identifiez les deux quotidiens et les deux hebdomadaires les plus lus en France. Que remarquez-vous?*

Diffusion payée (en France, 2006)

Quotidiens:	
Ouest-France	760 389
Le Parisien	499 957
Le Monde	360 610
L'Équipe	351 654
Le Figaro	337 118
Sud-Ouest	314 249
La Voix du Nord	293 004
Le Dauphiné libéré	244 848
Libération	142 557
France-Soir	52 450

Hebdomadaires:	
Télé 2 Semaines	1 239 853
Télérama	645 978
L'Express	538 617
Le Nouvel Observateur	536 397
Le Point	394 027

2. *Recherchez des chiffres sur la diffusion des quotidiens / hebdomadaires allemands. Comparez-les à ceux de la France.*

Quels médias pour quel usage? (2)

Approches

Faites ce sondage dans votre classe et comparez vos résultats à ceux du sondage français.

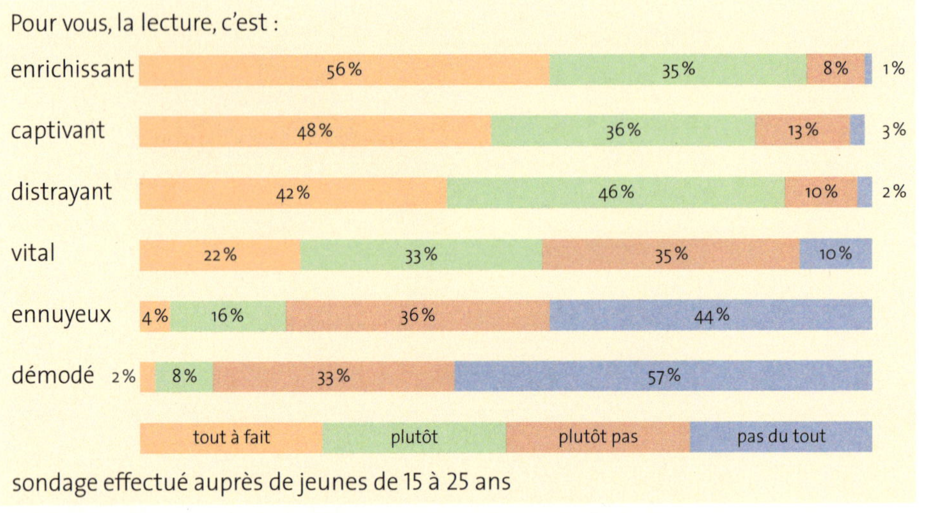

Objectif lecture
CD 12
→ Méthodes, p. 236

A Comprendre une émission de radio

1. *Que répondent les jeunes aux différentes questions de l'animateur? Faites une grille.*
2. *Que dit la sociologue Monique Ortiz au début de l'interview?*
3. *Indiquez dans quelle mesure l'avis des jeunes confirme ce que dit la sociologue.*

CD 12

B Comparer les informations d'une émission de radio avec ses propres habitudes

Écoutez le document sonore et dites auquel de ces jeunes vous vous identifiez. Expliquez pourquoi.

Pour aller plus loin

Lisez les droits du lecteur tels que les a définis Daniel Pennac (écrivain français et ancien professeur de lettres, né en 1944). Expliquez-les avec vos propres mots. Quels sont les droits qui vous plaisent? Y en a-t-il qui vous déplaisent? Lesquels souhaitez-vous rajouter?

Les droits imprescriptibles du lecteur

1. Le droit de ne pas lire.
2. Le droit de sauter des pages.
3. Le droit de ne pas finir un livre.
4. Le droit de relire.
5. Le droit de lire n'importe quoi.
6. Le droit au bovarysme. [...]
7. Le droit de lire n'importe où.
8. Le droit de grappiller.
9. Le droit de lire à haute voix.
10. Le droit de nous taire.

1 imprescriptible *ici* unantastbar **7 le bovarysme** tendance à fuir une réalité qui déplaît pour vivre dans ses lectures et dans un monde romanesque imaginaire. Le nom est dérivé de «Madame Bovary», roman de Gustave Flaubert, dans lequel l'héroïne a cette tendance. **9 grappiller** *etwa* sich nur einzelne Stellen oder Texte herauspicken

Activité/ Recherche

Au choix

1. *Au dos d'un roman (la quatrième de couverture), on trouve un petit résumé du livre et/ou un court commentaire pour donner aux lecteurs envie de lire ce livre. Faites une quatrième de couverture pour un livre de votre choix.*
2. *Faites une recherche Internet sur le Prix des Lycéens en France puis expliquez comment est choisi le meilleur livre de l'année.*

Quels médias pour quel usage? (3)

Approches
→ Méthodes, p. 255

1. *Décrivez cette caricature.*
2. *À votre avis, quel en est le message?*
3. *Imaginez ce que pense ou répond le musicien.*

© Le Monde des ados n° 189, 11 juin 2008

Objectif lecture

A Comprendre un texte à partir de son titre et de ses intertitres

1. *Expliquez le titre du texte et le problème qu'il pose.*
2. *Lisez les intertitres et donnez pour chaque question vos propres réponses.*
3. *Comparez vos réponses à celles de l'article. Y a-t-il des différences? Qu'avez-vous appris de nouveau?*

→ Méthodes, p. 235

B Faire une lecture sélective d'un article de journal

Résumez les avantages et les inconvénients de l'apparition d'Internet pour l'industrie musicale. Faites un tableau.

La gratuité va-t-elle tuer la musique?

Je télécharge, tu télécharges, il télécharge illégalement films et chansons sur Internet ... Mais si on ne paie pas les artistes, vont-ils continuer de créer ce qui nous fait vibrer?

1 Ça veut dire quoi «gratuit»?

Certaines choses sont gratuites parce que leurs auteurs ne touchent pas d'argent. Ainsi, l'encyclopédie en ligne Wikipédia se développe grâce aux contributions de bénévoles. À l'inverse, les télés et radios d'accès libre enrichissent leurs propriétaires, mais au lieu de vendre du contenu au public, ils vendent une audience, un public, à des publicitaires. Ce n'est donc pas si gratuit que ça! Enfin, il y a la musique téléchargée sur Internet, à partir de plates-formes peer-to-peer (P2P) qui permettent l'échange de fichiers. Imposée sans l'accord des créateurs, cette forme de gratuité est assimilée à du piratage.

5 faire vibrer qn jdn mitreißen **11 le bénévole** qn qui fait qc gratuitement, sans y être obligé ni payé **14 l'audience** *f. ici* Einschaltquote **19 imposer qc à qn** jdm etw. vorschreiben **21 le piratage** Anfertigung von Raubkopien

2 Pourquoi la musique gratuite pose-t-elle un problème?

Parce que, justement, cette gratuité s'est imposée de force, sans changer les règles d'une société où un bien de consommation (une voiture, des fraises ou de la musique), ça s'achète! Cet achat fait circuler de l'argent, cet argent crée de la richesse, cette richesse permet de payer ceux qui créent et diffusent ce bien. Jusqu'aux années 1990, c'était simple: tous les biens étaient matériels. Pour écouter un titre sur leur chaîne, tes parents devaient acheter le CD. S'ils oubliaient de passer à la caisse, c'était clairement du vol!

3 Le piratage, c'est du vol?

Internet a chamboulé les repères! La musique, depuis bientôt dix ans, a pris la forme de fichiers (MP3 ou autres) aussi légers que l'air. Mais, à l'inverse de l'air, la musique a besoin de créateurs: si on ne les paie plus, de quoi vivront-ils? Cette question divisait les artistes en 2005. «Téléchargez-nous légalement», clamaient par exemple Nadiya ou Corneille, pour qui il fallait soutenir les artistes, les voir sur scène, acheter leur musique. D'autres, comme Tryo ou M, réclamaient qu'on arrête d'assimiler les «pirates» à des délinquants. De fait, face à l'ampleur du phénomène, il est illusoire d'espérer punir chaque utilisateur de P2P. On cherche surtout des solutions pour que la gratuité soit compatible avec l'économie!

4 Comment les artistes gagnent-ils leur vie?

Les plus connus sont sous contrat avec des maisons de disques qui les aident à enregistrer, assurent leur pub, organisent leurs passages à la télé, leurs tournées ... et, bien sûr, les paient. En échange, les artistes à succès font vivre beaucoup de monde! Les autres? Sans contrat, ils vivent de concerts et de boulots précaires et doivent produire leurs CD eux-mêmes. Pour eux, Internet est une chance: en intégrant le réseau MySpace aux 100 millions d'utilisateurs ou en mettant leur musique sur YouTube ou Dailymotion, ils touchent un large public. Arctic Monkeys ou Lily Allen sont devenus célèbres comme ça!

5 Les droits d'auteur, c'est quoi au juste?

C'est l'autre façon de payer les auteurs et compositeurs d'œuvres artistiques. Ce droit existe en France depuis plus de deux siècles. Il permet à l'auteur d'une œuvre artistique de gagner de l'argent grâce à la diffusion de son œuvre. [...] Mais si la musique est diffusée gratuitement sur Internet, l'auteur ne reçoit rien. C'est le problème.

[...]

25 s'imposer sich durchsetzen **31 diffuser qc** *ici* etw. verbreiten **34 la chaîne (hi-fi)** Stereoanlage **39 chambouler qc** etw. durcheinanderbringen **39 les repères** *m. pl. ici* le système **51 assimiler qn à qc/qn** considérer qn comme qc/qn **52 l'ampleur** *f.* l'importance **56 être compatible avec qc** mit etw. vereinbar sein

6 Comment payer les artistes dans le futur?
La vente de musique en ligne représente un quart des revenus des maisons de disques, et face au danger du gratuit, celles-ci cherchent d'autres solutions: la téléphonie, ou encore les albums enrichis de bonus (clips, etc.). Les partisans de la gratuité, eux, proposent de payer un forfait aux artistes: une licence globale financée par une taxe de 10 euros sur les abonnements à Internet. Cette idée est critiquée: il faudrait une taxe plus élevée pour payer tous les artistes, et puis ce serait injuste car on taxerait aussi des abonnés qui ne téléchargent pas. Enfin, si on paie une taxe, ce n'est plus gratuit! Autre solution: la publicité financera la musique, comme la télé ou la radio. Déjà, plusieurs plateformes proposent de la musique gratuite et légale. Mais il faut écouter 90 secondes de pub pour chaque téléchargement!

D'après: Okapi n° 828, Bayard Presse, 15 juin 2007

87 le revenu Einnahme **92 le forfait** *ici* Pauschale

Objectif langage

Faites un associogramme autour du thème «musique et Internet» en utilisant le vocabulaire du texte et les mots que vous connaissez déjà.

Pour aller plus loin

Lisez l'interview avec le chanteur Manu Chao. Quelles autres solutions propose-t-il contre le piratage? Donnez votre opinion sur ce problème.

VICTOR HACHE: Que pensez-vous de l'idée de suspendre les abonnements des internautes qui téléchargeraient illégalement comme le demande un récent rapport?

MANU CHAO: Pour lutter contre le piratage, il faudrait interdire à la grande industrie de vendre des machines qui piratent 5 000 morceaux à la seconde. Il faut commencer par le début. [...] Ils paient combien de droits d'auteurs, les mecs qui vendent des machines? Où est la part du musicien sur la vente d'un iPod?

[...]

VICTOR HACHE: Ce sont les artistes qui souffrent le plus du piratage?

MANU CHAO: La seule bouée de sauvetage pour le musicien, c'est le live. C'est impiratable, un concert: c'est l'émotion du direct.

© L'Humanité, 8 janvier 2008

18 la bouée de sauvetage Rettungsring

Activité

→ Méthodes, p. 262

Au choix

1. *Faites un schéma du circuit économique de l'industrie musicale avant l'apparition d'Internet, depuis l'apparition d'Internet et tel qu'il pourrait éventuellement être dans le futur. Utilisez le tableau que vous avez fait en B (Objectif lecture, p. 79).*
2. *Imaginez une publicité pour lutter contre le piratage.*
3. *Dessinez une caricature sur le piratage et présentez-la à la classe.*

Quels médias pour quel usage? (4)

Objectif lecture

→ Méthodes, p. 255

1. *Décrivez ces affiches. Quelle sorte de manifestations annoncent-elles?*
2. *Auxquelles de ces manifestations aimeriez-vous participer? Pourquoi? Qu'en attendez-vous?*
3. *Vous avez l'intention de vous rendre à un festival avec votre classe. Faites une recherche sur Internet et préparez une documentation précise.*
   Quand est-ce? Où est-ce? À quel(s) spectacle(s) ou concert(s) souhaitez-vous absolument assister? Pourquoi? Ensuite, discutez et faites un choix.

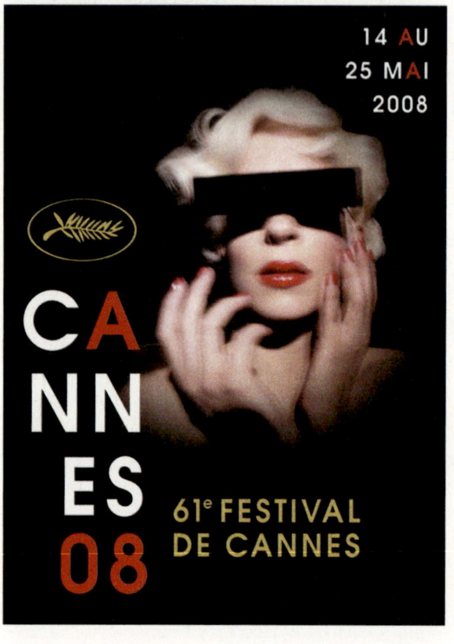

La peinture (1)

Approches

À votre avis, où a-t-on le plus de chances de voir des œuvres d'art? Pourquoi?

au musée   dans la rue   dans les galeries d'art contemporain   dans la nature
dans les livres   sur Internet   au restaurant   dans une banque   chez soi   [...]

Objectif lecture

→ Méthodes, p. 235

A Faire une lecture sélective

Relevez

– *les raisons pour lesquelles beaucoup de jeunes n'aiment pas aller au musée,*
– *les formes sous lesquelles l'art les intéresse.*

B Adopter un certain point de vue pour aborder un texte

La conseillère pédagogique d'un musée voudrait attirer plus de jeunes visiteurs. Lisez le texte en partant de son point de vue et répondez aux questions suivantes.

1. *Quels sont les passages du texte qui pourraient attirer particulièrement son attention?*
2. *Quelles sont les conséquences qu'il / elle pourrait en tirer?*

L'art s'ennuie au musée

«Je m'intéresse à l'art, mais les musées, ça ne m'attire pas plus que ça!» Léa, 16 ans, n'est pas la seule à déserter les lieux d'expositions. Pourtant, près de la moitié des 15–24 ans ont visité un musée ou un monument historique dans l'année écoulée. Un chiffre qui traduit surtout une pratique imposée, avec l'école ou les parents. «En dehors de ces moments-là, c'est difficile d'attirer les jeunes», admet Sylvie Octobre, chargée d'études statistiques au ministère de la Culture.

Faut-il en conclure que les jeunes détestent l'art? Non, car ils colonisent les cinémas et les concerts, dévorent bédés ou romans et sont 24 % à pratiquer un art: danse, musique, théâtre ... Plus que l'art des musées, c'est le cadre qui les rebute. «On l'associe au monde des adultes, un univers qui semble lointain, surtout quand on se construit contre lui», analyse Sylvie Octobre.

C'est pourtant avec les adultes, surtout la famille, que se forme la relation à l'art. Plus les parents sont diplômés et plus on a de chances de fréquenter les musées; plus ils s'intéressent à l'art et plus on y sera sensible.

L'école ouvre heureusement d'autres portes d'entrée: cours d'arts plastiques, sorties, interventions d'artistes, analyses d'œuvres, tableaux illustrant les livres de français ou d'histoire ... Sauf que «le cadre scolaire peut provoquer un effet contraire», alerte Sylvie Octobre. Qui n'a pas connu la torture des visites groupées, avec commentaires interminables du guide, bâillements et ricanements? ▶

3 déserter (un endroit) quitter un endroit, ne pas y aller **8 imposé/e** *contraire de* volontaire **15 dévorer qc** *ici* lire très vite qc qui plaît **18 le cadre** Rahmen **18 rebuter qn** ne pas plaire à qn, paraître horrible à qn **34 alerter qn** alarmer qn **36 le bâillement** Gähnen **37 le ricanement** Kichern

[...]
Pour le sociologue Emmanuel Wallon, il ne suffit pas d'amener les jeunes au musée, «il faut leur donner des motifs d'y revenir seuls». À 17 ans, on peut être touché par toutes les formes d'art, mais, «selon la façon dont il sera expliqué, Rodin paraîtra classique ou moderne, Monet pépère ou révolutionnaire», assure Emmanuel Wallon.
Et si les musées cherchent à devenir plus attractifs (horaires décalés, gratuité ...), «il existe plus de propositions pour les enfants que pour les 15–24 ans, dont les exigences sont aussi précises que celles des adultes mais le comportement moins prévisible, poursuit le sociologue. C'est pourtant une période de haute sensibilité.» Des classiques occupent d'ailleurs une place privilégiée dans vos chambres: accessoires à l'image de *Marilyn* de Warhol, agendas signés Ben, posters de Klimt... Le marketing semble rendre l'art accessible, mais pour la sociologue Anne-Marie Autissier, «il le banalise sans donner les explications permettant de le comprendre et de se questionner». [...]

D'après: Phosphore n° 321, Bayard Presse, mars 2008

45 pépère *fam.* démodé/e, vieux/vieille **49 les horaires décalés** *m. pl. ici* flexiblere Öffnungszeiten **51 l'exigence** *f.* le besoin, ce qu'on veut avoir, ce qu'on attend de qn

Objectif langage

Les degrés de la comparaison

Voici des phrases qui contiennent des comparaisons.

«... les exigences sont aussi précises que celles des adultes mais le comportement moins prévisible ...» (l. 51–53)

«... plus les parents sont diplômés et plus on a de chances de fréquenter les musées.» (l. 23–25)

1. *Expliquez, à partir des exemples, la formation de la comparaison.*
2. *Formez des phrases selon le même modèle.*

Pour Célia, aller au musée est [...] intéressant [...] aller au cinéma.
Adrien, lui, trouve que les visites avec sa classe sont [...] ennuyeuses [...] celles en famille.
Corinne pense que [...] agréable, c'est de pouvoir aller seule au musée.
Comparé à beaucoup de jeunes, Cyril est une grande exception: il consacre [...] de temps à son ordinateur [...] à la lecture de livres d'art.
La conclusion? [...] on oblige les jeunes à aller au musée, [...] ils veulent y aller.

Sondage/ Médiation

→ Méthodes, p. 240

Faites un sondage dans votre lycée sur les questions suivantes:
Pourquoi (n')aimez-vous (pas) aller au musée? Si vous aimez y aller, quel type de musée(s) préférez-vous? *Présentez vos résultats en classe.*

musée technologique   ethnologique   paléontologique   océanographique
historique   zoologique   d'art moderne   [...]

Table ronde

→ Méthodes, p. 238

«Comment attirer plus de jeunes dans les musées?» – voilà le titre d'une émission de télévision à laquelle participent deux jeunes, un(e) pédagogue spécialisé(e) des beaux-arts, le directeur / la directrice d'un musée et le présentateur / la présentatrice. Prenez leur rôle, préparez des arguments et menez la discussion.

Activité créative

→ Méthodes, p. 245

Au choix

1. *Imaginez le musée idéal. Décrivez-le dans un petit texte.*
2. *Quel serait le musée où on irait volontiers? Écrivez un article de journal. Vous pouvez tenir compte des résultats de la table ronde.*

Pour aller plus loin

1. *Qu'associez-vous au Louvre? Donnez vos idées. Après, commentez la statistique.*

Fréquentation record pour le Louvre
Selon un palmarès établi par Le Journal des arts, les 10 musées qui, dans le monde, ont enregistré la fréquentation la plus importante en 2007 sont:

	visiteurs
1. Le Louvre, *Paris*	8 300 000
2. Le Centre Pompidou, *Paris*	5 509 425
3. Le British Museum, *Londres*	5 400 000
4. La Tate Modern, *Londres*	5 191 840
5. Le Metropolitan Museum of Art, *New York*	4 547 353
6. La National Gallery of Art, *Washington*	4 518 413
7. Les musées du Vatican, *Cité du Vatican*	4 310 083
8. La National Gallery, *Londres*	4 159 485
9. Le musée d'Orsay, *Paris*	3 166 509
10. Le Musée national du Prado, *Madrid*	2 652 924

→ Méthodes, p. 240

2. *Informez-vous sur un musée français de votre choix et présentez-le à vos camarades.*

Recherche et discussion

Imaginez la situation suivante: Vous allez bientôt partir en groupe à Paris. Une visite du Louvre est prévue, mais c'est à vous de choisir le parcours et la durée de la visite.

1. *Informez-vous sur le Louvre (ses parcours, ses expositions, ses visites guidées, ses programmes spéciaux pour les jeunes, etc.) → www.louvre.fr.*
2. *Travaillez en groupes et élaborez un programme.*
3. *Présentez-le aux autres groupes, discutez et mettez-vous d'accord sur un programme définitif.*

→ Méthodes, p. 237

La peinture (2)

Approches *Regardez le tableau et dites spontanément l'effet qu'il vous fait.*

Édouard Manet (1832–1883), Le déjeuner sur l'herbe, 1863

Objectif lecture

CD 13

A Aborder une œuvre d'art par l'écoute

1. *Comment regarder une œuvre d'art? Écoutez le texte en regardant le tableau.*
2. *En quoi cette «visite guidée» a-t-elle modifié votre première impression? Que vous a-t-elle fait découvrir de plus dans ce tableau?*

B Décrire un tableau

→ Méthodes, p. 255

Observez le tableau et parlez de sa composition: La disposition des personnages, la ligne des regards et des gestes, les couleurs, le décor, etc.

Activité

→ Méthodes, p. 255

Au choix

1. *Choisissez un des tableaux ci-contre et décrivez-le: Indiquez le sujet du tableau, décrivez votre impression (qu'est-ce qui vous surprend ou vous touche?) et parlez de la composition du tableau.*
2. *Choisissez un tableau et imaginez que les personnages représentés discutent entre eux: ils parlent des visiteurs du musée qui les regardent. Quels pourraient être leurs commentaires? Imaginez un dialogue.*

Claude Monet (1840–1926),
Déjeuner sur l'herbe, 1866

Pablo Picasso (1881–1973),
Déjeuner sur l'herbe, 1960

Paul Gauguin (1848–1903),
Femmes de Tahiti (ou sur la plage),
1891

La bande dessinée

Approches

Lisez la statistique et commentez-la. Puis, parlez de vos préférences personnelles: quels sont vos genres de livres préférés? Comparez vos préférences à celles mentionnées dans la statistique.

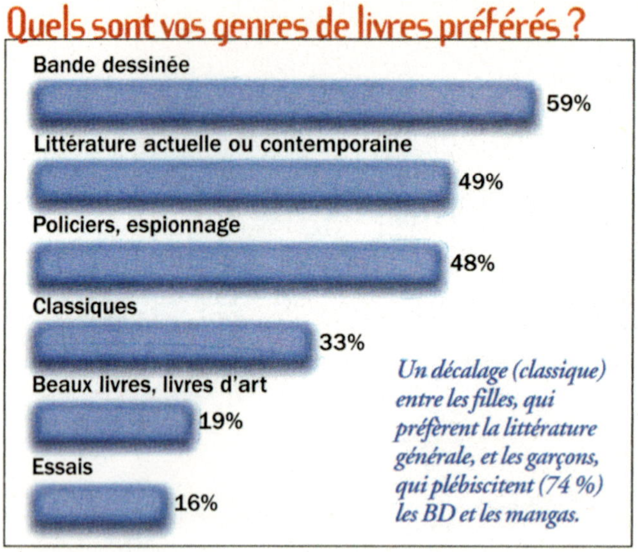

sondage effectué auprès de jeunes de 15 à 25 ans

Objectif lecture

→ Méthodes, p. 256

A Anticiper le sujet d'une bande dessinée à partir de la première planche

1. *Dites quelles informations la première planche donne sur:*
   - *le(s) lieu(x) de l'action,*
   - *les personnages qui entrent en scène,*
   - *le temps, la période de l'année,*
   - *l'atmosphère de l'histoire.*

   Utilisez toutes les sources d'information:
   les dessins, les textes (récitatifs, bulles, la lettre, ...), les couleurs, etc.
2. *Lisez le texte de la lettre dans la quatrième vignette. Notez toutes les informations que l'on obtient sur la relation entre l'auteur de la lettre et son destinataire, puis faites des hypothèses sur le sujet de l'histoire.*

→ Méthodes, p. 257

B Étudier la composition d'une bande dessinée

1. *Les techniques de la bande dessinée sont proches de celles du cinéma. Le dessinateur utilise, par exemple, différents plans et différentes perspectives. Définissez les différents plans et procédés cinématographiques de chaque vignette. Indiquez quel effet ces procédés produisent sur le lecteur.*
2. *Concentrez-vous sur les textes dans les vignettes. Définissez les différentes formes de textes dans les vignettes et dites quelle est leur fonction.*
3. *Mettez en relation les vignettes et les textes. Tenez compte de leur contenu mais aussi de leur forme.*

Léo Malet – Jacques Tardi, Brouillard au pont de Tolbiac

Vignettes:
1 rôder herumstreunen, herumirren; **la folie** Wahnsinn
4 gamin/e *adj* jeune; **mijoter des saloperies** *etwa* Schlimmes im Schilde führen; **l'hosto** *m. fam.* l'hôpital; **sauver la mise à qn** *fam. ici* jdm Schlimmeres ersparen

Vignettes:
5 séjourner rester; **se dégager de qc** *ici* verströmen
6 la teneur le contenu; **menacer qn** jdn bedrohen; **du fait de** wegen; **le gars** *fam. ici* Typ; **ne pas tarder à faire qc** bald etw. tun
8 la gitane Zigeunerin; **coller aux pas de qn** jdm an den Fersen kleben

Objectif langage
→ Méthodes, p. 256

Parler d'une BD

Donnez vos impressions sur cette bande dessinée. Vous pouvez utiliser:

L'histoire me paraît / me semble intéressante/banale/réaliste/[...]
Les premières planches (ne) me plaisent (pas) à cause des dessins / du style / des couleurs / [...]
Les dessins sont (peu/trop/pas assez) réalistes/précis/détaillés / [...]
Les couleurs sont tristes/ennuyeuses/agréables/gaies/violentes / [...]
Il y a du suspense. / Il n'y a pas assez de suspense. / Il ne se passe rien. / Il (n')y a (pas) beaucoup d'action.
[...]

Projets

→ Méthodes, p. 257

Au choix

1. *Transformez l'extrait de la BD en extrait de roman.*
2. *Comment l'histoire va t elle continuer? Utilisez vos hypothèses et imaginez une suite à l'histoire. Vous pouvez écrire un scénario ou dessiner une BD.*
3. *Vous voulez tourner un film à partir de «Brouillard au pont de Tolbiac».*
   Voici quelques questions pour vous aider:
   – Quels lieux choisir?
   – Comment transposer les cadres (fixes) en images (dynamiques)?
   – Comment représenter les textes des récitatifs et de la lettre?
   – Faut-il choisir une musique pour accompagner les images? Si oui, laquelle?

Pour aller plus loin

Lisez le texte et faites des recherches supplémentaires en groupes sur Tardi et son œuvre. Vous pouvez travailler sur les thèmes suivants:
– Tardi, la personne
– les aventures d'Adèle Blanc-Sec
– la série des adaptations de Léo Malet (Nestor Burma)
– la série 'historique' («Le cri du peuple», «C'était la guerre des tranchées»)
– le programme des éditions Casterman.

→ Méthodes, p. 240

Présentez vos résultats sous forme d'exposition.

Né en 1946, Jacques Tardi fait son entrée chez l'éditeur Casterman et entame le cycle des «Aventures extraordinaires d'Adèle Blanc-Sec», dont le succès ne se fait pas attendre. Parallèlement, Tardi met en bande dessinée le Paris de l'écrivain Léo Malet et de son détective Nestor Burma, et réalise des adaptations de romans historiques qui ont autant de succès («Le der des ders» de Daeninckx, «Le cri du peuple» de Vautrin, etc.).

Recherche

→ Méthodes, p. 240
→ Méthodes, p. 256

Informez-vous sur un de ces dessinateurs pour faire un exposé.

a *Donnez des informations sur cet auteur (biographie, modèles, motivation ...).*
b *Présentez un extrait de BD de l'auteur choisi et parlez de son style.*

Bastien Vivès, Le goût du chlore

Jean-Yves Ferri / Manu Larcenet, Le retour à la terre

Philippe Geluck, Le chat

Nicolas Barral / Benacquista, Dieu n'a pas réponse à tout

Clément Oubrerie, Zazie dans le métro

Hergé, Tintin

Le cinéma (1): L'image

Approches
→ p. 17

Résumez ce que vous avez appris sur Franck et sa grand-mère.

Objectif lecture
DVD 6
→ Méthodes, p. 257

A Analyser la relation entre les personnages à partir de l'image

1. *Regardez l'extrait sans le son et faites des hypothèses sur la relation des personnages entre eux.*
2. *Regardez l'extrait avec le son et vérifiez vos hypothèses de 1.*

DVD 6
→ Méthodes, p. 257

B Comprendre et analyser un extrait de film

1. *Regardez l'extrait et résumez-le en quelques phrases.*
2. *Indiquez par quels moyens le metteur en scène réussit à mettre en images les états d'âme des personnages.*

Objectif langage
→ Méthodes, p. 257

Le vocabulaire du cinéma – L'image

Reliez les termes ci-dessous avec l'effet qu'ils produisent sur le spectateur.

La plongée ...
Le plan moyen ...
Le plan américain / le plan rapproché ...
Le gros plan ...
La contre-plongée ...
Le plan de demi-ensemble ...
Le très gros plan ...
Le plan d'ensemble ...

... présente la situation ou le personnage dans son environnement.
... présente le personnage dans le décor dans lequel il se trouve.
... présente le personnage en action, il attire l'attention sur lui et ses gestes.
... montre les sentiments du personnage.
... souligne les sentiments du personnage ou met en évidence un objet.
... saisit un détail et produit un effet de choc.
... montre le personnage en position d'infériorité.
... montre le personnage en position de supériorité.

Activité
→ Méthodes, p. 255

Décrivez les affiches de film ci-dessous. Quelles différences constatez-vous entre l'affiche française et l'affiche allemande?

Le cinéma (2): Le son

Approches

Complétez cette liste par des mots ou expressions utiles pour parler du son d'un film. Aidez-vous d'un dictionnaire.

la musique, les dialogues, la voix off [...]

Objectif lecture

DVD 7

→ Méthodes, p. 236

A Imaginer un extrait de film à partir du son

1. *Fermez les yeux et écoutez l'extrait. Identifiez le(s) lieu(x) et les personnages.*
2. *Écoutez encore une fois: À l'aide de ce que vous entendez, reconstituez l'action.*
3. *Regardez maintenant l'extrait avec l'image et le son. Qu'apprend-on de plus?*

DVD 7

B Analyser un extrait de film

1. *Regardez l'extrait, distinguez-en les différentes scènes et reconstituez-les sous forme de tableau (lieux/personnages/action).*
2. *Donnez un titre à chacune de ces scènes.*
3. *Dites quels éléments sonores sont caractéristiques de chaque scène.*

→ Méthodes, p. 257

Pour aller plus loin

→ Méthodes, p. 257

Regardez encore une fois l'extrait et concentrez-vous sur ce que vous voyez. Vous pouvez travailler en groupes. Analysez, dans les différentes scènes, les points suivants:

- les plans (leur échelle: gros plan, plan moyen, plan rapproché, plan d'ensemble ... et leur longueur)
- les coupes (leur nombre, leur forme: coupe franche, fondu enchaîné ...)
- les mouvements de la caméra (plan fixe, panoramique, travelling, zoom, prise en accéléré, prise au ralenti ...)
- le montage (le rythme et la chronologie des différents plans et coupes, ellipses, flashbacks ...)
- la perspective (angles de prise de vue, position des personnages, plongée, contre-plongée, hors champ ...).

Tenez compte aussi des décors, des éclairages et des couleurs. Quels sont les effets produits par ces différents moyens cinématographiques?

Le cinéma (3): du livre au film

DVD 7

Lisez le texte du roman d'Anna Gavalda qui a servi de base à la séquence du film (p. 94, DVD 7). Regardez la séquence du film et comparez les deux extraits:

→ Méthodes, p. 257

1. *Où y a-t-il des différences?*
2. *De quels moyens cinématographiques le réalisateur se sert-il et dans quelle(s) intention(s)?*
3. *Comparez l'atmosphère créée dans le texte littéraire à celle créée dans le film.*

Camille, Franck et Philibert qui habitent en colocation dans le grand appartement de Philibert rentrent en voiture à Paris après avoir raccompagné Paulette, la grand-mère de Franck, dans sa maison de retraite.

– Combien ça vous coûte?
– Pardon?
– Ce truc, là? Cette maison?
– Pourquoi tu me demandes ça?
– Combien?
– Dans les dix mille balles ...
– Qui paye?
– La retraite de mon pépé, sept mille cent douze francs et le Conseil général ou je ne sais plus quoi ...
– Pour moi je te demande deux mille balles comme argent de poche et le reste, tu te le gardes et t'arrêtes de travailler le dimanche pour me soulager ...
– Attends, de quoi tu me parles, là?
– Philou?
– Ah non, c'est ton idée, ma chère, minauda-t-il.
– Oui, mais c'est ta maison, mon ami ...
– Hé! Qu'est-ce qui se passe, là? C'est quoi l'embrouille?

Philibert alluma le plafonnier:

– Si tu veux ...
– Et si *elle*, elle veut, précisa Camille.
– ... on l'emmène avec nous, sourit Philibert.
– A ... avec vous, où? bredouilla Franck.

– Chez nous ... à la maison ...
– Quand ... quand ça?
– Maintenant.
– Main ... maintenant?
– Dis-moi, Camille, j'ai l'air aussi ahuri que ça quand je bégaye?
– Non, non, le rassura-t-elle, tu n'as pas *du tout* ce regard idiot ...
– Et qui c'est qui va s'en occuper?
– Moi. Mais je viens de te soumettre mes conditions ...
– Et ton boulot?
– Plus de boulot! Fini!
– Mais euh ...
– Quoi?
– Ses médicaments et tout ça ...
– Ben je lui donnerai! C'est pas dur de compter des pilules, si?
– Et si elle tombe?
– Ben elle tombera pas puisque je suis là!
– Mais euh ... Elle ... elle dormira où?
– Je lui laisse ma chambre. Tout est prévu ...

Il posa son front sur le volant.

– Et toi Philou, qu'est-ce que t'en penses?
– Du mal au début et puis du bien. Je pense que ta vie sera beaucoup plus simple si on l'emmène ...
– Mais c'est lourd un vieux!
– Tu crois? Combien elle pèse ta petite grand-mère? Cinquante kilos? Même pas ...
– On peut pas l'enlever comme ça?
– Ah bon?
– Ben non ...
– S'il faut payer des dommages, on payera ...
– Je peux faire un tour?
– Vas-y.
– Tu m'en roules une, Camille?
– Tiens.

Il claqua la porte.

– C'est une connerie, conclut-il en revenant s'asseoir.
– Ça, on n'a jamais dit le contraire ... Hein Philou?

6 dix mille balles *ici* dix mille francs **8 la retraite** Rente **8 le pépé** *fam.* grand-père **9 le Conseil général** Verwaltungsrat eines Département **14 soulager qn** *ici* aider qn **17 minauder** prendre des manières affectées **21 l'embrouille** *f. ici* Verwirrspiel **22 le plafonnier** Deckenlampe **27 bredouiller** stottern **32 ahuri/e** verblüfft, sprachlos; blöd **33 bégayer** stottern, stammeln **37 soumettre qc à qn** jdm etw. unterbreiten, vorschlagen **45 la pilule** Tablette **62 le dommage** Schaden **68 claquer qc** etw. zuknallen **69 la connerie** *fam.* la bêtise

– Jamais. On est lucides quand même!
– Ça vous fait pas peur?
– Non.
– On en a vu d'autres, pas vrai?
– Oh là!
– Vous croyez qu'elle va se plaire à Paris?
– On ne l'emmène pas à Paris, on l'emmène chez nous!
– On lui montrera la tour Eiffel!
– Non. On lui montrera plein de choses beaucoup plus belles que la tour Eiffel ...
Il soupira
– Bon, ben, on fait comment maintenant?
– Je m'en occupe, dit Camille.

Quand ils revinrent se garer sous ses fenêtres, elle était toujours là.

Camille partit en courant. Depuis la voiture, Franck et Philibert assistèrent à un numéro d'ombres chinoises: petite silhouette se retournant, silhouette plus grande à ses côtés, gestes, hochements de tête, mouvements d'épaules, Franck ne cessait de répéter: «C'est une connerie, c'est une connerie, je vous dis que c'est une connerie ... Une énorme connerie ...»
Philibert souriait.
Les silhouettes changèrent de place.
[...]

– Mais qu'est-ce qu'elles foutent, merde?
La lumière s'éteignit enfin.
Camille ouvrit la fenêtre et balança une grosse valise par-dessus bord. [...] Franck [...] avança la voiture, il se précipita vers les filles pendant que Philibert récupérait la valise.

– Non, non, restez devant jeune homme! Vous avez des grandes jambes, vous ...

Silence de mort pendant quelques kilomètres. Chacun se demandant s'il ne venait pas

de faire une énorme bêtise justement ... Puis, tout à coup, ingénue, Paulette chassa les nuées:
– Dites ... Vous m'emmènerez au spectacle? On ira voir des opérettes?

Philibert se retourna en chantonnant: «*Jé souis Brésilien, jé de l'ol, Et j'allive dé Rio Janèl, Plous liche aujould'houi qué naguel, Palis, Palis, jé té léviens encol!*»

Camille lui prit la main et Franck sourit à Camille dans le rétroviseur.
Nous quatre, ici, maintenant, dans cette Clio pourrie, libérés, ensemble, et que vogue la galère ...

Tou cé qué là-baaas jééé voléééééé! reprirent-ils tous en chœur.

73 lucide klar im Kopf **91 les ombres chinoises** *f. pl.* chinesisches Schattentheater **93 le hochement de tête** Kopfschütteln **101 foutre qc** *fam.* faire qc **106 récupérer qc** *ici* prendre la valise **112 ingénu/e** naïf/-ïve **112 chasser les nuées** *ici* das Schweigen unterbrechen **121 le rétroviseur** Rückspiegel **123 pourri/e** *ici* en mauvais état **123 que vogue la galère** komme, was da wolle

Coin lecture

Voici les premières scènes de la pièce de théâtre «Art» de Yasmina Reza (1994).

Marc, seul.

MARC: Mon ami Serge a acheté un tableau.

C'est une toile d'environ un mètre soixante sur un mètre vingt, peinte en blanc. Le fond est blanc et si on cligne des yeux, on peut apercevoir de fins liserés blancs transversaux.

Mon ami Serge est un ami depuis longtemps.

C'est un garçon qui a bien réussi, il est médecin dermatologue et il aime l'*art*.

Lundi, je suis allé voir le tableau que Serge avait acquis samedi mais qu'il convoitait depuis plusieurs mois.

Un tableau blanc, avec des liserés blancs.

*

Chez Serge.

Posée à même le sol, une toile blanche, avec de fins liserés blancs tranversaux.

Serge regarde, réjoui, son tableau.

Marc regarde le tableau.

Serge regarde Marc qui regarde le tableau.

Un long temps où tous les sentiments se traduisent sans mot.

MARC: Cher?

SERGE: Deux cent mille.

MARC: Deux cent mille? ...

SERGE: Handtington me le reprend à vingt-deux.

MARC: Qui est-ce?

SERGE: Handtington?!

MARC: Connais pas.

SERGE: Handtington! La galerie Handtington!

MARC: La galerie Handtington te le reprend à vingt-deux? ...

SERGE: Non, pas la galerie. Lui. Handtington lui-même. Pour lui.

MARC: Et pourquoi ce n'est pas Handtington qui l'a acheté?

SERGE: Parce que tous ces gens ont intérêt à vendre à des particuliers. Il faut que le marché circule.

MARC: Ouais ...

SERGE: Alors?

MARC: ...

SERGE: Tu n'es pas bien là. Regarde-le d'ici. Tu aperçois les lignes?

MARC: Comment s'appelle le ...

SERGE: Peintre. Antrios.

MARC: Connu?

SERGE: Très. Très!

Un temps.

MARC: Serge, tu n'as pas acheté ce tableau deux cent mille francs?

SERGE: Mais mon vieux, c'est le prix. C'est un ANTRIOS!

MARC: Tu n'as pas acheté ce tableau deux cent mille francs!

SERGE: J'étais sûr que tu passerais à côté.

MARC: Tu as acheté cette merde deux cent mille francs?!

*

Serge, comme seul.

SERGE: Mon ami Marc, qui est un garçon intelligent, garçon que j'estime depuis longtemps, belle situation, ingénieur dans l'aéronautique, fait partie de ces intellectuels, nouveaux, qui, non contents d'être ennemis de la modernité en tirent une vanité incompréhensible.

Il y a depuis peu, chez l'adepte du bon vieux temps, une arrogance vraiment stupéfiante.

*

Les mêmes.

Même endroit.

Même tableau.

SERGE: *(après un temps)* ... Comment peux-tu dire «cette merde»?

MARC: Serge, un peu d'humour! Ris! ... Ris, vieux, c'est prodigieux que tu aies acheté ce tableau!

Marc rit.

Serge reste de marbre.

---

3 la toile *ici* la peinture, le tableau **5 cligner des yeux** fermer et ouvrir rapidement les yeux ou les fermer à demi **6 le liseré** Paspel, Borte **6 transversal/e** quer verlaufend **11 acquérir qc** acheter qc **11 convoiter qc** avoir grande envie de posséder qc, vouloir absolument avoir qc **15 à même le sol** direkt auf der Erde **17 réjoui/e** content/e, heureux/-euse **41 apercevoir qc** voir qc, remarquer qc **54 passer à côté de qc** *ici* ne pas comprendre qc **59 estimer qn** avoir beaucoup de respect pour qn, apprécier qn **63 la vanité** Eitelkeit, Selbstgefälligkeit **64 l'adepte** *m./f.* Anhänger/in **65 stupéfiant/e** verblüffend **72 prodigieux/-euse** merveilleux/-euse, extraordinaire **74 rester de marbre** ne pas réagir

SERGE: Que tu trouves cet achat prodigieux tant mieux, que ça te fasse rire, bon, mais je voudrais savoir ce que tu entends par «cette merde».

MARC: Tu te fous de moi!

SERGE: Pas du tout. «Cette merde» par rapport à quoi? Quand on dit telle chose est une merde, c'est qu'on a un critère de valeur pour estimer cette chose.

MARC: À qui tu parles? À qui tu parles en ce moment? Hou hou! ...

SERGE: Tu ne t'intéresses pas à la peinture contemporaine, tu ne t'y es jamais intéressé. Tu n'as aucune connaissance dans ce domaine, donc comment peux-tu affirmer que tel objet, obéissant à des lois que tu ignores, est une merde?

MARC: C'est une merde. Excuse-moi.

78 se foutre de qn *vulg.* se moquer de qn **88 affirmer qc** etw. behaupten **89 ignorer qc** ne pas connaître qc

1. *Caractérisez les deux personnages. Quelle est la raison de leur discussion?* → Méthodes, p. 245
2. *Quels points de vue, quelles conceptions de l'art représentent-ils?*
3. *Décrivez l'effet que produit ce texte: vous paraît-il drôle/absurde/sérieux/comique/ennuyeux [...]? Justifiez votre opinion.* → Méthodes, p. 249

Point final

Faire le point
→ Méthodes, p. 261

1. *Faites le point sur ce que vous avez appris dans ce dossier. Notez les points importants et réunissez-les sous forme d'organigramme, d'affiche ou de journal de lecture.*

Le téléchargement illégal menace l'industrie musicale

[...]

2. *Travaillez en groupes. Répartissez-vous le travail à partir des mots ci-dessous. Un/e élève dit ce qu'il / elle sait sur son sujet, les autres complètent. Après, c'est le tour d'un/e autre élève avec un autre sujet.*

la presse française la lecture la musique les festivals
les musées la BD les moyens cinématographiques la peinture

3. *Faites une liste des aspects/thèmes que vous aimeriez approfondir.*
   a *À partir de cette liste, formulez des questions.*

   Quelle importance la BD a-t-elle en France?

   [...]

   b *Lisez les textes que vous n'avez pas encore lus en classe pour voir si vous y trouvez les informations que vous recherchez.*
   c *Sinon, réfléchissez où vous pourriez trouver des réponses à vos questions.*

Discussion
→ Méthodes, p. 237

Internet a bouleversé l'industrie culturelle. Discutez en tenant compte des différents aspects étudiés dans ce dossier.

Activité
→ Méthodes, p. 240
→ Méthodes, p. 245

Présentez un livre qui vous a plu à votre classe. Dites comment vous l'avez découvert, ce qui vous a plu, à qui vous le conseillez. Puis écrivez un article de journal pour un journal de jeunes qui témoigne des goûts de votre classe en matière de lecture.

Littérature

Marguerite Abouet / Clément Oubrerie, Aya de Yopougon, Gallimard – Volume 1, 2005, Volume 2, 2006, Volume 3, 2007, Volume 4, 2008
Marie Brantôme, L'infante de Vélasquez, Seuil Jeunesse 2003
Patrick Dupond, Étoile, Fayard 2000

Films

Valeria Bruni Tedeschi, Actrices, France 2007
Olivier Dahan, La Môme, France 2007
Denis Dercourt, La Tourneuse de pages, France 2006
Agnès Jaoui, Comme une image, France 2004
Laurent Tirard, Molière, France 2007

La France, l'Allemagne, l'Europe

L'empire de Charlemagne après 843

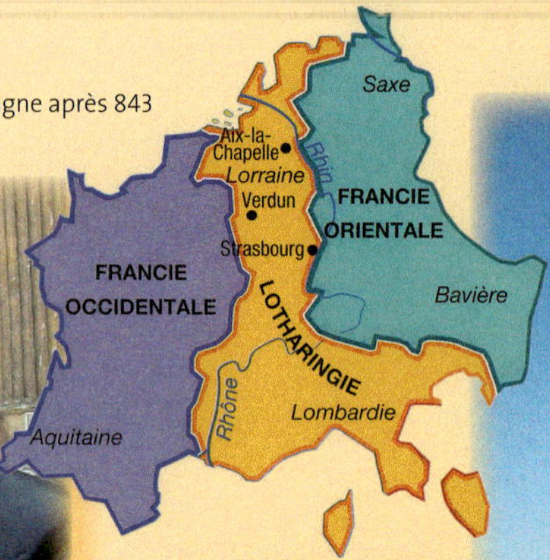

Gerhard Schröder et Jacques Chirac (2003)

Frédéric II et Voltaire

1940

1914

1957

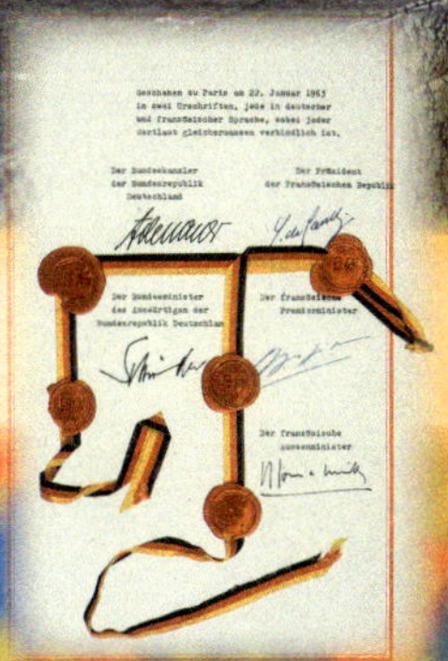

1963

1871

Angela Merkel et Nicolas Sarkozy (2009)

→ Coin histoire, p. 121

1. *Regardez ces documents et commentez-les.*
2. *Mettez-les dans un ordre chronologique et dites de quoi il s'agit. Aidez-vous du Coin histoire.*

La France divisée (1)

Approches

1. *Retracez, à l'aide de la carte, la situation en France à partir du 22 juin 1940.*
2. *Utilisez cette carte pour formuler des questions auxquelles vous chercherez des réponses dans le texte ci-dessous (p. 103–104) et au cours du dossier.*
   Exemples: – Que s'est-il passé avant?
   – Pourquoi y a-t-il la ville de Vichy sur la carte?
   – [...]

→ Coin histoire, p. 121

La France après la signature de l'armistice, le 22 juin 1940

Objectif lecture

A Comprendre un texte à l'aide de ses intertitres
Lisez le texte et expliquez ses intertitres avec vos propres mots.

→ Méthodes, p. 235

B Extraire des informations d'un texte
1. *Notez dans un tableau ce qu'on apprend dans le texte sur*
   – Pétain,
   – De Gaulle.
   Expliquez brièvement en quoi ils sont opposés.

2. *Trouvez, dans le texte, des réponses aux questions formulées dans les Approches. Notez-les.*

Collaboration et Résistance

L'humiliation

Le 1er septembre 1939, l'Allemagne envahit la Pologne. Deux jours après, la France et la Grande-Bretagne lui déclarent la guerre. Le 10 mai 1940, l'armée allemande envahit la Belgique, puis s'empare successivement du Luxembourg, des Pays-Bas et de plus de la moitié de la France. En juin 1940, après 37 jours de combat et 100 000 morts, la France capitule. Le maréchal Pétain, héros de la Première Guerre mondiale, prend la tête du gouvernement. La zone occupée, gouvernée par les nazis, s'étend des côtes atlantiques et de la Manche aux régions les plus riches de l'ouest, du nord et du nord-est de la France. La zone non occupée comprend le centre, le sud et le sud-est. Elle est dirigée par un régime pronazi conduit par le maréchal Pétain, installé dans la ville de Vichy (Allier).

La rébellion

Le 18 juin 1940, un général, Charles de Gaulle, refuse la défaite. Depuis Londres, où il s'est réfugié, il lance son fameux appel à la Résistance. Désormais, la même question se pose à tous les Français: faut-il suivre un général en rébellion ou le maréchal Pétain, héros de la Grande Guerre, qui leur dit de cesser le combat?

Les premiers résistants

Déjà, des journaux clandestins sont imprimés. Le 11 novembre 1940, la commémoration de la victoire de 1918 donne lieu à des manifestations contre l'occupant. Les tortures infligées à leurs auteurs choquent la population. [...] Le 12 août 1941, le maréchal Pétain dénonce «le vent mauvais» (celui de la Résistance) qui souffle sur la France.
Le 21 août 1941, un résistant communiste de 22 ans tue à bout portant un soldat allemand dans le métro, à Paris. C'est la première d'une série d'attaques du même type. En guise de représailles, 5 personnes sont abattues pour chaque attentat antiallemand, puis 15 autres si personne ne se dénonce. [...]

Le mouvement s'organise

Le 1er janvier 1942, Jean Moulin, un préfet révoqué par le gouvernement de Vichy, est chargé par de Gaulle de former une armée secrète. La Résistance commence

---

1 **l'humiliation** *f.* Demütigung **6 s'emparer de qc** prendre qc **24 la défaite** *contraire de* la victoire **26 désormais** à partir de maintenant **30 cesser qc** finir qc **30 le combat** Kampf **32 clandestin/e** interdit/e **33 la commémoration** la cérémonie pour se rappeler un événement **34 donner lieu à qc** zu etw. Anlass geben **36 infliger qc à qn** jdm etw. zufügen **38 dénoncer qc** *ici* critiquer fortement qc **42 tuer qn à bout portant** jdn aus nächster Nähe töten **45 en guise de représailles** als Vergeltungsmaßnahme **46 abattre qn** tuer qn **48 se dénoncer** *ici* sich stellen **50 le préfet** Vertreter des Staates in der Region **51 révoquer qn** jdn absetzen

à mieux s'organiser. L'espionnage radio s'intensifie; c'est l'époque des messages cryptés de la radio anglaise (BBC), qui lancent des opérations. En novembre 1942, la zone sud de la France est occupée par les Allemands. Soutenus par des parachutages alliés et par la population, les réseaux de Résistance entrent à partir de 1943 dans une phase d'action plus dure [...]. En juin, Jean Moulin est arrêté et torturé. Il meurt le 8 juillet. Mais sa mission lui survit: fin 1943, en France, il se produit un attentat toutes les heures. De janvier à juin 1944, à l'approche du débarquement allié, la milice (organisation militaire aux ordres du gouvernement) traque sans relâche les résistants (60 000 déportations politiques, 400 morts dans le maquis de Haute-Savoie). Les Américains et les Anglais bombardent le pays pour détruire les cibles allemandes (60 000 morts, dont de nombreux civils). Après le débarquement du 6 juin, [...] les Allemands reculent, non sans répandre le sang, y compris celui des civils (massacre d'Oradour-sur-Glane). Mais la France est de nouveau un pays libre ...

56 crypté/e codé/e **60 le parachutage** Fallschirmabwurf **68 le débarquement** *ici* Invasion, Landung (von Truppen) **70 traquer qn** poursuivre qn **70 sans relâche** sans arrêt **75 la cible** Zielscheibe, Ziel **78 reculer** *contraire de* avancer **78 répandre le sang** Blut vergießen

Objectif langage

Le vocabulaire de la guerre

1. *Relevez, dans le texte, le vocabulaire qui a un rapport avec la guerre et faites un associogramme. Complétez-le par d'autres mots et expressions que vous connaissez dejà.*

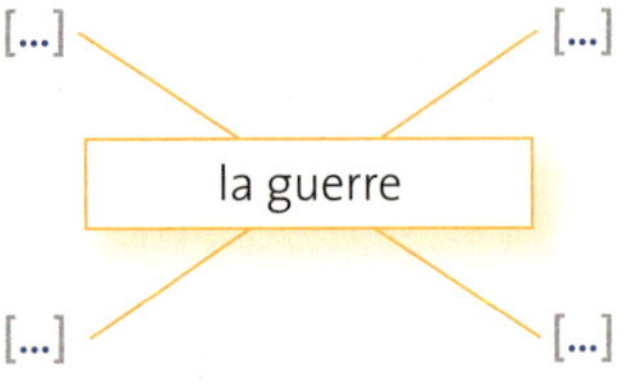

L'emploi du passif et les formes qui le remplacent

2. *Comment vous exprimeriez-vous en allemand? Traduisez et comparez l'emploi des formes verbales dans les deux langues.*

1. En 1940, la France **est dirigée** par un régime pro-nazi.
2. En 1942, la Résistance commence à mieux **s'organiser**.
3. L'espionnage radio **s'intensifie**.
4. Jean Moulin **est chargé** par de Gaulle de former une armée secrète.
5. En 1943, **il se produit** un attentat toutes les heures.

Recherche

→ Méthodes, p. 240

Faites une recherche sur l'une de ces personnes et présentez vos résultats à la classe.

Jean Moulin (1899–1943)

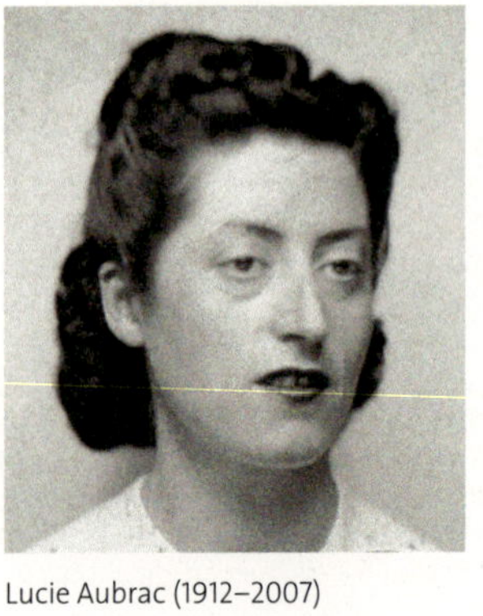
Lucie Aubrac (1912–2007)

Guy Môquet (1924–1941)

La France divisée (2)

Approches

CD 14

→ Méthodes, p. 236

Écoutez un discours prononcé, le 22 juin 1940, par le général de Gaulle en Angleterre. Notez les mots-clés.

Objectif lecture

A Comprendre un discours à l'aide de l'affiche correspondante

Lisez le texte et répondez aux questions.

1. *À qui s'adresse cet appel?*
2. *D'après Charles de Gaulle, qui est responsable de la défaite française?*
3. *Dites quel but de Gaulle cherche à atteindre grâce au message à la radio et à l'affiche.*

B Analyser un discours historique et l'affiche correspondante

1. *Analysez les moyens visuels utilisés sur l'affiche (graphie, couleurs, motifs).*
2. *Réécoutez maintenant le texte des Approches et dites quels sont les effets radiophoniques employés pour renforcer le message (ton, rythme, pauses).* (CD 14)

juin 1940

les gouvernants *m. pl.* Entscheidungsträger **de rencontre** *ici* zufällig **céder à qc** vor etw. weichen **la servitude** le fait d'être esclave **donner** *ici* obtenir un résultat **écraser qn/qc** *ici* jdn/etw. schlagen, vernichten **convier qn** inviter qn **le sacrifice** Aufopferung **le péril** le danger

Objectif langage *Complétez votre associogramme sur le vocabulaire de la guerre. (→ Objectif langage, p. 104)*

Pour aller plus loin – Médiation
→ Méthodes, p. 240

1. *Prenez des notes et résumez les grandes lignes de la biographie de Charles de Gaulle.*
2. *En cours d'histoire, vous préparez un exposé sur la Seconde Guerre mondiale. Transposez vos notes de* **1.** *en allemand.*

Charles de Gaulle (1890–1970)

Issu d'une famille bourgeoise du nord de la France, ancien élève de l'école militaire d'élite Saint-Cyr, Charles de Gaulle participe à la Première Guerre mondiale en tant qu'officier. Il est plusieurs fois blessé et fait prisonnier. Entre les deux guerres, il enseigne à l'école de guerre où il défend une stratégie nouvelle de guerre de mouvement. Sous-secrétaire d'État à la guerre en 1940, il refuse la capitulation et rejoint Londres dès le 17 juin 1940.

Le 18 juin 1940, il lance son célèbre appel à la BBC. Il organise dès lors la résistance extérieure, puis intérieure notamment grâce à Jean Moulin. Il s'impose à la tête de la France libre malgré les Américains qui lui ont opposé en 1943 le général Giraud.

À la Libération, de Gaulle devient chef du Gouvernement Provisoire de la République Française (GPRF). À ce poste, qu'il occupe de 1944 à 1946, il réorganise la France avec l'aide des forces politiques qui ont participé à la Résistance. Ne partageant pas l'avis des principaux partis politiques sur la constitution de la IVe République, il démissionne en janvier 1946.

Il passe alors 12 ans sans mandat politique et utilise cette période pour créer un parti, le RPF (Rassemblement du Peuple Français). Il revient au pouvoir en mai 1958 à l'occasion de la crise algérienne. Il devient président du Conseil, rédige une nouvelle constitution qui fonde la Ve République.

De Gaulle est le premier président de la République de la Ve République. Il met fin à la guerre d'Algérie (mars 1962), modifie la Constitution pour permettre l'élection du président de la République au suffrage universel (octobre 1962). Président de la République de 1958 à 1969, de Gaulle mène une politique d'indépendance et de prestige extérieur de la France. Mais il est affaibli par les progrès de la gauche et par les événements de mai 1968. En avril 1969, les Français répondent majoritairement «Non» à un référendum où de Gaulle soutient le «Oui». Tirant les conséquences de cet échec personnel, il démissionne le 27 avril 1969 et se retire de la politique. Il meurt le 9 novembre 1970.

D'après: www.hist-geo.com

8 s'imposer sich durchsetzen **13 la constitution** Verfassung **13 démissionner** zurücktreten **21 le suffrage universel** allgemeines Wahlrecht

Activité *Décrivez ces deux affiches de propagande et comparez leur message.*
→ Méthodes, p. 255

1939

1943/44

La France divisée (3)

Objectif lecture

A Comprendre le message d'une affiche

1. *Décrivez l'affiche et comparez les maisons.*
2. *Quels défauts sont reprochés à la maison de gauche? Quelles personnes, quels groupes politiques, quelles valeurs sont particulièrement critiqués, ici?*
3. *Quels sentiments cherche-t-on à provoquer avec la maison de droite? Pourquoi?*

→ Méthodes, p. 255

B Analyser la composition d'une affiche

1. *Étudiez la composition de l'affiche (symétrie, formes, couleurs, caractères d'imprimerie).*
2. *Expliquez en quoi chacun de ces éléments graphiques renforce le message de l'affiche.*

→ Méthodes, p. 255

Pour aller plus loin

Lisez l'extrait de la loi du 3 octobre 1940 et relevez les conséquences de cette loi pour les Juifs.

Loi du 3 octobre 1940 portant sur le statut des Juifs

Art. 1er – Est regardé comme juif [...], toute personne issue de trois grands-parents de race juive [...].

Art. 2. – L'accès et l'exercice des fonctions publiques et mandats énumérés ci-après sont interdits aux Juifs:

1. Chef de l'État, membre du gouvernement, [...] Cours d'appel [...].
2. [...] fonctionnaires de tous grades attachés à tous services de police.
4. Membres des corps enseignants.
5. Officiers [...] des armées de terre, de mer et de l'air. [...]

Art. 5. – Les Juifs ne pourront [...] exercer l'une quelconque des professions suivantes: directeurs, gérants, rédacteurs de journaux, revues [...], metteurs en scène et directeurs de prises de vues, compositeurs de scénarios [...], entrepreneurs de spectacles, directeurs, administrateurs, gérants de toutes entreprises se rapportant à la radiodiffusion [...]

© Journal officiel, 18 octobre 1940

La France divisée (4)

Objectif lecture

A Comprendre un témoignage
Résumez les différentes étapes de la relation entre la narratrice et Egon.

B Analyser les sentiments de la narratrice à deux époques différentes

→ Méthodes, p. 245

1. *Dressez le portrait de la narratrice à 17 ans et expliquez son conflit en 1943.*
2. *Décrivez les sentiments de la narratrice par rapport à cette histoire, aujourd'hui.*
3. *Expliquez la phrase: «Je ne pouvais leur dire qu'ils avaient beaucoup de chance de pouvoir s'aimer aujourd'hui.» (lignes 156–158)*

Je m'étais dit: «Je n'oublierai jamais!». À dix-sept ans, on se fait volontiers ce genre de serment ... J'avais oublié, naturellement [...] J'avais oublié – jusqu'à cette matinée d'hiver [...] où j'assistais au mariage de ma petite voisine avec un jeune Allemand. Je regardais ce couple [...] «Que la vie leur soit légère!» C'est au moment où je pensais cela qu'il se pencha tendrement vers elle. Bizarrement, ce profil auréolé de cheveux blonds me fit mal. Et soudain, rapide comme l'éclair et aveuglante comme lui, une image monta du fond de ma mémoire.

Une image: un visage et un nom, Egon! Et je me souvins ... C'était en 1943, une année avant la Libération. Comme je l'attendais, cette Libération, et comme la haine brûlait en tout mon être contre ces maudits occupants! [...]

Un matin se présenta chez nous un jeune lieutenant allemand. [...] Il voulait visiter la maison pour réquisitionner une chambre. Il parlait un français très pur. Il me pria de le conduire aux chambres. J'étais seule dans la maison. Je vis là un bon prétexte pour refuser ses ordres et calmer ainsi la rage qui faisait bondir mon cœur! Il dut bien deviner mes sentiments sur mon visage qui ne se donnait guère la peine de les cacher ... Très courtoisement, mais aussi très fermement, il dit qu'il comprenait mes raisons mais qu'il allait se permettre de visiter seul. Et je restai pétrifiée en bas de l'escalier, retenant au bord des yeux des larmes d'humiliation et de haine impuissante, réussissant à peine à articuler quelques mots: «Vous avez tous les droits ...» [...] Comme il allait monter, il se retourna, un peu surpris, et me dévisagea. Mon regard ne se déroba point.

Agacée, je dus reconnaître en moi-même qu'il était beau, ses yeux clairs avaient en cet instant une étrange expression de douceur, de tristesse peut-être ... [...] Il parut hésiter, puis monta [...] sans rien ajouter. Je restai là, cherchant vainement un moyen d'empêcher cette réquisition. Quand il redescendit, un moment après, je n'avais pas bougé. En passant devant moi il s'arrêta, me sourit, et leva l'index en menace très indulgente:

– Vous êtes une petite Française fière et hautaine ... Je reviendrai voir vos parents.

Quand la porte se referma sur lui, je laissai aller mon front contre le mur [...] et je pleurai ainsi très longtemps.

[...] Les premières fois que je le rencontrai dans la maison, je l'ignorai ostensiblement. Mais avant de détourner les yeux, il m'arrivait de surprendre dans les siens une lueur amusée ... Ce qui ne faisait qu'accroître ma colère! Et il ne manquait jamais de saluer comme si de rien n'était ...

Un soir – c'était en plein été – je sortis pour aller «prendre le frais» comme on dit chez nous dans le jardin derrière la maison. J'allai m'asseoir sur le banc. [...]

Soudain, il fut devant moi – et la guerre fut aussi présente. Je bondis sur mes pieds. Qu'il prenne mon banc aussi puisque tout lui était permis! J'allais m'enfuir quand il posa doucement sa main sur mon bras.

– Pardonnez-moi de vous déranger mademoiselle Aline, (il m'appelait par mon nom, encore un droit!) me permettez-vous de m'asseoir? [...]
– Pourquoi me le demander, tout ne vous est-il pas permis?
– Je veux dire: auprès de vous ....

Je ne répondis pas. Il reprit:

---

3 **le serment** la promesse 10 **auréolé/e** wie von einem Heiligenschein umgeben 11 **l'éclair** *m.* Blitz 12 **aveugler qn** jdn blenden 18 **maudit/e** verflucht 22 **réquisitionner qc** etw. beschlagnahmen 25 **le prétexte** Vorwand 33 **pétrifié/e** erstarrt 34 **l'humiliation** *f.* Erniedrigung, Demütigung 39 **se dérober** fuir 45 **vainement** sans succès 49 **indulgent/e** nachsichtig 51 **hautain/e** hochnäsig 56 **ostensiblement** offensichtlich

– Vous me haïssez beaucoup, n'est-ce pas?

– Oui, beaucoup.

Je n'avais pas pu m'empêcher de le lui dire.

– Je vous comprends, je ne vous en veux pas.

Je voulus partir, il me retint encore.

– Je vous en prie, restez. J'ai très envie de m'asseoir près de vous, j'ai très envie d'oublier la guerre ce soir.

Il avait un sourire triste, d'une bouleversante tristesse. Il répéta:

– Je vous en prie ...

C'était vraiment une prière. [...] À ce moment-là, j'oubliai qu'il était allemand, j'oubliai ma haine. Je m'assis. Nous n'avons guère parlé. Il m'a dit son nom, Egon, et le nom de sa ville, Hambourg et qu'il ne savait rien depuis longtemps de ses parents. [...] Je le sentais très fatigué, découragé, triste. Et je n'arrivais pas à m'en vouloir d'être là, assise à son côté ...

Cette nuit-là, j'ai très mal dormi. Je me suis désespérément interrogée sur mon comportement: avais-je bien ou très mal agi? [...] À cette époque, le poids du verbe «collaborer» était écrasant. Et particulièrement pour moi dont la haine avait l'ardeur sauvage de la jeunesse.

Et pourtant ... Et pourtant, je suis revenue m'asseoir sur le banc. Je savais qu'il y reviendrait aussi. [...] Très vite nous nous sommes revus chaque soir, poussés par une force contre laquelle se brisaient et la guerre et les préventions et notre propre volonté. [...] Un soir, il ne put revenir: son absence me fit un mal inattendu, inconnu – et je compris que c'était cela l'amour. Jusque-là, je n'y avais pas songé – ou pas voulu y songer.

Le lendemain, nous nous sommes retrouvés beaucoup plus tôt que d'habitude. [...] Lorsque je l'ai vu, j'ai su que mon amour était partagé. [...] Nous ne savions que balbutier nos noms entre deux baisers.... Oh! Egon, comme nous nous sommes aimés, nous qui parlions si peu d'amour!

Le lendemain à midi mon père arriva bouleversé. Il venait d'apprendre l'exécution de douze maquisards dont une femme à la ville voisine. Je le regardai, incrédule, «ce n'est pas possible!» Toute la ville en parlait, et la haine montait encore. Pour moi, ce fut un choc terrible. Je venais de vivre deux mois dans une sorte de rêve qui m'avait en quelque sorte isolée du reste, de tout le reste. Je me réveillai brutalement. Il me semblait que j'avais trahi mon pays, que c'était moi la coupable de ces douze morts ... Oui, mon amour était criminel, il fallait aussi le tuer. [...]

J'ai demandé le jour même à mes parents de me laisser partir chez des cousins à la campagne. Avaient-ils deviné mon drame? En tout cas, ils ne se sont pas étonnés de mon désir. Ils ont feint de l'attribuer à l'émotion de ces exécutions. [...]

Je suis partie le lendemain, sans l'avoir revu. Beaucoup plus tard, ma mère m'a dit qu'il lui avait parlé alors. Il avait préféré ne pas chercher à m'écrire, respectant une décision qu'il comprenait, disait-il. Il lui avait parlé de son amour et de l'espoir qu'il gardait de revenir après la guerre. Il était parti peu de temps après. Qu'est-il devenu? Je n'en ai jamais rien su.

J'ai dit à ma petite voisine tout le bonheur que je lui souhaite. Mais chacun ne lui a-t-il pas dit la même chose? Je ne pouvais leur dire qu'ils avaient beaucoup de chance de pouvoir s'aimer aujourd'hui. Je l'ai dit à ma fille. Elle a seize ans. Elle a posé sur moi un regard très étonné.

99 en vouloir à qn jdm böse sein **106 l'ardeur** *f.* la force **113 la prévention** *ici* le préjugé, le parti pris **121 balbutier qc** etw. stammeln **126 l'exécution** *f.* Hinrichtung **127 le maquisard** le résistant réfugié dans le maquis **135 trahir qn/qc** jdn/etw. verraten **143 feindre qc** so tun als ob

Écriture

→ Méthodes, p. 245

«Je ne pouvais leur dire qu'ils avaient beaucoup de chance de pouvoir s'aimer aujourd'hui. Je l'ai dit à ma fille. Elle a seize ans. Elle a posé sur moi un regard très étonné.» (lignes 156–160)

Après la conversation avec sa mère, la fille de la narratrice écrit son journal intime. Imaginez.

Discussion

→ Méthodes, p. 237

Y a-t-il, à votre avis, encore aujourd'hui, des unions impossibles? Citez des exemples. Donnez votre avis.

Les relations franco-allemandes (1)

Approches

Attribuez à chaque photo le nom des chefs d'État représentés, la date, le lieu et l'occasion de chaque rencontre. Vous pouvez vérifier vos résultats ou les compléter en regardant l'extrait une première fois.

Helmut Kohl | Commémoration du début de la Première Guerre mondiale | 24 septembre 1984 | Paris | François Mitterrand | Anniversaire du débarquement allié en Normandie | 22 janvier 1963 | Caen | Charles de Gaulle | Verdun | Konrad Adenauer | Signature du traité de coopération franco-allemand | 6 juin 2004 | Gerhard Schröder | Jacques Chirac

Objectif lecture

DVD 8

→ Méthodes, p. 236

A Comprendre l'essentiel d'un document audiovisuel

1. *Regardez attentivement les trois cérémonies et remplissez la grille dans votre cahier.*

quand?	*où?*	*quelle occasion?*	*qui et qui?*	*quel geste?*
[...]	*[...]*	*[...]*	*[...]*	*[...]*

2. *Quels sont les adjectifs qui caractérisent le mieux le comportement des différents protagonistes? Discutez.*

chaleureux amical accueillant discret réticent factice artificiel fier maternel sérieux formel gêné ferme froid nerveux doux courageux ému solennel calme tendre timide passif ouvert maladroit raide [...]

DVD 8

B Comprendre la symbolique de trois rencontres franco-allemandes

Regardez l'extrait. Indiquez pour chaque cérémonie ce que signifie la présence d'un chancelier allemand. Tenez compte du lieu, de la date et de l'occasion de ces cérémonies.

Trois gestes
la réconciliation Aussöhnung **la conclusion d'un traité** Vertragsabschluss **s'apprêter à faire qc** sich anschicken etw. zu tun **entamer un processus** einen Prozess einleiten **rester impassible** unberührt bleiben **avec vivacité** *f.* lebhaft, heftig **préméditer qc** etw. vorher überlegen **l'accolade** *f.* Umarmung **la poignée de main** Händedruck **pencher son buste en avant** seinen Oberkörper nach vorne neigen **retomber dans le vide** ins Leere zurückfallen **le geste de consolation** Geste des Trostes **rendre hommage à qn** jdm die Ehre erweisen **le catafalque** Trauergerüst **avec insistance** *f.* mit Nachdruck **se détacher de qc** sich von etw. lösen **dissimuler qc** cacher qc **jaillir de qc** aus etw. hervorgehen/hervorspringen

Objectif langage

1. *Trouvez quels verbes vont avec quels compléments.*

avoir	à une grande cérémonie / une célébration / un sommet [...]
chercher	droit devant soi
donner	impassible
éviter	l'accolade à qn
participer	la main de qn
prononcer	le dos de qn
regarder	le regard de qn
rester	les bras grands ouverts / le long du corps
s'avancer	qn contre soi
se tourner	qn du regard
serrer	un (très bref) discours
tapoter	vers qn

2. *Indiquez auquel des trois gestes historiques commentés dans le film s'appliquent ces expressions.*

→ Méthodes, p. 255

3. *Décrivez la rencontre de ces deux chefs d'État (Nicolas Sarkozy et Angela Merkel) en utilisant quelques-unes des expressions ci-dessus.*

Commentaire

→ Méthodes, p. 240/244

Lequel des trois gestes présentés dans l'extrait préférez-vous? Indiquez pourquoi.

Recherche

→ Coin histoire, p. 121

Renseignez-vous sur les événements les plus importants de la coopération franco-allemande depuis le début des années 60 jusqu'à aujourd'hui et établissez une liste chronologique de ces événements.

Exposé

→ Méthodes, p. 240

Choisissez un des événements de la coopération, cherchez d'autres détails et préparez un exposé.

Les relations franco-allemandes (2)

Approches

L'OFAJ, qu'est-ce que c'est? Qu'en savez-vous? Mettez vos informations en commun.

Deutsch-Französisches Jugendwerk
Office franco-allemand pour la Jeunesse

Objectif lecture

CD 15

A Trouver le fil conducteur d'une interview

1. *Écoutez les réponses qu'Yvanna a données et formulez pour chaque réponse une question possible.*

CD 16

2. *Écoutez le texte en entier avec les questions du journaliste et comparez-les avec les vôtres.*

CD 16

→ Méthodes, p. 236

B Comprendre un texte

1. *Qu'a dû faire Yvanna pour pouvoir effectuer son stage?*
2. *Expliquez pour quelles raisons elle voulait partir en Allemagne.*

Le stage d'Yvanna

Yvanna Djengue, actuellement en 2ème année de BTS assistante / secrétaire trilingue, a effectué son premier stage l'an dernier du 17 mai au 6 juillet 2007 à Cologne, chez Maria Lucas, une entreprise de couture et de mode.

diversifier qc etw. ausweiten **s'investir** faire des efforts **la notion de qc** connaissance élémentaire de qc **l'immersion** *f. ici* Eintauchen in eine andere Sprache **après coup** après

Objectif langage

Comment poser des questions

1. *Étudiez les questions que vous avez notées dans l'Objectif lecture (**A**) et décrivez les différentes façons de poser une question.*
2. *Formulez d'autres questions qui servent à se renseigner sur un échange. Utilisez les mots ci-dessous.*

pourquoi quel(s)/le(s) pour quelle raison où quand comment [...]

Recherche et présentation

1. *Trouvez d'autres projets communs entre la France et l'Allemagne dans différents domaines.*

culture	*politique*	*économie*	*sport*	*[...]*
OFAJ, [...]	*[...]*	*[...]*	*[...]*	*[...]*

→ Méthodes, p. 240

2. *Choisissez un de ces projets et présentez-le en classe.*

Activités

→ Méthodes, p. 237

Au choix

1. a *Vous préparez un sommet franco-allemand de jeunes qui aura lieu en France et dont le sujet est «Quelles mesures prendre pour renforcer l'amitié franco-allemande?». Travaillez en groupes. Notez vos idées.*

b *Imaginez que vous présentez vos idées sur le podium. Jouez la scène.*

→ Méthodes, p. 241

2. *À l'aide des informations contenues dans le texte suivant, écrivez une lettre à un/e ami/e français/e pour le convaincre de faire un stage dans une entreprise dans votre ville.*

L'OFAJ accorde des bourses pour des stages pratiques
Un atout majeur pour une meilleure insertion professionnelle

Les jeunes en formation professionnelle qui souhaitent se préparer à leur entrée dans la vie professionnelle grâce à un stage à l'étranger peuvent déposer une demande de bourse auprès de l'OFAJ. Les stages leur permettent d'améliorer leurs connaissances linguistiques et d'acquérir des compétences culturelles utiles à leur parcours professionnel. Ces bourses s'adressent à des jeunes de 18 à 30 ans, qui souhaitent effectuer un stage d'une durée de 4 semaines à six mois au sein d'une entreprise allemande pendant leur formation initiale (CAP, BEP, Bac pro et BTS). La demande devra parvenir à l'OFAJ par le biais de l'établissement d'origine trois mois avant le début du stage. Le montant des bourses pour stages pratiques est de 300 à 2000 euros selon la durée du stage. L'OFAJ accorde également une indemnité forfaitaire pour les frais de voyage. Plus d'infos: info@ofaj.org

l'insertion *f.* l'intégration **5 la bourse** *ici* Stipendium **12 au sein de qc** à l'intérieur de qc **14 le CAP** Le **C**ertificat d'**A**ptitude **P**rofessionnelle **14 le BEP** le **B**revet d'**É**tudes **P**rofessionnelles **14 le BTS** le **B**revet de **t**echnicien **s**upérieur **15 par le biais de qn/qc** über jdn/etw. **17 le montant** der Betrag **20 l'indemnité forfaitaire** *f. ici* Zuschuss

→ Méthodes, p. 241

3. *Rédigez une lettre de canditature et un CV pour faire un stage de 6 semaines en entreprise dans une ville de France.*

Médiation

→ Méthodes, p. 240

Vous avez réussi à convaincre votre ami/e français/e de faire un stage en Allemagne avec une bourse de l'OFAJ (Activité 2). Il/Elle veut savoir de quels documents il/elle a besoin pour obtenir cette bourse. Répondez-lui.

Stipendien für berufsorientierte Praktika in Frankreich

Bei Praktika während der beruflichen Erstausbildung ist die berufsbildende Schule des Auszubildenden für die Antragstellung zuständig. Das Antragsformular (bitte beim DFJW anfordern) muss vom Schulleiter oder einem verantwortlichen Lehrer unterschrieben und über die zuständige Schulbehörde eingereicht werden. Die vollständigen Unterlagen müssen dem DFJW bis spätestens 3 Monate vor Praktikumsbeginn vorliegen.

Es können nur vollständig ausgefüllte, unterschriebene und mit kompletten Anlagen versehene Anträge bearbeitet werden.

Wenn mehrere Praktikanten einer Schule ein Praktikum in Frankreich absolvieren, kann die Schule die Stipendien für alle Praktikanten auf einem Formular beantragen.

Bei Praktika im Anschluss an eine berufliche Erstausbildung stellt der Praktikant den Antrag und richtet ihn direkt an das DFJW.

Dem vollständig ausgefüllten DFJW-Antragsformular müssen folgende Unterlagen beigefügt werden:

- Lebenslauf
- unterschriebene Praktikumsvereinbarung bzw. vorläufige Bestätigung des Betriebs

Für weitere Informationen wenden Sie sich bitte an: info@ofaj.org

Les relations franco-allemandes (3)

Approches

Choisissez une de ces citations et expliquez-la avec vos propres mots. Dites en quoi il s'agit d'un stéréotype. Aidez-vous de la définition.

> La puissance du travail et de la réflexion est aussi l'un des traits distinctifs de la nation allemande. *Mme de Staël, 1810*

> En Allemagne, la langue est peu faite pour communiquer (...) Avant toute chose, la langue allemande est faite pour penser. *Brigitte Sauzay, 1997*

Stéréotype: opinion (représentation) toute faite, trop généralisée (hypergénéralisée) d'un caractère national, de produits, comportements et attitudes typiques d'un peuple *(d'après le DFC et Daniel Coste)*

Objectif lecture

A Comprendre et analyser une publicité

1. *Identifiez les stéréotypes représentés dans cette publicité.*
2. *Indiquez pourquoi l'auteur emploie ces stéréotypes.*

→ Méthodes, p. 240/244

B Commenter une publicité

Trouvez-vous la publicité réussie ou non? Justifiez votre opinion.

Activité créative

→ Méthodes, p. 245

Au choix

1. *Créez une page publicitaire pour donner envie à des Allemands de passer leurs vacances en France.*
2. *Créez une publicité pour donner envie à des Français de passer leurs vacances en Allemagne.*

Sondage

→ Méthodes, p. 254

Faites une enquête, dans votre classe/lycée, sur les stéréotypes concernant la France et les Français. Présentez vos résultats en classe et commentez les stéréotypes qu'on vous a nommés.

La France et l'Allemagne, moteurs de l'Europe (1)

Approches
→ Méthodes, p. 255

Décrivez et commentez cette image.

Tomi Ungerer, L'Europe de la moulinette

Objectif lecture
DVD 9
→ Méthodes, p. 236

A Reconstituer les étapes historiques de la construction de l'Europe à partir d'un documentaire

Retracez les étapes de l'évolution de l'Europe. Aidez-vous de la transcription ci-dessous.

DVD 9
→ Méthodes, p. 257

B Analyser le rapport entre les éléments audiovisuels et les commentaires

Regardez le documentaire et dites

1. *quelle sorte de musique accompagne les différentes parties du documentaire.*
2. *quelles images accompagnent les groupes de mots ci-dessous:*

le fruit de la volonté des hommes	le chaos des événements
plus jamais ça	la chute de l'Union soviétique

3. *Indiquez l'effet produit sur le spectateur.*
4. *Quelle est la fonction des images sans commentaires?*

La Construction de l'Europe

La construction europénne a commencé il y a plus de 50 ans. Elle est le fruit de la volonté des hommes conjuguée au chaos des événements.

Plus jamais ça! Mais comment s'y prendre? En commençant par le concret, les matières premières: le charbon et l'acier. Jean Monnet, Robert Schuman et Konrad Adenauer pensent leur mise en commun pour réconcilier l'Allemagne et la France. Le Benelux et l'Italie les rejoignent, l'aventure européenne est lancée.

L'étape suivante devait être politique, avec une armée européenne. Elle échoue en 1954. On passera donc par l'économie.

Spaak, socialiste belge, lance le marché com-

6 la matière première Rohstoff **7 le charbon** Kohle **7 l'acier** *m.* Stahl **11 rejoindre qn** *ici* suivre qn

mun. Le traité fondateur est signé à Rome en 57.
La troisième phase sera celle de l'élargissement. De Gaulle refuse les Britanniques, Pompidou les accepte. Ils viennent en 72 avec l'Irlande et le Danemark.
La communauté accueille la Grèce, puis l'Espagne et le Portugal en 85.
10 ans après, Suède, Finlande, Autriche suivent. L'Europe s'agrandit.
1992: Maastricht voit la naissance de l'Euro, portée par la volonté commune de Mitterrand et de Kohl – un approfondissement dans la droite ligne du marché unique voulue en 86 par Delors.
La chute de l'Union Soviétique, la libération des pays de l'Est, permet au continent de s'unifier. Tous les pays qui sortent de la domination soviétique veulent rejoindre l'Union européenne.
La maison n'a pas été prévue pour autant d'habitants. Il faut la modifier.
Le traité de Nice se contente de rajouter quelques préfabriqués. Chacun sent qu'il faut faire plus et autrement: L'histoire de la constitution européenne commence.

Petite histoire et grandes controverses de la Constitution européenne, 2004

32 la chute Fall

Objectif langage

Parler de l'Europe

1. *Nommez les États membres de l'Union européenne mentionnés dans le tableau ci-dessous. Utilisez le bon article. Formulez la règle.*
2. *Lisez les deux phrases suivantes et expliquez l'emploi des prépositions.*
   1. Le traité fondateur est signé **en** Italie (en 1957).
   2. Le traité de Maastricht est signé **aux** Pays-Bas (en 1992).
3. *À l'aide du tableau, indiquez quel pays est devenu membre en quelle année. Utilisez le vocabulaire ci-dessous.*

rejoindre qn/qc   signer un traité   s'élargir   accepter un pays
accueillir qn   suivre qn/qc   s'agrandir   s'unifier à qc   rajouter qn/qc
le (pays) membre   faire partie de qc

4. *Indiquez les adjectifs de nationalités des États membres.*
Exemple: Allemagne → allemand, allemande

Tout un continent ...

États membres de l'Union européenne et date de leur accession:

1952	Allemagne, Belgique, France, Italie, Luxembourg, Pays-Bas
1973	Danemark, Irlande, Royaume-Uni
1981	Grèce
1986	Espagne, Portugal
1995	Autriche, Finlande, Suède
2004	Chypre, Estonie, Hongrie, Lettonie, Lituanie, Malte, Pologne, République tchèque, Slovaquie, Slovénie
2007	Bulgarie, Roumanie

Recherche

1. *Nommez pour le Conseil européen et le Conseil de l'Union européenne les représentants français actuels et leurs homologues allemands.*
2. *Recherchez pour quelle raison Jean Monnet et Robert Schuman sont deux personnages importants de l'Union européenne.*

Discussion
→ Méthodes, p. 237

Donnez votre avis sur ce que de Gaulle et Adenauer disent au sujet de l'Europe. Discutez.

«Il y a une solidarité entre l'Allemagne et la France. De cette solidarité dépend la sécurité immédiate des deux peuples. Il n'y a qu'à regarder une carte pour en être convaincu. De cette solidarité dépend tout espoir d'unir l'Europe dans le domaine politique et dans le domaine de la défense comme dans le domaine économique. De cette solidarité dépend, par conséquent, le destin de l'Europe tout entière depuis l'Atlantique jusqu'à l'Oural.»

Charles de Gaulle, 15 mai 1962

„Ich bin fest davon überzeugt, daß dieser Vertrag später einmal von der Geschichtsschreibung als eines der wichtigsten und wertvollsten Vertragswerke der Nachkriegszeit bezeichnet werden wird ..."

Konrad Adenauer, 23 janvier 1963

Médiation
→ Méthodes, p. 240

Vous participez à un projet européen sur le développement de l'Union européenne. Envoyez un résumé du travail effectué par le Parlement européen des jeunes en Allemagne à la rédaction française.

So wünschen wir uns Europa

Vom 10. bis 12. November 2006 fand eine Ehemaligen-Konferenz des Europäischen Jugendparlaments (EYP) in Berlin statt, auf der die Teilnehmer Vorschläge für die Werte und Ziele der EU ausgearbeitet haben. [...]

NINA ROETHEL: **Wie könnte man denn eurer Meinung nach Europa näher an den Bürger bringen?**
PHILIPP SCHARFF: Eine Gruppe hat zum Beispiel vorgeschlagen ein Schulfach einzuführen, dass sich mit Europa beschäftigt. Diese Gruppe hat generell Forderungen gestellt, Bürgern viel mehr Möglichkeiten zu geben, an europäischen Entscheidungen teilzunehmen: zum Beispiel mit einer Art Initiativrecht für Bürger, also der Möglichkeit, bestimmte Punkte auf die Agenda des europäischen Parlaments bringen zu können. Zudem soll ein europäisches Bürgerbegehren eingeführt werden. Es geht also darum, dass die Menschen besser partizipieren können. Dafür braucht man aber Wissen: Welche Entscheidungen werden überhaupt in Europa getroffen und welche in meinem nationalen Parlament? Das sind Dinge, über die nur sehr wenige Leute Bescheid wissen und daher ist das Schulfach eine wichtige Forderung, damit der Bürger auch wirklich mitreden kann.

NINA ROETHEL: **Welche Themen lagen den Teilnehmern besonders am Herzen?**
PHILIPP SCHARFF: In den Ergebnissen der Konferenz wird zum Beispiel ganz deutlich, dass die Bekämpfung von Umweltproblemen für junge Europäer total wichtig ist. Eine Forderung ist, dass Unternehmen direkt für Umweltschädigungen in die Verantwortung gezogen werden können und jedes Jahr eine Umweltbilanz erstellen müssen.
Schließlich muss Europa für was Erstrebenswertes stehen: Die Gruppe fordert deswegen, dass Handelsbarrieren für Entwicklungsländer wegfallen sollen – weil die als ungerecht empfunden werden. [...]

La France et l'Allemagne, moteurs de l'Europe (2)

Approches
→ Méthodes, p. 254

Décrivez et commentez cette carte.

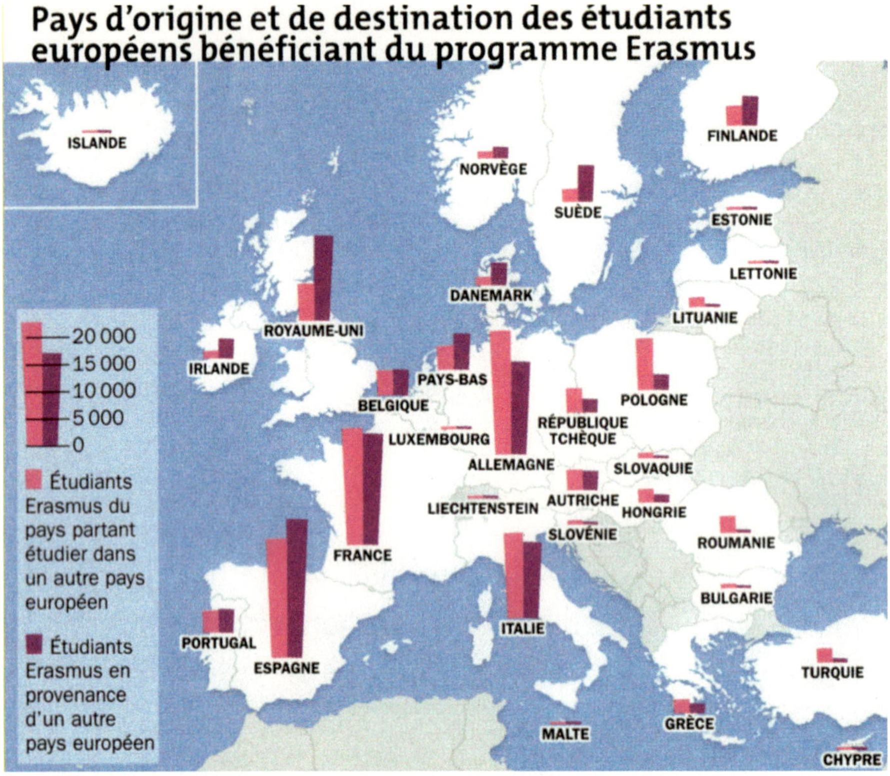

© Commision européenne – Infographie: Olivier Duron

Objectif lecture

A Faire le compte-rendu oral d'un texte

1. *Quelles sont les étapes historiques d'Erasmus et qu'est-ce qui caractérise chaque étape? Préparez vos informations sous forme de tableau.*
2. *Utilisez vos notes pour faire un compte-rendu oral.*

→ Méthodes, p. 243

B Comprendre les phrases-clés d'un texte

Expliquez les phrases suivantes du texte, en tenant compte du contexte et de la problématique évoquée.

1. «Ma définition d'Erasmus? Une machine à fabriquer des Européens!» (l. 1–2)
2. «... ils sont plus préoccupés par les affaires économiques.» (l. 13–14)
3. «... la Commission n'ayant aucune attribution dans le domaine de l'éducation.» (l. 20–22)
4. «La participation à Erasmus précède parfois de plusieurs années l'entrée d'un pays dans l'UE.» (l. 41–43).

Le fabuleux destin des euro-étudiants

«Ma définition d'Erasmus? Une machine à fabriquer des Européens!» Une belle métaphore pour désigner le programme le plus populaire que l'Europe ait jamais conçu. [...]

Partir seul à l'étranger pendant plusieurs mois, étudier dans une fac polonaise ou britannique, rencontrer des étudiants de tous horizons ... pour un jeune de 2007, rien de plus naturel. Mais en 1987, l'idée

Le fabuleux destin ... allusion au film français de 2001 «Le fabuleux destin d'Amélie Poulain» (**fabuleux/-euse** merveilleux/-euse, fantastique; **le destin** Schicksal) **4 concevoir qc** créer qc par la réflexion **7 la fac** *abr. de* faculté *ici* synonyme d'université est révolutionnaire. À l'époque, peu d'étudiants ont cette chance. Quant aux dignitaires européens, ils sont plus préoccupés par les affaires économiques, avec la naissance du marché unique, en 1986. Des programmes d'échanges bilatéraux existent entre certaines universités, mais rien n'est vraiment développé. Le lobbying d'associations d'étudiants et de profs visionnaires a du mal à aboutir, la Commission n'ayant aucune attribution dans le domaine de l'éducation.

«Tout le monde se demandait pourquoi la Commission, incompétente en la matière, devait initier un tel projet», se souvient Lesley Wilson, actuelle secrétaire générale de l'Association des universités européennes, qui a rejoint dès 1988 le bureau Erasmus de Bruxelles. Il fallait un fort soutien politique, et il est venu de Jacques Delors (alors président de la Commission). C'était la première fois que l'Europe faisait quelque chose pour les citoyens, et non pour l'économie ou la monnaie. [...]

La première année, 3244 étudiants européens partent en séjour Erasmus. Vingt ans plus tard, ils sont près de 150000 à traverser les frontières chaque année. Et le nombre de pays concernés a presque triplé: de douze en 1987, on est passé à 31 États aujourd'hui. La participation à Erasmus précède parfois de plusieurs années l'entrée d'un pays dans l'UE. Ce fut le cas avec l'accueil de la Roumanie dès 1998. Depuis 2004, la Turquie est ainsi la toute dernière destination offerte aux étudiants. Son adhésion à l'Union, quant à elle, n'est toujours pas programmée ... [...]

12 le/la dignitaire *ici* le/la représentant/e politique ou économique **13 être préoccupé/e par qc** être intéressé/e par qc **16 bilatéral/e** concernant deux pays, ou deux parties **18 le lobbying** intervention en faveur de qc **20 aboutir** *ici* avoir du succès **21 l'attribution** *f. ici* la compétence **25 initier qc** lancer qc, commencer qc **28 rejoindre qc** *ici* s'installer dans, commencer à travailler dans **29 le soutien** l'aide **36 le séjour** der Aufenthalt **40 tripler** être multiplié par trois **44 l'accueil** *m.* le fait de recevoir qn **47 quant à qn/qc** en ce qui concerne qn/qc

Objectif langage

Le vocabulaire des échanges

1. *Établissez une liste de vocabulaire thématique sur les échanges Erasmus.*

partir →	*seul à l'étranger / en séjour Erasmus / [...]*
initier →	*un projet d'échanges*

2. *Complétez ce texte à l'aide des verbes, substantifs ou adjectifs de votre associogramme et du texte (p. 118–119).*

Chaque année, des milliers de jeunes [...] les frontières pour [...] en séjour Erasmus dans un des pays de l'Union européenne. De plus en plus de destinations sont [...] aux étudiants. Il y a vingt ans, l'idée était encore révolutionnaire. «À l'époque, des programmes [...] existaient entre certaines universités, certes, mais rien n'était vraiment [...]», raconte Lesley Wilson. «Les dignitaires européens étaient plus [...] par la naissance du [...]. Le [...] politique nécessaire pour [...] un tel projet est venu de Jacques Delors, alors président de la Commission.» Dans certains cas, les programmes d'échanges [...] même de plusieurs années [...] d'un pays dans l'UE, comme c'est le cas, actuellement, pour la Turquie.

Commentaire

→ Méthodes, p. 240/244

Certains pays participent à un échange Erasmus alors qu'ils ne sont pas encore États membres. Qu'en pensez-vous?

- Je trouve (bien, logique, triste, problématique, etc.) que [...] + *subj.*
- (Moi, personnellement) je pense que [...]
- À mon avis, [...]
- Je ne savais pas que [...], mais [...]
- C'est un problème, car [...]
- [...] devrait / devraient [...]

Compréhension audio-visuelle
DVD 10
→ Méthodes, p. 257

1. *Regardez l'extrait du film «L'auberge espagnole» sans le son. Décrivez la situation du jeune homme. Quel est son projet et quels sont les problèmes qu'il rencontre?*
2. *Regardez l'extrait avec le son. Indiquez les procédés utilisés par le réalisateur et dites quel effet ils produisent sur le spectateur.*

Médiation
→ Méthodes, p. 240

1. *Expliquez les grandes lignes de cet article en français.*
2. *Comparez les informations obtenues à celles des Approches.*

Europas Studierende vor Mauern

Europas Studentinnen und Studenten sind weit davon entfernt, eine große Gemeinschaft zu bilden. Im Gegenteil, finanziell liegen zwischen ihnen Welten. Das geht aus der Studie „Eurostudent" hervor, die am Freitag in Berlin präsentiert wird. [...]
Die soziale Herkunft wirkt sich auf die Mobilität aus. Der Anteil Studierender aus Familien ohne akademischen Hintergrund, die eine Hochschule im Ausland besucht haben, ist in Italien, Portugal und der Türkei drei Mal geringer als der ihrer Kommilitonen aus hoch gebildeten Elternhäusern.
Gleichzeitig sind es vor allem Studierende aus den neuen EU-Mitgliedsstaaten, die kaum Auslandserfahrungen sammeln. Haben etwa elf Prozent der norwegischen und acht Prozent der deutschen Studierenden ein oder mehr Semester an einer ausländischen Universität verbracht, sind es in der Slowakei und Rumänien nur zwei Prozent. Als Hindernisse für die Mobilität von Studierenden nennt die Studie „das Fehlen finanzieller und organisatorischer Unterstützung". Die Staaten sollten „Mobilitätsprogramme" auflegen, durch die solche Mittel zur Verfügung gestellt werden. Für Studenten aus ärmeren Ländern könnte ein zwischenstaatlicher Unterstützungsfonds eingerichtet werden.
So groß die sozialen Unterschiede zwischen West- und Osteuropa, aber auch zwischen Westen und Süden sind – eine Konstante gibt es: Studierende mit niedriger sozialer Herkunft sind in allen 23 Hochschulsystemen unterrepräsentiert. Als besonders selektiv sieht die Studie das Bildungswesen unter anderem in Tschechien, in Deutschland und Estland. Mit verantwortlich dafür sei ein stark gegliedertes Schulwesen, in dem die Schüler früh nach ihrer Leistungsfähigkeit sortiert werden. Relativ hoch ist die Beteiligung von „Studierenden der ersten Generation" dagegen in den Niederlanden, Finnland, Spanien, der Schweiz und Irland. [...]

Recherche

Faites une recherche sur Érasme de Rotterdam. Le choix de son nom pour les programmes d'échanges est-il justifié? Expliquez.

Pour aller plus loin
→ Méthodes, p. 255

Décrivez l'affiche ci-contre. D'après vous, c'est une publicité pour quoi?

Coin histoire

Les relations et la coopération franco-allemandes

800	Charlemagne est couronné empereur d'Occident.
843	Les trois petits-fils de Charlemagne signent le traité de Verdun: ils se partagent l'empire de Charlemagne: la Francie orientale, la Francie occidentale et la Lotharingie. Une petite partie de la Lotharingie deviendra la Lorraine, une région pour laquelle les Allemands et les Français se battront jusqu'en 1945.
24 août 1572	La Réforme de Luther (1483–1546) provoque de cruelles guerres de religion. Pendant la nuit de la Saint-Barthélemy de nombreux protestants sont massacrés à Paris. Les protestants français – ou Huguenots – doivent prendre la fuite.
1598	L'Édit de Nantes met fin aux guerres de religion en France.
1685	La Révocation de l'Édit de Nantes par Louis XIV (Roi soleil) cause une nouvelle vague d'immigration: les réfugiés français en Allemagne feront prospérer leur nouveau pays.
Le XVIIIe siècle	est le «Siècle des Lumières». En Allemagne, la bonne société aime la langue et les idées des philosophes français. Voltaire (1694–1778), l'un des philosophes les plus connus, passera quelques années de sa vie à la cour du roi de Prusse, Frédéric II: «liberté» et «tolérance» sont des mots-clés de cette nouvelle époque.
En 1789	a lieu la Révolution française: le peuple se révolte contre la monarchie absolue et prend la Bastille, le roi Louis XVI et la reine Marie-Antoinette meurent sur l'échafaud (1793).
1792	Plusieurs pays d'Europe, parmi eux la Prusse, déclarent la guerre à la France.
1804	Napoléon Bonaparte devient Empereur et part à la conquête de l'Europe.
1805/1806	Napoléon envahit l'Allemagne.
1813	Après de nombreuses guerres, la Prusse, l'Autriche, la Suède et la Russie battent Napoléon à Leipzig.
1815	Défaite de Waterloo contre les Prussiens et les Anglais.
1870/71	Pendant la guerre de 1870/71, la France est envahie par les troupes allemandes/prussiennes qui conquièrent l'Alsace et la Lorraine. Plus tard, ces deux régions seront intégrées à l'empire allemand.
1914–18	L'Allemagne et la France entrent en guerre en 1914. C'est le début de la Première Guerre mondiale. Quatre ans plus tard, l'Allemagne est vaincue. L'Alsace et la Lorraine redeviennent françaises.
1919	Le traité de Versailles est signé entre la France et l'Allemagne.

1926 L'Allemand Gustav Stresemann et le Français Aristide Briand s'engagent pour la paix entre les deux pays et reçoivent le Prix Nobel de la paix.

1939–45 Seconde Guerre mondiale. Après une guerre-éclair, la défaite de la France en 1939 entraîne l'arrivée au pouvoir du maréchal Pétain, partisan de la signature d'un armistice avec l'Allemagne. Le pays est coupé en deux zones par une ligne de démarcation. Certains voudraient poursuivre le combat depuis l'Algérie.

18 juin 1940 Depuis Londres, le général de Gaulle lance le premier appel à la résistance.

1944 Les Alliés débarquent en Normandie (6 juin) et libèrent la France.

1945 À la fin de la guerre, les Alliés occupent l'Allemagne, ils créent quatre zones d'occupation dont une française.

1952 Jean Monnet et Robert Schuman créent la première communauté européenne, la «CECA» (Communauté européenne du charbon et de l'acier). C'est un premier pas vers la réconciliation de la France et de l'Allemagne et vers la construction de l'Europe.

1957 Avec le traité de Rome, un marché commun est créé en Europe (Communauté européenne économique).

1963 Le traité de l'Élysée, qui est un traité de coopération franco-allemande, est signé par le président Charles de Gaulle et le chancelier Konrad Adenauer. À partir de cette date, de nombreuses villes des deux pays sont jumelées. L'Office franco-allemand pour la Jeunesse, l'OFAJ, est créé.

1972 Signature de la convention concernant l'établissement de lycées franco-allemands et la création du baccalauréat franco-allemand (Abibac).

1984 À Verdun, le chancelier Helmut Kohl et le président François Mitterrand rendent hommage aux soldats tombés pendant les deux guerres mondiales.

1985 Signature de l'accord de Schengen, qui prévoit la suppression des contrôles d'identité aux frontières. L'Allemagne et la France le ratifient le 19 juin 1990.

1991 Création de la chaîne de télévision européenne ARTE.

1992 Le traité de Maastricht marque la naissance de l'Union européenne (UE) qui, depuis 2007, compte 27 pays.

2002 Introduction de l'euro.

2003 $40^{\text{ème}}$ anniversaire du traité de l'Élysée: le 22 janvier devient la journée de l'amitié franco-allemande. L'amitié franco-allemande est devenue le pilier d'une Europe unie.

2004 $60^{\text{ème}}$ anniversaire du débarquement allié en Normandie. Pour la première fois, un chancelier allemand (Gerhard Schröder) est présent aux cérémonies.

2007 Depuis le 10 juin, les ICE relient Paris à Francfort en 3 h 50 et les TGV Paris à Stuttgart en 3 heures 40.

Point final

Faire le point
→ Méthodes, p. 261

1. *Faites le point sur ce que vous avez appris dans ce dossier. Notez les points importants et réunissez-les sous forme d'organigramme, d'affiche ou de journal de lecture.*

La France et l'Allemagne sont les moteurs de l'Europe

[...]

2. *Travaillez en groupes. Répartissez-vous le travail à partir des mots-clés ci-dessous. Un/e élève dit ce qu'il / elle sait sur son sujet, les autres complètent. Après, c'est le tour d'un/e autre élève avec un autre sujet.*

la Seconde Guerre mondiale   Charles de Gaulle   la Résistance
la Collaboration   l'Occupation   les relations franco-allemandes   l'OFAJ
les stéréotypes   l'Union européenne   étudier en Europe

3. *Faites une liste des aspects / thèmes que vous aimeriez approfondir.*
   a *À partir de cette liste, formulez des questions.*

Comment fonctionne l'Europe?

[...]

   b *Lisez les textes que vous n'avez pas encore lus en classe pour voir si vous y trouvez les informations que vous recherchez.*
   c *Sinon, réfléchissez où vous pourriez trouver des réponses à vos questions.*

Littérature

Lucie Aubrac, Ils partiront dans l'ivresse, Seuil 1997
Catherine Chaine, Le voyage sans retour des enfants d'Izieu, Gallimard 1994
Philippe Claudel, Les Âmes grises, Éditions Stock 2003
Jean-François Deniau, Un héros très discret, Olivier Orban 1989
Jean-François Dionnot, J'étais enfant sous l'Occupation, Sorbier 1997
Claire Doutriaux, Karambolage 1/2, Éditions du Seuil/ARTE Éditions 2005/2007
Roger Grenier, Le Pierrot noir, Gallimard 1986
Claude Gutman, La maison vide, Gallimard Jeunesse 1993
Annette Kahn, Le Fichier, Robert Laffont 1993
Jean-Marie Gustave Le Clézio, Ritournelle de la faim, Gallimard 2008
Patrick Modiano, Dora Bruder, Gallimard 1999
Irène Némirovsky, Suite française, Gallimard 2004
Éric-Emmanuel Schmitt, L'enfant de Noé, Albin Michel 2004
Jacques Tardi, Jean Pierre Verney, Putain de Guerre!, Casterman 1914–1915–1916, 2008
Vercors, Le silence de la mer, Magnard 2001 (1942)
Jürgen Wagner (et al.), Les Relations Franco-Allemandes, Cornelsen Verlag 1999

Films

Yves Angelo, Les âmes grises, France 2005
Pierre Boutron, Le silence de la mer, France 2004
Pierre Boutron, Monsieur Léon, France 2006
Christian Carion, Joyeux Noël, France 2005
Claire Doutriaux, Karambolage 1/2, France 2007/2008
Louis Malle, Lacombe Lucien, France 1974
Louis Malle, Au revoir les enfants, France 1987

Le monde francophone

La Guadeloupe

Le Maroc

La Réunion

Le Québec

Regardez la carte sur la page de couverture, indiquez dans quels pays / dans quelles régions du monde on parle français et dites pourquoi.

L'Algérie (1)

Approches

→ Méthodes, p. 255

Décrivez la photo. Quelles sont les couleurs qui prédominent? Indiquez quelle atmosphère s'en dégage.

Objectif lecture

A Saisir l'atmosphère d'un texte littéraire

→ Approches

1. *Après une première lecture du texte, comparez-le avec vos résultats des Approches. Quels sont les motifs ou les impressions que vous y retrouvez? Qu'est-ce qui est différent? Décrivez l'atmosphère qui s'en dégage.*
2. *Décrivez l'image de l'Algérie transmise par ce texte. Est-elle plutôt positive ou négative? Donnez des exemples.*

B Découvrir l'arrière-plan d'un texte

1. *Quelle importance a l'Algérie pour le narrateur d'une part et pour son père d'autre part? Citez des exemples.*
2. *Le narrateur est à cheval sur deux identités: trouvez des indices dans le texte.*

Le narrateur est un jeune beur qui vit en France. Dans l'extrait suivant, il fait – en compagnie de sa famille – son premier voyage en Algérie, la terre natale de ses parents.

Un train pour chez nous

Le bateau pénètre dans la baie d'Alger. Et le spectacle me tient bouche bée. Plus nous avançons vers la ville et plus le bleu et le blanc s'accentuent. Maintenant, j'aperçois nettement les bâtiments en forme d'arcades sur le front de mer et une immense promenade qui fait face à la mer et sur laquelle s'agitent des milliers de personnes qui suivent notre arrivée.

Tous les bagages sont là. Mon père a fait le compte minutieusement. Tous les enfants sont là. Il en a fait le compte vaguement. Nous pouvons donc débarquer. Je pose le premier pas par terre, sur ma terre. [...] Fou de joie, je demande à ma mère si c'est bien notre pays et elle dit oui avec un sourire qui fait du bien à partager. Je suis léger. Maintenant je vole vraiment au milieu des mouettes algériennes qui nous souhaitent la bienvenue dans leur langue. [...]

Nous voilà à la gare. Exténués. J'ai une soif de chameau, mais mon père n'entend pas quand je lui demande à boire, tellement il est sens dessus dessous. Il dit qu'il faut rester groupés, sinon nous allons nous perdre dans cette foule qui court dans tous les sens, valises à la main, à la recherche d'un train à prendre, d'un horaire, d'un bagage disparu,

---

1 la baie Bucht **2 tenir qn bouche bée** impressionner qn, l'étonner **8 s'agiter** bouger, aller et venir en tous sens **13 débarquer** descendre d'un bateau **18 la mouette** oiseau qu'on trouve au bord de la mer **21 exténué/e** extrêmement fatigué/e **22 le chameau** Kamel **24 être sens dessus dessous** durcheinander sein d'un contrôleur, d'une information, d'un sandwich. Mon père est obsédé par nos valises. Il craint que quelqu'un ne profite de la pagaille pour nous délester de l'une d'elles. Puis tout finit par se calmer. Tassés dans un coin de la gare comme des cow-boys assiégés par des Sioux, nous attendons le train qui nous conduira dans la ville de Sétif où sont nés mes parents. L'attente est longue. Ici, il n'y a pas vraiment d'horaires. Le train arrivera quand il arrivera, c'est ce que le contrôleur a répondu à mon père quand il lui a posé la question. Faut bien s'intégrer! Et puis, c'est les vacances, on est chez nous, il n'y a plus de montre. [...] De toute façon, on doit prendre son mal en patience, car il faut presque quatorze heures pour parcourir les trois cents kilomètres qui séparent les deux villes. Mais qu'importe, le train peut mettre trois jours s'il le veut. Autour de nous, les gens se parlent, se sourient. On dirait qu'ils sont tous de la même famille. J'aime bien ce sentiment de fraternité. Belle Algérie. C'est mon vrai pays.

Une fois le train annoncé et prêt au départ, [...] nous avons trouvé des places dans un compartiment pour nous installer tous ensemble. Le contrôleur a été gentil avec nous, il se plaisait à nous appeler sans cesse *li zimigris, les zimigris!* Il demandait: *«Alours li zimigris, ça fa la France?»* Ça le faisait mourir de rire de parler français. Il prononçait des «i» à la place des «é» et des «ou» à la place des «u». À notre tour, nous nous moquions de son accent du désert. [...]

Dans les compartiments du train, les lumières s'allument. Aussitôt, des voyageurs enfouissent leurs mains dans des sacs pour en sortir leurs victuailles, casse-croûte, melons, pastèques, sardines, galettes, dattes, lait caillé, et partagent naturellement leur pique-nique avec nous. Ces gestes simples mais pleins de générosité nous surprennent sans nous gêner. Et puis arrive l'heure où, rassasié, je m'assoupis sur un morceau de banquette resté libre, la tête sur les genoux de mon papa. Des conteurs de rêves viennent me murmurer leurs aventures et je pars avec eux, chevauchant des étalons arabes aux ailes d'or.

Enfin, au milieu du rêve, le train atteint Sétif entre minuit et deux heures du matin.

Nous arrivons sur la terre de mes ancêtres, le berceau de mes parents, l'endroit où mon arbre a ses racines, où mon sang prend sa source. Ça me fait bizarre de savoir que mon père et ma mère ont été enfants comme moi, j'ai du mal à m'imaginer, à les imaginer. À douze kilomètres de la ville de Sétif, dans le petit village d'El Ouricia, nous irons voir dans quelques jours la ferme du colon français où ils ont travaillé, souffert, se sont rencontrés. Dans les rues, les cafés, sur les bancs des places publiques, mon papa va retrouver des vieux qu'il connaît depuis toujours et je suis encore plus fier d'être son enfant. En France, parfois on se moque de lui comme s'il n'était personne, mais ici au village, il est quelqu'un avec une histoire, une terre, des amis. Il n'aura plus peur de sortir la nuit.

30 être obsédé/e par qc ne pouvoir penser à rien d'autre que cette chose **32 la pagaille** *fam.* le grand désordre **32 délester qn de qc** décharger qn de qc; *fig.* voler qc à qn **33 tassé/e** dichtgedrängt **34 assiéger qn** jdn belagern **56 le compartiment** (Zug-)Abteil **67 enfouir ses mains dans qc** mettre ses mains dans qc **68 les victuailles** *f. pl.* qc qu'on mange, l'aliment **69 la pastèque** Wassermelone **70 le lait caillé** Sauermilch, Kefir **74 être rassasié/e** ne plus avoir faim, avoir suffisamment mangé **74 s'assoupir** s'endormir à demi **78 chevaucher** reiten **78 l'étalon** *m.* le cheval mâle **82 les ancêtres** *m. pl.* Vorfahren **83 le berceau** Wiege **91 souffrir** leiden

Objectif langage

Les verbes qui expriment un mouvement

1. *Cherchez dans le texte tous les verbes qui expriment un mouvement. Notez-les avec leur contexte et classez-les. Ajoutez-y d'autres verbes que vous connaissez.*
   Exemples: un bateau pénètre dans la baie; s'avancer vers la ville; [...]
2. *Utilisez quelques-uns de ces verbes pour raconter un voyage imaginaire.*

Commentaire

→ Méthodes, p. 240/244

Ce texte vous donne-t-il envie d'aller en Algérie? Justifiez votre opinion.

Jeu de rôle

→ Méthodes, p. 237

De retour en France, le narrateur parle de ses vacances à un ami qui n'a jamais été en Algérie. Imaginez leur dialogue.

Pour aller plus loin

Lisez les repères chronologiques. Qu'y apprenez-vous sur la colonisation de l'Algérie par la France et sur la situation actuelle du pays? Quelles sont les questions que vous vous posez?

Les dates-clés de l'histoire de l'Algérie

1830–1857	Colonisation de l'Algérie: en 1857, l'Algérie devient française.
1870	Une loi accorde la nationalité française aux juifs d'Algérie mais pas aux musulmans.
1881	Le Code de l'indigénat prive les Algériens musulmans de tous les droits politiques.
1889	Les descendants des Européens nés en Algérie deviennent français.
1914–1918, 1940–1945	Pendant les deux Guerres Mondiales, la France recrute des centaines de milliers de soldats en Algérie et dans ses autres colonies.
8 mai 1945	Massacres de Sétif, Kherrata et Guelma: des revendications d'indépendance sont combattues brutalement par l'armée française. La radicalisation qui s'ensuit dans les milieux nationalistes algériens est considérée comme une raison fondamentale de la guerre d'Algérie.
1954–1962	Guerre d'Algérie: Le FLN (Front de libération nationale) et sa branche armée, l'ALN (Armée de libération nationale) luttent pour l'indépendance de l'Algérie. Pendant des années, il y aura des tortures, des massacres et des exécutions. Les harkis sont des soldats indigènes musulmans engagés aux côtés de l'armée française (environ 4500 soldats musulmans meurent pour la France; plus de 600 sont portés disparus).
1962	Après une vague de massacres pendant l'été 1962, la guerre d'Algérie se termine: signature des accords d'Évian et indépendance de l'Algérie le 5 juillet. Ferhat Abbas est le premier président de l'Algérie indépendante.
À partir de 1962	Exode massif des Français d'Algérie qu'on appelle les «pieds-noirs» en France. Ils sont reçus d'une manière hostile mais arrivent vite à s'intégrer et contribuent à l'essor économique de la France des années 60. Entre 15000 et 20000 familles de harkis, soit environ 90000 personnes, peuvent s'établir en France de 1962 à 1968. La grande majorité des harkis reste ou est rapatriée en Algérie et par la suite, des dizaines de milliers sont assassinés. En France, beaucoup de familles de harkis sont accueillies dans des camps de transit où certaines restent jusque dans les années 80. Ces familles de harkis sont marginalisées par la société française.
Entre 1945 et les années 70	Immigration algérienne en France: Après 1945, le flux migratoire d'Algériens en métropole a pour origine l'explosion démographique et la pauvreté. Après l'indépendance de l'Algérie, l'immigration en France connaît une forte croissance maghrébine. En 1975, les Algériens sont le deuxième groupe d'étrangers le plus important en France, avec un taux de 20% d'immigrés.
1992–1999	Guerre civile algérienne: Après l'interdiction du FIS (Front islamique du salut), les islamistes provoquent une vague de violence et de terrorisme en Algérie qui durera une décennie (plus de 120000 morts).
Actuellement	Aujourd'hui encore, les Algériens déplorent tous les ans des centaines de morts causées par des attentats et des massacres.

l'indigène *m./f.* une personne qui est née dans le pays dont il est question **l'essor** *m.* le succès **déplorer qn/qc** *ici* pleurer sur qn/qc

L'Algérie (2)

Approches
→ Dates-clés, p. 128

Lisez ces deux textes et dites quel est le thème du film «Indigènes».

«C'est nous les Africains
Qui revenons de loin
Nous venons des colonies
Pour sauver la Patrie»

Hymne des bataillons des armées d'Afrique

Pendant la Seconde Guerre mondiale, de nombreux Africains se sont engagés volontairement pour combattre pour la France. Le film «Indigènes» raconte le destin de quatre hommes, trois Algériens et un Marocain engagés volontaires dans l'armée française.

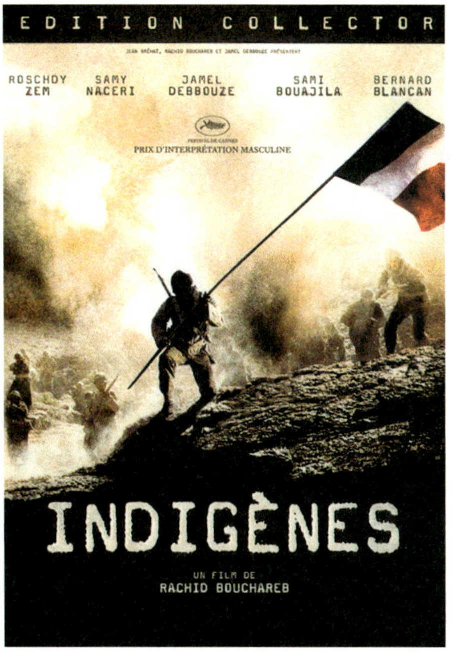

l'indigène *m./f.* une personne qui est née dans le pays dont il est question

Objectif lecture
DVD 11
→ Méthodes, p. 236

A Comprendre un extrait de film historique

1. *Résumez l'extrait avec vos propres mots.*

le cuisinier   le sergent   le caporal   le capitaine
l'indigène   le musulman   l'homme de troupe

2. *Regardez encore une fois l'extrait. Concentrez-vous sur ce que dit le caporal Abdelkader et reconstituez ses paroles.*
3. *Quelle nouvelle les soldats apprennent-ils à la fin de l'épisode?*

DVD 11
→ Méthodes, p. 257

B Analyser un extrait de film historique

1. *À quoi voit-on que les soldats n'ont pas tous le même statut? Donnez des exemples.*
2. *Analysez la scène finale. Comment les différents personnages réagissent-ils (gestes, expressions, regards) à la nouvelle annoncée par les haut-parleurs? Comment expliquez-vous ces réactions?*

Indigènes

Cet extrait montre les troupes françaises d'Afrique du Nord composées de Français mais aussi d'Algériens, de Marocains et de Sénégalais embarquées sur un bateau dont elles ignorent encore la destination. Les soldats qui ont déjà combattu en Italie et libéré Rome rêvent de rentrer chez eux. Mais «chez eux» ce n'est pas la même chose pour tout le monde.

Écouter
CD 17

Écoutez ce que dit l'un des acteurs du film «Indigènes». Que peut apporter ce film d'après lui aux jeunes des cités?

Médiation
→ Méthodes, p. 240

Un copain allemand qui ne parle pas français a vu le film «Indigènes». Il veut en savoir plus. Expliquez-lui à l'aide de l'article suivant quelles ont été les conséquences du film.

La France répare une «injustice» de 47 ans envers les soldats coloniaux grâce à «Indigènes»

Le gouvernement a annoncé mercredi, jour de la sortie du film «Indigènes» qui remet au premier plan le sort des combattants coloniaux, que ces derniers percevraient désormais la même pension que les Français, un «acte de justice», selon le président de la République.

Ce geste, salué en Afrique et au Maghreb, répare ce que les anciens combattants d'Afrique noire, du Maghreb, de Madagascar et d'Indochine vivaient comme une grande injustice. Il constitue un nouveau pas dans la reconnaissance des pages oubliées de l'histoire de France, après les débats sur la colonisation et l'esclavage.

«La France accomplit aujourd'hui un acte de justice et de reconnaissance envers tous ceux qui sont venus de l'ex-empire français combattre sous notre drapeau», a affirmé le chef de l'État lors du Conseil des ministres. [...]

Le gouvernement a ainsi annoncé que quelque 84 000 anciens combattants coloniaux [...] toucheraient à partir du 1er janvier 2007 les mêmes pensions que leurs anciens frères d'armes de nationalité française.

[...]

Au-delà des réparations, cette revalorisation des pensions est «une abolition des discriminations qui aura des répercussions dans toute la société française aujourd'hui», s'est félicité Rachid Bouchareb, le réalisateur d'«Indigènes».

[...]

Les pensions des combattants coloniaux avaient été gelées en 1959, au moment de la décolonisation. Selon des associations, les anciens combattants étrangers reçoivent, au mieux, 30 % de la somme versée aux Français.

Les associations d'anciens combattants au Mali, en Côte d'Ivoire ou au Maroc se sont immédiatement félicitées de la revalorisation des pensions, y voyant la «réparation d'une injustice», mais attendent aussi prudemment de «voir l'argent».

Pour beaucoup, c'est aussi trop tard. «C'est une mesure satisfaisante mais tardive, car deux tiers des camarades ne sont plus», a déclaré à Dakar l'adjudant Touramane Coly, âgé de plus de 80 ans.

Écriture
→ Méthodes, p. 245

Sur la base de l'extrait que vous avez vu et des documents traités dans cette séquence, écrivez une courte présentation au sujet du film «Indigènes» comme dans les programmes de cinéma.

Activité
→ Méthodes, p. 255

Décrivez et analysez cette affiche.

L'Algérie (3)

Approches
DVD 12

1. *Regardez l'extrait du film «C'était pas la guerre» et résumez brièvement la scène (qui? quoi? quand? où? comment? pourquoi?).*
2. *Quels sont pour vous les moments ou les phrases-clés de cette scène? Discutez avec votre partenaire.*

Objectif lecture
→ Méthodes, p. 243

A Comprendre un extrait de ciné-roman

1. *Résumez le texte et nommez-en les personnages.*
2. *Expliquez la phrase suivante dans son contexte: «Elle me chante des chansons dans sa langue que je ne comprends pas mais qui me plaît quand même.» (l. 33–35)*

→ Méthodes, p. 245

3. *Formez des groupes. Chaque groupe choisira un personnage, le caractérisera et définira son rôle dans le contexte et ses relations avec les autres personnages.*

DVD 12

B Comparer un ciné-roman au film correspondant

1. *Indiquez les passages du texte littéraire que vous retrouvez dans l'extrait du film. Qu'est-ce qui n'a pas été mis en scène? Expliquez pourquoi.*

→ Méthodes, p. 257

2. *D'après vous, quel média parvient le mieux à retranscrire la situation? Justifiez votre opinion.*

La scène se passe en 1961 à Alger, peu avant l'indépendance de l'Algérie.

Je viens d'avoir six ans. Et je suis dans la classe unique de Mlle Hamm. Elle est gentille, à condition que l'on soit très sage. «Comme une image», elle nous dit tout le temps. [...] Elle est blonde et a la peau toute blanche. C'est drôle parce que, ici, tout le monde a la peau beige ou marron. (Maman dit «dorée». Il faut toujours que les mots soient beaux avec elle!) [...] Son visage blanc, à la maîtresse, c'est parce qu'elle vient d'Alsace. Elle nous en parle à chaque fois que c'est possible. De son petit village, qui s'appelle Bruschwiegherseim. Moi je suis née ici, à Alger. Comme ma maman et ma grand-mère et mon arrière-grand-mère. Comme ma copine Meriem, et sa maman, et sa grand-mère et son arrière-grand-mère. Comme beaucoup de petites filles de la classe. (Et peut-être aussi leurs frères, mais eux, je ne sais pas, ils sont dans une autre école.)

J'ai appris à écrire mon nom: Marie. Je voudrais l'écrire partout. J'aime les pattes du M majuscule. On dirait la coiffure d'une fille, comme deux tresses. Comme les deux tresses de ma copine chérie: Meriem. Elle est plus grande que moi, mais on s'amuse bien toutes les deux. Elle a onze ans et elle est très grande. Ses cheveux sont frisés comme des moutons, tout noirs; et ça lui va bien. Elle apporte une brosse à l'école et elle joue à me coiffer. Elle me dit que je suis belle. Elle me chante des chansons dans sa langue que je ne comprends pas mais qui me plaît quand même. [...]

En classe, je suis assise dans la rangée des six ans, elle est dans la rangée à côté. Sa voisine de pupitre est une pimbêche qui lui dit plein de méchancetés. Meriem a quand même le sourire. [...] Elle se retourne tout le temps pour me parler, ou me faire un petit signe. La maîtresse ne veut pas que nous soyons côte à côte, pour «éviter la tentation du bavardage» ...

L'autre jour, la pimbêche n'a pas voulu lui donner un abricot. Elle en apporte toujours à l'école. Elle les mange, et en donne parfois à des copines, à condition qu'on lui rende le noyau. Après, elle le frotte par terre pendant des heures pour le trouer, des deux côtés, et elle souffle dedans, jusqu'à ce qu'il siffle. Ça lui prend toutes ses récréations. Elle ne fait que ça. Peut-être qu'elle sera musicienne quand elle sera grande!

À moi, elle m'en propose toujours, mais je n'en veux pas. Je préfère les figues de Barba-

---

3 sage brav **8 doré/e** qui a la couleur de l'or **13 Bruschwiegherseim** transcription phonétique de Breuschwickersheim, village d'environ 1000 habitants en Alsace **23 la patte** *ici* la jambe **26 la tresse** geflochtener Zopf **29 frisé/e** lockig **36 la rangée** *ici* Sitzreihe **38 le pupitre** Pult **38 la pimbêche** jeune fille antipathique, qui prend des grands airs **44 le bavardage** *fam.* les conversations, le papotage **49 le noyau** Kern **49 frotter qc** etw. reiben **51 souffler** blasen **51 siffler** pfeifen **56 la figue de Barbarie** Kaktusfeige rie qui poussent dans le terrain vague, à côté. On va en cueillir des fois, en douce, avec Meriem; ça pique drôlement et c'est pas pratique à manger. Il faut un couteau pour fendre la peau et l'écarter comme une robe. Et après ... C'est délicieux, tout ce jus qui dégouline sur les mains, les bras. Je me les lèche avant que ça arrive sur mes habits. Sinon, je me ferai enguirlander.

Ce jour-là, à l'école, Meriem a osé demander un abricot à la fille, et elle le lui a refusé. J'étais triste pour Meriem, mais ce n'était rien à côté de ce qui allait se passer. En classe, Rachel a parlé de l'homme avec son fusil, sur le toit de son immeuble. Toutes les mains se sont levées pour que chacune raconte ce qu'elle voyait dans sa rue. C'est que des hommes avec des fusils, on en voit tout le temps! La maîtresse a répondu que c'étaient des soldats qui étaient venus de la métropole pour nous protéger.

Meriem, alors, s'est penchée vers la fille aux abricots et lui a dit:

– Pour nous protéger de quoi?

Et elle lui a répondu de son air de princesse prétentieuse:

– Des sales Arabes comme toi qui veulent nous chasser de notre pays!

Meriem n'en revenait pas. Elle lui a dit qu'elle ne voulait pas la chasser, et s'est tournée vers moi avec un air malheureux, en disant:

– Pourquoi elle a dit ça?

58 cueillir qc etw. pflücken **58 en douce** sans bruit, discrètement **63 dégouliner** couler lentement, goutte à goutte **64 lécher qc** etw. (ab)lecken **65 enguirlander qn** *fam.* engueuler qn **71 le fusil** Gewehr **71 le toit** la partie supérieure d'une maison **77 la métropole** *ici* la France, pendant la colonisation le «pays-mère» de l'Algérie **78 se pencher vers qn** s'approcher de qn, s'incliner vers qn **82 prétentieux/-euse** arrogant/e **84 chasser qn** *ici* mettre qn dehors **85 ne pas en revenir** ne pas pouvoir comprendre qc

Objectif langage

Le pronom «en»

1. *Reformulez les phrases suivantes à l'aide de leur contexte original sans utiliser le pronom «en».*
2. *Expliquez la fonction du pronom «en» dans chacune de ces phrases. Comparez avec la traduction allemande.*

Elle nous **en** parle à chaque fois que c'est possible. (l.11–12)
Elle **en** apporte toujours à l'école. (l.46–47)
Elle les mange, et **en** donne parfois à des copines ... (l.47–48)
À moi, elle m'**en** propose toujours, mais je n'**en** veux pas. (l.55–56)
On va **en** cueillir des fois ... (l.58)
C'est que des hommes avec des fusils, on **en** voit tout le temps! (l.73–75)

Commentaire

→ Méthodes, p. 240/244

Les souvenirs d'enfance en Algérie décrits par Marie sont-ils plutôt positifs ou plutôt négatifs? Justifiez votre réponse.

Pour aller plus loin

1. *Lisez les deux témoignages ci-dessous et indiquez l'importance que chaque personne attribue à l'année 1962 pour sa vie personnelle.*
2. *Laquelle des deux personnes était le mieux intégrée à la vie algérienne? Citez des exemples.*
3. *Comparez leur situation à celle de Marie: Quelles sont les phrases qu'elle aurait pu dire?*

«J'ai quitté Oran à l'âge de 11 ans. Les images que je garde sont donc celles d'un enfant. Il y a celles, très dures, des massacres d'Oran à l'indépendance. Mais sinon, il y a, bien sûr, la mer, les plages, tous les chromos algériens. Les Arabes? Une masse indistincte. J'en connais quelques-uns avec lesquels je joue mais je ne vais jamais chez eux. [...] Et puis il y a l'école, où l'on ne nous apprend rien de l'Algérie, mais tout de cette

4 sinon *ici* à part cela **5 le chromo** image lithographique en couleur **6 indistinct/e** imprécis/e, nébuleux/-euse, vague

France que nous ne connaissons pas. Un truc dingue, schizophrénique. Ensuite la guerre, atroce, horrible. Mais je me disais qu'elle devait m'amener au paradis, dans cette France des livres, du savoir. Une fois arrivés, on nous a dit que nous n'étions pas chez nous. En fait, chez nous, maintenant, c'était nulle part.»

Jean-Jacques Gonzalès,
57 ans, philosophe et écrivain

12 dingue *fam.* fou/folle, bizarre **13 atroce** affreux/-euse, horrible **18 nulle part** *contraire de* partout

«L'Algérie, c'est mon pays et j'y retourne souvent. J'en suis parti à 14 ans et demi. Mon père était boulanger à Sidi-Bel-Abbès. Les couleurs de mon enfance, c'est l'ocre de la terre battue, des façades des maisons et le bleu du ciel. J'avais plein de copains musulmans et je les ai toujours. Ensuite, cela a été la guerre. Au début, eux et moi, on se regardait en chiens de faïence et puis la peur est venue. Les attentats devenaient quotidiens, la peur on la lisait dans les yeux de nos parents. Pour eux, abandonner l'Algérie c'était aussi impensable que la neige au mois d'août. Mais, cette année 1962, il a neigé en août.»

Alain Afflelou,
60 ans, homme d'affaires

5 la terre battue (gestampfter) Lehmboden **9 se regarder en chiens de faïence** *fig. ici* se regarder l'un l'autre sans comprendre ce qui se passe **12 abandonner qn/qc** quitter qn/qc, s'en aller

Jeu de rôle
→ Méthodes, p. 237

Travaillez à deux et jouez la scène suivante: Un journaliste interviewe Marie. Que dirait-elle aujourd'hui à propos de ses souvenirs d'enfance en Algérie? Quelles questions lui poseriez-vous?

L'Algérie (4)

Approches

→ Dates-clés, p. 128
→ Méthodes, p. 255

Décrivez ces deux photos puis aidez-vous de la chronologie, p. 128 pour les situer dans leur contexte historique.

27 janvier 1960

3 juillet 1962

Objectif lecture
→ Dates-clés, p. 128

A Comprendre un texte dans son contexte historique
1. *Situez l'histoire dans le contexte historique.*
2. *Expliquez ce que souhaite le professeur et décrivez comment l'élève réagit.*

B Étudier les rapports symboliques
1. *À quels symboles de la France et de l'Algérie le texte fait-il allusion?*
2. *Décrivez l'attitude du professeur et de l'élève par rapport à ces symboles.*
3. *Expliquez les passages suivants:*
   a *«C'était notre façon à nous de résister. C'était la guerre des mots.» (l. 42–43)*
   b *«Ainsi je respecte mon professeur et mon pays. Et ma liberté.» (l. 73–74)*

Bleu. Blanc. Vert. Dès qu'il a posé son cartable sur le bureau, il a dit: à partir d'aujourd'hui, je ne veux plus voir personne souligner les mots ou les phrases avec un stylo rouge! Ni sur les cahiers, ni sur les copies. D'abord, j'ai pensé que le rouge était sa couleur. Je veux dire, la couleur du professeur. Une couleur réservée exclusivement à tous les professeurs. Pour les corrections et les commentaires. Les bien, très bien, passable, mal, médiocre, les points d'exclamation, d'interrogation, les zéros soulignés, les bonnes et les mauvaises notes entourées ou non d'un certain nombre de cercles pour que les parents les voient bien. Il a ajouté: maintenant, vous ne soulignerez plus qu'en vert. Avec un stylo vert. J'ai levé le doigt. Il m'a autorisé à parler. J'ai demandé pourquoi. Pourquoi on ne devait plus utiliser le rouge. Alors il est monté sur l'estrade. Il a expliqué. J'avais tout faux. Il nous a dit que si on écrivait avec un stylo bleu sur la feuille blanche et qu'on soulignait en rouge, ça ferait bleu blanc rouge. Les couleurs de la France. Celles du drapeau français. Il a dit qu'on était libres maintenant. Libres depuis quatre mois. Après cent trente-deux ans de colonisation. Sept ans et demi de guerre. Un million et demi de martyrs. Et il a écrit tous les chiffres au tableau. Avec de la craie rouge. Il a dit qu'on devait maintenant oublier la France. Le drapeau français. Et *La Marseillaise*. Mais moi, je me souviens encore des paroles. À l'école du village, on la chantait tous les matins. En saluant le drapeau. Le drapeau français, bien sûr. Mais on avait, entre nous, changé quelques mots. Par exemple, au lieu de dire «Le jour de gloire est arrivé», nous, on disait «La soupe est prête, venez manger». Sur le même air. Mais doucement. Personne ne comprenait ce qu'on chantait. C'était notre façon à nous de résister. C'était la guerre des mots. Je ne sais plus qui en a eu l'idée. Maintenant, depuis la rentrée scolaire, on chante *Kassamen*. Notre hymne national. On le chante chaque matin. Sans en changer les paroles. En saluant le drapeau. Notre drapeau. Notre drapeau est vert et blanc, avec une étoile et un croissant rouges au milieu. Je ne sais pas qui en a eu l'idée. L'idée des couleurs et du dessin. Il n'y a pas très longtemps qu'il flotte sur tous nos bâtiments publics. Et même sur les balcons des immeubles. On en a accroché des centaines, des milliers et même plus le jour de l'Indépendance. Je me demande où ils étaient cachés. Le professeur a ajouté sur un ton menaçant et agitant un doigt encore plus menaçant sur nous: vous devez respecter l'Algérie indépendante et ses martyrs. Je respecte l'Algérie. Et ses martyrs aussi. Je n'ai pas osé lever le doigt encore une fois pour lui demander si c'était une nouvelle loi. Et aussi pourquoi les autres professeurs ne nous avaient jamais dit de ne plus utiliser nos stylos rouges. Peut-être qu'ils n'avaient pas fait attention à ça. Autour de moi, les autres élèves ne posaient pas de questions. Mais puisque je suis indépendant, j'ai posé mon stylo bleu et j'ai sorti de ma trousse mon stylo noir. J'ai commencé à écrire. Ça ne fait plus bleu blanc rouge. C'était maintenant noir blanc rouge. Ainsi, je respecte mon professeur et mon pays. Et ma liberté.

Objectif langage

Mettez le passage depuis «Il nous a dit que (l. 21)» ... jusqu'à «Et La Marseillaise (l. 32)» au discours direct. Vous pouvez jouer la scène en classe.

L'Afrique subsaharienne (1)

Approches
→ Méthodes, p. 255

Décrivez ces photos. Quels aspects de l'Afrique évoquent-elles?

Objectif lecture
CD 18
→ Méthodes, p. 252

A Comprendre le message d'une chanson à partir de l'écoute

1. *Écoutez la chanson en vous concentrant d'abord sur la musique. Indiquez à quoi elle vous fait penser.*
2. *Écoutez en vous concentrant sur les paroles et remplissez la grille dans votre cahier.*

Pour Tiken Jah Fakoly,	
l'Afrique, ce n'est pas [...]	*l'Afrique, c'est [...]*

→ Méthodes, p. 250

B Analyser le message d'une chanson à partir de son texte

1. *D'après vous, quelle est la phrase-clé de la chanson? Justifiez votre réponse à l'aide du texte.*
2. *Expliquez à quoi le chanteur fait allusion avec cette phrase-clé.*

Viens voir

Refrain: Viens voir, viens voir,
Viens voir, viens voir,
Toi qui parles sans savoir. (bis)

Bamako, Abidjan, ou Dakar.
Sierra Leone, Namibie, Kenya.
Viens voir.

Mon Afrique n'est pas ce qu'on te fait croire.
Pourquoi toujours les mêmes visages?
Pourquoi toujours les mêmes commentaires?
Pourquoi toujours les mêmes reportages?

À les écouter, mon Afrique ne serait que sécheresses et famines.
Quand on les écoute, mon Afrique ne serait que combats et champs de mines.
Viens voir.

Refrain

Mon Afrique n'est pas ce qu'on te fait croire.
Pas un mot sur l'histoire de ce continent,
Sur les civilisations et les richesses d'antan.
Aucun mot sur le sens des valeurs.

Des gens qui t'accueillent,
La main sur le cœur.
Viens voir.

Refrain

Mon Afrique n'est pas ce qu'on te fait croire.
Africa n'est pas ce qu'on te fait croire.
Viens dans nos familles, viens dans nos villages.
Tu sauras ce qu'est l'hospitalité,
La chaleur, le sourire, la générosité.

Viens voir ceux qui n'ont rien.
Regarde comme ils savent donner.

Et tu repartiras riche,
Et tu ne pourras pas oublier.
Viens voir.

Refrain (bis)

Objectif langage

1. *Complétez. Utilisez le futur simple.*

Viens voir mon pays
Le pays qui m'a fait comme je suis.
Je te le (montrer) [...].

Si tu regardes son histoire,
Tu (voir) [...]
Tu (comprendre) [...]
Tu (accepter) [...]
Que nous venons de loin.

Viens voir mon pays,
Tu (écouter) [...] ses poètes
Tu (entendre) [...] ses chansons
Tu (voir) [...] ses enfants jouer,
Et danser ses filles.
Tu (être) [...] avec nous,
Tu (faire) [...] partie de la fête.

Tu (aller) [...] voir nos fleuves,
Qui ont bercé nos rêves
Tu (sentir) [...] l'odeur de nos forêts
Tu (venir) [...] faire la fête avec moi.

Tu (trouver) [...] des amis
Tu (être) [...] comme chez toi
On (savoir) [...] te comprendre.

2. *À vous. Faites une chanson sur votre pays.*

L'Afrique subsaharienne (2)

Approches
→ carte, page de couverture arrière

Nommez les pays africains dans lesquels on parle français. Indiquez pourquoi.

Objectif lecture
→ Méthodes, p. 235

A Extraire des informations historiques d'un texte littéraire

1. *Expliquez l'importance du 15 août 1980.*
2. *Retracez les étapes de la colonisation du Congo sous forme de tableau.*
3. *Décrivez la situation au Congo après l'indépendance.*

→ Méthodes, p. 248

B Analyser un texte

Trouvez des exemples dans le texte qui montrent que la colonisation a profondément modifié les civilisations africaines.

Le narrateur est né au Congo. Il est le dernier né de triplés. De cette naissance tardive, il conçoit une très grande curiosité pour le monde. Et ce qu'il voit autour de lui, avec les yeux de l'innocence, est parfois étrange ...

Il faut vous dire que la chance n'était pas avec moi car j'avais choisi le mauvais jour pour prétendre ouvrir mes yeux sur ce monde. C'était le 15 août: non seulement cette date était importante en elle-même parce que c'était le jour de notre fête nationale, mais c'était le 15 août 1980, vingtième anniversaire de l'Indépendance. La fête était donc plus qu'exceptionnelle.
C'est mon oncle qui m'a aidé à comprendre l'importance de ce jour de réjouissances où tout était prétexte à la fête. Il m'a expliqué qu'avant, notre pays avait été occupé par les Blancs arrivés chez nous par hasard sur des bateaux à voile [...]; ces Blancs se mirent ensuite à écumer systématiquement nos côtes et même l'intérieur des terres en volant des gens et en les vendant comme esclaves [...]. Puis il y eut des missionnaires qui sont venus chasser nos ancêtres des tombes, des bosquets, des rivières et de derrière les cases où ils vivaient, pour les remplacer par Jésus-Christ, la Bible et la Croix; en même temps qu'eux sont venus d'autres, armés, qui ont occupé le pays et s'y sont installés. Chez nous, c'étaient les Français. Ils nous commandaient, ils dirigeaient le pays, l'exploitaient, nous ont appris leur langue, nous ont envoyés dans leurs écoles et nous ont donné comme nouveaux ancêtres les Gaulois. [...]
Ces Français nous ont tellement exploités qu'il y a vingt ans nous nous sommes révoltés contre cette exploitation qu'on appelait «colonialisme» et nous sommes devenus indépendants, c'est-à-dire maîtres de notre destin. Mais comme nous ne pouvions pas chasser tout ce qu'ils avaient apporté et avec lequel nous avons vécu près d'un siècle, nous avons fait revenir les ancêtres tout en gardant Jésus, la Bible et la Croix, nous avons gardé leur langue à côté des nôtres ainsi que leurs vêtements, le vin rouge, le camembert et la baguette. C'était comme si nous renaissions avec deux racines.

concevoir qc ressentir qc **3 prétendre faire qc** *ici* vouloir faire qc **11 la réjouissance** la joie **16 écumer qc** *ici* voler tout ce qui est intéressant **21 le bosquet** la petite forêt **21 la case** Hütte (bes. in Afrika)

Objectif langage

L'accord du participe

1. *«C'est mon oncle qui m'a aidé à comprendre l'importance de ce jour ...» (l. 10–11) Déterminez, à partir de cette phrase, s'il s'agit d'un narrateur ou d'une narratrice.*
2. *Complétez le texte suivant en mettant les verbes entre parenthèses à la forme correcte.*
Putsch en Mauritanie: le retour des militaires: Le chef de l'État et son Premier ministre ont été (arrêter) [...], hier matin, par la garde présidentielle. La radio et la télévision ont (cesser) [...] d'émettre. La fille du président mauritanien a confirmé le putsch. «Les militaires nous ont (enfermer) [...] dans nos maisons, nous sommes (emprisonner) [...], avec interdiction de sortir. C'est une femme de ménage qui m'a (aider) [...] à sortir ce

message.» Elle a également précisé que la ligne du standard téléphonique de la présidence avait été (interrompre) [...]. Les journalistes ont été fortement (inviter) [...] à rentrer chez eux. L'aéroport de Nouakchott et toutes les gares du pays ont été (fermer) [...], mais, dans les rues de la capitale, la situation reste calme. L'Union africaine s'est (empresser) [...] de «condamner» ce coup d'État, (suivre) [...] par les États-Unis.

Recherche

1. *Informez-vous sur le Congo jusqu'à nos jours et présentez vos résultats en classe. Vous pouvez vous concentrer sur les domaines suivants: la géographie, l'histoire, les ressources naturelles, l'économie, [...]*
2. *Travaillez en groupes: Choisissez une des personnalités africaines présentées ci-dessous, lisez les informations, faites des recherches sur cette personne et présentez vos résultats à la classe.*

→ Méthodes, p. 240

«Je suis femme et mère de six enfants. Si je mets le feu, c'est sous la marmite, pour nourrir mes enfants. Or, en Guinée, la marmite est vide. Et c'est cela qui met le feu au pays.» Maintes fois accusée de vouloir embraser son pays, la syndicaliste Hadja Rabiatou Sérah Diallo juge son combat légitime et juste. [...]

Rabiatou Sérah Diallo
(Syndicaliste, 58 ans, Guinée)

Retour triomphal au pays pour Tiken Jah Fakoly! Accusé par le pouvoir de soutenir la rébellion, l'artiste ivoirien, qui avait préféré s'exiler durant cinq ans au Mali, est revenu, en décembre dernier, à Bouaké et à Abidjan pour y donner des concerts. Après une prolifique année 2007, marquée par la sortie de *L'Africain*, son dernier album encensé par la critique, l'emblématique *reggaeman* se produira, en 2008, dans les plus grandes salles françaises, dont le Zénith de Paris. Nul doute que ce pourfendeur de la Françafrique en profitera pour dénoncer, avec la verve qu'on lui connaît, les injustices de ce monde.

Tiken Jah Fakoly (Musicien, 39 ans, Côte d'Ivoire)

Sourire doux, visage rond, boubou coquet: Dora Akunyili ne ressemble pas à son surnom. En effet, depuis que la «dame de fer» a pris la direction générale de la National Agency for Food and Drug Administration Control (Nafdac), le nombre de médicaments contrefaits au Nigéria a chuté de moitié. Nommée en 2001 par l'ex-président Olusegun Obasanjo pour mener la guerre, jusqu'alors toujours vaine, contre les trafiquants de faux médicaments, cette pharmacienne a conservé son poste malgré le changement d'administration à Abuja, en avril dernier. Des laboratoires de la Nafdac ont été saccagés, son siège administratif incendié et Dora Akunyili a échappé à une tentative d'assassinat. Mais persuadée que les femmes sont moins corruptibles que les hommes et que le bien finit par l'emporter, cette fervente chrétienne continue son combat.

Dora Akunyili (Directrice de l'Agence de contrôle des médicaments, 53 ans, Nigéria)

L'Afrique subsaharienne (3)

Approches
→ Dossier 2, p. 51

1. *Comparez les chiffres sur la natalité en Afrique à ceux de la France et de l'Allemagne.*

Taux de natalité en Afrique: **4,79**

2. *Faites des hypothèses sur les conséquences du taux de la natalité en Afrique.*

Objectif lecture
→ Méthodes, p. 235

A Faire une lecture sélective

Lisez le titre et les intertitres de l'article ainsi que le premier paragraphe et formulez des hypothèses sur son contenu.

1. *Quelle sera, à l'avenir, la situation de l'Europe comparée à celle de l'Afrique?*
2. *Sur quels plans l'auteur analyse-t-il la situation? Formulez une hypothèse pour chacun de ces plans.*
3. *Sa vision de l'Afrique est-elle plutôt positive ou plutôt négative? Justifiez votre réponse.*

→ Méthodes, p. 247

B Comprendre un texte à partir d'une analyse partielle

1. *Lisez le premier paragraphe et dites quelle en est la fonction.*
2. *Après une lecture complète du texte, concentrez-vous sur le dernier paragraphe.*
   a *Identifiez les conseils que l'auteur donne aux Européens et formulez-les avec vos propres mots.*
   b *Expliquez le sens de la dernière phrase. (l. 62–64)*

«Préparons-nous à la métamorphose d'un continent»

L'Afrique subsaharienne verra sa population passer de 750 millions aujourd'hui à 1,2 milliard en 2025 et 1,7 milliard en 2050. Cette dynamique s'accompagne d'une urbanisation massive: en 2025, 600 millions d'Africains vivront en ville, contre 200 millions en 2000 et 20 millions en 1950. L'Afrique de demain sera aussi particulièrement jeune: 65 % des Subsahariens ont moins de 25 ans aujourd'hui, contre 30 % des Européens. Trois ordres de conséquences sont à en attendre.

Conséquences migratoires

La mobilité des populations africaines s'amplifiera entre zones surpeuplées et espaces de plus faible densité. Mais si la vaste majorité de ces migrations aura lieu au sein du continent (La Côte d'Ivoire comptait déjà 26 % d'immigrés en 1998), leur ampleur impliquera une croissance des flux vers le Maghreb et l'Europe.

Conséquences géopolitiques

Ces mouvements et accroissements de population peuvent provoquer de fortes tensions politiques, voire des conflits fratricides.

Conséquences économiques: l'espoir

Une population qui se regroupe croît en productivité – les équipements sont plus efficaces dans les zones densément peuplées, le commerce s'y développe. De plus, l'Afrique va pouvoir compter pendant plusieurs décennies sur un rapport entre actifs et inactifs extrêmement favorable, le même qui permit le décollage économique chinois.

13 migratoire *de migration* Völkerwanderung **15 s'amplifier** sich verstärken **18 au sein de** à l'intérieur de
21 le flux Menschenstrom **25 voire** ou même **25 le conflit fratricide** tödlicher Konflikt unter Brüdern, Bruderkrieg
29 les équipements *m. pl. ici* Infrastruktur, Entwicklung **35 le décollage** *ici* le succès

Et la nouvelle situation macroéconomique mondiale (prix croissant des matières premières, disparition de l'hyperinflation et forte réduction de la dette africaine) offre des opportunités de croissance inespérées jusqu'alors. Fait peu connu, la croissance de l'Afrique subsaharienne s'est établie à près de 5 % en moyenne depuis 2000, soit le double de celle enregistrée en Europe. Le Fonds monétaire international (FMI) compte sur un taux supérieur à 6 % pour 2007 et 2008.

Pour passer pacifiquement le cap de sa transition démographique, le continent a besoin de faire passer la croissance du continent de 5 % actuellement à 8 % ou 10 % par an. Cela suppose de permettre aux économies africaines de s'intégrer pleinement dans le système commercial international – et donc d'ouvrir davantage nos marchés à leurs biens. L'équipement et l'aide au secteur privé doivent ainsi compter parmi les priorités de l'aide publique en Afrique. [...] Il faut un effort international important en aide publique au développement. Sans cela, nous risquons de voir l'Afrique s'inviter brusquement dans nos politiques intérieures.

D'après: Le Monde Économie, Jean-Michel Severino, 4 septembre 2007

38 la matière première Rohstoff

Objectif langage

L'emploi du futur simple

Révisez l'emploi du futur simple à l'aide de ce texte et écrivez, à partir de là, un texte qui portera sur l'avenir de l'Europe.

Pour aller plus loin

1. *Expliquez dans quelle mesure le texte ci-dessous correspond au titre «Préparons-nous à la métamorphose d'un continent».*
2. *Quels nouveaux aspects ce texte apporte-t-il au sujet de ce dossier?*

Côte d'Ivoire: Production de cacao – la RCI impose son cacao «bio»

«C'est une plantation, située à Toumbokro (centre de la Côte d'Ivoire) qui pourrait représenter l'avenir de la filière. Grâce à elle, la Côte d'Ivoire est devenue, depuis trois ans, le troisième pays exportateur de cacao «bio», derrière la République dominicaine et l'Équateur». Cette ancienne propriété de 800 hectares pourrait s'enorgueillir de sa production garantie sans pesticide, ni engrais chimique. C'est en tout cas ce qu'affirme le confrère AFP.

«D'ici cinq ans, la Côte d'Ivoire, de sa position de leader mondial pourrait facilement devenir leader en cacao ‹bio›», se réjouit par ailleurs M. André Yao, ingénieur agronome et promoteur de la plantation de Toumbokro.

Les questions d'environnement et de sécurité alimentaire font aujourd'hui partie intégrante des enjeux du développement mondial. C'est ce qui justifie, selon M. Yao, la demande grandissante dont fait l'objet le cacao bio. En effet, ce type de cacao «réduit le taux de cholestérol et favorise la circulation sanguine», explique l'ingénieur.

La qualité du cacao de Toumbokro attire déjà l'attention de grands chocolatiers d'influence internationale.

la RCI la République de Côte d'Ivoire **3 la filière** *ici* Branche **8 s'enorgueillir de qc** auf etw. stolz sein **9 l'engrais** *m.* Düngemittel **11 AFP** Agence France Presse, franz. Presseagentur **20 l'enjeu de qc** *m.* worum es geht (Gewinn, Einfluss, Macht, etc.) **24 le taux de cholestérol** Cholesterinspiegel

Le Québec (1)

Approches *Pour moi, le Canada, c'est […]. Continuez.*

Objectif lecture

A Comprendre la légende d'une carte

Regardez la carte et répondez aux questions à l'aide de la légende.

1. *Quelles informations donne-t-elle sur le Canada?*
2. *Dans quelles régions du Canada parle-t-on français?*
3. *Concentrez-vous sur le Québec et résumez toutes les informations que vous obtenez sur cette région.*

→ Méthodes, p. 265

B Présenter un pays à l'aide de mots-clés

Lisez les deux encadrés et écrivez un texte pour présenter le Canada.

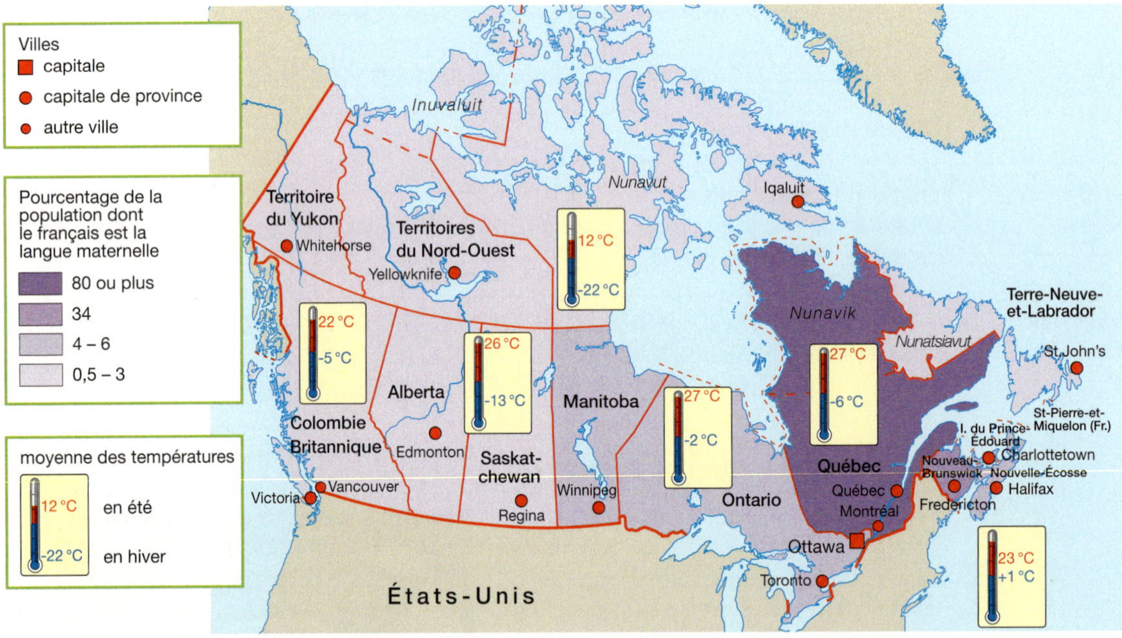

Le Canada, c'est:

- 9 984 679 kilomètres carrés: le deuxième plus grand pays au monde après la Russie
- 3,5: nombre d'habitants au km²
- Chômage (février 2008): 5,8 % des actifs
- PIB: 7ᵉ rang mondial
- 6 fuseaux horaires
- Monnaie: le dollar canadien = 67 centimes d'euro
- Langues officielles: le français et l'anglais
- Répartition linguistique (recensement 2006):
  Anglophones: 57,8 %
  Francophones: 22,1 %
  Allophones: 20,1 %
  86 % des francophones vivent au Québec

La population canadienne en chiffres

- 31,6 millions d'habitants dont 7,6 millions au Québec
- 19,8 % d'immigrants: 1 Canadien sur 5 est né à l'étranger
- Origine des immigrants récents (2006):
  Asie (dont Moyen-Orient): 58,3 %
  Europe: 16,1 %
  Amérique latine et Antilles: 10,8 %
  Afrique: 10,6 %
- Répartition des immigrants récents (2006):
  Québec: 17,5 %
  Ontario: 52 %
  Colombie Britannique: 16 %
  Autres provinces: 14,5 %
- 245 000: Nombre d'immigrants attendus au Canada (hors Québec) en 2008
- 49 000: Nombre d'immigrants attendus au Québec en 2008

Écouter
CD 19
→ Méthodes, p. 236

1. *Écoutez les textes une première fois et dites si les expériences que les trois jeunes ont faites au Canada sont plutôt positives ou négatives.*
2. *Écoutez de nouveau les textes et remplissez la grille dans votre cahier.*

	Bertrand	*Damien*	*Céline*
Leur ville / pays d'origine	[...]	[...]	[...]
Leurs motifs pour aller au Canada	[...]	[...]	[...]
Leurs impressions	[...]	[...]	[...]
Les conditions de vie et d'études / de formation au Canada (les atouts / les difficultés) qu'ils ont rencontrées	[...]	[...]	[...]
Leurs attentes pour leur vie future	[...]	[...]	[...]

3. *Comparez les expériences que les trois jeunes ont faites au Canada. Trouvez leurs points communs et leurs différences.*

Médiation
→ Méthodes, p. 240

Expliquez à un copain français ce qu'on apprend dans cet article sur la réussite scolaire des enfants d'immigrants au Canada et en Allemagne.

Erfolg mit Multikulti

Kanadas Schulen gehören zu den besten der Welt, sie nehmen in den Pisa-Ranglisten stets einen Spitzenplatz ein. Bemerkenswert sind die geringen Leistungsunterschiede zwischen einheimischen und Zuwandererkindern. Bereits nach einer Generation können beide Gruppen gleich gut lesen und rechnen – in Deutschland dagegen vergrößert sich der Graben noch. Gleichzeitig ist der Einfluss der sozialen Herkunft auf den Schulerfolg relativ gering.

Die meisten kanadischen Schulen kennen keine Aufteilung der Kinder in unterschiedliche Schulformen. Erst nach der achten Klasse wird intern differenziert in hochschulvorbereitende und berufliche Bildungsgänge. [...]

Kanada ist ein klassisches Einwanderungsland und verfolgt eine selektive Zuwanderungspolitik. Früher kamen hauptsächlich Europäer, inzwischen sind es häufig Asiaten. Rund 65 Prozent der Neubürger sind qualifizierte Fach- und Führungskräfte, viele von ihnen Akademiker. Bereits nach drei Jahren können sie einen Antrag auf Einbürgerung stellen.

Das Land versteht sich als multikulturelle Nation. Das ist seit 1988 sogar gesetzlich festgeschrieben, im Canadian Multiculturalism Act. [...] Die große Mehrheit der Bürger steht [...] hinter dem Konzept der kulturellen Vielfalt. Die ethnischen Minderheiten sind wichtige Wählergruppen. In einigen Regionen stellen sie bereits die Mehrheit der Bürger.

Recherche

Trouvez l'origine et la signification de ces symboles du Canada.

Activité

1. *Regardez les vignettes et racontez comment le Québec a obtenu son nom.*

→ Méthodes, p. 265

2. *Racontez comment votre ville / village a obtenu son nom. Vous pouvez écrire un petit texte ou dessiner des vignettes.*

Pour aller plus loin

1. *Quelles sont les dates qui vous paraissent les plus importantes pour l'histoire du Québec? Justifiez votre réponse.*
2. *Faites des recherches sur Jacques Cartier, Samuel de Champlain et René Lévesque, puis expliquez le rôle qu'ils ont joué au Québec.*

Les dates-clés

1534	Jacques Cartier débarque sur les rives du Saint-Laurent.
1608	Samuel de Champlain fonde la ville de Québec.
1663	La Nouvelle-France est une province française.
1759	Les Français sont battus par les Anglais sur les plaines d'Abraham aux portes de la ville.
1763	La Nouvelle-France est cédée à l'Angleterre par la signature du traité de Paris.
1774	Avec l' «Acte de Québec», l'Angleterre garantit au Québec le maintien de la religion, de la langue et de la culture françaises.
1848	Le français devient langue officielle du Québec.
1969	Le gouvernement fédéral de Pierre E. Trudeau adopte la loi des langues officielles qui donne au Canada deux langues officielles: l'anglais et le français.
1977	La Charte de la langue française, appelée la loi 101, fait du français la seule langue officielle de l'État québécois. La loi est adoptée à l'Assemblée nationale du Québec par le gouvernement de René Lévesque.
1980	Le Québec a rejeté par référendum le projet de «souveraineté-association».
1985	Les Libéraux sont élus et les accords prévoient que le Québec obtienne le statut de «Société distincte» en échange de son adhésion à la Constitution canadienne.
1995	Le référendum sur la souveraineté du Québec est rejeté.
2008	400ème anniversaire de la fondation du Québec.

débarquer landen **céder qc** etw. abtreten **le maintien** Aufrechterhaltung **adopter qc** etw. verabschieden **l'adhésion** *f.* Zustimmung

Le Québec (2)

Approches

1. *Regardez la carte, p. 142, et décrivez la situation géographique de Montréal.*
2. *Regardez les photos. Quels aspects de Montréal évoquent-elles d'après vous?*

Objectif lecture

A Comprendre et présenter un texte à partir de mots-clés et d'un organigramme

→ Méthodes, p. 261
→ Méthodes, p. 243

1. *Relevez pour chaque paragraphe les mots-clés et effectuez l'organigramme du texte.*
2. *Résumez le texte à partir de votre organigramme.*

B Analyser le message d'un texte

→ Méthodes, p. 247

Lisez le texte et indiquez quel est le but recherché par son auteur. Justifiez votre réponse à l'aide du texte.

CÔTÉ STATISTIQUE, Montréal est la deuxième ville francophone du monde. CÔTÉ CŒUR, c'est une ville cosmopolite en plein développement. [...]

VILLE COSMOPOLITE

Ville cosmopolite, Montréal compte près de 500 000 habitants issus de l'immigration (750 000 pour l'agglomération) – soit 31 % de la population. Tout ce beau monde vit en harmonie – et même si la ville a ses quartiers «ethniques» (grec, portugais, italien, chinois, libanais, haïtien ...), ceux-ci ne sont jamais devenus des ghettos. Cette pluralité se reflète dans les innombrables restaurants, boutiques et marchés de la ville.

INNOVATION, DYNAMISME, OUVERTURE

Montréal est une ville de création qui a fait de l'innovation le moteur de sa croissance. Quatre grandes universités, des pôles de compétitivité de pointe, de nombreux centres de recherche et un parc d'entreprises très dynamiques. L'industrie aérospatiale du Québec devrait voir la création de près de 1 600 nouveaux emplois au cours de l'année 2008. Au rythme de la croissance de l'aérospatiale, le secteur devrait franchir cette année le cap des 49 000 emplois au Québec dont la grande majorité se concentre dans la région de Montréal. Mais Montréal est aussi une ville festive comme en témoignent ses nombreux festivals et grands évènements, sa gastronomie et ses institutions culturelles. C'est enfin une ville ouverte sur le monde qui mise sur la diversité culturelle et la vie de quartier pour demeurer humaine et chaleureuse.

VIVRE, ÉTUDIER ET TRAVAILLER: TOUT POUR RÉUSSIR

Sécurité, paix sociale, coût du logement, qualité de l'environnement physique, originalité de l'architecture ... les avantages qu'il y a à s'installer à Montréal sont nombreux. Sans parler des conditions économiques et fiscales particulièrement attrayantes. Bienvenue aux entrepreneurs!

S'ÉTABLIR

Du côté de l'emploi, la situation est particulièrement florissante: en 2007, le taux de chômage a atteint son plus bas niveau depuis 30 ans. Toute une performance, principalement dans des secteurs de pointe comme l'aérospatiale, les sciences de la vie et les technologies de l'information et des communications.

MONTRÉAL DEMAIN: PRIORITÉ À LA PROSPÉRITÉ ÉCOLOGIQUE

Montréal possède sur son territoire de nombreux milieux naturels écologiquement riches, des espaces verts de grande superficie et des centaines de milliers d'arbres, gages d'une qualité du milieu de vie pour sa population. Préserver et enrichir ce patrimoine vert font partie des priorités de la Ville de Montréal. Toujours à l'écoute de ses citoyens, l'administration municipale a établi un plan pour 2007–2009 qui met l'accent sur la qualité de l'air, la réduction des émissions de gaz à effet de serre, la qualité des milieux de vie résidentiels. Un héritage vert et harmonieux sera transmis aux générations futures.

D'après: L'Express, 23 juin 2008, Isabelle Grégoire, www.ville.montreal.qc.ca

3 cosmopolite où l'on rencontre des personnes du monde entier **8 l'agglomération** *f.* Ballungsraum; Großraum **23 le pôle de compétitivité de pointe** Spitzenwettbewerbszentrum **24 le centre de recherche** Forschungszentrum **26 aérospatial/e** Raumfahrt- **31 franchir le cap** die Schwelle überschreiten **36 festif/-ive** qui a le caractère d'une fête **41 miser sur qc** *fam.* compter sur qc **43 chaleureux/-euse** warm; herzlich **53 fiscal/e** steuerlich **53 attrayant/e** anziehend **57 florissant/e** blühend **60 la performance** Leistung **61 le secteur de pointe** Spitzensektor **62 la science de la vie** Biologie **66 la prospérité** Reichtum **72 le gage** Garantie, Unterpfand **74 préserver qn/qc** jdn/etw. schützen **74 le patrimoine** Erbe **81 l'effet de serre** *m.* Treibhauseffekt **84 transmettre qc** etw. übertragen

Objectif langage
→ Méthodes, p. 260

Enrichir son vocabulaire
Trouvez pour les mots ci-dessous les adjectifs ou les substantifs correspondants. Vous pouvez vous aider d'un dictionnaire.
a innovation, dynamisme, ouverture, harmonie, diversité, création, gastronomie;
b francophone, résidentiel, culturel, écologique, festif.

Commentaire
→ Méthodes, p. 240/244

Cet article vous donne-t-il envie de connaître Montréal? Expliquez vos raisons.

Activité

Travaillez en groupes. Cherchez d'autres informations sur la ville de Montréal ou sur une autre ville du Québec. Faites une page publicitaire pour la ville et présentez-la sous forme de poster.

Médiation
→ Méthodes, p. 240

Expliquez, à l'aide du texte suivant, les avantages et les inconvénients de la vie à Montréal à un ami qui ne parle pas français.

Vivre à Montréal

«Stressante, Montréal? Ceux qui pensent cela devraient faire un stage à Paris!, lance Nicolas Drechou: Tout est fait pour vous faciliter la vie: Il y a toujours de la place au resto, on peut faire ses courses 7 jours sur 7, la circulation est facile ... Tout le contraire de Paris!» La documentariste Martine Breuillaud, une ex-Parisienne, apprécie, elle aussi, le rythme de Montréal: «Je ne sens ici aucune tension urbaine, dit-elle. J'ai parfois l'impression d'être dans une ville de province: je m'arrête dans les petites rues tranquilles, j'écoute les oiseaux chanter ...» Tout n'est cependant pas aussi idyllique. Matin et soir, aux heures de pointe, des embouteillages paralysent les ponts reliant l'île de Montréal aux banlieues de la rive sud et de la couronne nord ... [...] Par ailleurs, si elle est moins visible qu'ailleurs, la misère n'en est pas moins présente au centre-ville. «Sans-abri, jeunes errants ... depuis quelques années», observe Pierre-Jean Ganne, un cuisinier français installé à Québec depuis plusieurs années. [...]

Le Québec (3)

Approches
→ Méthodes, p. 254

Décrivez et commentez la statistique.

Population: langue maternelle		Unité	2001	2006
Le Québec:	français	%	80,9	79,0
	anglais	%	7,8	7,7
	langue non-officielle	%	10,0	11,9
	plus d'une langue	%	1,4	1,3
Montréal:	français	%	67,3	64,9
	anglais	%	12,1	11,9
	langue non-officielle	%	18,5	21,2
	plus d'une langue	%	2,1	2,1

Objectif lecture
→ Méthodes, p. 235

A Faire une lecture globale

Faites, à l'aide du texte, une chronologie de l'histoire de la langue française au Québec.

→ Méthodes, p. 235

B Faire une lecture sélective

Lisez le texte et cherchez les passages qui correspondent aux affirmations suivantes.

1. Récemment, certaines industries et artistes québécois jouent un rôle important dans le monde francophone.
2. Pendant deux siècles, les Québécois ont lutté pour ne pas être assimilés par les Anglais.
3. De nos jours, plus des trois quarts des habitants du Québec parlent le français en tant que langue maternelle.
4. Grâce à la charte pour la langue française, cette langue est devenue l'unique langue officielle au Québec.

LE QUÉBEC ET LA FRANCOPHONIE

Parler du Québec comme d'un haut lieu de la langue française, cela semble aller de soi. Et pas seulement parce que sa capitale accueille la conférence des chefs d'État et de gouvernement de la Francophonie. Les Québécois se sont battus sans compter pour préserver cette langue française, depuis le passage du territoire sous l'autorité de la couronne britannique, en 1763. Après avoir vécu, deux siècles durant, sous le joug des Anglais, et résisté de toute leur âme à la volonté de ces derniers de les assimiler (sur le plan linguistique aussi bien que religieux), ils ont vécu une véritable renaissance au début des années 1960, avec l'accession au pouvoir du Parti libéral. Aux réformes dans les domaines économique et social s'ajouta la mise en place de l'usage du français. Avec la charte adoptée par le parlement en 1977, qui en a fait la seule langue officielle de la province. Aujourd'hui, près de 80 % des 7 millions de Québécois sont francophones de langue maternelle, les autres parlent tous, peu ou prou, cette langue. Après, le Québec a

1 le haut lieu le centre **2 aller de soi** selbstverständlich sein **7 préserver qn/qc** protéger qn/qc **11 le joug** Joch **12 de toute son âme** mit ganzem Herzen, mit ganzer Kraft **13 assimiler qn/qc** jdn/etw. eingliedern **16 l'accession** *f.* Übernahme, Erreichen **19 la mise en place** das Einrichten **25 peu ou prou** mehr oder weniger pu s'ouvrir aux autres. Le monde entier a découvert l'existence de grandes entreprises canadiennes «francophones», telles que Bombardier ou Hydro-Québec. Dans ce processus d'affirmation internationale, les artistes ont joué un rôle important. Oui, en France, comme au Sénégal, en Tunisie comme au Liban, on a envie d'écouter les chansons de Félix Leclerc, de Gilles Vigneault, de Robert Charlebois ou de Diane Dufresne.

[...]

Le sommet de la francophonie se tiendra dans la ville de Québec du 17 au 19 octobre et marquera le 400e anniversaire de la fondation de la ville par Samuel de Champlain, qui a marqué le début de l'aventure francophone dans les Amériques.

D'après: www.jeuneafrique.com, Dominique Mataillet, 11/12/2008

39 le sommet Gipfel **39 se tenir** avoir lieu **41 la fondation** Gründung

Objectif langage

Trouver des mots de la même famille

Trouvez les substantifs correspondant aux verbes et les verbes correspondant aux substantifs.

découvrir qc accueillir qn se battre résister à qn/qc assimiler qc adopter qc/qn	la fondation l'accession le gouvernement la renaissance l'entreprise la mise en place

Recherche
→ Méthodes, p. 240

Faites des recherches sur un des chanteurs québécois cités dans le texte (l. 35–37) et présentez-le à la classe.

Pour aller plus loin

Expliquez les droits fondamentaux de la charte de la langue française avec vos propres mots.

La charte de la langue française

La Charte de la langue française (appelée la loi 101) est une loi définissant les droits linguistiques de tous les citoyens du Québec et faisant du français, la langue de la majorité, la seule langue officielle de l'État québécois. La loi est adoptée à l'Assemblée nationale du Québec le 26 août 1977. Avant cette date, le Québec était la seule province du Canada à pratiquer le bilinguisme anglais-français au niveau institutionnel.

Le titre I de la loi, qui contient neuf chapitres, déclare le français langue officielle de la législation, de la justice, de l'administration, des organismes parapublics, du travail, du commerce et des affaires et de l'enseignement. Le chapitre II définit cinq droits linguistiques fondamentaux des Québécois:

1. Le droit de chaque personne que toutes les branches du gouvernement, les ordres professionnels, les associations d'employés et les entreprises établis au Québec communiquent avec elle en français.
2. Le droit de chaque personne de parler français dans les assemblées délibérantes.
3. Le droit des travailleurs d'exercer leurs activités en français.
4. Le droit des consommateurs d'être informés et servis en français.
5. Le droit des personnes admissibles à l'enseignement au Québec de recevoir leur enseignement en français.

6 adopter qc etw. verabschieden **15 parapublic** halböffentlich **22 l'ordre professionnel** *m.* Berufsverband **33 admissible** zugelassen

Le Québec (4)

Objectif lecture

→ Méthodes, p. 248

A Comprendre certains aspects d'un texte
Décrivez
a *les réactions du chauffeur quand il entend le protagoniste parler français.*
b *le comportement du Canadien vis-à-vis du chauffeur.*

CD 20
→ Méthodes, p. 236

B Analyser la relation entre les protagonistes à partir de l'écoute
Écoutez le texte, racontez brièvement l'histoire et analysez la relation entre le chauffeur de taxi et le Canadien.

Un Canadien à Paris

J'ai cherché un taxi du regard. Il y en avait justement un qui s'en venait. J'ai levé le bras.

J'étais trop épuisé pour déguiser mon accent. Dès que j'ai ouvert la bouche, le chauffeur [...] s'est mis à rire.

– Vous êtes canadien?
– Oui. Ça s'entend?
– Et comment! C'est que je connais bien le Canada, vous savez! J'ai une sœur qui est installée là-bas depuis des années. À Saint-Boniface. Vous la connaissez?
– Je suis de Montréal, vous savez ...

Il ne m'écoutait pas.

– Madame Debout. Une grande brune, un peu forte. Son mari est professeur de français, là-bas ... Ça ne vous dit rien?
– Vous savez, Saint-Boniface est presque aussi éloignée de Montréal que Paris!

Il a tellement ri, cet homme-là, que je pensais qu'on allait entrer dans l'église de la Trinité qu'on était en train de contourner.

– Ces Canadiens, tous des farceurs! Allez-y, parlez, dites-moi quelque chose, votre accent me fait marrer!

J'avais le goût, d'abord, de faire le singe sur la banquette arrière d'un taxi, après la journée que je venais de passer! Mais il insistait tellement que j'ai dit n'importe quoi en regardant par la fenêtre.

Chaque plaque de rue, chaque place qu'on traversait me rappelait un livre que j'avais lu, un film que nous avions vu; j'étais ému aux larmes mais au lieu d'en profiter je faisais le mononcle comique dans un party de famille pour amuser mon chauffeur de taxi!

[...]

On a monté la rue Pigalle (réalisez-vous ce que ça voulait dire pour moi?); on a traversé la place Pigalle avec sa petite fontaine insignifiante, après avoir dépassé la devanture de chez Moune, le cabaret féminin le plus célèbre du monde, j'ai aperçu le Moulin-Rouge du coin de l'œil, à ma gauche, vers la place Blanche; on a longé le boulevard Rochechouart puis le boulevard Barbès. [...] De temps en temps j'apercevais le Sacré Cœur, tout blanc, en haut de la butte, mais jamais assez longtemps pour en profiter.

[...]

Si j'ai bien calculé en descendant du taxi ça m'a coûté trois fois rien pour venir jusqu'ici. J'ai donné ce que je pensais être un gros pourboire au chauffeur qui m'a rappelé une dernière fois à quel point mon accent le faisait rire. Là, j'avais mon voyage et je lui ai répondu, bêtement:

– Si y fallait qu'on éclate de rire chaque fois qu'on entend un Français parler, chez nous, on passerait pour des hystériques!

Et c'est là que j'ai réalisé qu'il ne comprenait pas un mot de ce que je disais, qu'il riait juste aux sons que je faisais!

4 épuisé/e erschöpft **4 déguiser qc** etw. verbergen, verschleiern **22 contourner qc** faire le tour de qc **23 le farceur** Spaßmacher **25 faire marrer qn** *fam.* faire rire qn **26 le singe** Affe **31 la plaque de rue** Straßenschild **40 insignifiant/e** peu important **48 la butte** *ici* la butte de Montmartre, *dt.* der Hügel von Montmartre **54 le pourboire** Trinkgeld **63 le son** Laut

Activité

Réécrivez l'histoire en prenant la perspective du chauffeur de taxi parisien.

Pour aller plus loin
→ CD 20
→ Internet

1. *Trouvez des différences de prononciation entre le français de France et celui du Québec.*
2. *Relevez des mots et expressions typiquement québécois dans le texte et trouvez leurs équivalents en français standard.*

Coin lecture

Dans son livre «Le premier homme», Albert Camus (1913–1960) raconte ses souvenirs d'enfance et de jeunesse en Algérie. L'histoire suivante se déroule à Alger, les protagonistes sont deux jeunes Français d'Algérie, Jacques et Pierre.

La rue Bab-Azoun était une rue resserrée que des arcades, sur les deux côtés, reposant sur d'énormes piliers carrés, rendaient encore plus étroite [...]. Les jours de chaleur, le ciel d'un bleu épais reposait comme un couvercle brûlant sur la rue, et l'ombre était fraîche sous les arcades. Les jours de pluie, la rue tout entière n'était qu'une profonde tranchée de pierre humide et luisante. Tout au long des arcades, les boutiques de commerçants se succédaient, marchands de tissus en gros dont les façades étaient peintes de tons sombres et dont les piles de tissu clair reluisaient doucement dans l'ombre, épiceries qui sentaient le girofle et le café, petites échoppes où des marchands arabes vendaient des pâtisseries ruisselantes d'huile et de miel, cafés obscurs et profonds où les percolateurs fusaient à cette heure-là [...], bazars pour touristes enfin où l'on vendait la hideuse verroterie orientale dans des vitrines plates encadrées par des tourniquets garnis de cartes postales et des foulards mauresques aux couleurs violentes.

L'un de ces bazars, au milieu des arcades, était tenu par un gros homme toujours assis derrière ses vitrines, dans l'ombre ou sous la lumière électrique, énorme, blanchâtre, les yeux globuleux, pareil à ces animaux qu'on trouve en soulevant les pierres ou les vieux troncs, et surtout absolument chauve. Les élèves du lycée l'avaient surnommé à cause de cette particularité «patinoire à mouches» et «vélodrome à moustiques», prétendant que ces insectes, lorsqu'ils parcouraient la surface dénudée de ce crâne, manquaient leur virage et ne pouvaient garder leur équilibre. Souvent, le soir, comme une volée d'étourneaux, ils passaient le voir en courant devant le magasin, hurlant les surnoms du malheureux et imitant par «Zz-zz-zz» la glissade supposée des mouches. Le gros marchand les invectivait; une ou deux fois, il avait essayé avec présomption de les poursuivre, mais avait dû y renoncer. Subitement, il se tint coi devant la bordée de cris et de railleries, et pendant plusieurs soirs laissa s'enhardir les enfants, qui finissaient par venir hurler sous son nez. Et tout d'un coup, un soir, des jeunes gens arabes, payés par le marchand, surgirent de derrière les piliers où ils se tenaient cachés et se jetèrent à la poursuite des enfants. Jacques et Pierre, ce soir-là, ne durent qu'à leur vélocité exceptionnelle d'échapper à la correction. Jacques reçut seulement une première gifle derrière la tête puis, revenu de sa surprise, distança son adversaire. Mais deux ou trois de leurs camarades reçurent de sérieuses paires de calottes. Les élèves complotèrent ensuite la mise à sac du magasin et la destruction physique de son propriétaire, mais le fait est qu'ils ne donnèrent aucune suite à leurs sombres projets, qu'ils cessèrent de persécuter leur victime et qu'ils prirent l'habitude de passer benoîtement sur le trottoir d'en face. «On s'est dégonflé, disait Jacques avec amertume. – Après tout, lui répondit Pierre, nous étions dans notre tort. – Nous étions dans notre tort et nous avons peur des coups.» Plus tard, il devait se souvenir de cette histoire quand il comprit (vraiment) que les hommes font semblant de respecter le droit et ne s'inclinent jamais que devant la force.

1 resserré/e eng, schmal **2 le pilier** Pfeiler **4 épais/se** *ici* tief- **5 le couvercle** Deckel (eines Topfes) **5 l'ombre** *f.* Schatten **7 la tranchée** Einkerbung, Schlucht **8 humide** feucht **8 luisant/e** *ici* vor Feuchtigkeit glänzend **9 se succéder** aneinanderreihen **10 le tissu** Stoff **11 la pile** Stapel **12 reluire** glänzen, leuchten **13 le girofle** Gewürznelke **13 l'échoppe** *f.* kleiner Laden **14 ruisselant/e de** triefend vor **16 le percolateur** Kaffeemaschine **16 fuser** *ici* zischen, sprudeln **17 hideux/-euse** hässlich, geschmacklos **17 la verroterie** Glasschmuck **18 la vitrine** Glasschrank, -vitrine **18 encadré/e de** eingerahmt von **19 le tourniquet** *ici* drehbares Gestell **20 mauresque** in maurischem/orientalischem Stil **24 globuleux/-euse** hervorstehend **26 le tronc (d'arbre)** Baumstamm **26 chauve** kahlköpfig **28 la mouche** Fliege **29 le moustique** Mücke **30 dénudé/e** nackt, kahl **30 le crâne** Schädel **31 le virage** Kurve **31 l'équilibre** *m.* Gleichgewicht **32 la volée d'étourneaux** ein Schwarm Stare **34 hurler qc** crier qc **34 le surnom** *ici* Spitzname **35 la glissade** Rutschpartie **36 invectiver qn** jdn beschimpfen **37 la présomption** *ici* Selbstüberschätzung **38 subitement** tout à coup **38 se tenir coi** still bleiben **39 la bordée** *fig.* Schwall von **39 la raillerie** Spott **40 s'enhardir** mutiger werden **42 surgir** auftauchen **45 la vélocité** la rapidité **46 échapper à qn/qc** jdm/etw. entkommen **46 la correction** Strafe **47 la gifle** Ohrfeige **48 revenir de sa surprise** sich fassen, beruhigen **50 la calotte** *fam.* Ohrfeige **51 la mise à sac** Verwüstung; Plünderung **52 donner suite à qc** einen Plan verfolgen, in die Tat umsetzen **53 cesser de faire qc** arrêter de faire qc **54 persécuter qn** jdn verfolgen **55 benoîtement** scheinheilig **56 se dégonfler** *fam.* Bammel kriegen **56 l'amertume** *f.* Bitterkeit **58 le tort** Unrecht **61 faire semblant de** so tun als ob **62 s'incliner devant qn/qc** sich jdm/etw. beugen

1. *Racontez ce qui s'est passé entre Jacques, Pierre et le marchand.*
2. *Commentez la dernière phrase du texte.*

Madické, qui se fait aussi appeler Maldini du nom de son joueur de foot préféré, jeune sénégalais, regarde une retransmission de foot mais la seule télé du village tombe en panne avant les tirs au but. Il se rend alors au centre de téléphone pour appeler sa sœur qui a émigré en France afin qu'elle lui raconte la fin du match.

Madické, lui, se posait d'autres questions en arrivant au télécentre: comment s'était passée la série de tirs au but? Maldini avait-il tiré? En tant que capitaine, c'était presque certain. Il avait peut-être marqué? L'Italie avait peut-être gagné? Et pourquoi pas? Maldini, à lui seul, pouvait mettre l'armée hollandaise en déroute.

– Bonsoir, Maldini, ça va? Tu veux appeler ta sœur? fit la jeune femme en laissant apparaître toute la splendeur de ses dents.

– Bonsoir, Ndogou, répondit Madické en sursautant. Absorbé dans ses pensées, il s'était arrêté machinalement sans saluer.

– Comment vas-tu? Tu n'as pas de dégâts? Relativement à la tornade de tantôt, ajouta-t-il, comme pour se faire pardonner.

Mais cet intérêt qu'il affectait de manifester à Ndogou cachait mal son inquiétude. Sa dernière question n'était qu'une manœuvre détournée, une manière habile de se renseigner sur l'état du téléphone: était-il sorti indemne de la tornade?

Se levant de sa chaise installée au seuil du télécentre, Ndogou, qui avait perçu l'obliquité du propos, annonça gentiment:

– Il y a quelqu'un au téléphone. Dès qu'il aura fini, tu pourras y aller.

Ndogou, considérée comme une intellectuelle du fait de son bref passage au collège, occupe une place importante au village. Elle est responsable de ce qu'on appelle ici le *télécentre:* une petite pièce où le téléphone, que se partagent tous les habitants du quartier, repose sur son autel. Les gens s'y rendent avec leurs bouts de papier, griffonnés de deux ou trois numéros de téléphone, pour appeler leurs correspondants en échange de quelques pièces. Illettrés, pour la plupart, l'aide de la demoiselle leur est souvent nécessaire pour composer un numéro. Mais l'essentiel du travail de Ndogou consiste à arpenter le village de 8 heures à 22 heures, à la recherche d'habitants réclamés au téléphone par des proches au bout du monde.

– Dieu te bénisse, ma fille! lança le vieux qui sortait du télécentre, la barbe plongée dans l'échancrure de son caftan. Je te réglerai bientôt. Mon fils, celui qui est en Italie, m'a promis un mandat.

Les prières des vieilles personnes valent mieux que des billets de banque, dit-on ici. Et si les anges faisaient un peu de comptabilité? En monnaie de prières, combien coûtent un coup de fil, une baguette de pain, un kilo de riz, un litre d'huile, un savon, une paire de chaussures ou une ordonnance dictée par la malaria?

Ndogou acquiesça de la tête, sortit son carnet et rallongea sa longue liste d'impayés. Des carnets comme le sien, il y en a chez tous ceux qui tiennent un commerce au village. L'île regorge de vieillards qui ne peuvent plus ni aller à la pêche ni cultiver leurs champs – autrefois nourriciers, aujourd'hui abandonnés à la forêt –, et de femmes d'émigrés encerclées par une marmaille qui consomme à crédit sur la foi d'un hypothétique mandat.

Madické commençait à trépigner d'impatience.

Ndogou lui adressa un grand sourire, referma son carnet, remit le compteur à zéro et prononça la phrase attendue:

– Vas-y, Maldini, désolée, on ne peut jamais se presser avec ces vieux. Avant, ils attendaient qu'on les appelle, mais maintenant, ils ont pris l'habitude de venir téléphoner alors qu'ils n'ont même pas de quoi ...

Madické n'entendit pas la suite, il avait déjà le combiné à l'oreille.

6 mettre une armée en déroute eine Armee in die Flucht schlagen **9 la splendeur** Pracht **11 sursauter** zusammenzucken **14 le dégât** Schaden **17 affecter** vortäuschen **17 manifester** *ici* montrer **20 habile** geschickt **21 indemne** unversehrt **22 le seuil** l'entrée **23 percevoir qc** comprendre qc **23 l'obliquité** *f. ici* Unaufrichtigkeit **32 l'autel** Altar **33 griffonner qc** écrire qc d'une manière peu lisible **38 arpenter** parcourir à grands pas **42 bénir qn** jdn segnen **43 l'échancrure** *f.* Ausschnitt **44 régler** *ici* payer **45 le mandat** Geldanweisung **47 l'ange** *m.* Engel **48 la comptabilité** Buchhaltung **51 l'ordonnance** *f.* une feuille sur laquelle le médecin écrit les médicaments dont on a besoin **53 acquiescer** accepter **56 regorger de qc** an etw. Überfluss haben **58 nourricier/-ière** *ici* fruchtbar **60 la marmaille** Rasselbande **61 la foi** Glaube **62 trépigner d'impatience** vor Ungeduld von einem Fuß auf den anderen treten

1. *Caractérisez Madické.* → Méthodes, p. 245
2. *Qu'est-ce qu'on apprend sur les habitudes des habitants du village?*
3. *Relevez le rôle que le télécentre tient dans le village.*
4. *Imaginez le dialogue entre Madické et sa sœur.*

Point final

Faire le point
→ Méthodes, p. 261

1. *Faites le point sur ce que vous avez appris dans ce dossier. Notez les points importants et réunissez-les sous forme d'organigramme, d'affiche ou de journal de lecture.*

L'Algérie a fait longtemps partie de la France.

[...]

2. *Travaillez en groupes. Répartissez-vous le travail à partir des mots-clés ci-dessous. Un/e élève dit ce qu'il / elle sait sur son sujet, les autres complètent. Après, c'est le tour d'un/e autre élève avec un autre sujet:*

la guerre d'Algérie · les pieds-noirs · la natalité en Afrique
personnalités africaines · le français au Québec · Montréal · la francophonie

3. *Faites une liste des aspects / thèmes que vous aimeriez approfondir.*
   a *À partir de cette liste, formulez des questions.*

Comment faire pour effectuer un stage ou étudier au Québec?

[...]

   b *Lisez les textes que vous n'avez pas encore lus en classe pour voir si vous y trouvez les informations que vous recherchez.*
   c *Sinon, réfléchissez où vous pourriez trouver des réponses à vos questions.*

Recherche

Les conséquences de la colonisation française

1. *Formez des groupes et choisissez un pays.*
2. *Retracez l'histoire de sa colonisation.*
3. *Recherchez les conséquences de la colonisation française.*
4. *Comparez vos résultats.*

Littérature

Bernard Cosey, Zélie Nord-Sud, Éditions du Lombard 2008
Didier Daeninckx, Cannibale, Gallimard 1999
Assia Djebar, Oran, langue morte, Lgf 1997
Stassen / Lapière, Le bar du vieux Français, Dupuis 1999
Camara Laye, L'enfant noir, Pocket 2000
Monique Proulx, Les aurores montréales, Boreal 1997

Films

Thomas Gilou, Michou d'Auber, France 2007
Moussa Sene Absa, Madame Brouette, Sénégal / France / Canada 2002

Chansons

Ariane Moffat, Montréal, dans: Le cœur dans la tête 2005
Tiken Jah Fakoly, Africain à Paris, dans: L'Africain 2007
Tiken Jah Fakoly, L'Afrique doit du fric, dans: Coup de Gueule 2004

De l'unification à la régionalisation

la Marianne

l'Assemblée nationale

le 14 juillet
à Paris

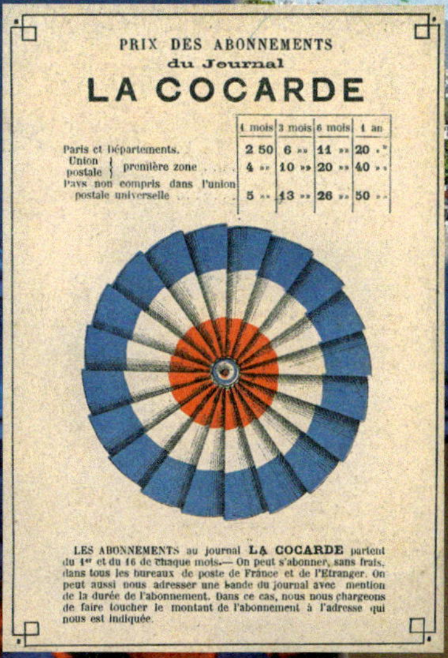

PRIX DES ABONNEMENTS
du Journal
LA COCARDE

	1 mois	3 mois	6 mois	1 an
Paris et Départements.	2 50	6 » »	11 » »	20 » »
Union postale { première zone	4 » »	10 » »	20 » »	40 » »
Pays non compris dans l'union postale universelle	5 » »	13 » »	26 » »	50 » »

LES ABONNEMENTS au journal **LA COCARDE** partent du 1er et du 16 de chaque mois.— On peut s'abonner, sans frais, dans tous les bureaux de poste de France et de l'Etranger. On peut aussi nous adresser une bande du journal avec mention de la durée de l'abonnement. Dans ce cas, nous nous chargeons de faire toucher le montant de l'abonnement à l'adresse qui nous est indiquée.

un maire
qui célèbre
un mariage

Décrivez les documents, nommez les différents symboles et parlez de leur origine.

→ Méthodes, p. 255

Les grandes idées qui ont fait la France (1)

Approches

En France, on ne parle que le français. Vrai ou faux? Justifiez votre réponse.

Objectif lecture

A Exploiter des documents historiques

1. *Regardez la carte ci-dessous et nommez les différentes langues parlées en France au XVIe siècle.*
2. *L'unification linguistique de la France est le résultat d'une volonté politique. Décrivez-en les différentes étapes évoquées dans les documents ci-dessous.*

B Faire des hypothèses à partir de documents historiques

Faites des hypothèses sur la raison pour laquelle la langue d'oïl s'est imposée en France comme base du français moderne.

Vers l'unification linguistique de la France

DOC 1 *Les langues parlées en France au XVIe siècle*

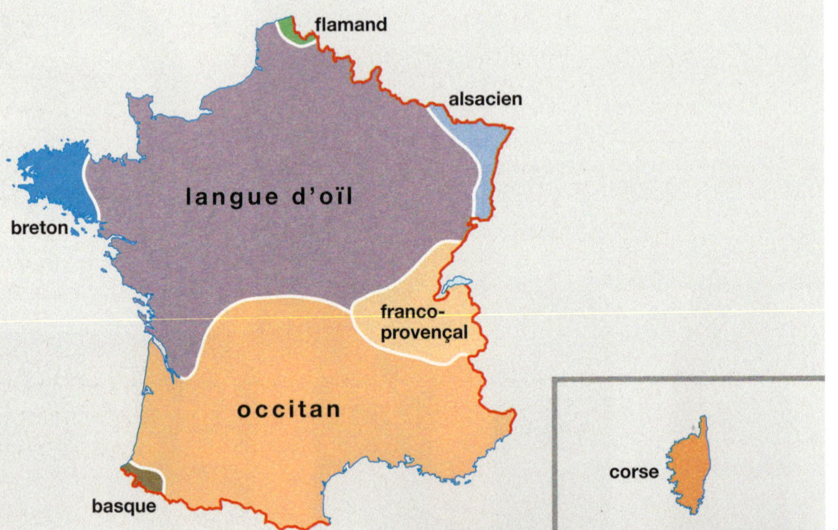

DOC 2 *L'ordonnance de Villers-Cotterêts*

En août 1539, François Ier signe l'ordonnance de Villers-Cotterêts, instaurant ainsi la langue française comme seule langue de juridiction. Ainsi, le latin est abandonné définitivement: «... nous voulons [...] que tous arrêts [...] et autres [...] actes [...] de justice [...] soient prononcés, enregistrés et délivrés [...] en langage maternel françois et non autrement.»

l'ordonnance *f. jur.* Erlass

DOC 3 *L'Académie française*

L'Académie française est fondée en 1635 par le cardinal de Richelieu, sous le règne du roi Louis XIII. Sa mission est de fixer la langue française, de lui donner des règles, de la rendre pure et compréhensible par tous: «La principale fonction de l'Académie sera de travailler [...] à donner des règles certaines à notre langue et à la rendre pure, éloquente et capable de traiter les arts et les sciences.» (Statuts et règlements de l'Académie françoise, 1635; extrait) Elle doit commencer par composer un dictionnaire.
Aujourd'hui, elle agit pour maintenir les qualités de la langue française et en suivre les évolutions nécessaires. Elle en définit le bon usage. Elle le fait en élaborant son dictionnaire qui fixe l'usage de la langue, mais aussi par ses recommandations et par sa participation aux différentes commissions de terminologie.

DOC 4 *Le rapport Grégoire*

En juin 1794, l'Abbé Grégoire, un révolutionnaire, présente son fameux Rapport Grégoire sur l'état de la langue française. Il faut savoir qu'à cette époque, seuls 20 % de la population ont une connaissance active et passive de la langue nationale; 80 % parlent encore des dialectes ou des langues régionales, comme le breton, le provençal, etc. Il s'agit pour lui, d'imposer «dans une République une et indivisible, l'usage unique et invariable de la langue de la liberté.»

DOC 5 *Jules Ferry: Instruisons!*

Vers 1880, Jules Ferry, ministre de la IIIe République instaure différentes lois.
Le 16 juin 1881, l'enseignement primaire public devient gratuit. Le 28 mars 1882, une nouvelle loi prévoit d'autres réformes.

- L'enseignement primaire devient obligatoire. Tous les enfants entre six et treize ans doivent aller à l'école.
- L'enseignement devient laïque. La religion quitte donc l'école. En plus du dimanche, un jour de congé – le jeudi – est prévu pour assurer l'enseignement religieux en dehors des bâtiments scolaires publics. Les instituteurs devront enseigner – en français – l'instruction morale et civique.

Même si les parlers régionaux ne disparaissent pas, le français pénètre ainsi jusque dans les villages les plus isolés.

François Ier 1494–1547, roi de France
Richelieu: Armand-Jean du Plessis de R., cardinal, ministre de Louis XIII, un des plus grands hommes de France, (1585–1642).
Louis XIII roi de France, fils d'Henri IV, père de Louis XIV (1601–1643).

Discussion
→ Méthodes, p. 237

Dans quelle mesure une langue commune est-elle importante pour l'identité d'une communauté (groupe, région, pays ...)? Discutez.

Recherche

Faites des recherches sur le rôle de l'Académie française de nos jours ainsi que sur un de ses membres.

Les grandes idées qui ont fait la France (2)

Approches
→ Méthodes, p. 255

Décrivez d'abord comment le roi est représenté et déterminez ensuite l'effet recherché.

Hyacinthe Rigaud, Le Roi Louis XIV, 1701

Objectif lecture
DVD 13
→ Méthodes, p. 262
→ Méthodes, p. 236
DVD 13
→ Méthodes, p. 236

A Comprendre la mise en scène d'un moment historique décisif

1. *Prenez des notes: Comment Louis XIV définit-il le pouvoir absolu?*
2. *Décrivez la réaction de la cour et de la mère de Louis (leurs gestes, leurs mimiques).*

B Interpréter une citation historique à l'aide d'un document audiovisuel
Regardez l'extrait et expliquez la citation: «L'État, c'est moi.» (Louis XIV)

L'extrait suivant montre la cour royale à Paris (au Louvre) en 1661. Le cardinal Mazarin, Premier ministre à la tête du gouvernement depuis 1642, vient de mourir.

Recherche

Au choix
Faites des recherches supplémentaires sur Louis XIV dans un domaine de votre choix et présentez vos résultats en classe.

un lieu de résidence sa biographie
ses guerres la vie à la cour [...]

Pour aller plus loin
→ Méthodes, p. 254

Commentez ces chiffres et mettez-les en relation avec ce que vous avez déjà appris sur Louis XIV.

Les finances de la monarchie sous Louis XIV (en livres)

année	revenus	dépenses	déficit
1670	70 483 834	77 307 798	6 823 964
1690	106 642 985	149 319 381	42 676 396
1710	36 432 745	225 847 281	189 414 536

D'après: Alain Guéry, Les finances de la monarchie française sous l'ancien régime, dans: Économies – Sociétés – Civilisations, Arman-Colin, 1978

Les grandes idées qui ont fait la France (3)

Approches

Décrivez la société et la répartition du pouvoir dans l'État absolu.

L'État absolu

Dieu
↓
le roi
(de droit divin)
↓
pouvoir absolu
(législatif, exécutif, judiciaire)
↓
les trois ordres:

le clergé – **la noblesse**
ne payent pas d'impôts et ont droit à d'autres privilèges refusés au tiers état.

le tiers état
- *riches bourgeois,*
- *artisans, paysans, mendiants …*

Objectif lecture

→ Méthodes, p. 243

A Dégager les idées centrales de sources historiques

Relevez les mots ou phrases-clés dans les trois textes et notez-les. Utilisez vos notes pour résumer les idées centrales de chaque document.

B Mettre en relation des sources historiques

Montrez en quoi les idées propagées par Montesquieu et Rousseau se retrouvent dans la Déclaration des droits de l'homme.

Montesquieu: De l'Esprit des Lois (1748)

Il est vrai que dans les démocraties le peuple paraît faire ce qu'il veut; mais la liberté politique ne consiste point à faire tout ce que l'on veut. […] La liberté est le droit de faire tout ce que les lois permettent […]. La liberté politique ne se trouve que dans les gouvernements modérés. Mais elle […] n'y est que lorsqu'on n'abuse pas du pouvoir; mais c'est une expérience éternelle que tout homme qui a du pouvoir est porté à en abuser; il va jusqu'à ce qu'il trouve des limites. […] Pour qu'on ne puisse abuser du pouvoir, il faut que, par la disposition des choses, le pouvoir arrête le pouvoir.

3 ne … point ne … pas **8 abuser de qc** exagérer l'usage de qc **11 être porté/e à faire qc** avoir tendance à faire qc, être naturellement poussé/e à faire qc

Rousseau: Du Contrat social (1762)

L'homme est né libre, et partout il est dans les fers. […] Tant qu'un peuple est contraint d'obéir et qu'il obéit, il fait bien; sitôt qu'il peut secouer le joug, et qu'il le secoue, il fait encore mieux. […] Renoncer à sa liberté, c'est renoncer à sa qualité d'homme, aux droits de l'humanité, même à ses devoirs. […] Une telle renonciation est incompatible avec la nature de l'homme; et c'est ôter toute moralité à ses actions que d'ôter toute liberté à sa volonté. […]

Jean-Jacques Rousseau, Du Contrat social. Livre I 1762

2 les fers *m. pl.* Eisen *ici* Fessel **3 obéir** gehorchen **4 le joug** Joch **5 renoncer à qc** auf etw. verzichten **10 ôter qc** enlever qc

La Déclaration des droits de l'homme et du citoyen (26 août 1789)

Les représentants du peuple français, constitués en Assemblée nationale, considérant que l'ignorance, l'oubli ou le mépris des droits de l'homme sont les seules causes des malheurs publics et de la corruption des gouvernements, ont résolu d'exposer dans une Déclaration [...] les droits suivants de l'homme et du citoyen:

Article premier.

Les hommes naissent et demeurent libres et égaux en droits. Les distinctions sociales ne peuvent être fondées que sur l'utilité commune.

Art. II.

Le but de toute association politique est la conservation des droits naturels et imprescriptibles de l'homme: ces droits sont la liberté, la propriété, la sûreté et la résistance à l'oppression.

Art. IV.

La liberté consiste à pouvoir faire tout ce qui ne nuit pas à autrui. Ainsi l'exercice des droits naturels de chaque homme n'a de bornes que celles qui assurent aux autres membres de la société la jouissance de ces mêmes droits. Ces bornes ne peuvent être déterminées que par la loi.

Art. VI.

La loi est l'expression de la volonté générale. Tous les citoyens ont le droit de concourir personnellement, ou par leurs représentants, à sa formation. Elle doit être la même pour tous, soit qu'elle protège, soit qu'elle punisse. Tous les citoyens, étant égaux à ses yeux, sont également admissibles à toutes dignités, places et emplois publics, selon leur capacité et sans autres distinctions que celles de leurs vertus et de leurs talents.

Art. XI.

La libre communication des pensées et des opinions est un des droits les plus précieux de l'homme: tout citoyen peut donc parler, écrire, imprimer librement, sauf à répondre de l'abus de cette liberté dans les cas déterminés par la loi.

3 le mépris l'absence de respect envers qn ou qc **10 demeurer** rester **16 imprescriptible** ce à quoi on ne peut pas toucher, ce qu'on ne peut pas enlever à qn **22 nuire à qn** faire du mal ou du tort à qn **24 la borne** la limite **34 punir qn** jdn bestrafen **39 la vertu** *ici* la qualité

Commentaire

→ Méthodes, p. 240/244

Au choix

Commentez une de ces citations. Donnez des exemples.

1. C'est une expérience éternelle que tout homme qui a du pouvoir est porté à en abuser. (Montesquieu, ligne 9–11)
2. La liberté consiste à pouvoir faire tout ce qui ne nuit pas à autrui. (Déclaration des droits de l'homme, ligne 21–22)

Pour aller plus loin – Médiation

→ Méthodes, p. 240

Retracez les grandes lignes de ces deux biographies pour une personne qui ne comprend pas le français.

Montesquieu (1689–1755)

Charles de Secondat, baron de La Brède et de Montesquieu est un penseur politique, philosophe et écrivain français des Lumières. Né à Bordeaux en 1689, dans une famille de parlementaires, il fait des études de droit à Bordeaux puis à Paris, où il fréquente la société savante et intellectuelle. En 1714, il revient s'installer à Bordeaux où il devient conseiller au parlement. Quand son père meurt, il hérite du domaine de la Brède et de ses vignobles.

À côté de son travail de conseiller, il se passionne pour les sciences, et, comme membre de l'Académie des sciences de Bordeaux, il rédige de nombreux traités de physique, de médecine, mais également de politique et de philosophie. En 1721, il publie son premier chef-d'œuvre, *Les lettres persanes*. Ce roman par lettres raconte le voyage à Paris de deux Persans, Usbek et Rica. Leur séjour est pour eux l'occasion d'observer la société et le mode de vie des

2 les Lumières Aufklärung **7 le vignoble** Weingut **10 le traité** *ici* Traktat

Français, leurs coutumes, leurs traditions religieuses ou politiques, et de les décrire dans des lettres qu'ils envoient en Perse. Parallèlement, Usbek et Rica reçoivent des nouvelles de Perse, qui racontent au lecteur comment on vit dans ce pays. Ce livre, qui critique la société française de son époque et en particulier le despotisme et l'absolutisme, connaît un grand succès et ouvre à Montesquieu la porte des grands salons parisiens.
Parallèlement, Montesquieu se rend en Autriche, en Hongrie, en Italie, en Allemagne, en Hollande et en Angleterre, où il reste près de deux ans. Ces voyages lui permettent d'observer avec beaucoup de précision la géographie, l'économie, les mœurs et les coutumes politiques de différents pays européens. C'est pendant cette période qu'il commence à réfléchir à son livre *De l'Esprit des lois* dans lequel il compare et explique les différents systèmes politiques qu'il connaît et présente celui qui lui semble le meilleur: la monarchie constitutionnelle dans laquelle le pouvoir législatif, exécutif et judiciaire sont séparés. À sa parution en 1748, son livre est vivement attaqué par l'Église à cause de sa critique de la religion. Mais il devient un livre majeur de philosophie politique qui servira de base à toutes les constitutions démocratiques ultérieures.
Montesquieu meurt en 1755.

21 les mœurs *pl.* Sitten

Rousseau (1712–1794)

Né à Genève en juin 1712, Jean-Jacques Rousseau perd sa mère quelques jours après sa naissance. Vers l'âge de douze ans, il commence un apprentissage de graveur mais, malheureux chez son maître, il prend la fuite au bout de quelques années. Rousseau est recueilli par Mme de Warens, une jeune dame très croyante qui devient sa protectrice et le convertit au catholicisme avant de devenir son amante. Leur relation dure jusqu'en 1737.
En 1742, Jean-Jacques Rousseau se rend à Paris pour y gagner sa vie comme maître de musique, copiste et secrétaire particulier. Il y rencontre Diderot et d'Alembert, les philosophes qui ont entrepris d'écrire l'Encyclopédie. Ils veulent rassembler toutes les connaissances que possède l'humanité afin de pouvoir critiquer la religion. Rousseau participe à leur projet en écrivant plusieurs articles sur la musique. À Paris, il rencontre aussi Voltaire avec qui il se disputera plus tard.
En 1749 il rédige son *Discours sur les sciences et les arts* dans lequel il affirme que les «progrès» de la civilisation éloignent l'Homme de sa vraie nature. Publié en 1750, cette première œuvre provoque immédiatement des réactions diverses et, en six mois, son auteur se trouve au centre de tous les cercles intellectuels et mondains.
Rousseau compose alors coup sur coup ses grandes œuvres: le *Discours sur l'origine et les fondements de l'inégalité parmi les hommes* (1755), la *Lettre à d'Alembert sur les spectacles* (1758), *Julie* ou *la Nouvelle Héloïse* (1761) et surtout *Du Contrat social* (1762) dans lequel Rousseau expose avec clarté et force que la seule forme de pouvoir politique légitime est le pouvoir qui trouve son fondement dans la volonté du peuple. Ce livre est souvent considéré comme le principal inspirateur des idées de la Révolution Française.
La même année que le *Contrat social,* Rousseau publie aussi *Émile* ou *De l'éducation* (1762) qui est condamné par le parlement de Paris. Pour échapper à son arrestation, Rousseau fuit d'un endroit à l'autre pendant huit années. En 1770, il revient se fixer à Paris et s'engage à ne plus rien publier de son vivant. *Les Confessions* et *Les Rêveries du promeneur solitaire* ne paraîtront qu'après sa mort. Ses cendres ont été transférées au *Panthéon* par la Convention en 1794.

3 le graveur Kupferstecher

Recherche

Recherchez les trois premiers articles de la Constitution allemande et comparez-les à ceux de la Déclaration des droits de l'homme.

Les grandes idées qui ont fait la France (4)

Objectif lecture

→ Méthodes, p. 235
→ Méthodes, p. 260

Exploiter une page d'histoire de France

1. *Lisez cette page tirée d'un manuel d'histoire de France, répondez aux questions formulées dans le document 1. Vous pouvez utiliser un dictionnaire.*
2. *Justifiez le titre de cette page en donnant des exemples.*

Bonaparte, maître de la France (1799–1804)

A Après son coup d'État, Napoléon Bonaparte fait rédiger une **nouvelle Constitution** qui donne à un **Premier consul**, c'est à dire à lui-même, le pouvoir exécutif et le contrôle des assemblées legislatives. Deux ans plus tard, en 1802, il se fait nommer **Consul à vie** en organisant un *plébiscite*.

B Bonaparte étend son autorité sur tout le pays. Il nomme des *préfets* à la tête des départements pour représenter l'État. Il désigne les maires des grandes villes et les juges tandis que les préfets nomment les maires des petites villes. C'est la **centralisation.** Pour former des fonctionnaires compétents et soumis, il crée les premiers **lycées d'État.** (doc.1)

C Napoléon fait entreprendre de grands travaux pour améliorer les routes et les canaux. Le *livret ouvrier* permet à l'État et aux patrons de surveiller les ouvriers. Pour récompenser les meilleurs serviteurs de l'État, il instaure la *légion d'honneur.*

DOC 1 *Les premiers lycées d'État*

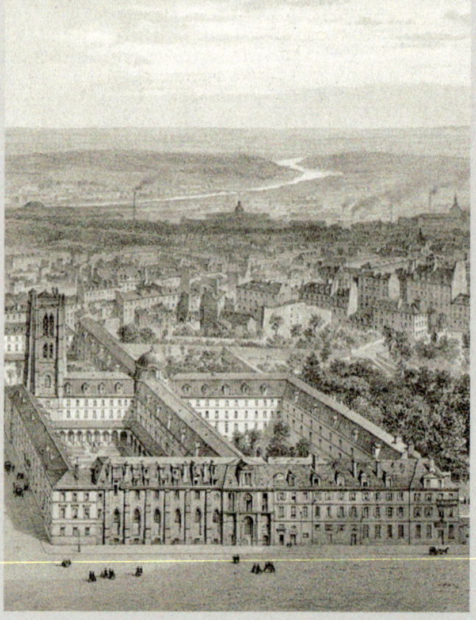

Chaque lycée, limité au chiffre de deux cents élèves en moyenne, n'a que six professeurs: trois pour les lettres françaises et latines, trois pour les mathématiques. Passé douze ans, les élèves apprennent l'exercice militaire sous la direction d'un adjutant qui commande tous les mouvements effectués dans la journée. Les élèves sont divisés en compagnies de vingt-cinq. Chaque lycée a une bibliothèque de quinze cents volumes. Le catalogue de ces bibliothèques est identique partout; aucun livre nouveau n'est introduit sans l'autorisation spéciale du ministre de l'Intérieur.

– *Qu'apprend-on au lycée?*
– *Qui contrôle les lectures des élèves et pourquoi?*

VOCABULAIRE

un plébiscite: un vote du peuple sur une question posée par le gouvernement.
un préfet: le représentant de l'État dans le département.
livret ouvrier: un carnet que doit avoir chaque ouvrier et sur lequel il doit faire inscrire les lieux et les dates d'embauche.
légion d'honneur: une décoration donnée par l'État en récompense d'un service rendu.

Les institutions en France (1)

Approches

Retracez le rôle des institutions de la République française à l'aide du schéma.
Exemple: Le président de la République nomme le Premier ministre.
Le Premier ministre [...]

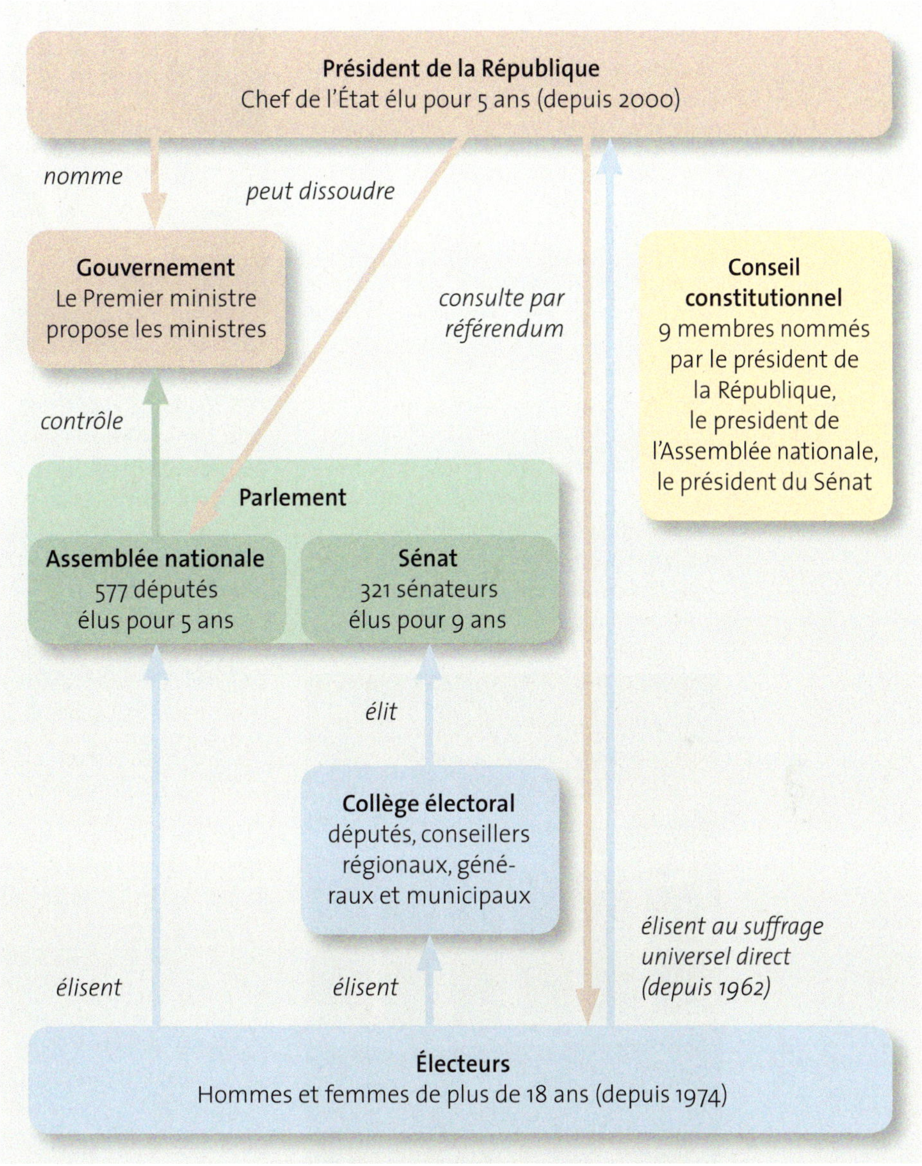

Objectif lecture

→ Méthodes, p. 260

Comprendre un texte à l'aide d'un dictionnaire

1. *Cherchez les informations dans le texte sur*
   a *la façon dont les députés sont élus,*
   b *le(s) lieu(x) de travail d'un député,*
   c *les devoirs d'un député*
   et notez-les. Vous pouvez utiliser un dictionnaire ou une encyclopédie.
2. *Décrivez le rôle de l'Assemblée nationale en vous basant sur les informations données dans le texte.*

À quoi sert un député?

Un député, c'est quoi? Les départements français sont découpés en plusieurs circonscriptions (de 2 à 24) selon l'importance de la population. Il y en a 577: 555 représentant la métropole et 22 l'outremer. Chacune est représentée par un député. Mais une fois élu, il agit au nom de l'intérêt général et non pour ses seuls électeurs.

Comment est-il élu? Pour être élu au premier tour, il faut obtenir la majorité absolue (plus de 50% des voix). Si aucun candidat n'y parvient, il y a un second tour, auquel peuvent participer ceux qui ont obtenu au moins 12,5% des voix au premier tour. [...]

Où travaille-t-il? Une fois élu, le député s'installe à l'Assemblée nationale, à Paris, un lieu que l'on appelle aussi le Palais-Bourbon. Il siège dans l'hémicycle avec les autres députés de son groupe politique. Il dispose aussi d'un bureau.

Les députés sont-ils tous égaux? Non. L'Assemblée nationale est une institution très hiérarchisée. Il y a un patron, le président de l'Assemblée nationale. Élu par les députés en début de législature, il dirige les débats du haut de son perchoir, le siège le plus haut placé de l'hémicycle. Une trentaine d'élus ont également un statut à part: les vice-présidents, qui remplacent le président; les questeurs, qui gèrent le budget de l'Assemblée nationale; les présidents des groupes politiques; les présidents de commissions.

Que font-ils? D'octobre à juin, pendant toute la durée de la session ordinaire, ils examinent les projets de loi (qui viennent du gouvernement) et les propositions de loi (faites par les députés). Ils peuvent aussi se réunir en session extraordinaire. [...] Chaque texte est examiné en commission, puis en séance dans l'hémicycle, article par article. Pour être voté, un texte doit recueillir une majorité de voix. Ensuite, il est transmis au Sénat, l'autre chambre qui compose le Parlement.
Les députés participent à des commissions d'enquête. Ils contrôlent l'action du gouvernement, notamment en posant des questions par oral, ou par écrit, le mardi et le mercredi. Il y en a eu 128 268 entre 2002 et 2007!

Objectif langage
→ Méthodes, p. 258

1. *Retrouvez les mots et expressions correspondants dans le texte.*

ein(e) Abgeordnete(r)	der Gesetzentwurf	die Untersuchungskommission
sich zu einer außerplanmäßigen Sitzung zusammenfinden		

2. *Trouvez les équivalents de ces mots et expressions en allemand.*

la métropole	l'outre-mer	le second tour
obtenir la majorité absolue	être élu au premier tour	

3. *Trouvez les équivalents en Allemagne.*

l'Assemblée nationale	la circonscription	le Palais-Bourbon

Médiation
→ Méthodes, p. 240

Expliquez à un ami français la structure et le contenu du site du Deutscher Bundestag, en vous servant des mots et expressions trouvés sous l'«Objectif langage». Il y a aussi des mots qui n'ont pas d'équivalent français: lesquels?

Recherche

1. *Un député allemand, c'est quoi? Répondez aux questions de l'Objectif lecture.*
2. *Comparez les rôles du président de la République française et de son Premier ministre à ceux du/de la Bundespräsident/in et du/de la Bundeskanzler/in.*

durée du mandat	mode d'élection	représentation	droit de grâce
politique intérieure / extérieure	possibilité de déclencher une guerre atomique		

Les institutions en France (2)

Approches
→ Méthodes, p. 255

Décrivez cette caricature et commentez-la. Dites quel est son message.

Objectif lecture
→ Méthodes, p. 235

1. *D'après Jean-Luc Parodi, quel était le thème du débat politique autrefois? Et aujourd'hui?*
2. *Quels sont, d'après Jean-Luc Parodi, les avantages et les inconvénients de l'axe gauche-droite, aujourd'hui?*

«L'axe gauche-droite – Interview»

Phosphore: Pourquoi utiliser encore la division droite-gauche, qui date de la Révolution, pour comprendre la politique?

Jean-Luc Parodi: Pour beaucoup, la politique est un monde opaque, lointain. Comme dans une forêt, on a besoin d'une carte pour situer les hommes, les idées, et donc se situer soi-même. L'axe gauche-droite joue ce rôle.

Phosphore: Cette carte n'est-elle pas dépassée pour comprendre le monde d'aujourd'hui?

Jean-Luc Parodi: C'est un peu vrai. Pendant longtemps, le débat portait sur les libertés et l'égalité. Depuis quelques décennies, trois nouvelles questions se sont imposées: l'environnement, la mondialisation, l'Europe. Elles s'insèrent mal dans le clivage gauche-droite: on trouve des écologistes à gauche, chez les Verts, et quelques-uns à droite; on trouve des souverainistes (défenseurs de la souveraineté nationale, ndlr) à droite, aux côtés de Philippe de Villiers, tout comme à gauche, avec Jean-Pierre Chevènement; quant à l'Europe, elle a déchiré plusieurs partis. Mais on n'a pas encore trouvé mieux que l'axe droite-gauche comme grille de lecture générale.

5 opaque *contraire de* transparent; incompréhensible **18 s'insérer dans qc** sich in etw. einfügen **19 le clivage** *ici* l'opposition **28 la grille de lecture** *ici* Interpretationsschema

Pour aller plus loin

1. *Replacez les différents partis politiques présentés ci-dessous sur l'axe gauche-droite.*
2. *Trouvez les présidents actuels de ces différents partis.*

LES PARTIS EN FRANCE: LE JEU DES SEPT FAMILLES

L'UDF (l'Union pour la démocratie française) reste le dernier parti de la droite libérale (attachée aux libertés individuelles). Ce parti, fondé en 1978, défend un Parlement fort, capable de contrer «l'exercice solitaire du pouvoir» par le président tel que le prévoit notre Constitution. Il se méfie de toute concentration des pouvoirs. Depuis 2007 il s'est scindé en deux: le MoDem (le Mouvement démocrate) et le Nouveau Centre.
www.mouvementdemocrate.fr
www.le-nouveaucentre.fr

Le NPA (Nouveau parti anticapitaliste) rêve de révolution prolétarienne et accuse la droite d'exploiter les travailleurs, et les socialistes d'être leurs complices.
www.npa2009.org

Le Parti socialiste (PS), c'est le parti «attrape-tout» de la gauche. On y trouve toutes les nuances de la social-démocratie, avec une aile droite plus libérale et une aile gauche plus interventionniste. Le chef du parti doit trouver un équilibre entre ces courants.
www.parti-socialiste.fr

L'Union pour un mouvement populaire (UMP), c'est le parti «attrape-tout» de la droite. Depuis sa création en 2002, l'UMP reste dominée par l'ex-RPR, parti gaulliste (qui se réclame des idées du général de Gaulle : indépendance de la France, primauté de la Présidence sur le Parlement). L'UMP rassemble des partisans du libéralisme et les interventionnistes.
www.u-m-p.org

Le Front national (FN) séduit les nostalgiques d'un nationalisme extrême grâce à ses arguments simplistes, comme le renvoi des immigrés pour donner leur travail aux chômeurs français. Les ouvriers, électorat traditionnel du PCF, votent désormais plus pour le FN quand ils veulent protester contre le pouvoir en place.
www.frontnational.com

Les écologistes, une fois organisés en parti, avaient besoin d'un allié en vue des élections. Après des années de débats, les Verts, qui lient défense de l'environnement et progrès social, se sont alliés aux socialistes. Au sein de la «gauche plurielle», ils ont défendu la réduction du temps de travail et la parité hommes-femmes.
lesverts.fr

Le PCF (Parti communiste français) a été l'un des derniers d'Europe occidentale à renoncer à la «dictature du prolétariat», en 1976, après avoir participé au pouvoir dans les années 80. Cette expérience lui a fait perdre une partie du vote populaire et protestataire. Le parti hésite aujourd'hui entre participer à un éventuel gouvernement de gauche et le critiquer du dehors.
www.pcf.fr

D'après: Phosphore n° 297, Bayard Presse, mars 2006

se scinder en deux sich aufteilen, sich spalten **l'aile** *f.* Flügel **interventionniste** *etwa* Befürworter einer starken Rolle des Staates **contrer qc** lutter contre qc, s'attaquer à qc **se réclamer de qc** sich berufen auf etw., sich etw. auf die Fahnen schreiben **la primauté** Vorrang **le/la nostalgique de qc** *etwa* Anhänger einer (alten) Idee

Paris – province (1)

Approches

Lesquels de ces clichés vous semblent-ils s'appliquer à la province, lesquels à Paris? Discutez.

- La mode y joue un rôle plus important.
- Les gens y sont mieux habillés.
- Il y a plus de gens célèbres qui y vivent.
- On a du mal à y rencontrer des gens très cultivés.
- On y vit à l'écart des grandes idées.
- Là, tout brille.
- La vie y est moins chère.
- C'est le centre de la vie politique.
- Les gens s'y observent beaucoup.

Objectif lecture

→ Méthodes, p. 235

A Comprendre et analyser un extrait de roman du XIXᵉ siècle

1. *Résumez les arguments que Louise utilise pour convaincre Lucien d'aller à Paris.*
2. *Comment Lucien réagit-il? Est-il convaincu? Justifiez votre réponse à l'aide du texte.*

→ Méthodes, p. 235

B Extraire des informations précises d'un extrait de roman du XIXᵉ siècle

1. *Cherchez, dans le texte, les mots et phrases-clés qui se rapportent à la province et à Paris et classez-les par thèmes.*
2. *Relisez le dernier paragraphe et expliquez les images qui décrivent la vision que Lucien a de sa vie de province et de son arrivée à Paris.*

Dans son roman «Les Illusions perdues» (1843), Honoré de Balzac raconte l'histoire de Lucien de Rubempré, un poète pauvre. Il vit à Angoulême, une petite ville de province (Poitou-Charentes), rêve de faire fortune et de devenir célèbre. Dans l'extrait suivant, sa maîtresse, Louise de Bargeton, l'invite à la suivre à Paris.

[...] Entre Mansle et Ruffec, je vous prendrai dans ma voiture, et nous serons bientôt à Paris. Là, cher, est la vie de gens supérieurs. On ne se trouve à l'aise qu'avec ses pairs, partout ailleurs on souffre. D'ailleurs Paris, capitale du monde intellectuel, est le théâtre de vos succès! Franchissez promptement l'espace qui vous en sépare! Ne laissez pas vos idées se rancir en province, communiquez promptement avec les grands hommes qui représenteront le XIXᵉ siècle. Rapprochez-vous de la cour et du pouvoir. [...] Nommez-moi d'ailleurs les belles œuvres exécutées en province! [...] Je vous ferai recevoir chez Mme d'Espard; personne n'a facilement l'entrée de son salon, où vous trouve-

3 cher *ici* mon cher **4 un pair** *ici* personne du même rang social ou intellectuel **5 souffrir** leiden **7 franchir (une distance)** traverser, parcourir **7 promptement** rapidement **9 se rancir** ranzig werden **12 la cour** (königlicher) Hof **13 une œuvre** *ici* une œuvre d'art ou littéraire

rez tous les grands personnages, les ministres, les ambassadeurs, [...] des gens riches ou célèbres. Il faudrait être bien maladroit pour ne pas exciter leur intérêt, quand on est beau, jeune et plein de génie. [...]. Ainsi prenez la bonne route et venez là où vont tous les hommes de génie. [...]
Lucien [...], en entendant ces séduisantes paroles, crut n'avoir jusqu'alors joui que de la moitié de son cerveau; il lui sembla que l'autre moitié se découvrait, tant ses idées s'agrandirent: il se vit, dans Angoulême, comme une grenouille sous sa pierre au fond d'un marécage. Paris et ses splendeurs, Paris, qui se produit dans toutes les imaginations de province comme un Eldorado, lui apparut avec sa robe d'or, la tête ceinte de pierreries royales, les bras ouverts aux talents. [...] Là tout souriait au génie.

18 l'ambassadeur *m.* Botschafter **19 maladroit/e** ungeschickt **24 séduisant/e** verführerisch **25 jouir de qc** *ici* utiliser qc **26 le cerveau** Gehirn **29 la grenouille** Frosch **30 le marécage** Sumpf **33 ceindre qc** se trouver autour de qc

Objectif langage

L'impératif

1. *Relevez dans le texte toutes les formes de l'impératif et trouvez leur infinitif.*
2. *Vous voulez inviter des gens à venir dans votre ville / votre région. Formulez des slogans pour les convaincre en utilisant l'impératif.*
   Exemple: Venez en Bavière!

Activité créative

→ Méthodes, p. 245

Au choix

1. *Comment Lucien de Rubempré va-t-il réagir? Imaginez la réponse qu'il donne à Louise de Bargeton.*
2. *Transposez cette histoire à notre époque et réécrivez-la.*

Médiation

→ Méthodes, p. 240

1. *Votre professeur de français vous a demandé de chercher des exemples littéraires décrivant la vie à Paris. Retracez en français ce que l'auteur en dit dans l'extrait suivant.*
2. *Comparez l'image que ce texte donne de Paris avec celle évoquée dans le texte de Balzac.*

Zu der Zeit, von der wir reden, herrschte in den Städten ein für uns moderne Menschen kaum vorstellbarer Gestank. [...]
Und natürlich war in Paris der Gestank am größten, denn Paris war die größte Stadt Frankreichs. Und innerhalb von Paris wiederum gab es einen Ort, an dem der Gestank ganz besonders infernalisch herrschte, zwischen der Rue aux Fers und der Rue de la Ferronnerie, nämlich den Cimetière des Innocents. Achthundert Jahre lang hatte man hier die Toten des Krankenhauses Hôtel-Dieu und der umliegenden Pfarrgemeinden verbracht, achthundert Jahre lang Tag für Tag die Kadaver zu Dutzenden herbeigekarrt und in lange Gräben geschüttet, achthundert Jahre lang in den Grüften und Beinhäusern Knöchelchen auf Knöchelchen geschichtet.

Und erst später, am Vorabend der Französischen Revolution, nachdem einige der Leichengräben gefährlich eingestürzt waren und der Gestank des überquellenden Friedhofs die Anwohner nicht mehr zu bloßen Protesten, sondern zu wahren Aufständen trieb, wurde er endlich geschlossen und aufgelassen, wurden die Millionen Knochen und Schädel in die Katakomben von Montmartre geschaufelt, und man errichtete an seiner Stelle einen Marktplatz für Viktualien.

Paris – province (2)

Approches

Décrivez les photos ci-dessous. Quels aspects de Paris évoquent-elles?

Objectif lecture

→ Méthodes, p. 252

CD 21

A Écoute/Lecture sélective d'une chanson

1. *Écoutez la chanson sans lire le texte et dites quelle atmosphère s'en dégage.*
2. *Écoutez la chanson encore une fois en lisant le texte et identifiez les lieux et les gens dont on parle. Puis racontez ce que le chanteur en dit.*
3. *Quelle image de Paris cette chanson donne-t-elle?*

→ Méthodes, p. 252

B Analyser un aspect central d'une chanson

1. *À cinq heures, deux mondes se croisent. Expliquez.*
2. *À quel monde le chanteur appartient-il? Justifiez votre réponse.*

Il est cinq heures, Paris s'éveille

Je suis le dauphin de la place Dauphine
Et la place Blanche a mauvaise mine
Les camions sont pleins de lait
Les balayeurs sont pleins de balais

Il est cinq heures
Paris s'éveille
Paris s'éveille

Les travestis vont se raser
Les stripteaseuses sont rhabillées
Les traversins sont écrasés
Les amoureux sont fatigués

Il est cinq heures
Paris s'éveille
Paris s'éveille

Le café est dans les tasses
Les cafés nettoient leurs glaces
Et sur le boulevard Montparnasse
La gare n'est plus qu'une carcasse

Il est cinq heures
Paris s'éveille
Paris s'éveille

Les banlieusards sont dans les gares
À la Villette on tranche le lard
Paris by night regagne les cars
Les boulangers font des bâtards

Il est cinq heures
Paris s'éveille
Paris s'éveille

1 le dauphin *ici* le monument de Louis XVI, place Dauphine **4 le balayeur** Straßenfeger **10 le traversin** längliches Kopfkissen **18 la carcasse** le squelette **22 le banlieusard** habitant de la banlieue **23 trancher qc** couper qc **23 le lard** Speck **25 le bâtard** *jeu de mots* sorte de pain, mais aussi enfant non reconnu par le père

La tour Eiffel a froid aux pieds
L'Arc de triomphe est ranimé
Et l'obélisque est bien dressé
Entre la nuit et la journée

Il est cinq heures
Paris s'éveille
Paris s'éveille

Les journaux sont imprimés
Les ouvriers sont déprimés
Les gens se lèvent, ils sont brimés
C'est l'heure où je vais me coucher

Il est cinq heures
Paris se lève
Il est cinq heures
Je n'ai pas sommeil

Jaques Dutronc: Il est cinq heures, Paris s'éveille; paroles: Jacques Lanzmann, Anne France Yvonne Segalen

38 brimé/e schikaniert

Écouter
CD 22
→ Méthodes, p. 252

29 ans plus tard, le fils de Jacques Dutronc, Thomas, compose, à son tour, une chanson sur Paris. Écoutez-la.

1. Exposez l'opinion qu'il a de Paris. Justifiez votre réponse à l'aide de trois exemples au moins.
2. Comparez sa vision de Paris à celle évoquée par son père dans l'autre chanson.

J'aime plus Paris

Je fais le plein d'essence,
Je pense aux vacances,
Je fais la gueule,
Et je suis pas le seul

Le ciel est gris,
Les gens aigris
Je suis pressé
Je suis stressé

J'aime plus Paris
On court partout ça m'ennuie
Je vois trop de gens,
Je me fous de leur vie
J'ai pas le temps,
Je suis si bien dans mon lit

Prépare une arche,
Delanoë
Tu vois bien,
Qu'on veut se barrer
Même plaqué or, Paris est mort
Il est 5 heures, Paris s'endort.
[...]

Thomas Dutronc, J'aime plus Paris, texte: Thomas Dutronc

3 faire la gueule *fam.* sauer sein **6 aigri/e** misslaunig **12 je me fous de** *fam.* je me moque de **15 l'arche** *f.* bateau fermé (l'Arche de Noé) **16 Delanoë, Bertrand** a été nommé maire de Paris le 18 mars 2001 **18 se barrer** *fam.* partir, s'enfuir **19 plaqué/e or** recouvert/e d'or **étouffer** ersticken **le pouf** une sorte de gros coussin sur lequel on s'assoit **John** *ici* John Lennon **le titi** nom donné autrefois aux jeunes Parisiens d'origine modeste **le périph** *fam.* le boulevard périphérique **le pauvre hère** *fam.* armer Teufel **le paria** Ausgestoßener **le RER** le **R**éseau **E**xpress **R**égional: Pariser Untergrund-Schnellbahnsystem **le minet** *fam.* Lackaffe **la cloche** Glocke **Michel Audiard** réalisateur (de films) **le gavroche** Straßenjunge **Hédiard** nom d'une chaîne d'épicerie fine **le pari** Wette

Activité créative
→ Méthodes, p. 245

Choisissez un autre moment de la journée dans un lieu de votre choix et écrivez un texte (poème, histoire ...).

Pour aller plus loin

Comparez la répartition de la population en France et en Allemagne à l'aide des indications ci-dessous.

Le déséquilibre majeur de la France réside dans l'opposition Paris/province: Occupant 2% du territoire, l'Île-de-France concentre 20% de la population et du PNB de la France. Cette domination parisienne résulte du long héritage d'un État centralisateur.
En Allemagne, la population est répartie de façon très diversifiée. La ville de Berlin comptait en janvier 2005 3388000 habitants. Dans les régions industrielles, le long du Rhin et dans la Ruhr, les villes se touchent sans délimitations distinctes. Plus de 29 millions d'habitants y vivent en 2006. En Rhénanie-Westphalie, plus d'un cinquième de la population est réparti sur 10% de la superficie du pays. L'Ouest de l'Allemagne est beaucoup plus peuplé que les cinq nouveaux Länder de l'Est.

Paris – province (3)

Approches

Cherchez, dans la liste ci-dessous, les mots qui sont synonymes et nommez-les. Puis utilisez ces mots dans des phrases d'exemple.

la capitale   la France   la province   la région parisienne   le Francilien   le Parisien   le provincial   les régions   l'habitant de la capitale   l'habitant de l'Île-de-France   l'Hexagone   l'Île-de-France   Paris   l'habitant de la province

Objectif lecture

A Aborder un article de journal à partir de ses chiffres

1. *Relevez les pourcentages et expliquez avec vos propres mots à quoi ils correspondent.*
2. *Expliquez à quoi correspondent les autres chiffres cités.*
3. *Quelle image ces chiffres donnent-ils de la France? Donnez votre opinion.*

→ Méthodes, p. 235

B Faire la synthèse d'un article de journal

Qui quitte Paris pour aller travailler en province? Qui quitte la province pour aller travailler à Paris? Faites un portrait de chacun de ces groupes (âge approximatif, motivation).

EMPLOI · 200 000 Franciliens quittent leur région

L'attrait de la province

Pour 57 % des salariés français, la réussite professionnelle ne passe pas nécessairement par la région parisienne ...

Douceur de vivre et joies provinciales sont bien compatibles avec une vie professionnelle réussie. Selon un sondage réalisé par le site d'offres d'emplois Monster.fr, plus de la moitié des salariés français interrogés (57 %) pensent qu'une vie professionnelle réussie ne passe pas forcément par la région parisienne. Selon l'INSEE, «plus de 200 000 Franciliens quittent ainsi chaque année l'Ile-de-France pour trouver en région un cadre de vie qu'ils n'ont pas en région parisienne. Ces départs sont partiellement compensés par les arrivées de jeunes actifs de 20 à 29 ans – environ 80 000 par an – qui viennent terminer leurs études ou trouver leur premier emploi». Ils sont un peu moins d'un Français sur trois (29,6 %) à ne pas envisager une carrière sans passer par Paris. Avantages supposés: opportunités professionnelles, émulation, possibilité d'évolution dans des grands groupes ... L'augmentation du coût de la vie parisienne avec ses loyers exorbitants ne semble pas les décourager. En revanche, 13,3 % pensent que le fait de vivre à Paris ou en province ne change pas réellement la donne. Il s'agit en fait de véritables globe-trotters pour qui seul compte le départ vers d'autres cieux. [...]

Mais revenons dans l'Hexagone. Nombre de Parisiens ne rêvent-ils pas de retourner vers une vie moins stressante, et de découvrir le soleil de la Méditerranée tout en continuant de travailler, de respirer l'air pur des montagnes, d'investir dans la Ville rose ou, pourquoi pas, de changer d'orientation en tentant l'aventure en Bretagne? Ces Franciliens pourront se rendre au Salon de recrutement Provemploi. Au menu: 20 000 offres d'emplois en région ...

Un salon pour trouver un travail en région ...

[...] L'objectif: mettre en relation candidats d'Île-de-France et entreprises qui recrutent en région. Ainsi, pendant une journée, les candidats franciliens souhaitant poursuivre leur carrière en province pourront rencontrer des entreprises installées en région à la recherche de nouveaux talents. Tous les secteurs et toutes les régions françaises seront représentés.

D'après: France Soir, 10.10.08

2 le/la salarié/e Arbeitnehmer/in **12 l'INSEE** *m.* Institut **N**ational de la **S**tatistique et des **É**tudes **É**conomiques **18 l'actif/-ive** *ici* Berufstätige/r **24 l'émulation** *f.* Wetteifer **29 ne pas changer la donne** *ici* nichts an der Sache verändern **32 les cieux** *m.pl.* pluriel de ciel

Objectif langage

1. *Cherchez les cinq adverbes qui se trouvent dans le texte, p. 172 et donnez chaque fois que c'est possible l'adjectif dont l'adverbe est dérivé.*
2. *Nommez les adverbes dérivés des adjectifs suivants:*

spontané	actif	rapide	agréable	dynamique
étonné	nécessaire	triste	bourgeois	long

3. *Complétez par l'adverbe ou l'adjectif à la forme qui convient.*
Claire a cherché (long) [...] un emploi à Paris avant de se décider à tenter aussi sa chance en province. Pour elle, qui était née dans un quartier (bourgeois) [...] de Paris et qui ne l'avait (pratique) [...] pas quitté, la province était un endroit (nécessaire) [...] (triste) [...] et (monotone) [...]. Elle a donc été très (étonné) [...] lorsqu'elle est arrivée à Strasbourg de découvrir une ville (dynamique) [...] dans laquelle on pouvait vivre beaucoup plus (agréable) [...] qu'à Paris. N'ayant pas obtenu le poste qui l'intéressait, elle s'est mise à chercher (actif) [...] un autre travail dans cette ville et (heureux) [...] elle en a trouvé un (rapide) [...]. Elle vit depuis plusieurs années dans la capitale alsacienne et n'a jamais regretté sa décision (spontané) [...].

Écouter

CD 23

→ Méthodes, p. 236

Écoutez les témoignages de ces personnes qui ont quitté Paris pour s'installer en province. Indiquez ce qui a changé pour eux.

Commentaire

→ Méthodes, p. 240/244

Décrivez et commentez la carte de France, puis mettez-la en rapport avec la carte de l'Allemagne.

Les régions et leur PIB par habitant

Les Länder et leur PIB par habitant

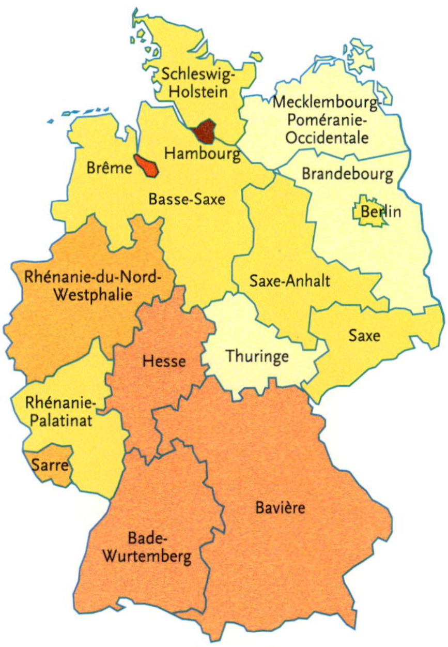

Pour aller plus loin

1. *Lisez le texte ci-dessous et retracez les différentes étapes qui ont mené à la régionalisation en France.*

A Des départements aux régions

- En 1789, les révolutionnaires créent 89 départements pour remplacer les provinces de France jugées contraires à l'homogénéité de la nation et pour mieux contrôler le territoire français. Ceux-ci sont de taille à peu près égale et suffisamment petits pour être gérés facilement par un chef-lieu concentrant les principaux services administratifs.
- Ce découpage est renforcé quelques années plus tard avec la création des postes de préfets de département par Napoléon.
- L'idée régionale apparaît dès la fin du XIXe, puis au milieu du XXe siècle, le regroupement des départements en circonscriptions d'action régionale, premier pas vers la création des régions, se fait dans une logique d'un meilleur contrôle du territoire national. En effet, les préfets à leur tête, représentants de l'État centralisé, sont chargés de surveiller l'application des décisions prises à Paris.

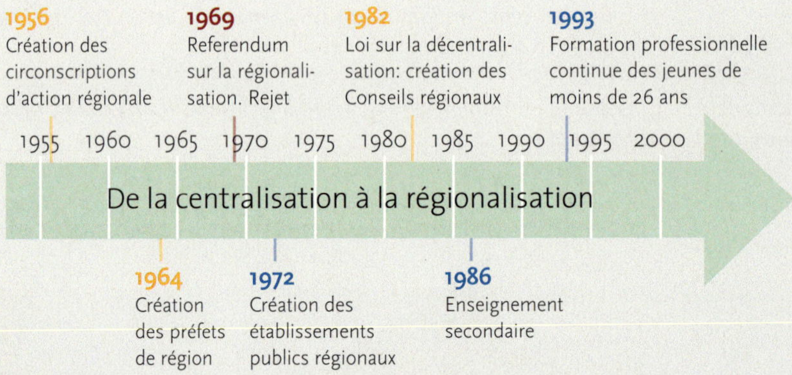

- étapes décisives
- échecs
- transfert des compétences de l'État vers les régions

B Renforcer le pouvoir des régions

- À partir de la deuxième moitié du XXe siècle, la logique du territoire évolue: on passe lentement à une logique de décentralisation des pouvoirs grâce à une série de mesures. La loi du 5 juillet 1972 crée les établissements publics régionaux, la loi sur la décentralisation du 2 mars 1982 met en place les conseils régionaux.
- Petit à petit, les régions obtiennent de plus en plus de domaines de compétences: apprentissage, formation continue, gestion des lycées publics, gestion des transports ferrés régionaux, etc. Elles deviennent l'acteur principal de l'aménagement de leur territoire: c'est la régionalisation.

la décentralisation *ici* fait de déplacer les activités ou les centres de décision de la capitale vers les villes de province pour réduire le déséquilibre entre la capitale et les régions **la régionalisation** *ici* fait de transférer une partie des pouvoirs de l'État à un exécutif et à un législatif régionaux issus du suffrage universel

2. *Regardez la carte de France sur la page précédente et dites de combien de régions se compose la France métropolitaine.*

Paris – province (4)

Approches

Situez la ville de Nantes à l'aide de la carte de France sur la page de couverture.

Objectif lecture

→ Méthodes, p. 235

A Comprendre les points principaux d'un texte

1. *Expliquez à l'aide du texte pourquoi Nantes est devenue une ville attrayante.*
2. *Quels sont les inconvénients liés à cette évolution?*

B Analyser le titre d'un article

1. *Expliquez et justifiez le titre de l'article en vous servant de vos résultats des Approches et des informations contenues dans le texte.*
2. *Ce titre contient aussi un jeu de mots que vous pouvez identifier en le prononçant à voix haute et en pensant à l'anglais. À quoi fait-il allusion?*

NANTES, LE PHARE OUEST

Les villes «moyennes grandes» sont devenues les principaux foyers d'innovation sociale et culturelle. Les entreprises y investissent, les habitants y affluent, le tourisme urbain s'y développe. Ces villes ont reconquis méthodiquement leurs centres historiques, ravalé leurs façades noircies, créé des rues piétonnes et réinvesti leurs espaces publics. Elles ont redécouvert le tramway et le vélo, tout en contraignant la voiture avec fermeté. Elles ont utilisé leurs friches industrielles ou militaires pour créer des écoquartiers. [...]
Nantes occupe pour la troisième fois la première place du podium. Cette ville [...] n'a rien d'exceptionnel, «pas de forte identité, dit [...] Angela, une ancienne Parisienne, qui ajoute aussitôt: Un seul

4 affluer arriver en grand nombre **6 reconquérir qc** etw. zurückerobern **7 ravaler qc** *ici* rénover qc **10 contraindre qc** etw. behindern **12 la friche** Brache, nicht genutzte Fläche

week-end a suffi à me séduire». [...] Nantes est devenue depuis une vingtaine d'années une cité dynamique, innovante et agréable à vivre. [...] Depuis près de vingt ans, la culture a été un levier puissant pour faire bouger une cité appelée au début des années quatre-vingt «belle endormie». La municipalité a beaucoup investi en accueillant Royal de Luxe, en dopant la Folle journée qui offre aujourd'hui 230 concerts en cinq jours et qui s'exporte dans le monde, notamment à Tokyo. [...]

L'île de Nantes va devenir un des nouveaux poumons de la ville. [...] Les anciens entrepôts [...] métallurgiques de Nantes sont peu à peu détruits pour laisser la place à des logements, des bureaux, des écoles d'architecture et de communication, à un palais de justice signé Jean Nouvel, [...] des restaurants. [...]

Nantes s'est très vite transformée [...] et hélas un peu vidée de [...] ses classes moyennes. [...] Les jeunes couples sont souvent obligés de migrer en banlieue pour trouver un logement. [...] Depuis 1980, [...] la surface urbanisée a augmenté de 50 % et la circulation automobile a progressé au rythme de 3 % par an. [...] Il n'est pas rare qu'une personne habitant à 25 kilomètres au sud de Nantes mette une heure pour rejoindre son bureau. Ce qui explique le succès croissant des transports en commun. [...] Ces tracas de la circulation sont le revers de la médaille d'un centre-ville de plus en plus réservé aux piétons, aux transports collectifs et prochainement aux vélos. [...]

Nantes, ville où l'on se sent bien? Pour les anciens Parisiens, c'est indiscutable. «Ici c'est tout simplement vivable. Tout est proche de tout», résume Angela, qui quatre ans après son arrivée sur les bords de la Loire ne regrette pas du tout son choix.

© Le Point, 24 avril 2008

27 Royal de Luxe troupe de théâtre **28 la Folle journée** manifestation culturelle **34 l'entrepôt métallurgique** *m.* Lagerhalle für Metall **38 Jean Nouvel** architecte

Objectif langage

Les verbes

Retrouvez les verbes manquants et complétez ces phrases à l'aide du texte sur Nantes. Puis, notez l'infinitif des verbes que vous avez trouvés dans une liste avec leurs compléments possibles.

Nantes a [...] ses façades. La ville a [...] son centre-ville et [...] des rues piétonnes. Nantes [...] pour la troisième fois la première place. On a [...] des vieux entrepôts pour [...] la place à des logements.

Hélas la ville s'est [...] de ses classes moyennes. Depuis 1980, la surface urbanisée a [...] de 50 % et la circulation automobile a [...] au rythme de 3 % par an. En moyenne, une personne habitant à 25 kilomètres de Nantes [...] une heure pour [...] son bureau. Cela [...] le succès croissant des transports en commun.

Recherche

→ Méthodes, p. 240

Au choix

Choisissez un des sujets ci-dessous, faites des recherches et présentez vos résultats en classe.

Jean Nouvel et son œuvre	Royal de Luxe	La Folle journée

Commentaire

→ Méthodes, p. 240/244

Quels sont les critères importants pour vous dans le choix d'un lieu de résidence? Exposez votre point de vue.

Paris – province (5)

Approches

Qu'est-ce qu'un épicier ambulant? Expliquez en quoi consiste son travail.

Objectif lecture

DVD 14

→ Méthodes, p. 236

A Comprendre un extrait de film

1. *Décrivez les clients de l'épicier et leurs attentes. Qu'apprend-on sur les habitudes du père?*
2. *Décrivez les réactions d'Antoine.*

DVD 14

B Analyser le cadre d'un film

1. *Décrivez les lieux dans lesquels se déroule l'histoire.*
2. *Quelle image ce film donne-t-il de la vie rurale?*

Antoine remplace son père, épicier ambulant dans le département de la Drôme, qui est tombé malade. C'est sa première tournée.

Objectif langage

Décrire des sentiments

1. *Décrivez les expressions des personnages ci-dessous. Les mots de l'encadré vous aideront.*

gourmand joyeux déçu vexé triste humilié surpris offensé
outré pensif franc critique moqueur fier orgueilleux expressif [...]

DVD 14

2. *Regardez l'extrait encore une fois. Choisissez un des personnages et faites son portrait.*

Activité créative

Le fils de l'épicier rentre chez lui après le travail. Son amie Claire lui demande comment s'est passée la tournée. Imaginez le dialogue.

Débat

→ Méthodes, p. 238

Vivre à la campagne, c'est fantastique! – Vivre en ville, c'est fantastique!
Choisissez une de ces affirmations et organisez un débat structuré.

Pour aller plus loin

1. *Quels conseils donneriez-vous au fils de l'épicier?*
2. *Voici comment un épicier ambulant décrit son métier. Comparez ses affirmations avec l'attitude du héros du film «Le fils de l'épicier».*

Un nouvel épicier ambulant sur les routes du Nord-Charente - Accueil du Blog de Charente Libre

«Mon métier c'est aller au-devant du client, apporter un service à domicile [...] À partir du moment où un client est trouvé, il faut repasser chez lui chaque semaine, à date et heure fixes. Et on peut rendre bien des services à ceux qui ne peuvent pas facilement se déplacer.»

Fertig

Médiation

→ Méthodes, p. 240

Un copain francophone qui ne parle pas l'allemand tombe sur cette critique de film et veut savoir ce que son auteur dit du film «Der fliegende Händler» (Le fils de l'épicier). Vous lui résumez les idées principales de l'article en français.

Der fliegende Händler - Filmkritik

Antoine kutschiert mit seinem altmodischen Verkaufswagen mehr mürrisch denn freundlich durch die Rhône-Lande. Er ist ruppig, schlecht gelaunt und abweisend. [...]
Es sind kleine Gesten, Zeichen und Begegnungen, die dem „fliegenden Händler" wider Willen das Herz öffnen. Als sich der Krämersohn den verschütteten, begrabenen Gefühlen zu seiner Heimatregion und den Menschen stellt, sie wahrnimmt und respektiert, kann er sich auch zu seiner Familie und zur Freundin Claire bekennen. Éric Guirado, der mehrere Dokumentarfilme über die Regionen Rhônes-Alpes und Auvergne, über fahrende Krämer und andere Wandergesellen drehte („Les camions épiciers"), lieferte mit „Le fils de l'épicier" seinen zweiten langen Spielfilm. Er selbst ist auf dem Lande aufgewachsen, ihm gelingt es in seiner luftig-lockeren Sommerromanze den Charme der Provinz und seiner originellen Bewohner einzufangen. Diese manchmal kauzigen Menschen, so Guirado, gingen einem gleichzeitig auf die Nerven und berührten.

Fertig

Une région: La Provence (1)

Approches

Que savez-vous sur la Provence ou qu'associez-vous à cette région? Racontez.

Objectif lecture

→ Méthodes, p. 248

A Comprendre le début d'un roman

Décrivez le village des Bastides Blanches et ses habitants. Vous pouvez aussi dessiner un plan du village.

→ Méthodes, p. 245

B Analyser un texte

1. *Caractérisez les habitants des Bastides Blanches.*
2. *Ce texte transmet-il une image plutôt positive ou négative des Bastidiens? Justifiez votre opinion.*

Dans son roman «L'Eau des collines. Tome I: Jean de Florette» (1963), Marcel Pagnol raconte l'histoire d'un habitant de la ville qui vient s'installer dans un village montagnard très traditionnel parce qu'il y a hérité d'une ferme. Les villageois, des paysans, ne partagent pas son enthousiasme ... L'extrait suivant est le début de ce roman.

Les Bastides blanches

Les Bastides Blanches, c'était une paroisse de cent cinquante habitants, [...] à deux lieues d'Aubagne ... Une route de terre y conduisait par une montée si abrupte que de loin elle paraissait verticale: mais du côté des collines, il n'en sortait qu'un chemin muletier, d'où partaient quelques sentiers qui menaient au ciel. [...]

la bastide petite maison de campagne en Provence **1 la paroisse** Pfarrbezirk **3 la lieue** ancienne mesure de distance (env. 4 km) **4 la montée** *ici* un terrain qui monte **6 le chemin muletier** Maultierweg **7 le sentier** Pfad

Il y avait [...] une assez longue esplanade [...]: on appelait ce lieu le Boulevard [...]. Au milieu du Boulevard, un très large escalier d'une dizaine de marches montait à la Placette entourée de façades autour d'une fontaine [...]. Toute la journée, on voyait sous le jet d'eau des cruches ou des jarres, et des commères qui [...] échangeaient les nouvelles du jour.

Autour de la place, quelques boutiques: le bar-tabac, l'épicier, le boulanger, le boucher, puis, grand ouvert, l'atelier du menuisier , à côté de la forge du maréchal-ferrant, et, au fond, l'église: elle était vieille, mais non pas ancienne, et son clocher n'était guère plus haut que les maisons.

Une petite rue quittait la Placette, à gauche, pour aboutir à une autre esplanade ombragée qui s'étendait devant la plus grande bâtisse du village.

Cette bâtisse, c'était la mairie, qui était aussi le siège du Cercle républicain, dont l'activité politique principale était l'organisation de jeux de loto, et de concours de boules dont les tournois dominicaux se déroulaient sous les platanes [...].

Les Bastidiens étaient plutôt grands, maigres et musclés. Nés à vingt kilomètres du Vieux-Port de Marseille, ils ne ressemblaient ni aux Marseillais, ni même aux Provençaux de la grande banlieue. Enfin, une particularité des Bastides, c'était qu'on n'y trouvait que cinq ou six noms: Anglade, Chabert, Olivier, Cascavel, Soubeyran; pour éviter des confusions possibles, on ajoutait souvent aux prénoms, non pas le nom de famille, mais le prénom de la mère: Pamphile de Fortunette, Louis d'Étiennette, Clarius de Reine. [...]

Parce que la route qui menait chez eux s'arrêtait sur le Boulevard, on n'y voyait qu'assez rarement des «étrangers», et parce qu'ils étaient satisfaits de leur sort, ils ne descendaient à Aubagne que pour porter leurs légumes au marché. Avant la guerre de 1914, on trouvait encore dans les fermes des vieux et des vieilles qui ne parlaient que le provençal des collines; ils se faisaient «raconter Marseille» par les jeunes qui revenaient des casernes, et s'étonnaient que l'on pût vivre dans tout ce bruit, frôler dans la rue des gens dont on ne savait pas les noms, et rencontrer partout des hommes de la police!

Pourtant, ils bavardaient volontiers, et ne détestaient pas la «galéjade» ... Mais tout en parlant de tout et de rien, ils respectaient rigoureusement la première règle de la morale bastidienne. «On ne s'occupe pas des affaires des autres.»

La seconde règle, c'était qu'il fallait considérer les Bastides comme le plus beau village de Provence, infiniment plus important que le bourg des Ombrées, ou celui de Ruissatel, qui comptaient plus de cinq cents habitants.

Comme dans tous les villages, il y avait des jalousies, des rivalités, et même des haines tenaces, fondées sur des histoires de testaments brûlés ou de terres mal partagées; mais devant une attaque venue du dehors, comme l'intrusion d'un braconnier des Ombrées, ou d'un ramasseur de champignons de Crespin, tous les Bastidiens ne formaient qu'un bloc, prêts à la bagarre générale ou au faux témoignage collectif; et cette solidarité était si forte que les Médéric, fâchés depuis deux générations avec la famille du boulanger, achetaient toujours leur pain chez lui, mais par signes, et sans lui adresser la parole. Ils habitaient pourtant dans la colline, et le boulanger des Ombrées était plus près de leur ferme: mais pour rien au monde ils n'eussent mangé le pain «étranger» sur la terre de la commune.

9 l'esplanade *f.* la place **11 l'escalier** *f.* Treppe **15 la cruche, la jarre** un récipient destiné à conserver l'eau **16 la commère** une femme qui sait toutes les nouvelles et les raconte **20 le menuisier** un artisan qui prépare le bois pour la fabrication de meubles **21 la forge du maréchal-ferrant** Hufschmiede **23 le clocher** la tour d'une église **26 aboutir à qc** mener à un endroit, s'y terminer **27 la bâtisse** un grand bâtiment (aussi *péj.*) **33 le tournoi** la compétition **33 dominical/e** *adjectif de* dimanche **51 satisfait/e** content/e **51 le sort** le destin **59 frôler qn/qc** toucher qn/qc, *ici* rencontrer qn/qc **62 bavarder** parler, papoter, mener une conversation **63 la galéjade** en Provence, une plaisanterie ou une histoire inventée et exagérée **75 la haine** *contraire de* l'amour **76 tenace** qui reste, qui ne disparaît pas **79 l'intrusion** *f.* le fait de venir dans un groupe ou une société sans avoir été invité ou sans en avoir le droit **79 le braconnier** Wilderer **82 la bagarre** *ici* l'échange de coups, la bataille

Objectif langage

→ Méthodes, p. 260

Décrire un endroit

1. *Relevez dans le texte tous les mots et expressions utiles pour décrire un endroit. Notez-les et ajoutez-en d'autres que vous connaissez ou utilisez un dictionnaire pour en trouver d'autres dont vous avez besoin.*
2. *Décrivez le tableau «Montagnes en Provence» (1890) de Paul Cézanne.*

Compréhension audiovisuelle

DVD 15

→ Méthodes, p. 236

1. *Regardez cet extrait du film «Jean de Florette» et résumez-en les points principaux sous forme de grille.*

qui?	*quand?*	*où?*	*quoi?*

2. *Comparez Jean et Ugolin (leur aspect extérieur, leur comportement, leur langue et leur accent).*
3. *Écoutez bien la prononciation d'Ugolin et du paysan présent dans l'extrait. Que remarquez-vous?*

Pour aller plus loin

→ p. 157

1. *Lisez le texte et décrivez l'importance du provençal dans la vie quotidienne des Provençaux d'hier et ceux d'aujourd'hui.*
2. *Nommez d'autres langues romanes et indiquez où elles sont parlées.*

Deux mille ans de provençal

Le provençal se définit comme une langue romane; son origine est donc le latin. Elle est parlée depuis plus de deux mille ans en Provence. [...] Langue particulièrement riche, elle est restée la plus utilisée jusqu'aux années 1880, où l'école obligatoire de Jules Ferry impose le français. Elle va pourtant lui résister longtemps, puisque ses défenseurs citent souvent les cas d'élèves, encore dans les années 1960, qui arrivaient à l'école en ne connaissant que le provençal Aujourd'hui, il est vrai qu'elle apparaît encore comme l'une des langues régionales les plus dynamiques. Elle est pourtant parlée de moins en moins: seulement 5 % des parents l'ont transmise à leur enfant.

D'après: L'Express, Bruno D. Cot, 17/7/2008

Jules Ferry (1832–1893), ministre qui a introduit l'école laïque, gratuite et obligatoire pour tous.

Une région: La Provence (2)

Approches

Associez ces photos à leurs noms et racontez ce que vous savez de l'usage de ces plantes.

la lavande	le romarin	le thym	le champignon
l'asperge *f.*	la sauge	la sarriette	l'amande *f.*

1

2

3

4

5

6

7

8

Objectif lecture

→ Méthodes, p. 235

A Aborder un texte à partir de ses amorces

1. *Lisez la première phrase de chaque paragraphe et faites des hypothèses sur le contenu du texte. Notez vos hypothèses dans une grille.*
2. *Lisez le texte en entier et vérifiez vos hypothèses.*

→ Méthodes, p. 235

B Reconstituer l'historique d'une région à l'aide d'une lecture sélective

Décrivez les trois étapes que les plantes de Haute-Provence ont vécues au cours de l'Histoire.

De la cueillette au laboratoire: le fabuleux destin des plantes de Haute-Provence

Pendant des siècles, elles ont été cueillies dans la montagne de Lure ou dans le Luberon, triées par des paysans à la vie rude, utilisées comme ressources essentielles dans la vie quotidienne d'une région qui vivait en quasi-autarcie. Les framboises, salades sauvages, asperges, champignons amélioraient l'ordinaire, rehaussés par le thym, la sauge, la sarriette et le romarin. [...] Les plantes médicinales servaient de pharmacie. Nombreuses, chacune avait son utilité: pour faciliter la digestion, combattre les rhumes et les grippes, soigner les blessures.

Certaines de ces plantes ont alors connu un fort développement et procuré des revenus supplémentaires assez importants aux paysans, notamment le mûrier avec les vers à soie et la lavande, dont l'essence était déjà vendue à Grasse au XIXe siècle et qui guérit tout. [...]

Puis sont venus le progrès, la civilisation, la médecine officielle et l'ouverture au monde.

Les plantes ont continué à pousser. Elles ont construit ces paysages devenus célèbres. Elles lui ont donné ces senteurs bien particulières. Mais avec l'augmentation du niveau de vie, la fin de l'isolement des campagnes, l'explosion du tourisme, elles ont aussi changé de rôle.

Parce que les touristes voulaient voir des champs de lavande, cueillir leur thym et ramasser leurs champignons, on est passé d'une économie de la cueillette à une économie de la culture, d'une économie paysanne à une économie mondiale. La lavande, le lavandin mais aussi la sauge et la sarriette ont commencé à être cultivés. Ces récoltes ne suffisaient toujours pas. De grands groupes les ont importés du Maroc, d'Égypte, d'Albanie. Souvent, les Herbes de Provence vendues dans les supermarchés n'ont jamais vu la Provence.

Mais l'histoire ne s'arrête pas là. Des entrepreneurs de talent, renouant avec l'histoire de leur région, explorent de nouveaux produits à partir de l'essence de ces plantes. La parfumerie et les produits cosmétiques se développent en utilisant les mêmes senteurs que celles dont se servaient les paysans du XVIIe siècle. Des agriculteurs non résignés cultivent des oliviers, des champs de lavande, des abricotiers, des amandiers en misant sur la qualité et les appellations contrôlées.

Le pays de Haute-Provence construit avec toutes ces entreprises, qui représentent plus de 700 emplois dans une région où les emplois ne sont pas si nombreux, une économie spécifique, un système productif local qui a un bel avenir devant lui. [...] C'est ainsi que le Pôle de compétitivité *Parfums, Arômes, Senteurs, Saveurs* a été labellisé le 12 juillet 2005 avec 66 autres en France dont 6 en Provence-Alpes-Côte d'Azur. Son rôle est de permettre une meilleure connaissance des produits naturels, de réaliser des modèles in vitro d'analyses toxicologiques, de construire un pôle international de réglementations et de normes. Les plantes de Haute-Provence prennent le chemin des laboratoires.

D'après: Journal du Pays de Haute Provence, Philippe Langevin, 2005

la cueillette l'action de cueillir des plantes **3 trier qc** choisir qc selon certains critères **8 l'ordinaire** *m.* ce qui est normal, quotidien, pas extraordinaire **8 rehausser qc** etw. unterstreichen, zur Geltung bringen **12 la digestion** Verdauung **18 le mûrier** Maulbeerbaum **19 le ver à soie** Seidenraupe **21 guérir qc** etw. heilen **27 la senteur** la qualité de qc qui sent bon, la bonne odeur **38 le lavandin** hybride de lavande et d'aspic (Speik), cultivé pour son essence **40 la récolte** Ernte **46 renouer avec qc** *ici* en revenir à qc, établir un contact avec qc **53 se résigner** *contr.* être optimiste **55 miser sur qc** croire qu'on va avoir du succès grâce à qc **55 l'appellation d'origine contrôlée (AOC)** *f.* nom officiel donné à certains produits (p. ex. des vins, des fromages ...) d'une excellente qualité qui est régulièrement contrôlée

Objectif langage

Le langage économique – ses collocations

1. *Trouvez ce qui va ensemble en vous appuyant, si nécessaire, sur le texte.*
2. *Réutilisez quelques-unes de ces expressions pour rédiger un article de journal qui traite p. ex. d'un phénomène économique dans votre ville/région/pays.*

augmenter connaître construire (2x) se développer explorer
miser passer procurer représenter

des revenus à qn le niveau de vie un pôle de réglementations
sur la qualité un fort développement beaucoup d'emplois
de nouveaux produits l'industrie (métallique, céramique ...)
d'une économie locale à une économie mondiale un système productif local

Commentaire

→ Méthodes, p. 240/244

À toute époque, l'homme a essayé de profiter de la nature. Donnez des exemples. Référez-vous aussi au texte.

Médiation

→ Méthodes, p. 240

L'article suivant, paru dans un magazine allemand, a attiré l'attention de votre ami/e français/e. Résumez-lui les idées centrales.

Lavendeltod in der Provence

Die Provence, das Land violett wogender Felder: Noch ist die französische Region das klassische Hauptanbaugebiet von echtem Lavendel, viele Landwirte leben von dem Export der Pflanzen an die Kosmetik- und Parfümindustrie. Doch damit könnte es bald vorbei sein, denn ausgerechnet hier ist der Berglavendel akut bedroht – und zwar von einem parasitär lebenden Bakterium, das eigentlich ein Tomatenschädling ist. Dieser Parasit ist im Zuge der Klimaverschiebung in höhere Lagen der Provence gewandert und hat im Berglavendel einen neuen Wirt gefunden. Dazu kamen in den vergangenen Jahren lange Trockenzeiten und verregnete Frühjahre, die dem Lavendel den Rest gaben: Viele Felder sind zerstört, knappere Ernten und höhere Preise sind die Folge. [...] [D]ie Lavendel-Konkurrenz schläft nicht. Seit einiger Zeit wird auch in Ländern wie Bulgarien und der Ukraine (auf der Insel Krim) Berglavendel angebaut, teils sogar ökozertifiziert. Es könnte also sein, dass wir irgendwann beim Anblick eines Lavendelfelds nicht mehr zuerst an die Provence denken, sondern an Osteuropa.

Pour aller plus loin

→ L'Homme et l'énergie, p. 200

1. *Présentez Cadarache (sa situation géographique, ses objectifs, son importance).*
2. *Le texte suivant a-t-il été écrit sous un angle neutre? Justifiez votre réponse.*

Cadarache:

un centre de recherche du Commissariat à l'énergie atomique (CEA)

Chaque matin, [...] plus de 4000 personnes franchissent les portes du centre CEA de Cadarache. Ces hommes et ces femmes participent à une entreprise commune: celle qui, de la connaissance intime de la matière, conduit à la maîtrise de l'énergie. L'atome est au cœur de la vie de Cadarache. Depuis presque cinquante ans, physiciens et ingénieurs ont appris à y puiser l'une des forces les plus extraordinaires de toute la nature et à la domestiquer pour la mettre au service de l'ensemble de la société. C'est ici, sur ce site de 1600 hectares, que notre autonomie énergétique s'est construite. C'est ici que se préparent quelques-unes des grandes révolutions technologiques du monde de demain.

Cadarache est [...] l'un des plus importants centres de recherche et développement technologiques pour l'énergie en Europe. Implanté sur la commune de Saint-Paul-Lez-Durance (Bouches-du-Rhône), le centre du CEA / Cadarache, créé le 14 octobre 1959, est situé à une quarantaine de kilomètres au nord d'Aix-en-Provence aux confins de trois autres départements (Alpes-de-Haute-Provence, Var et Vaucluse). Les activités du centre du CEA/Cadarache sont réparties autour de plusieurs plateformes de recherche et développement technologiques essentiellement pour l'énergie nucléaire (fission et fusion) mais aussi pour les nouvelles technologies pour l'énergie et les études sur la biologie végétale et la microbiologie.

Il existe [...] de nombreux échanges et collaborations dans le cadre de programmes de recherche européens et internationaux pour l'énergie nucléaire (fusion et fission). En 2007, 166 chercheurs de dix-sept nationalités différentes ont travaillé sur le centre de Cadarache dans le cadre de collaborations scientifiques européennes ou internationales.

© CEA Cadarache, novembre 2003

Recherche
→ Méthodes, p. 240

Pour en savoir plus sur la Provence, choisissez un des aspects suivants ou un autre qui vous intéresse, renseignez-vous et présentez brièvement vos résultats en classe.

La Provence

La peinture:

Matisse
Cézanne
Van Gogh
les impressionnistes
[...]

L'architecture:

ses monuments romains
ses églises romanes
ses musées modernes
[...]

Les spectacles:

le théâtre à Avignon
la BD et la musique classique à Aix-en-Provence
la guitare à Lauris
[...]

Les paysages:

la Camargue
le Luberon
les gorges du Verdon
la Haute-Provence
[...]

Les sports:

le canoë-kayak
l'escalade
la randonnée
le vélo
le foot
[...]

L'agriculture:

la vigne
les arbres fruitiers
l'élevage des chèvres
[...]

Coin lecture

La scène suivante est le début de la nouvelle «Ariane» de J.M.G. Le Clézio. Elle se passe un lundi de Pâques à Marseille.

Au bord du fleuve sec, il y a la cité des H. L. M. C'est une véritable cité en elle-même, avec des dizaines d'immeubles, grandes falaises de béton gris debout sur les esplanades de goudron, dans tout le paysage de collines de pierres, de routes, de ponts, avec le lit de galets poussiéreux du fleuve, et l'usine de crémation qui laisse flotter son nuage âcre et lourd au-dessus de la vallée. Ici, on est loin de la mer, loin de la ville, loin de la liberté, loin de l'air même, à cause de la fumée de l'usine de crémation, et loin des hommes, parce que c'est une cité qui ressemble à une ville désertée. Peut-être qu'il n'y a personne en vérité, personne dans ces grands immeubles gris aux milliers de fenêtres rectangulaires, personne dans ces cages d'escalier, dans ces ascenseurs, et personne encore dans ces grands parkings où sont arrêtées les autos? Peut-être que ces fenêtres et ces portes sont murées, aveuglées, et que plus personne ne peut sortir de ces murs, de ces appartements, de ces caves? Mais ceux qui vont et viennent entre les grandes murailles grises, hommes, femmes, enfants, chiens parfois, ne sont-ils pas comme des fantômes sans ombre, insaisissables, introuvables, aux yeux vides, perdus dans l'espace sans chaleur, et ils ne peuvent jamais se rencontrer, jamais se trouver, comme s'ils n'avaient pas de vrai nom.

De temps en temps passe une ombre, fuyante entre les murs blancs. On voit le ciel parfois, malgré la brume, malgré l'épais nuage qui descend de la cheminée de l'usine de crémation, à l'ouest. On voit des avions aussi, un instant échappés des nuées, traçant derrière leurs ailes étincelantes de longs filaments cotonneux.

Mais il n'y a pas d'oiseaux par ici, ni de mouches, ni de sauterelles. Parfois il y a une coccinelle égarée sur les grands parkings de ciment. Elle marche sur le sol, puis elle essaie d'échapper, volant lourdement vers les bacs à fleurs pleins de terre craquelée, où il y a un géranium brûlé.

[...]

Ici marche Christine, le long des hauts immeubles, sans regarder, sans s'arrêter. Elle est grande et svelte, surtout avec son jean de velours noir et ses bottes courtes à talons très hauts. Elle porte aussi une veste de plastique blanc sur un pull rayé rouge et blanc. Ses cheveux blonds sont noués en queue de cheval, et elle a des boucles en métal doré qui pincent les lobes de ses oreilles. Le vent froid balaie la rue sans fin, venu de la mer, là-bas, de l'autre côté des collines, et qui remonte la vallée du fleuve en soulevant des poussières. C'est encore un vent d'hiver, et Christine se serre dans sa veste de plastique, elle ferme le col avec sa main droite, tandis qu'elle enfonce sa main gauche dans la poche arrière du pantalon, sur sa fesse.

Il y a tant de silence qu'elle entend le bruit de ses talons résonner à travers tous les dédales des parkings, sur tous les murs des grands immeubles, et même jusqu'au fond des caves. Mais c'est peut-être le froid qui l'empêche d'entendre autre chose. Ses talons cognent sur le ciment du trottoir, en faisant un bruit métallique, dur, insistant, qui résonne beaucoup à l'intérieur de son corps, dans sa tête.

[...]

On ne voit pas le soleil à cause des nuages gris, mais Christine sent qu'il doit être tard. La nuit va venir maintenant, pas trop vite, en remontant le long de la vallée du fleuve, avec le vent. Chez elle, c'est l'appartement aux murs étroits tachés, avec l'odeur lourde de la cuisine qui l'écœure, avec le bruit du poste de télévision, avec les cris des voisins, avec les bruits de la vaisselle, les bruits qui résonnent dans les escaliers de ciment, la porte de l'ascenseur qui grince et cogne, d'étage en étage. Christine pense à son père aussi, à son père assis devant le poste de télévision, les joues mal rasées, les cheveux hirsutes; elle pense à sa sœur cadette, à son visage pâle aux yeux cernés, à son regard sournois de petite fille de dix ans. Elle pense à elle si fort qu'elle fronce les sourcils et qu'elle murmure quelques mots, sans bien savoir quoi, une insulte peut-être, ou bien seulement, comme cela, «Va-t'en!» Elle pense aussi à sa mère, avec son visage fatigué, son silence lourd aussi, comme s'il y avait des tas de choses qui s'y étaient accumulées comme une mauvaise graisse.

---

3 la falaise Klippe, Felswand **4 le goudron** Teer **6 le galet** Kieselstein **7 âcre** herb, scharf **15 l'ascenseur** *m.* Aufzug **18 aveuglé/e** rendu/e aveugle, qui ne voit plus rien **19 la cave** la partie souterraine d'une maison **20 la muraille** le rempart, le mur qui renferme qc **23 insaisissable** qu'on ne peut pas saisir ou attraper **27 fuyant/e** qui s'éloigne rapidement **29 la brume** Nebel **32 étinceler** briller **32 le filament** Faser, Faden **35 la sauterelle** Heuschrecke **35 la coccinelle** Marienkäfer **35 égaré/e** verirrt **38 se craqueler** rissig werden **44 le talon** Absatz (Schuh) **47 le lobe** la partie inférieure de l'oreille **48 balayer qc** etw. fegen **56 le dédale** le labyrinthe **69 écœurer qn** rendre qn malade, donner mal au cœur à qn **72 grincer** faire un bruit strident **72 cogner qn** jdn. schlagen **75 les cheveux hirsutes** *m. pl.* les cheveux dressés dans tous les sens **77 sournois/e** verschlagen

Christine ne pense pas vraiment à tout cela, mais elle le perçoit, très vite, images, odeurs, sons qui se bousculent avec tellement de force et de précipitation que cela occulte un instant le paysage des grands parkings et des murs aux trois cents fenêtres identiques. Alors elle s'arrête, elle ferme les yeux, devant ce pays de trop grande blancheur, cette nappe de sel, de neige.
Le vent froid la reprend. Devant elle, en bas de l'immeuble géant, il y a le Milk Bar. C'est là que Christine aime bien aller, pour faire passer le temps, quand elle sort de l'école, avant de rentrer dans l'appartement étroit où il y a son père, sa mère silencieuse, et le regard sournois de sa sœur. Elle monte les marches gaiement, elle pousse la porte de verre, et elle sent avec plaisir l'odeur qu'elle aime, l'odeur de vanille, de café, de cigarette. Aujourd'hui, il n'y a personne dans le Milk Bar. Tout le monde est allé se promener en ville, au bord de la mer, ou bien en moto dans la montagne. Il n'y a que le patron du Milk Bar, un gros homme avec des lunettes, qui est assis derrière le comptoir et qui lit le journal. Il est penché sur le journal, et il lit chaque ligne avec tellement d'attention qu'il ne prête même pas garde à Christine quand elle entre, et qu'elle s'assoit près de la fenêtre à une table de matière plastique.
[...]
[P]uis Cathie est passée devant le Milk Bar, et elle a reconnu Christine. Elle a fait de grands gestes, et elle est entrée en trombe dans le café, en parlant si fort que le patron s'est même réveillé. Cathie est plus grande et plus forte que Christine, avec un visage plein de taches de rousseur et des cheveux noirs frisés. Elle est plus âgée aussi, elle doit avoir seize ou dix-sept ans, mais Christine réussit à avoir l'air d'être du même âge, à cause de ses vêtements, des talons hauts, et du fard. Le patron du Milk Bar s'est levé de son tabouret et il est venu devant les deux filles:
«Qu'est-ce que vous prenez?»
«Un café noir», dit Cathie.
«Et un crème pour moi», dit Christine.
Le patron les a regardées encore, attendant qu'elles disent autre chose. Puis il a grommelé:
«Bon, mais je vais fermer dans dix minutes.»
Cathie est toujours comme ça: elle parle trop, trop vite, en faisant trop de gestes, et ça saoule un peu Christine, surtout qu'elle n'a pas mangé depuis ce matin, et qu'elle a marché toute la journée dehors, dans les rues vides, le long des places, au bord de la mer.
[...]
«Bon, allez salut, moi, je vais rentrer», dit Cathie. Elle a l'air de s'ennuyer tout à coup. Christine voudrait bien la retenir, elle fait un geste.
«Écoute, est-ce que –»
Mais elle ne sait pas quoi dire. La nuit est froide, le vent souffle. Cathie relève le col de sa veste bleue, et elle fait un geste de la main, et elle s'en va en courant. Christine la regarde entrer dans l'immeuble en face, allumer la minuterie. Elle attend un instant devant une porte du rez-de-chaussée, puis la porte s'ouvre, se referme. Cathie a disparu.
Christine fait quelques pas dans la rue, jusqu'à l'angle du parking. [...] Elle ne veut pas entrer chez ses parents, pas encore. [...] Alors elle recommence à marcher, dans les rues vides, en faisant le tour des blocs d'immeubles. Elle ne sait pas trop où elle va.

86 percevoir qc remarquer qc **113 en trombe** très vite **120 le fard** le maquillage **121 le tabouret** Hocker **129 saouler qn** rendre qn ivre *(ici : fig.)* **143 la minuterie** Lichtschalter mit Zeitautomatik

1. *Où l'histoire se passe-t-elle? Décrivez l'atmosphère qui y règne.*
2. *Caractérisez Christine.* → Méthodes, p. 245

Point final

Faire le point
→ Méthodes, p. 261

1. *Faites le point sur ce que vous avez appris dans ce dossier. Notez les points importants et réunissez-les sous forme d'organigramme, d'affiche ou de journal de lecture.*

   En France, 20 % de la population habite en Île-de-France.

   [...]

2. *Travaillez en groupes. Répartissez-vous le travail à partir des mots-clés ci-dessous. Un/e élève dit ce qu'il/elle sait sur son sujet, les autres complètent. Après, c'est le tour d'un/e autre élève avec un autre sujet.*

   le roi Louis XIV   les philosophes   les idées de la Révolution française
   Napoléon   l'Assemblée nationale   les partis politiques
   vivre en province   l'Académie française   la vie à Paris
   Paris, capitale de la France   la Provence   l'attrait de la province

3. *Faites une liste des aspects/thèmes que vous aimeriez approfondir.*
   a *À partir de cette liste, formulez des questions.*

   Comment le vote fonctionne-t-il en France?

   [...]

   b *Lisez les textes que vous n'avez pas encore lus en classe pour voir si vous y trouvez les informations que vous recherchez.*
   c *Sinon, réfléchissez où vous pourriez trouver des réponses à vos questions.*

Discussion
→ Méthodes, p. 237

Dans la partie Paris – province de ce dossier, on oppose la capitale, Paris, à la province. À votre avis, pourrait-on trouver dans un manuel d'allemand un chapitre intitulé Berlin – province? Justifiez votre réponse et discutez.

Littérature

Jacques Ferrandez, Jean de Florette et Manon des sources (BD), d'après L'Eau des collines de Marcel Pagnol, Casterman classiques, 2005

Films

Claude Berri, Jean de Florette, France 1986
Dany Boon, Bienvenue chez les Ch'tis, France 2008
Cédric Klapisch, Paris, France 2008
Jean-Henri Meunier, Ici Najac, à vous la terre, France 2006

Chansons

Kamini, Marly-Gomont, dans: Psychostarworld 2007

L'avenir de l'Homme

QUEL ÉCOLO ÊTES-VOUS?

1 Vous allez à l'école ...
a en transports en commun ou en bus scolaire.
b à pied, à vélo ou en skate-board.
c en voiture.

2 Le réchauffement de la planète, vous trouvez ça ...
a catastrophique: bientôt, notre planète risque d'être foutue.
b grave: si on veut sauver notre monde, il faut vite se mobiliser.
c super: vous adorez le soleil et la chaleur!

3 Pour vous, la Terre, c'est ...
a un milieu naturel en déclin dont les années sont comptées.
b une biosphère que l'on partage avec les autres espèces et dont on est responsable.
c une planète qui nous appartient et dont on peut faire ce que l'on veut.

4 Prendre des douches plutôt que des bains, éteindre la lumière en sortant d'une pièce ...
a vous le faites quand vous y pensez.
b vous le faites systématiquement.
c vous aimez trop les bains pour ça!

5 Pour sauver la planète, il faudrait ...
a que les chefs d'État et les entreprises se bougent enfin!
b que chacun y mette du sien.
c que l'on trouve un moyen de la «réparer» sans avoir à changer nos comportements.

6 Au parc, une famille s'en va en laissant un tas de déchets.
a Vous ramassez derrière eux en râlant.
b Vous les rattrapez et vous leur proposez de ramasser les déchets avec eux en leur expliquant pourquoi c'est important.
c Vous ne réagissez pas: c'est leur vie, après tout!

7 Pour rédiger un devoir au brouillon ...
a vous écrivez sur un cahier.
b vous vous servez du verso de feuilles imprimées au recto.
c vous utilisez une feuille neuve.

8 Lorsque vous vous brossez les dents ...
a vous laissez un petit filet d'eau.
b vous fermez le robinet.
c l'eau coule à flot.

foutu/e *fam.* perdu/e **le déclin** Niedergang **les déchets** *m. pl.* Müll **râler** meckern **le brouillon** (erster) Entwurf, Skizze

Solutions:

Vous avez une majorité de c

Vous êtes un/e écolo-pessimiste. Vous êtes conscient/e que notre Terre est fragile et qu'elle va mal. Mais, selon vous, il n'y a plus grand-chose à faire, et surtout pas à votre niveau. Du coup, vous ne vous sentez pas trop concerné/e. Pourtant, en y mettant chacun du sien, on peut véritablement faire bouger les choses ...

Vous avez une majorité de a

Vous êtes un/e écolo-je-m'en-foutiste. Le réchauffement de la planète? L'extinction de milliers d'espèces animales? Ça ne vous empêche pas de dormir! Surtout tant que ça ne vous concerne pas directement ... Réveillez-vous: notre planète n'est pas remplaçable, et c'est à chacun de se mobiliser pour la sauver!

Vous avez une majorité de b

Vous êtes un/e écolo-jusqu'au-boutiste. Pour vous, la Terre est une planète formidable, dont nous devons tous prendre soin. Conscient/e qu'elle est fragile, vous faites tout pour la protéger et pour faire évoluer les mentalités autour de vous. Bravo! Notre planète a bien besoin de personnes aussi impliquées que vous!

La France nucléaire

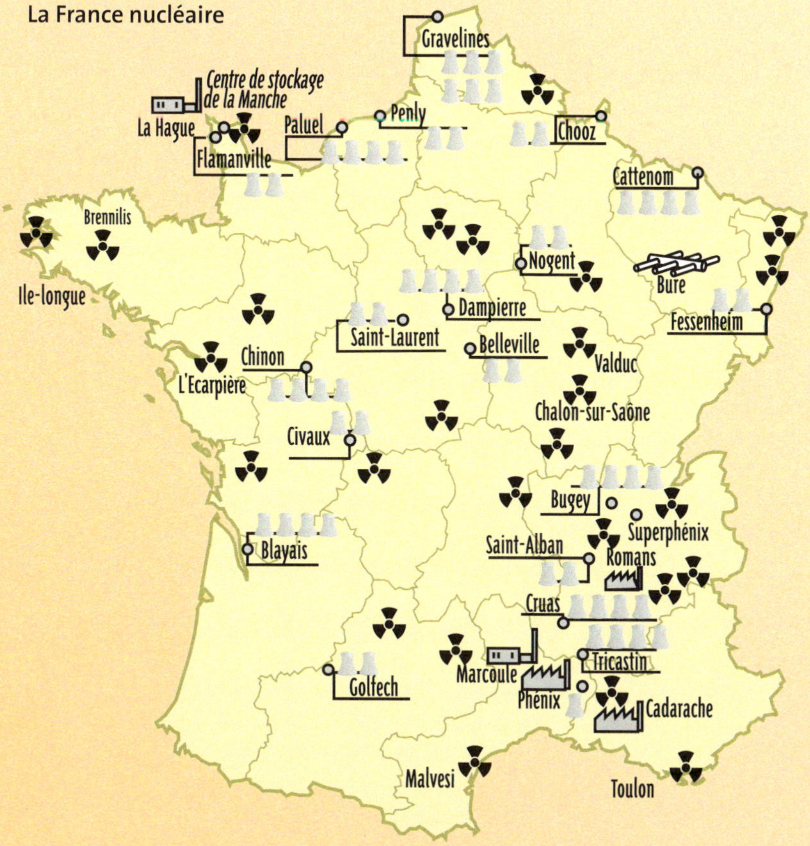

58 réacteurs nucléaires en activité, sur 19 sites.
Il y a également deux surgénérateurs arrêtés:
l'un temporairement (Phénix, en révision depuis des années)
et l'autre définitivement (Superphénix, en cours de démantèlement)
et plusieurs centrales en cours ou en attente de démantèlement

deux usines de retraitement

trois usines de fabrication de combustible

un laboratoire d'étude (qui risque de devenir un site)
pour l'enfouissement des déchets radioactifs

plus de 1000 sites renfermant des déchets nucléaires
sont officiellement répertoriés par l'ANDRA

La production mondiale d'électricité par source

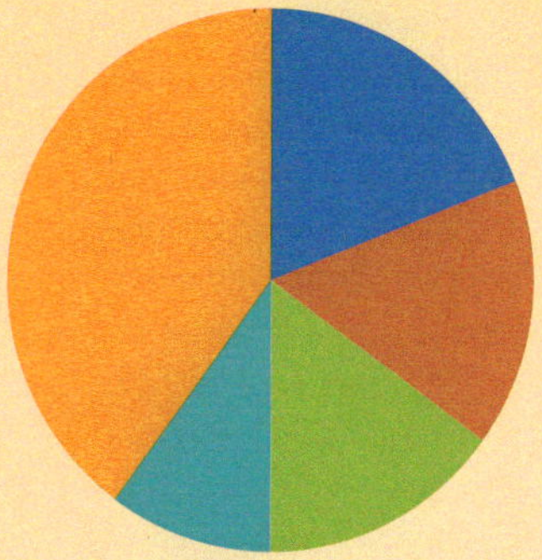

- Charbon (39 %)
- Hydroélectricité (19 %)
- Nucléaire (16 %)
- Gaz (15 %)
- Pétrole (10 %)

→ Méthodes, p. 254

1. *Faites le test et évaluez vos résultats en classe.*
2. *Regardez la carte et la statistique. Commentez-les.*

L'Homme et la planète (1)

Approches

Le réchauffement de la planète, qu'est-ce que c'est? Expliquez en donnant des exemples.

Objectif lecture

A Comprendre un texte à l'aide d'images

1. *Comparez les photos et les dessins correspondants sans lire les textes. Expliquez leurs différences.*
2. *Lisez les textes et trouvez les raisons concrètes qui expliquent les changements illustrés par les dessins.*

B Situer un texte dans son contexte réel

→ Méthodes, p. 240

Formez trois groupes et répartissez-vous les textes et les images. Présentez «votre» texte ...

1. ... en situant l'endroit dont il s'agit à l'aide d'une carte.
2. ... en expliquant avec vos propres mots les conséquences probables du réchauffement du climat pour la région concernée.

Ce qui va changer avec le réchauffement: un scénario pour 2050

La Seine transformée en piste cyclable

De la source à la Manche, en passant par Paris, la Seine traversera en 2050 des terres plus sèches en été, plus arrosées en hiver. Elle risque alors de déborder ... avant de se rétrécir en été. Son régime sera aussi plus variable. Ce qui posera des problèmes pour les barrages hydroélectriques, les centrales nucléaires et le transport fluvial. En moyenne annuelle, le niveau du fleuve sera probablement plus bas qu'aujourd'hui, et l'eau plus chaude. Au cœur du mois d'août, le lit de la Seine se retrouvera complètement à sec. Une bonne nouvelle pour les fidèles adeptes de Paris-Plage!

Au nord, on cultivera la vigne à flanc de terril

Les vignes (chasselas, chardonnay, pinot gris et noir) poussent déjà sur les terrils de l'Artois, comme à Givenchy-en-Gohelle. L'eau s'y infiltre très facilement, et les fortes pentes permettent une belle exposition au soleil. La noirceur du sol en fait un accumulateur de chaleur idéal. [...] Dès maintenant, les terrils sont en partie recouverts par une végétation de type méridional. En 2050, la vigne devrait en avoir colonisé une bonne partie. Bientôt un cru «ch'ti canon»?

4 déborder *ici* sortir de son lit **5 le régime** *ici* la puissance, la force **6 le barrage** Staudamm **13 le / la fidèle adepte** le fan qui y va régulièrement **16 le terril** un terrain à côté d'une mine où l'on a mis la terre, les pierres, etc. extraites à la mine **20 la pente** un terrain qui descend **28 le cru** un vin classé **28 le ch'ti** *ici* du Nord de la France **28 le canon** *fam.* un verre de vin

La Grande-Motte envahie par les eaux

Le Languedoc-Roussillon est aujourd'hui à fleur d'eau. Une petite bande de sable, le lido, le sépare de la mer. Sous l'effet conjugué du courant dominant (le Ligure, depuis l'Italie), des fortes houles du sud, des vents d'ouest (tramontane), d'est (mistral) et du sud (marin et grec), le lido se trouve attaqué en permanence. À La Grande-Motte, dans l'Hérault, cette bande perd chaque année de 1 à 1,30 m de largeur. La montée du niveau des eaux va augmenter la quantité d'énergie véhiculée par la houle et accroître le phénomène. D'ici à quelques dizaines d'années, les immeubles de cette station balnéaire risquent d'avoir les pieds dans l'eau.

---

29 envahir qc *ici* remplir, couvrir complètement **30 à fleur de qc** presque au même niveau que qc **32 la houle** Seegang **35 accroître** agrandir, renforcer, augmenter **36 la station balnéaire** un endroit touristique au bord de la mer

Objectif langage

La géographie

1. *Relevez dans le texte que vous avez traité tous les termes géographiques. Trouvez des catégories pour les classer.*
2. *Utilisez quelques-uns de ces termes pour faire des devinettes pour vos camarades.*
   Exemples: C'est un vent qui souffle en Provence. – C'est le mistral.
   C'est une mer qui sépare la France de l'Angleterre. – C'est ...

Discussion

→ Méthodes, p. 237

Les changements décrits dans ce texte vous paraissent-ils vraisemblables ou pas? Utilisez vos connaissances de géographie. Donnez votre avis et discutez.

Commentaire

→ Méthodes, p. 240/244

Pensez-vous qu'un tel texte (p. 192–193) soit un bon moyen pour sensibiliser les lecteurs aux dangers pour l'environnement? Justifiez votre opinion.

Activité créative

→ Méthodes, p. 245

Au choix

1. *Et vous, comment imaginez-vous votre ville/village/région en 2050, compte tenu du probable réchauffement du climat? Écrivez un scénario possible.*
2. *Faites vous-même une caricature, une publicité, un article, un spot ... sur le thème du réchauffement du climat.*

L'Homme et la planète (2)

Approches
→ Méthodes, p. 255

Formez six groupes. Chaque groupe choisit une photo et le texte correspondant.

1. *Décrivez d'abord la photo en quelques mots sans lire le texte. D'après vous, quel rôle les objets représentés jouent-ils pour l'environnement? Et dans votre vie quotidienne?*
2. *Lisez le texte, vérifiez vos hypothèses et comparez-les avec vos propres expériences. Discutez en classe.*

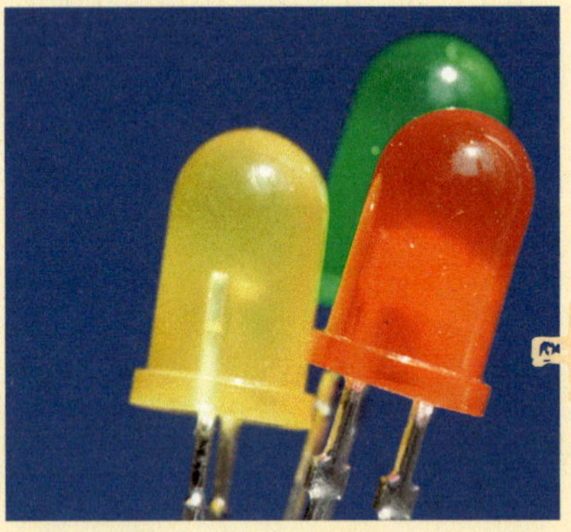

On en verra de plus en plus ...

Les LED (diodes électroluminescentes) et les OLED (diodes électroluminescentes organiques): elles consomment 10 fois moins que les ampoules classiques et durent aussi 100 fois plus longtemps.

Le vélo tout bénéfice: zéro pollution, on brûle ses calories en faisant de l'exercice. Encore faut-il offrir plus de pistes cyclables et permettre aux banlieusards de l'utiliser facilement depuis ... leur parking.

Les panneaux solaires: rendement prévu de 40 % (10 à 17 % actuellement). La fabrication d'hydrogène par électrolyse de l'eau, sous les panneaux, permettra de stocker l'électricité produite.

l'ampoule *f.* Glühbirne **le banlieusard** l'habitant de la banlieue **le rendement** *ici* Anteil an der gesamten Energieerzeugung **l'hydrogène** *m.* Wasserstoff **stocker qc** conserver qc, mettre qc en dépôt

... On en aura de moins en moins!

Le tee-shirt en coton: Le coton est cultivé dans les pays du Sud avec beaucoup de pesticides et d'eau. Cela demande trop d'énergie et pollue l'environnement. De plus, le tee-shirt arrive souvent en avion chez nous.

Le charter: Le voyage pas cher au bout du monde repose sur le bas prix du litre de kérosène, pas ou très peu imposé. Aujourd'hui, on parle d'augmenter les taxes.

Cultivée sous serre, la tomate cerise risque de devenir aussi chère que le litchi de la Réunion. Quand vous en mangez un kg, vous êtes responsable de l'émission dans l'atmosphère de un à deux kg de CO_2.

D'après: Ça m'intéresse, Fleurus Presse, février 2008

imposé/e *ici* besteuert **la serre** petite maison en verre pour cultiver des plantes

Objectif lecture

A Comprendre un texte de science-fiction et le mettre en relation avec la réalité

Racontez, à l'aide du texte, une journée typique dans un monde écolo. Qu'est-ce qui est différent de la vie telle que vous la menez?

B Analyser un texte de science-fiction

1. *Dégagez, à l'aide du texte, les mesures prises par le gouvernement et les effets obtenus.*
2. *Trouvez des points communs / des différences entre ce texte et celui de la p. 192–193 (par exemple, le type de texte, le contenu, le message / l'intention du texte, le style ...). Lequel de ces deux scénarios vous semble le plus plausible? Expliquez pourquoi.*

Et si, dans vingt ans, des lois très strictes limitaient les rejets de gaz à effet de serre? La vie quotidienne serait bouleversée.

2027 DANS UN MONDE ÉCOLO

8 h oo. Je n'ai pas entendu mon réveil mécanique. Vite, je prends une douche. Cinq minutes sous de l'eau chauffée quasi gratuitement: merci le soleil! Il paraît qu'avant, l'eau chaude et le chauffage étaient chers. En plus, il fallait brûler du fioul ou du gaz de ville, dont la combustion rejetait beaucoup de ce gaz à effet de serre qu'est le CO_2. Le gouvernement a donc exigé que tous les logements soient quatre fois plus économes en chauffage et en eau chaude. Mes parents ont dû faire pas mal de travaux: isolation des murs, des plafonds, triple vitrage, achat d'une nouvelle chaudière ... [...] Sur les toits et les murs de notre vieil immeuble, des capteurs solaires alimentent dans chaque appartement un ballon d'eau chaude et un plancher chauf-

le gaz à effet de serre Treibhausgas **bouleverser qc** changer qc complètement **7 le fioul** Heizöl **7 la combustion** le fait de brûler qc **13 le plafond** Decke **15 la chaudière** Heizkessel **18 le plancher** Fußboden fant. Des panneaux solaires photovoltaïques fournissent l'électricité. [...]

8 h 30. Après avoir enfilé mes vêtements climat équitable – ils sont fabriqués par des industries qui ont réduit au maximum leurs rejets en CO_2 – j'ai couru dans la cuisine, direction le frigo. [...] Il est seulement rempli avec des produits locaux. Ce qui vient de loin nécessite encore beaucoup trop de pétrole pour arriver par avion, tout frais, chez nous. S'offrir des mangues d'Asie, ça entame vite notre quota de CO_2. L'État a limité notre consommation individuelle à 2 tonnes de CO_2 par personne et par an: si on dépasse ce quota, il faut racheter le droit d'en émettre plus, et ça coûte bonbon! Heureusement, ma mère achète quand même du cacao. Transporté par bateau et par train, il génère moins de CO_2: j'en prends tous les matins, avec du lait des agriculteurs de la banlieue sud. [...]

9 h 00. [...] Je m'installe à l'arrière de la voiture de mon père, à côté d'un de ses collègues: plus on est nombreux, moins on dépense de CO_2 par personne. [...] La vitesse de sa voiture est archilimitée: pour faire baisser sa consommation d'énergie et ses rejets en CO_2 [...], ses constructeurs ont bridé son moteur et elle ne peut jamais rouler à plus de 90 km/h. D'ailleurs, il est interdit depuis longtemps de dépasser les 30 km/h en ville, histoire d'encourager les déplacements à vélo. [...]

10 h 15. [...] J'ai deux heures de sport pour refaire le plein des batteries, au sens propre comme au figuré. Vous ne comprenez pas? C'est tout simple. Depuis quelques années, le collège a décidé de profiter de l'énergie de notre force musculaire: en courant sur le tapis d'entraînement ou en pédalant, on peut recharger les piles des appareils multimédias qui nous sont prêtés pour suivre les cours à la maison! [...]

12 h 30. Ma mère nous a préparé des légumes. Elle a depuis longtemps réduit notre consommation de viande. Il faut dire que les pets de vache [...] dégagent du méthane, un gaz encore plus dangereux pour le réchauffement que le CO_2 [...]. Sans compter que pour obtenir un kilo de bœuf, il faut le nourrir avec plusieurs kilos de céréales. Et pour les cultiver, il faut des tracteurs qui roulent au diesel, et des engrais dégageant du protoxyde d'azote, un gaz qui chauffe encore plus que le méthane ... Au final, on estime qu'un kilo de bœuf «émet» plus de 16 kg de CO_2. [...]

D'après: Science & Vie Junior n° 209, Mondadori France, février 2007

29 entamer qc *ici* réduire qc, consommer qc **34 coûter bonbon** *fam.* coûter très cher **47 brider qc** *ici* etw. drosseln **65 le pet** abgehende Blähung **71 l'engrais** *m.* un produit pour rendre la terre plus fertile **72 le protoxyde d'azote** Distickstoffmonoxid, Lachgas

Objectif langage

Les déclencheurs du subjonctif

1. *Expliquez l'usage du mode dans les phrases subordonnées.*
   «Il paraît qu'avant, l'eau chaude et le chauffage **étaient** chers.» (l. 4–6)
   «Le gouvernement a donc exigé que tous les logements **soient** ... plus économes ...» (l. 9–11)
2. *Quelles sont les autres mesures prises par le gouvernement? Formulez des phrases.*

il faut que   il est nécessaire que   il est impératif que
il est possible que   il semble que ...

Discussion

→ Méthodes, p. 237

Au choix

1. *Faut-il de nouvelles lois pour forcer les gens à changer de comportement ou peut-on y arriver autrement? Donnez des exemples.*
2. *Que pensez-vous de la vie décrite dans le texte, p. 195–196? Justifiez votre opinion.*
3. *Que pouvez-vous faire vous-mêmes pour protéger l'environnement? Que faites-vous déjà?*

Pour aller plus loin

1. *Décrivez la tendance dont parle le texte ci-dessous. Indiquez-en les raisons et expliquez-en les conséquences à court et à long terme.*
2. *Y a-t-il un phénomène ou des problèmes semblables dans votre pays / votre région / votre famille? Comparez.*

Voiture-boulot-dodo, c'est *out*. Vivre et dormir près de son travail, c'est *in*.

Plus c'était loin, moins c'était cher, et les ménages les plus modestes partaient se loger en grande périphérie, dans des endroits oubliés des transports publics. Ce sont eux aujourd'hui qui souffrent le plus du pétrole cher. Le coût de leurs déplacements en voiture représente entre 20 et 25 % de leur budget, contre 15 % pour ceux qui vivent à la périphérie des centres urbains et 7 % des habitants des villes. [...]

«Nos services de logements sont débordés par la demande de gens qui voudraient revenir en centre-ville», raconte Jean Germain, le maire de Tours. [...] «On va vers des agglomérations polycentriques avec un zonage où se regroupent à la fois activités, habitations et loisirs. [...] La période où l'on mettait des supermarchés dans les champs est passée.»

D'après: L'après-pétrole a déjà commencé, dans: Le Nouvel Observateur, 14.–20.8.2008

le dodo *fam.* die Heia **11 débordé/e** très ou trop plein/e, très recherché/e **15 l'agglomération** *f.* la ville, une concentration d'habitations **16 le zonage** Flächennutzung

Table ronde

→ Méthodes, p. 238

Plusieurs personnes se sont réunies afin de trouver des solutions pour lutter contre le réchauffement du climat. Prenez un des rôles, trouvez des arguments et jouez la discussion.

- un agriculteur qui élève des vaches ou cultive des céréales
- une personne qui travaille à 50 km de chez elle et se rend à son travail en voiture
- un représentant d'une association de protection du climat qui veut imposer des mesures très strictes
- un constructeur d'automobiles qui emploie 5 000 personnes
- une personne qui adore manger de la viande
- une personne végétarienne qui ne roule qu'à vélo
- [...]

Recherche

→ Méthodes, p. 240

Il n'y a pas que le réchauffement du climat et les émissions de CO_2 et d'autres gaz qui représentent un danger pour notre environnement. Formez des groupes, choisissez un sujet qui vous intéresse dans la liste ci-dessous, faites des recherches et présentez vos résultats sous forme de courts exposés ou d'exposition.

la pollution de l'eau · l'épuisement des matières premières · l'extinction d'espèces animales et végétales · les jouets toxiques · les produits de beauté toxiques · la nourriture toxique · [...]

L'Homme et la planète (3)

Approches

Que signifient les mots suivants?
le pétrolier – la marée noire – le naufrage – se fracasser
Où se trouvent les endroits suivants?
le Finistère – la côte de Granit rose – les Côtes du Nord – Honfleur – le Cotentin – le Havre – Deauville – la Manche

Objectif lecture
→ Méthodes, p. 235

A Formuler des hypothèses sur un texte et les vérifier

1. *Lisez le texte jusqu'à la ligne 37. Résumez ce que vous avez lu.*
2. *Imaginez comment le texte va continuer. Vous pouvez échanger vos idées avec vos camarades.*
3. *Lisez le texte en entier et comparez la fin avec vos hypothèses. Commentez la version originale.*

B Analyser la composition d'un texte

→ Méthodes, p. 235

1. *Survolez le texte et indiquez-en le genre. Justifiez votre choix.*

reportage journalistique   conte de fées   conte de science-fiction
récit autobiographique   récit historique   satire   [...]

2. *Trouvez les parties principales du texte et donnez-leur des sous-titres.*
3. *Formez trois groupes:*
   a *Groupe A: Expliquez le titre du texte.*
   b *Groupe B: Analysez la phrase suivante: «... la célèbre côte de Granit rose devenue [...] la côte de Granit noir.» (l. 8–10)*
   c *Groupe C: Analysez la fonction de la dernière phrase du texte.*

Les bocaux

C'est en avril 1997 que, pour la cinquième fois, un pétrolier géant s'échoua, puis se fracassa sur un banc de récifs du Finistère. Un nouveau record était battu: 350 000 tonnes de pétrole se déversaient dans la mer, [...] la marée noire atteignit bientôt les superbes sites des Côtes-du-Nord. Polluant une fois encore la célèbre côte de Granit rose devenue depuis vingt ans la côte de Granit noir. [...] Nourri des souvenirs de la célèbre marée noire de 1978, exactement au même endroit, on battit le rappel en donnant de la voix par les ondes et la télévision, et cela paya car, des volontaires du nettoyage pétromerdique, il en vint de partout, non seulement de Bretagne et de tous les coins de France, mais même des pays étrangers. Tous étaient mal informés, mal accoutrés pour la circonstance, affolés en voyant vraiment «la chose», de leurs propres yeux, dépassés par la situation. [...] Ils avaient pour eux leur bonne volonté, mais rien d'autre. Et, dès les premiers jours, on retrouva les problèmes toujours affrontés, jamais résolus: comment planifier le travail à donner à des amateurs hébétés sous les ordres confus de responsables incompétents, comment lutter avec des moyens de ménagère – des chiffons et des brosses à récurer, des seaux et des pelles pour enfants – contre un océan de crasse gluante, comment l'aspirer pour l'arracher au sol, à la pierre, à l'eau, au sable, avec quoi la ramasser, dans quoi la mettre ensuite, où la stocker, qu'en faire. [...]

le bocal un pot, un récipient **2 s'échouer (un bateau)** toucher le fond par accident et s'arrêter **3 le banc de récif** un grand groupe de rochers, de pierres énormes **5 se déverser** couler **12 battre le rappel** *fig.* essayer de réunir les gens nécessaires **13 les ondes** *f. pl. ici* la radio **18 accoutré/e** *ici* équipé/e **19 s'affoler** devenir fou **20 être dépassé/e par qc** überfordert sein **26 hébété/e** rendu/e stupide **29 des chiffons et des brosses à récurer** Putzlappen und Scheuerbürsten **29 le seau** Eimer **30 la pelle** Schaufel **31 la crasse gluante** klebriger Schmutz **34 stocker qc** etw. lagern

C'est alors que, de Paris, cette capitale si peu marine, mais si commerçante, vint l'idée qui manquait. L'idée simple, mais lumineuse. Une chaîne de grands magasins décida de récupérer dans des pots de confiture en verre blanc de modestes échantillons de marée noire qui seraient vendus comme gadgets-souvenirs de Bretagne. Ce qui devait résoudre – sans entraîner aucun frais de traitement industriel – le problème du stockage des tonnes de carburants gâché. L'opération fut lancée comme une œuvre de bienfaisance au son triomphal du slogan: «Aidez la Bretagne! Prenez chez vous sa marée noire!»

Le succès que connurent ces pots-souvenirs dépassa toutes les prévisions. Attirés comme toujours par tout ce qui était dans le vent, les Parisiens, des millions de Parisiens, se ruèrent pour acheter, assez cher d'ailleurs, les merveilleux petits pots de marée noire qui servaient non seulement de gag-gadget sur les cheminées, mais de cadeaux amusants à se faire entre amis ou parents. Et, en quelques mois, toute la marée bretonne se retrouva entreposée, en des millions de bocaux, dans des appartements de la région parisienne.

Puis arriva, un an plus tard, ce que l'on aurait pu craindre. [...] les Parisiens se lassèrent de ce gadget déjà désuet, car remplacé par d'autres bricoles à la mode. Ils vidèrent le contenu de leurs pots dans les waters, les éviers, les caniveaux. Et dans la Seine, bien entendu. Bref, n'importe où. La marée noire, [...] se recomposa dans l'estuaire de la Seine. Y retrouvant la crasse pétrolifique de la Shell au Havre, les miasmes chimiques des usines échelonnées le long du fleuve. En quelques jours une gigantesque marée noire se répandit sur le littoral normand, infectant tout de Honfleur au Cotentin en passant par les plages les plus fréquentées de la Manche, et cela à deux mois des départs en vacances. Juste revanche des choses: la Normandie encaissait ce que seule la Bretagne devait régulièrement avaler.

Et, surtout, ce fut la goutte d'eau pourrie qui fit déborder la vase. En effet, quelques mois plus tard, on constata à Deauville [...] que tous les estivants qui prenaient un bain de mer, même très bref, en revenaient avec la peau nécrosée. Cela fit d'autant plus d'effet que, depuis des années, on avait toujours occulté les rapports alarmants sur la baie de Seine, mais cette fois la pollution avait une couleur de mort, visible à l'œil nu, impossible à nier.

On comprit enfin qu'il était urgent d'interdire toute baignade sur les plages de la baie de Seine où, depuis des décennies, l'industrie rejetait en toute impunité plus de 500 000 tonnes par jour de déchets et produits toxiques.

39 récupérer qc *ici* conserver qc **40 l'échantillon** *m.* une petite quantité, un exemplaire **41 le gadget** le jouet pour adultes **45 le carburant** Kraft-, Treibstoff **51 dépasser qc** *ici* etw. übertreffen **52 être dans le vent** *fig.* être à la mode **53 se ruer** se jeter, se dépêcher, venir en masse **57 sur la cheminée** auf dem Kaminsims **64 se lasser de qc** perdre l'intérêt pour qc **65 désuet/désuète** démodé/e **66 la bricole** l'objet de peu de valeur **68 l'évier** *m.* Ausguss, Spüle **68 le caniveau** Rinnstein **70 l'estuaire** *m.* l'endroit où un fleuve se jette dans la mer **72 le miasme** un gaz qui pue **73 échelonné/e** situé/e par ici et par là **81 avaler qc** manger qc, *fig.* accepter qc **83 la vase** Schlamm *ici* jeu de mots à partir de l'expression: C'est la goutte d'eau qui fait déborder le vase. **85 l'estivant** *m.* le touriste qui vient passer ses vacances d'été **87 nécrosé/e** en train de mourir, grièvement affecté/e **89 occulter qc** cacher qc **96 en toute impunité** sans être puni/e, sans aucune conséquence **97 les déchets** *m. pl.* Abfälle

Objectif langage

Les conjonctions et les connecteurs du texte

Formez trois groupes (l. 1–35, 36–63, 64–99). Relevez, dans chaque paragraphe, les conjonctions, les adverbes et d'autres expressions qui structurent le texte. Notez-les dans un tableau selon leur fonction.

nouveau paragraphe / nouvel argument	*c'est en ... que; puis ...*
conclusion	*en effet, enfin ...*

Jeu de rôle

→ Méthodes, p. 237

Un/e journaliste fait une enquête sur la côte de Granit rose et sur Deauville. Imaginez les dialogues entre le/la journaliste et les personnes interviewées.

L'Homme et l'énergie (1)

Approches

→ Méthodes, p. 254

Expliquez la statistique et comparez les pays.

La part du nucléaire dans la production électrique en 2007

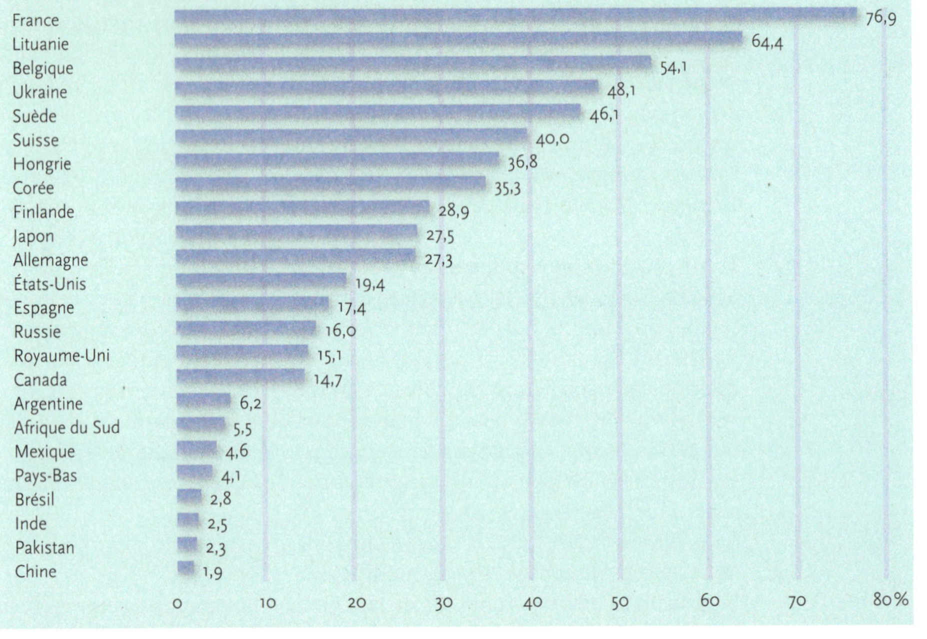

Objectif lecture

→ Méthodes, p. 255

Analyser les éléments d'une affiche

Formez deux groupes et choisissez une affiche.

1. *Décrivez-la et analysez la fonction des textes et des couleurs.*
2. *Expliquez qui est à l'origine de l'affiche et quel en est l'objectif.*

Le monde a besoin de plus en plus d'énergie. Limiter les émissions de gaz à effet de serre est une nécessité. Face à ce double défi, AREVA innove. Leader mondial de l'énergie nucléaire et acteur engagé dans le développement des énergies renouvelables (éolien, biomasse, et pile à combustible), AREVA propose à ses clients des solutions pour produire et acheminer de l'électricité tout en préservant la planète.

© Areva, 2008

Discussion
→ Méthodes, p. 237

En vous appuyant sur les deux affiches, formulez le paradoxe de l'énergie nucléaire et discutez-en.

Médiation
→ Méthodes, p. 240

1. *Expliquez le schéma ci-dessous en français.*
2. *Utilisez-le pour commenter (en français) l'affiche d'Areva.*

Die Energie-Revolution

So kann die Erderwärmung auf etwa zwei Grad begrenzt werden

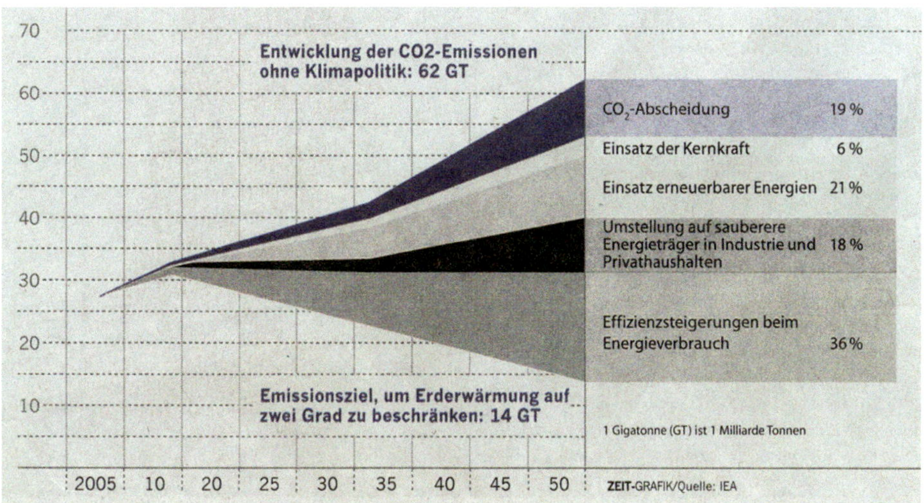

Soll der Temperaturanstieg auf der Erde einigermaßen erträglich bleiben, muss sich der Ausstoß von Kohlendioxid (CO_2) in Zukunft wenigstens halbieren. Im Vergleich zu der CO_2-Menge, die bei unveränderter Politik für das Jahr 2050 zu erwarten wäre, muss der Rückgang sogar noch drastischer ausfallen. Die notwendigen Emissionsminderungen können laut Internationaler Energie Agentur (IEA) vor allem durch gesteigerte Effizienz und erneuerbare Energien erreicht werden. Auch die umstrittene CO_2-Abscheidung bei Kohle ist laut IEA unverzichtbar. Eine untergeordnete Rolle spielt Kernenergie.

© Zeitverlag, Die Zeit, 23. Oktober 2008, Wolfgang Sischke

L'Homme et l'énergie (2)

Approches

1. *Reconstituez les définitions.*

1. Le panneau solaire ...	... utilise l'énergie du vent pour produire de l'électricité.
2. L'usine marémotrice ...	... retient de l'eau et produit ainsi de l'énergie hydroélectrique.
3. Le barrage ...	... brûle une énergie fossile (gaz, charbon ou pétrole) pour produire de l'énergie.
4. La centrale thermique à flamme ...	... transforme l'énergie solaire en électricité.
5. L'éolienne ...	... utilise l'énergie des marées pour produire de l'électricité.

2. *Parmi ces sources d'énergie, lesquelles sont représentées dans votre région?*

Objectif lecture

→ Méthodes, p. 235

A Faire une lecture sélective

1. *Trouvez, à l'aide du texte, des informations concernant la période:*
- *à laquelle la demande des consommateurs en énergie est la plus importante.*
- *à laquelle il y a le moins d'eau dans les réservoirs.*
- *à laquelle les réservoirs sont pleins et les turbines ont le plus de travail.*

2. *Expliquez ce qui va changer avec le changement climatique et quelles seront les conséquences pour Hydro-Québec.*

B Aborder un article de journal à partir de son chapeau

→ Méthodes, p. 247

1. *Lisez le chapeau (lignes 1–4) et expliquez-le avec vos propres mots.*

2. *Trouvez dans le texte une explication au phénomène évoqué dans le chapeau.*

Beau temps pour Hydro!

À la loterie des changements climatiques, il y aura beaucoup de perdants, mais aussi des gagnants. Hydro-Québec pourrait bien remporter le gros lot.

René Roy est heureux même s'il ne le montre pas trop. Spécialiste en hydrologie au service d'Hydro-Québec depuis 20 ans, il mène des recherches sur les changements climatiques en collaboration avec le consortium Ouranos. Et ses calculs montrent que, d'ici 2050, les températures hivernales sur le territoire de la Baie-James pourraient augmenter de 4 °C à 7 °C. Une augmentation des précipitations s'annonce également dans sa boule de cristal. Or, qui dit plus de pluie dit plus d'eau dans les rivières et, par conséquent, dans les réservoirs hydroélectriques. «Pour nous, c'est une excellente nouvelle, dit le scientifique, mais c'est toujours un peu gênant de se réjouir ouvertement des changements climatiques.»

Ouranos est un consortium de chercheurs qui a été fondé en 2002. Sa mission: prévoir le climat que connaîtra le Québec dans 20, 50 ou 100 ans ainsi que les conséquences du réchauffement sur la population, l'agriculture, les pêches, les ressources forestières et énergétiques. Au final, on cherche les meilleures façons de s'adapter aux changements climatiques afin de limiter les dégâts et de profiter au maximum des avantages. Parce que des avantages, il y en aura.

[...]

Les simulations le montrent clairement, les changements climatiques ne seront pas les mêmes dans tout le Québec. Dans le nord de la province, l'augmentation de la température se fera sentir surtout en hiver. «C'est le meilleur scénario qu'on aurait pu envisa-

3 Hydro-Québec société québécoise de production hydroélectrique **14 les précipitations** *f. pl.* Niederschlag **31 le dégât** Schaden

ger, explique René Roy. Il risque d'y avoir plus de périodes de redoux. Nous pourrons donc turbiner au fur et à mesure l'eau de la fonte des neiges afin de répondre à la demande de nos clients pendant cette période de grande consommation d'énergie.» Des précipitations plus fortes seraient moins rentables pour Hydro-Québec si elles tombaient uniquement sous forme de neige et s'accumulaient tout l'hiver. Déjà, au printemps, il y a tellement d'eau provenant de la fonte des neiges que certains réservoirs sont trop pleins. Pour protéger l'équipement, les surveillants doivent souvent ouvrir les évacuateurs de crues et laisser l'eau s'échapper en contournant les barrages. Un vrai gaspillage! Car chaque goutte qui quitte le réservoir sans avoir fait tourner les turbines représente de l'argent en moins dans les coffres de la société d'État Hydro-Québec.

[...]

Les modifications du régime des précipitations pourraient même changer la façon de penser les barrages futurs. «Si les réservoirs actuels sont gigantesques, c'est parce qu'en hiver la demande d'électricité est astronomique, alors qu'il y a moins d'eau», explique Robert Leconte, membre du consortium Ouranos. «Il faut donc stocker l'eau qu'on turbinera en janvier, février et mars. Mais si le climat se réchauffe, on chauffera moins, ce qui fera baisser la demande. En même temps, il pourrait y avoir des apports d'eau plus importants en hiver. Cette meilleure adéquation entre la disponibilité des ressources et la demande est une très bonne nouvelle pour Hydro-Québec. Les réservoirs qu'on construira à l'avenir seront peut-être moins grands.»

D'après: L'actualité, Dominique Forget, 1er juin 2008

42 le redoux le retour de la chaleur **43 turbiner l'eau** la faire passer par les turbines **43 au fur et à mesure** je nach **54 l'équipement** *m. ici* technische Anlage **55 l'évacuateur de crues** *m.* Hochwasserschutzklappe **57 le gaspillage** Verschwendung **76 l'adéquation** *f.* Zusammenspiel

Objectif langage

Le vocabulaire technique

1. *Retrouvez dans le texte les mots ou expressions qui correspondent aux définitions suivantes.*

1. L'eau les fait tourner et en tournant elles produisent de l'électricité.
2. C'est là qu'on stocke l'eau.
3. Quand il y a trop d'eau, on est obligé de les utiliser pour ne pas abîmer les turbines.
4. Il sert à bloquer l'eau d'un fleuve et à l'utiliser pour produire de l'énergie.

2. *Formulez vous-mêmes des définitions ou des explications pour les mots ci-dessous.*

l'hydrologie — la fonte des neiges — une demande astronomique — le gaspillage

Discussion/Débat

→ Méthodes, p. 237/238

«Les avantages du réchauffement climatique compensent les inconvénients.» Qu'en pensez-vous? Discutez ou organisez un débat structuré.

Médiation

→ Méthodes, p. 240

1. *Expliquez en allemand à quelle occasion ce texte a été écrit et quel est son but.*

Pétition contre la construction du complexe hydroélectrique sur la Rivière Romaine

Hydro-Québec prévoit de construire sur la rivière Romaine, située au nord de la municipalité de Havre-Saint-Pierre en Basse-Côte-Nord au Québec un complexe hydroélectrique de 1555 MW composé de quatre barrages produisant près de 13 TWh d'électricité par année. Ce projet représente un investissement de 6 à 7 milliards. Le début de la construction est prévu pour le milieu 2009 et une partie du complexe pourrait entrer en opération en 2016 avec une capacité maximale dès 2020.

Hydro-Québec dit que le seul impact que le complexe hydroélectrique aura sur la rivière Romaine concerne le paysage. Cependant, les conséquences seront beaucoup plus nombreuses. La rivière Romaine est le lieu dans lequel vivent le saumon de l'Atlantique, le caribou des bois, l'aigle royal, le faucon pèlerin, le balbuzard, l'aigle d'Amérique, les insectes, les arbres, les fleurs sauvages et cette forêt boréale constitue un des plus importants puits de carbone au monde. Ainsi, non seulement la construction des quatre immenses centrales proposées détruira l'écosystème, la faune et la flore, mais en plus elle contribuera grandement aux émissions de gaz à effet de serre. Finalement, comme cela a été le cas avec plusieurs autres rivières au Québec où il y a eu la construction de barrages et réservoirs, on voit apparaître à long terme des conséquences négatives sur l'environnement.

D'après: http://quebec.sierraclub.ca, 2008

2. *Expliquez la statistique en français.*

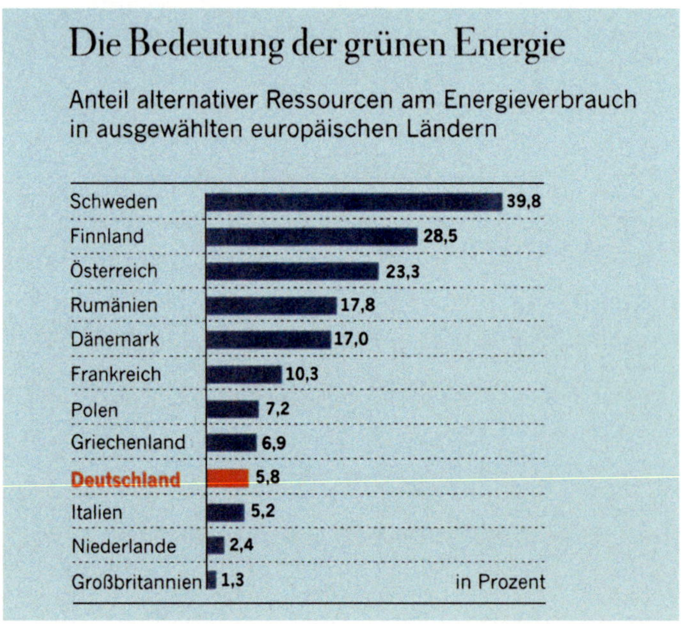

L'Homme et l'énergie (3)

Approches

Situez le Mali sur la carte et formulez des hypothèses sur les sources d'énergie possibles au Mali.

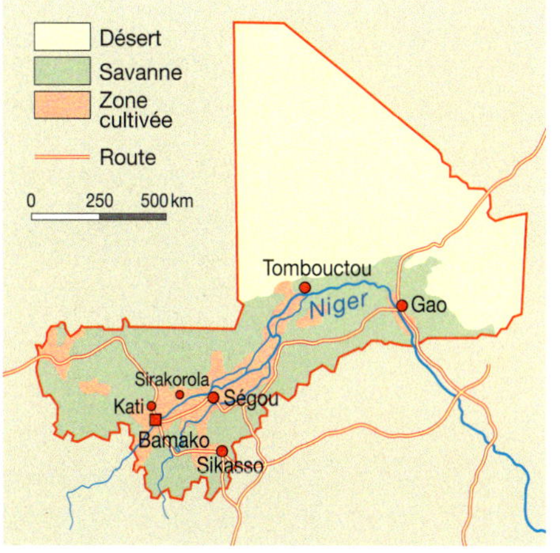

Objectif lecture

A Comprendre un article de journal

1. *Expliquez comment le village a été électrifié.*
2. *Nommez les avantages de l'électrification pour les habitants.*

B Analyser un article de journal

→ Méthodes, p. 247

1. *Notez toutes les informations que vous trouvez sur Sirakorola et expliquez le titre de l'article «Sirakorola, village phare».*
2. *Expliquez le lien entre la pauvreté en milieu rural et le problème de l'énergie.*

Électrification rurale: SIRAKOROLA, «VILLAGE PHARE»

Grâce à l'énergie produite par le soleil et le vent, rien ne sera plus comme avant dans cette localité

Les habitants de Sirakorola, un village situé à 115 kilomètres de Bamako dans le cercle de Kati, garderont un souvenir agréable de la journée du mercredi 30 janvier 2007. C'est ce jour-là qu'a été officiellement mis en marche le réseau électrique dont a été dotée la localité à partir des énergies renouvelables. Du coup, Sirakorola devient le premier village solaire du pays.

[...]

Le ministre des Mines, de l'Énergie et de l'Eau, Hamed Diane Séméga, a souligné que si la pauvreté est accentuée dans le milieu rural, c'est en grande partie à cause du problème d'énergie. Ici, les femmes et les enfants consacrent une bonne partie de leur temps à la recherche du bois et de l'eau sur de longues distances. Cette situation pèse sur l'éducation des enfants. Par ailleurs, l'emploi des moyens traditionnels comme la force humaine et l'exploitation abusive des ressources de la forêt n'aident pas à réduire significativement la pauvreté. Afin d'améliorer les conditions de vie des populations rurales, le gouvernement a entrepris un vaste programme d'électrification rurale. Il prévoit de mettre en valeur l'extraordinaire potentiel en énergies nouvelles et renouvelables (soleil, eau, vent et biomasse). [...] Grâce à l'énergie du soleil et du vent, plusieurs structures ont été électrifiées: la préfecture, l'école, la mairie et la mosquée. En plus de l'éclairage, le CSCOM a été équipé d'un frigo, d'un congélateur et de chauffe-eau solaires. Des lampadaires éclairent la place du marché.

Le village a été doté de fours solaires constitués de 20 boîtes solaires. Des cultures maraîchères sont équipées de pompes fonctionnant à l'énergie éolienne. Aujourd' hui, Sirakorola dispose d'unités de production de glace et de conditionnement de lait. Grâce à l'énergie solaire, on peut recharger des batteries et faire sécher des fruits et légumes, de la viande et du poisson.

Le coût total des réalisations est estimé à 34 millions Fcfa financés essentiellement par le Programme des Nations unies

7 doter qn/qc de qc jdn mit etw. ausstatten **11 la mine** Bergbau **13 être accentué/e** être plus fort/e **22 abusif/-ive** exagéré/e **27 rural/e** ländlich **33 CSCOM** Centre de Soins Communautaire, l'hôpital *m.* **38 la culture maraîchère** Gemüseanbau **40 éolien/ne** Wind- **42 conditionner qc** traiter qc et le préparer pour la vente **47 le Fcfa** le Franc de la Communauté Financière Africaine pour le développement. La population de la commune y a contribué à hauteur de 10 %. «Aujourd'hui est un grand jour pour nous». Fatoumata Sangaré, la présidente du groupement des femmes de Sirakorola qui le dit, a de grands motifs de satisfaction. En effet, ces équipements allégeront considérablement les tâches quotidiennes des femmes du village.

Pour Seydou Coulibaly, propriétaire d'une boutique au marché du village, c'est vraiment une nouvelle ère qui commence. Il est persuadé qu'avec l'éclairage public, les affaires marcheront même la nuit. La maraîchère Bintou Sané était également aux anges. Elle ne jettera plus ses produits invendus car elle a, désormais, la possibilité de les conserver. Elle envisage même d'aller vendre ses produits dans d'autres localités de la zone.

[...] Dans le village, chacun trouve donc son compte dans le projet. Y compris Bakary Tangara et ses camarades élèves qui étudieront désormais dans de meilleures conditions avec l'éclairage dans les salles de classe. Mais c'est le maire, Souleymane Coulibaly, qui s'estime le plus heureux de tous. «Car enfin ma commune sort du noir», s'est-il félicité.

D'après: A.M.A.P./L'Essor du 2 février 2007, C.A. Dia

63 être aux anges être très content

Objectif langage

La mise en relief

1. *Traduisez la phrase suivante en allemand. Que remarquez-vous?*
«C'est ce jour-là qu'a été mis en marche le réseau électrique» (lignes 5–6)

2. *Relevez d'autres phrases dans le texte qui contiennent une mise en relief.*

3. *Mettez en relief les expressions soulignées dans les phrases ci-dessous.*

1. Tiens, regarde, je t'ai parlé de ce barrage!
2. L'électricité produite ici alimente Montréal.
3. Ce projet a malheureusement détruit tout un écosystème.
4. L'énergie solaire est la plus propre et la moins coûteuse.
5. Mais la construction s'est faite avec l'aide de la population!
6. Ce genre de projets marchent mieux quand la population est concernée!

Médiation

→ Méthodes, p. 240

Vous avez parlé de l'exemple du village de Sirakolora en cours de géographie. Votre professeur qui ne parle pas français, veut savoir si cette expérience va être étendue à d'autres villages. Résumez-lui l'article ci-dessous.

La Banque mondiale accorde 35 millions de $ pour l'électrification

La Banque mondiale a approuvé un financement supplémentaire de 35 millions de $ pour aider à l'élargissement de l'accès à l'énergie électrique.

C'est l'Agence malienne pour le développement de l'énergie domestique et de l'électrification rurale (AMADER) qui gérera cette attribution, dans le cadre du «Projet énergie domestique et accès aux services de base en milieu rural» (PEDASB).

Écouter

CD 24

→ Méthodes, p. 236

Écoutez le document et répondez aux questions:

1. Qu'est-ce qu'un four solaire?
2. Décrivez les avantages et les inconvénients des fours solaires.

L'Homme et la machine (1)

Approches

Quels moyens de transport associez-vous à ces époques?
1700 – 1800 – 1900 – 2000

Objectif lecture

A Comprendre les grandes lignes d'un extrait de roman

1. *Nommez les moyens de transport mentionnés dans le texte.*
2. *Notez pour chaque partie le sujet principal.*
3. *Expliquez ce que veut dire Phileas Fogg par: «Elle l'était autrefois ...» (l. 11).*

B Identifier les points centraux d'un extrait de roman

1. *Qu'est-ce qui rend le pari de faire un voyage en 80 jours particulièrement risqué à l'époque évoquée dans le texte?*
2. *Trouvez des éléments dans le texte montrant que ce voyage représente un événement particulier à cette époque-là.*

Le roman de Jules Verne «Le Tour du Monde en 80 jours» a été publié en 1873. Dans l'extrait suivant, Phileas Fogg et ses amis se retrouvent au Reform-Club, à Londres, pour jouer aux cartes. Ils discutent des chances pour un voleur d'échapper à la police.

Le Tour du Monde en 80 jours

«Je soutiens, dit Andrew Stuart, que les chances sont en faveur du voleur, qui ne peut manquer d'être un habile homme!
– Allons donc! répondit Ralph, il n'y a plus un seul pays dans lequel il puisse se réfugier.
– Par exemple!
– Où voulez-vous qu'il aille?
– Je n'en sais rien, répondit Andrew Stuart, mais, après tout, la terre est assez vaste.
– Elle l'était autrefois ...» dit à mi-voix Phileas Fogg. [...]

2 qui ne peut manquer de qui est sûrement

– Comment, autrefois! Est-ce que la terre a diminué, par hasard?

– Sans doute, répondit Gauthier Ralph. Je suis de l'avis de Mr. Fogg. La terre a diminué, puisqu'on la parcourt maintenant dix fois plus vite qu'il y a cent ans. Et c'est ce qui, dans le cas dont nous nous occupons, rendra les recherches plus rapides.

– Et rendra plus facile aussi la fuite du voleur!

[...]

– Il faut avouer, monsieur Ralph, reprit-il, que vous avez trouvé là une manière plaisante de dire que la terre a diminué! Ainsi parce qu'on en fait maintenant le tour en trois mois ...

– En quatre-vingts jours seulement, dit Phileas Fogg.

– En effet, messieurs, ajouta John Sullivan, quatre-vingts jours, depuis que la section entre Rothal et Allahabad a été ouverte sur le «Great-Indian peninsular railway», et voici le calcul établi par le *Morning Chronicle:*

De Londres à Suez par le Mont-Cenis et Brindisi, railways et paquebots	7	jours
De Suez à Bombay, paquebot ...	13	–
De Bombay à Calcutta, railway .	3	–
De Calcutta à Hong-Kong (Chine), paquebot	13	–
De Hong-Kong à Yokohama (Japon), paquebot	6	–
De Yokohama à San Francisco, paquebot	22	–
De San Francisco à New York, railroad	7	–
De New York à Londres, paquebot et railway	9	–
Total:	80	jours

Phileas Fogg parie 20 000 livres, la moitié de sa fortune, qu'il fera le tour du monde effectivement en 80 jours. Après avoir terminé la partie de cartes, il part en voyage, dans la même nuit, accompagné de son valet, Passepartout.

Phileas Fogg, en quittant Londres, ne se doutait guère, sans doute, du grand retentissement qu'allait provoquer son départ. La nouvelle du pari se répandit d'abord dans le Reform-Club, et produisit une véritable émotion parmi les membres de l'honorable cercle. Puis, du club, cette émotion passa aux journaux par la voie des reporters, et des journaux au public de Londres et de tout le Royaume-Uni.

Cette «question du tour du monde» fut commentée, discutée, disséquée, avec autant de passion et d'ardeur que s'il se fût agi d'une nouvelle affaire de l'*Alabama*. Les uns prirent parti pour Phileas Fogg, les autres – et ils formèrent bientôt une majorité considérable – se prononcèrent contre lui. Ce tour du monde à accomplir, autrement qu'en théorie et sur le papier, dans ce minimum de temps, avec les moyens de communication actuellement en usage, ce n'était pas seulement impossible, c'était insensé! [...]

Pour réussir dans ce projet, il fallait admettre une concordance miraculeuse des heures de départ et d'arrivée, concordance qui n'existait pas, qui ne pouvait pas exister. À la rigueur, et en Europe, où il s'agit de parcours d'une longueur relativement médiocre, on peut compter sur l'arrivée des trains à heure fixe; mais quand ils emploient trois jours à traverser l'Inde, sept jours à traverser les États-Unis, pouvait-on fonder sur leur exactitude les éléments d'un tel problème? [...] Il suffisait d'un retard, un seul, pour que la chaîne de communications fût irréparablement brisée. Si Phileas Fogg manquait, ne fût-ce que de quelques heures, le départ d'un paquebot, il serait forcé d'attendre le paquebot suivant, et par cela même son voyage était compromis irrévocablement.

25 la fuite Flucht **37 Rothal, Allahabad** villes en Inde, Rothal étant apparemment inconnue des géographes **55 le paquebot** Passagierschiff **65 le retentissement** l'écho, le bruit **76 disséquer qc** analyser qc **77 l'ardeur** *f.* Heftigkeit, Begeisterung **78 l'affaire** *f.* **de l'Alabama** Schlacht zweier amerikanischer Kriegsschiffe, während des amerikanischen Bürgerkriegs, vor der Küste Frankreichs im Jahr 1864, die ein großes Presseecho auslöste **82 accomplir qc** compléter qc, terminer qc **86 insensé/e** fou/folle **88 la concordance** *ici* Zusammentreffen (von Ereignissen) **91 à la rigueur** zur Not, notfalls **100 brisé/e** cassé/e **101 ne fût-ce que** und sei es auch nur, weil / um / ... **104 compromettre qn/qc** mettre qn/qc en danger **104 irrévocablement** définitivement

Objectif langage

1. *Relevez dans le passage (ligne 67–81) les verbes au passé simple et notez-les à l'infinitif.*

prendre parti pour qn   se prononcer contre qc/qn   [...]

2. *Puis racontez le passage au présent avec vos propres mots à l'aide de votre liste.*

Recherche

→ Méthodes, p. 240

À faire en groupes:

1. *Londres – Bombay (Mumbai) – Hong-Kong – Yokohama – San Francisco – New York – Londres:*
   Préparez ce voyage: Quelles seraient les escales pour faire ce tour du monde, de nos jours? À quelle heure pourrait-on partir? Combien de temps mettrait-on?
2. *Faites des recherches sur Jules Verne (biographie, œuvres, thèmes abordés dans ses livres) et préparez un exposé.*

Écouter

CD 25

CD 26

→ Méthodes, p. 236

1. *Retracez l'aventure de Pégase.*
2. *Expliquez le succès de l'AGV à l'aide de ce que dit Éric Marie, le vice-président d'Alstom, dans l'interview.*

«Pégase», le prototype de la nouvelle **a**utomotrice à **g**rande **v**itesse (AGV), effectue ses essais dynamiques sur le circuit de Velim, en République tchèque. «Pégase» a été construit par Alstom pour rouler jusqu'à 370 km/h.

Discussion

→ Méthodes, p. 237

Que préféreriez-vous, faire un voyage en train comme du temps de Phileas Fogg, ou en AGV? Discutez.

Pour aller plus loin

→ Méthodes, p. 237

1. *Relevez les conséquences que la hausse constante du prix des carburants pourrait avoir sur les agences de voyage.*
2. *Y a-t-il uniquement des conséquences négatives? Discutez.*

Quand l'avion devient un luxe ••• Fini la démocratisation du tourisme?

«Nous avons acheté en février quatre billets Paris-Corfou aller-retour pour un vol charter à 410 euros par personne. Mi-juillet, soit trois semaines avant le départ programmé, on nous a annoncé que nous devions payer un supplément carburant de 70 euros par personne.» La mésaventure de ce groupe d'amis n'est pas exceptionnelle. Sur les forums de voyages, le sujet déchaîne les internautes. Certes, jusqu'ici et malgré cinq hausses successives depuis janvier, «le nombre de départs par avion n'a cessé d'augmenter», constate Jean-Claude Mas, du Syndicat National des Agences de Voyages (Snav). Mais demain, si le prix du pétrole repart à la hausse? «On pourrait assister à une réduction du nombre de départs et à l'allongement de la durée des séjours. Soit à une inversion du phénomène constaté depuis les années 1980 où la tendance était à la segmentation des vacances tout au long de l'année.» Les tours-opérateurs y réfléchissent déjà. «L'alternative, dit Marc Serrell, fondateur de Terres de Charme, sera peut-être de ne plus proposer de circuits qui multiplient les vols intérieurs dans un pays et de remplacer ceux-ci par le train ou la voiture. Le voyage sera moins ambitieux mais aussi moins superficiel.»

L'Homme et la machine (2)

Approches

Combien de personnes possèdent un téléphone portable dans votre classe? Quand l'utilisez-vous? Faites un sondage.

Objectif lecture

→ Méthodes, p. 262

A Faire un résumé oral à partir d'un extrait de roman

1. *Quelles sont les différentes étapes de l'aventure du narrateur? Lisez le texte en notant des mots-clés.*

→ Méthodes, p. 243

2. *À l'aide de votre liste de mots-clés, faites un résumé oral du texte.*

B Analyser le titre d'un extrait de roman

Expliquez et commentez le choix du titre. Justifiez votre réponse.

Service clientèle

Pour Noël dernier, mes parents m'avaient offert un modèle de téléphone mobile extrêmement perfectionné. Où que je sois dans le monde, je pouvais désormais me distraire grâce à une quantité de jeux électroniques, commander des taxis, envoyer ma photo, appeler la météo et accéder – via internet – aux milliards d'informations utiles pour ne pas se perdre dans l'existence. Mes parents s'étaient saignés: ce cadeau leur coûtait cher, alors que je gagnais désormais plus d'argent qu'eux. Ils avaient le sentiment, teinté de fierté, de soutenir le quadragénaire mûr et dynamique que j'étais devenu, toujours agité, voyageant à travers le monde en écrivant des reportages, croisant des stars dans les soirées parisiennes. [...]

Deux mois à peine s'étaient écoulés quand, par un jour maudit, j'oubliai mon téléphone dans un taxi. Je me vois encore sur le trottoir à cet instant de détresse, plongeant la main dans ma poche vide, cherchant vainement le combiné, courant derrière la voiture qui déjà s'éloignait. Je me vois tout nerveux, entrant dans le café le plus proche, composant cent fois mon propre numéro afin de joindre le chauffeur qui ne répondait pas. Je rentrai chez moi désemparé. Combien d'amis, de correspondants, d'employeurs potentiels essayaient déjà de me joindre et s'étonnaient de ne pas me trouver? Impossible même de les avertir, puisque mon répertoire téléphonique se trouvait à l'intérieur de l'appareil. [...] Luttant contre mon sentiment d'échec, je tâchai de me calmer et c'est alors, seulement, que la catastrophe m'apparut dans toute son ampleur. Quelques jours plus tard, je devais partir en Amérique du Nord pour une semaine de vacances. J'avais compté sur ce téléphone pour rester lié, corps et âme, à mes activités intellectuelles précaires au service d'une demi-douzaine de rédactions. Grâce à lui, je devais rester joignable par ceux qui assuraient ma subsistance et pouvaient me commander un nouvel article. Toute cette belle organisation venait de s'effondrer. [...]

Sans plus attendre, je me précipitai dans une boutique spécialisée pour remplacer l'appareil. L'hôtesse [...] m'écouta aimablement mais, à l'issue de la conversation, je compris qu'il me faudrait débourser une somme quatre fois supérieure pour acquérir un modèle équivalent: mes parents, en effet, avaient acheté un «pack» pour lequel ils bénéficiaient de conditions particulières qui ne s'appliquaient pas en cas de remplacement. De plus, si je voulais conserver mon numéro, il fallait retrouver un certain type de puce électronique (la «carte Sim»), appartenant à une série provisoirement indisponible. Pour partir en voyage avec un téléphone, mieux valait donc souscrire un nouvel abonnement, avec un nouveau nu-

---

4 se distraire s'amuser **10 se saigner** *ici* keine Ausgabe scheuen, sich aufopfern **19 maudit/e** verflucht **21 la détresse** große Not **23 le combiné** *ici* le téléphone **26 joindre qn (par téléphone)** jdn erreichen **28 désemparé/e** désespéré/e **32 avertir qn** jdn benachrichtigen **35 tâcher de faire qc** essayer de faire qc **37 l'ampleur** *f.* Umfang, Tragweite **41 précaire** incertain/e **44 la subsistance** Unterhalt **46 s'effondrer** tomber en ruines **52 débourser une somme** payer **56 bénéficier de qc** profiter de qc **60 la puce** *ici* Chip **61 indisponible** *ici* nicht lieferbar méro ... Toutefois, même dans le cas où j'accomplirais cette démarche auprès de la même compagnie, je devrais continuer à payer pendant un an l'abonnement du téléphone perdu, comme le stipulait mon contrat.

66 accomplir une démarche einen Schritt unternehmen **69 stipuler qc** *jur.* etw. vorsehen

Objectif langage

Le vocabulaire technique

1. *À l'aide du texte, faites une liste de mots et expressions appartenant au thème de la communication téléphonique. Classez-les mots par sous-thèmes, p. ex. «vocabulaire de base», «l'achat», «se distraire», «un outil utile» ...*
2. *Vous avez reçu un texto d'un copain français. Déchiffrez-le et répondez-y.*

BJR, KOI 2 9?

3. *À vous. Écrivez un texto en français.*

Dico du langage SMS

aider	éD	inviter	1viT
aller	go	j'ai	g
à plus tard	@+	jamais	jamé
après-midi	aprM	je t'aime	jtm
aujourd'hui	auj	longtemps	lgtps
bien	bi1	manger	manG
café	Kfé	mère	mR
cassette	K7	musique	muzik
c'est	c	pourquoi	pk
cinéma	6né	qu'est-ce que c'est	keske C
concert	KoncR	quoi	koi
d'accord	dak	quoi de neuf	koi 2 9
danser	danC	rendez-vous	rdv
de	2	répond s'il te plaît	rstp
demain	2m1	restaurant	resto
elle	L	salut, ça va? moi je vais bien	slt cv ?m jvb
est-ce que	eske	skate	sk8
fête	fet	stressé	strC
fille	meuf	t'es	T
garçon	mek	t'étais	tt
génial	Gnial	vélo	Vlo
idée	ID	viens	vi1
impossible	1posibl	week-end	WE
interessé	1TreC		

Activité créative

→ Méthodes, p. 245

Au choix

1. *Vous êtes le protagoniste de l'histoire. Vous téléphonez à un/e ami/e pour lui raconter votre mésaventure. Jouez la scène.*
2. *Vous est-il déjà arrivé de perdre votre téléphone portable? Racontez l'incident de façon drôle, dramatique, ironique ...*

Commentaire

→ Méthodes, p. 240/244

Pouvez-vous imaginer un monde sans portable? Quels en seraient les avantages/inconvénients? Justifiez votre opinion.

L'Homme et la machine (3)

Approches

Expliquez à quel phénomène ces gros titres font allusion.

Votre portable vous espionne.

Souriez, vous êtes surveillés!

Objectif lecture

A Comprendre la problématique d'un phénomène de société

1. *Reconstituez la journée de Georges O. et de sa famille.*
2. *Expliquez la phrase «Une journée ordinaire et ... mémorable à la fois» (l. 26–27).*

B Faire une lecture sélective d'un texte technique

→ Méthodes, p. 235

Retrouvez les différentes méthodes de surveillance citées dans le texte et expliquez brièvement en quoi elles consistent avec vos propres mots.

Nous sommes tous sous haute surveillance

Au nom de la sécurité, les systèmes de surveillance et de contrôle se perfectionnent et se multiplient. Au jour le jour, ça donne ça ...

C'est l'histoire d'un Français ordinaire. Appelons-le Georges O. Ce matin-là, comme tous les jours, il prend le métro pour se rendre au bureau. Sa matinée de travail est productive: envois de mails, mise à jour de ses dossiers, il trouve même le temps de commander sur Internet les billets d'avion pour ses vacances. À l'heure du déjeuner, après un repas rapide à la cantine – payé grâce à son badge –, il a le temps de passer à sa banque pour discuter d'un emprunt et payer la location de la villa des prochaines vacances grâce à un virement vers l'Espagne. Le soir, en sortant du boulot, il passe au supermarché: il y a des promotions sur les yaourts bio pour ceux qui, comme lui, possèdent une carte de fidélité. À la maison, la famille a la flemme de cuisiner, alors on commande une pizza. La fille aînée de Georges O., qui passe sa journée sur Internet, fait le décompte de ses amis sur Facebook. Une journée ordinaire et ... mémorable à la fois. Car Georges O. et sa famille sont suivis à la trace, par la RATP, le patron de Georges, diverses entreprises ... et même les autorités américaines, qui surveillent 90 % des virements bancaires internationaux. Dans une semaine, un an, peut-être même dans dix ans, il suffira de quelques clics pour reconstituer cette journée dans les moindres détails.

Des millions de fichiers, de puces, de bandes vidéo et de logiciels savent ce que nous achetons, comment nous travaillons où nous nous trouvons, ce que nous aimons. Pour tout savoir de nous, il existe trois techniques, qui se recoupent et se complètent fréquemment: le fichage, le traçage et

17 le virement Überweisung **19 la promotion** Sonderangebot, Aktionspreis **21 la carte de fidélité** Kundenkarte **22 avoir la flemme de faire qc** *fam.* ne pas avoir envie de faire qc **28 suivre qn à la trace** surveiller chaque pas de qn **28 la RATP** Régie Autonome des Transports Parisiens **36 la puce** *ici* Chip **37 le logiciel** Software **42 le fichage** le fait de mettre des renseignements dans un fichier **42 le traçage** le fait de reconstituer le parcours de qn la vidéosurveillance. En matière de fichage, nous n'avons pas toujours le choix: les fichiers fiscaux, bancaires, les bases de données de la Sécurité sociale, registres d'état civil, fichiers des immatriculations, etc., font partie intégrante du fonctionnement de la société.

Mais pas besoin d'être un bandit pour finir en fiche: une commande de taxi ou de pizza se traduit la plupart du temps par l'entrée dans une base de données, pour être retrouvé facilement à la prochaine commande. Empreintes digitales, contour de la main, [...] peuvent faire partie des donnés personnelles au même titre que le nom ou la date de naissance.

Les fichiers ne sont pas les seuls à nous suivre: la vidéosurveillance nous observe dans la rue, dans les gares, les magasins, les banques ... La France compte aujourd'hui 340 000 caméras, dont 20 000 sur la voie publique et 6 500 pour les seuls transports en commun parisiens, d'après un rapport remis en octobre au ministère de l'Intérieur – beaucoup plus, peut-être un million, si on compte toutes celles qui n'ont pas été déclarées comme le veut la loi lors de leur installation.

Troisième méthode pour tout savoir de nous: le traçage à l'aide des puces électroniques. Dans le métro parisien, par exemple, la carte Navigo permet théoriquement de pister chaque entrée et sortie de station. [...]

La géolocalisation est encore plus précise. Grâce à un GPS embarqué dans une voiture, on peut savoir à distance où le véhicule se trouve, s'il est en marche, à quelle vitesse il roule, la direction empruntée et la distance parcourue.

Toutes les techniques de surveillance offrent évidemment des avantages: sécurité, gain de temps, service personnalisé. Sur Internet, pourquoi perdre du temps en se réinscrivant à chaque connexion sur un site marchand quand il vous propose de stocker vos coordonnées, celles de votre carte de crédit, vos produits préférés? Les techniques de traçage rassurent les plus inquiets dans une société qui recherche le «risque zéro».

[...] Face à chaque tentative de collecte d'informations personnelles ou de traçage (par un magasin, un organisme de crédit, une institution, un employeur, etc.), il ne faut pas hésiter à poser des questions: combien de temps les données personnelles sont-elles conservées, qui y a accès, peuvent-elles être vendues ou louées à des tiers? En cas de doute, on peut utiliser son droit d'accès et de rectification des informations personnelles.

À défaut de vivre caché, mieux vaut vivre bien informé.

D'après: Ça m'intéresse, Prisma Presse, avril 2008

45 le fichier Kartei **45 fiscal/e** Steuer- **46 la Sécurité sociale** französische Versicherung **47 l'état civil** *m.* Standesamt **47 l'immatriculation** *f.* Anmeldung **48 la partie intégrante de qc** wesentlicher Bestandteil von etw. **55 l'empreinte** *f.* Abdruck, Spur **75 pister qn** jds Spur verfolgen **101 le tiers** *ici* Dritter **103 la rectification** la correction

Objectif langage

1. *Retrouvez les substantifs dans le texte et trouvez le verbe de la même famille correspondant.*

l'envoi la mise à jour l'emprunt le virement la location le décompte
la surveillance le clic le fichage le traçage le fonctionnement
le choix l'installation l'entrée la sortie la localisation le gain de temps
la connexion la rectification la tentative l'accès à qc

2. *Regroupez les substantifs de l'Objectif langage 1 selon leur terminaison sous forme de tableau. Considérez leur genre et dites ce que vous remarquez.*

-ment	*-tion*	*[...]*	*autres*
[...]	*[...]*	*[...]*	*[...]*

Écouter

CD 27

→ Méthodes, p. 236

1. *Écoutez les dialogues en vous concentrant sur les aspects techniques évoqués: Décrivez les «espions électroniques» cités.*
2. *Expliquez comment la mère se comporte et comment le fils réagit.*

Espion 001
filer courir **cafter qc/qn** *fam.* dénoncer qc/qn **repérer qn** *ici* jdn. orten **relou** *(verlan de«lourd»)* grave, mauvais
ils t'ont bien eu *fam.* sie haben dich schön hereingelegt **les boules** *f. pl. interj. etwa* so ein Mist

Activité créative

→ Méthodes, p. 245

1. *Jouez les deux scènes entre Florent et Mat. Vous pouvez réaliser une vidéo.*
2. *Votre copain français se plaint que ses parents le surveillent avec des «espions électroniques». Donnez-lui des conseils. Jouez le dialogue.*

Commentaire

→ Méthodes, p. 240/ 244

Expliquez les fonctions de la carte MyKad et donnez votre avis.

MyKad, la carte d'identité du futur

Cette carte high-tech à tout faire existe déjà. Elle est en service en Malaisie depuis 2001. En 2004, elle s'est doublée d'une carte MyKid pour les enfants, obligatoire même pour les nourrissons. Si, en France, ce type de papier d'identité n'était pas considéré comme une atteinte aux libertés, nous aurions le même depuis longtemps.

Carte d'identité
Avec photo et autres données biométriques. La police dispose d'un lecteur portable qui permet de vérifier l'identité du citoyen grâce à ses empreintes digitales et de lire les informations contenues sur la carte.

Permis de conduire
Avec date d'obtention, catégorie du permis. Toutes les infos sur le conducteur sont régulièrement mises à jour.

Carte de retrait, de crédit
Carte sécurisée pour toutes transactions sur Internet, retrait et solde des comptes dans les distributeurs.

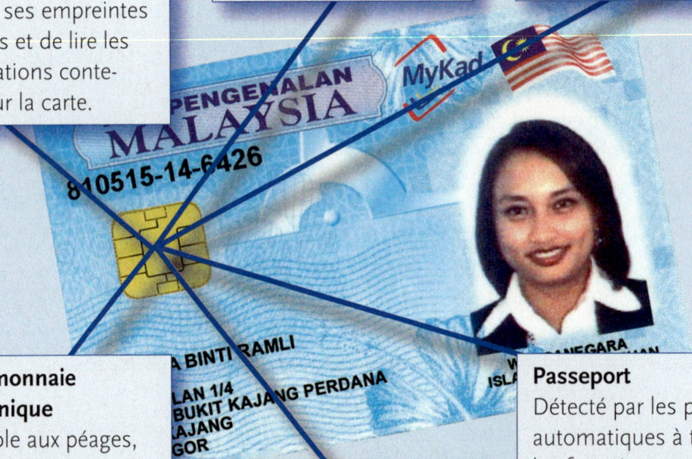

Porte-monnaie électronique
Utilisable aux péages, dans les parkings pour les entrées de parcs d'attractions, les tickets de bus ...

Dossier médical
Groupe sanguin, allergies et mention de tous traitements médicaux.

Passeport
Détecté par les portails automatiques à toutes les frontières malaises. La religion du porteur est mentionnée.

D'après: Ça m'intéresse, Prisma Presse, avril 2008

Table ronde

→ Méthodes, p. 238

Inspirez-vous des arguments cités dans le texte principal et trouvez éventuellement d'autres arguments. Ensuite, organisez une table ronde autour du sujet «Vidéo-surveillance – Faut-il se résigner?», répartissez les rôles et discutez.

L'Homme et le travail (1)

Approches

Avez-vous déjà une expérience de travail? Racontez brièvement ce que vous avez fait.

J'ai déjà distribué des journaux. J'ai fait du babysitting.
Je sors régulièrement le chien des voisins. [...]

Objectif lecture

→ Méthodes, p. 235

A Faire une lecture sélective d'un texte littéraire

1. *Énumérez les domaines dans lesquels la jeune femme a travaillé.*
2. *Indiquez quelle conclusion elle en a tiré.*

→ Méthodes, p. 248

B Analyser un texte littéraire

Définissez le ton du texte et donnez des exemples.

sérieux sarcastique triste drôle ironique neutre [...]

Expériences de travail

J'ai mal au dos et aux jambes, en plus. À force d'être restée collée à l'escabeau, j'ai de vilaines traces sur chacun des genoux et tout ça pour une rémunération de soixante-cinq euros. Avec cette fortune, je fais seulement deux fois le marché.

Je crois avoir tapé dans tous les petits boulots les plus stupides qu'on puisse imaginer. À part peut-être père Noël devant les Galeries Lafayette.

J'ai été animatrice pour jeunes enfants en camps de vacances. Les pipis culottes, les lacets défaits, les crottes de nez, les caprices et les crises de larmes, je connais. Payée des clopinettes bien sûr.

J'ai distribué des ballons en forme de cœur le jour de la Saint-Valentin au centre commercial de Thiais. J'ai croisé les couples les plus amoureux du Val-de-Marne ce jour-là, et je m'en souviens, ça m'a marquée parce que je m'étais fait plaquer la veille.

Ensuite, il y eut la vague de petits boulots dans la restauration, McDo, Quick, Paul, KFC. Je me rappelle avoir pris au moins cinq kilos, que j'ai aussitôt reperdus lorsque j'étais serveuse à La Foire des fous, le bar qui rend fou. [...]

J'ai aussi vendu au porte-à-porte des forfaits téléphoniques. Je ne compte plus les fois où on m'a claqué la porte au nez en criant: «Je ne crois pas en Dieu, ça m'intéresse pas!»

Avant, j'avais travaillé dans une société de téléprospection pour vendre des caméras de surveillance. On piochait nos numéros essentiellement dans les bottins des 16ᵉ, 8ᵉ, et 7ᵉ arrondissements. Tous les matins, un mec, que les employés surnommaient Cocaïne, venait nous briefer dans le bureau. Il essayait de nous mettre des disquettes dans le crâne, genre: «Vous êtes des winners, on y croit! La journée sera bonne!» Et bien sûr il n'oubliait jamais de glisser que celui qui vendrait le plus aurait droit à une prime représentant la moitié du salaire. J'ai été virée au bout d'une semaine parce que je n'avais obtenu aucun contrat. C'était trop dur, j'avais l'impression de bosser pour le compte du ministère de l'Intérieur. Ce n'est pas faux, ça facilite le travail de la police ce qu'on faisait. En tout cas, c'est la seule fois de ma vie où j'ai été ravie d'être licenciée.

Mon dernier job en date a été un remplacement chez Pizza Hut. Encore aujourd'hui,

---

2 l'escabeau *m.* (Tritt-)Leiter **3 vilain/e** hässlich, unanständig **4 la rémunération** Bezahlung **5 la fortune** Vermögen **7 taper dans** *fam. ici* essayer **12 la culotte** Höschen **13 le lacet** Schnürsenkel **13 la crotte de nez** Nasenpopel **13 le caprice** Laune **14 payer des clopinettes** *fam.* sehr wenig bezahlen **18 Thiais** commune du Val-de-Marne, dans la banlieue de Paris **21 se faire plaquer** *fam.* verlassen werden **28 le porte-à-porte** Haus-zu-Haus-Verkauf **28 le forfait téléphonique** Telefonpauschale, Flatrate **34 la téléprospection** Kundenwerbung per Telefon **35 piocher qc** trouver qc **36 le bottin** Telefonbuch **39 briefer qn** jdn instruieren **43 glisser qc** *ici* dire qc **44 la prime** Prämie **45 virer qn** *fam.* jdn feuern **48 bosser** *fam.* travailler **52 licencier qn** jdn entlassen **53 le remplacement** Vertretung

cette phrase résonne dans ma tête comme un écho [...]: «Merci d'avoir choisi Pizza Hut, au revoir et à bientôt.»
Évidemment que j'aspire à mieux, mais il faut bien vivre. Les gens qui remplissent leur frigidaire en faisant ce qu'ils aiment ont bien de la chance. Si c'était mon cas, je rendrais grâce au bon Dieu bien plus de cinq fois par jour, ça mériterait au moins ça.

58 aspirer à qc nach etwas streben **61 rendre grâce à qn** jdm Dank sagen

Objectif langage

Le monde du travail
Relevez dans le texte les mots et expressions liés au monde du travail et faites un associogramme. Complétez-le à l'aide d'un dictionnaire.

Compréhension audiovisuelle
DVD 16

1. *La jeune fille se présente à un entretien d'embauche. Imaginez le dialogue.*

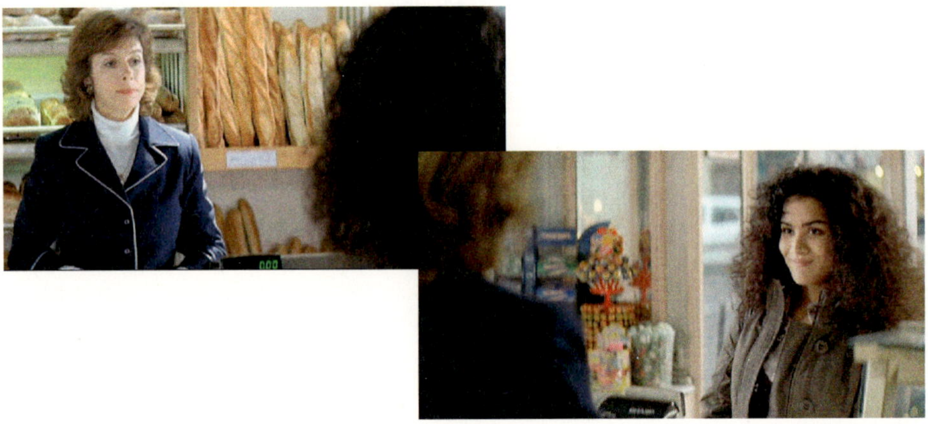

→ Méthodes, p. 236

2. *Regardez l'extrait de «Paris» et comparez avec vos propres dialogues. Puis, commentez le comportement des personnages.*

Jeu de rôle
→ Méthodes, p. 237

Choisissez une petite annonce et travaillez à deux. Imaginez l'entretien d'embauche et jouez la scène.

Camping les Bastides blanches cherche j.f./j.h. pour juillet-août, réception.

Cherche cours de rattrapage (allemand) pour collégien (classe de 3ème).

Famille (16ème) cherche baby-sitter pour enfants 5 ans et 18 mois.

Club Med cherche g.o. pour Maroc saison prochaine.

Office du tourisme Avignon offre stage période Festival à j.f./h. parlant fr., angl., allmd.

Hôtel près Lausanne cherche jeune aide réception pour été prochain fr. allmd. obligatoires, italien souhaité

le g.o. le **g**entil **o**rganisateur, *dt.* Animateur/in

Pour aller plus loin

→ Méthodes, p. 254

Évaluez le taux de chômage des jeunes en France, puis comparez-le à celui d'autres pays d'Europe.

Le taux de chômage des 15–29 ans dans les 27 pays de l'UE en pourcentage

Allemagne	14,2	Lettonie	12,2
Autriche	9,2	Lituanie	9,8
Belgique	20,4	Luxemburg	16,2
Bulgarie	19,5	Malte	16,9
Chypre	10,5	Pays-Bas	6,6
Danemark	7,7	Pologne	29,8
Espagne	18,0	Portugal	16,2
Estonie	12,0	République tchèque	17,5
Finlande	18,7	Royaume-Uni	14,1
France	23,1	Roumanie	21,8
Grèce	25,2	Slovaquie	26,6
Hongrie	19,1	Slovénie	13,9
Irlande	9,3	Suède	20,8
Italie	21,6		

Médiation

→ Méthodes, p. 240

Expliquez en français:

1. À qui s'adresse ce programme?
2. Quel est son but?

Benachteiligte Jugendliche in den Arbeitsmarkt eingliedern

Das Deutsch-Französische Jugendwerk fördert Maßnahmen zur Weiterqualifizierung

Durch die Teilnahme an einer berufsorientierten Austauschmaßnahme in Frankreich sollen die Vermittlungschancen der Jugendlichen und jungen Erwachsenen auf dem deutschen und europäischen Arbeitsmarkt verbessert werden. Der mindestens achtwöchige Auslandsaufenthalt gliedert sich in zwei Teile: Der erste Teil beinhaltet einen vierwöchigen Sprach- und EDV-Kurs im Nachbarland. Der zweite Teil besteht aus einem mindestens 4-wöchigen Praktikum in französischen Betrieben. Die Programme richten sich an Jugendliche zwischen 18 und 30 Jahren mit oder ohne Berufs- oder Hochschulabschluss. Sie können auf Arbeitssuche sein, an Orientierungs- oder Zusatzqualifikationsmaßnahmen teilnehmen und auf dem regulären Arbeitsmarkt keinen Ausbildungs- oder Arbeitsplatz gefunden haben. Benachteiligte junge Menschen werden besonders berücksichtigt.

Recherche

Trouvez la signification des abréviations ci-dessous et expliquez ce que c'est. Y a-t-il des équivalents en allemand? Trouvez-les.

ANPE | CDD | CDI | SMIC | CV

L'Homme et le travail (2)

Approches
→ Méthodes, p. 260

Les métiers de demain
Cherchez les équivalents allemands des métiers ci-dessous. Aidez-vous d'un dictionnaire.

infirmier/-ière   sage-femme   aide-soignant/e   ophtalmologue   urologue
orthopédiste   masseur/-euse-kinésithérapeute   informaticien/ne
cadre administratif   cadre commercial   assistant/e maternel/le
aide à domicile   éducateur / éducatrice   professeur/e

Objectif lecture
→ Méthodes, p. 235

A Faire une lecture sélective
Répondez aux questions suivantes.
1. Qu'est-ce qu'on appelle l'effet papy-boom?
2. Quels sont les domaines qui auront le plus de difficultés à recruter jusqu'en 2015?
3. Quel devra être le niveau de qualification des jeunes pour avoir de meilleures chances sur le marché de travail?

→ Méthodes, p. 247

B Analyser un texte à partir de son titre et de ses intertitres
Expliquez le titre et les intertitres à l'aide du texte.

Quels métiers recruteront demain?

Bonne nouvelle pour les jeunes qui commencent leurs études: vous profiterez de l'«effet papy-boom». La génération des baby-boomers, née entre la fin de la Seconde Guerre mondiale et le début des années 60, arrive à l'âge de la retraite. Traduction: dans plusieurs secteurs, un grand nombre de places seront vacantes!

Place aux jeunes!

Outre les professions ayant actuellement des difficultés à recruter (hôtellerie, restauration, construction, bâtiment, entretien, transport routier ...), c'est toute une palette de secteurs qui devraient avoir besoin de sang neuf! D'ici à 2015 en effet, 750 000 seniors quitteront le marché du travail chaque année, contre 410 000 à l'heure actuelle. Or, tous les ans, 740 000 jeunes sortent actuellement du système éducatif. Conséquence: «Pour la première fois depuis les années 70, les personnes qui sortent de l'emploi en fin de vie active quitteront plus de postes qu'il n'y aura d'emplois recherchés par les jeunes», note une récente étude [...]

La cible: les métiers à haute qualification

«Les jeunes auront tout intérêt à viser des hauts niveaux de diplôme», souligne Olivier Chardon, qui a mené l'étude [...] Recherche experts désespérément. Selon une autre récente étude [...], le niveau de qualification demandé sera toujours plus important. 46 % des diplômés devront avoir atteint un niveau de formation supérieur au bac dans les prochaines années, contre 42 % en 2003. [...] Les branches en vue: [...] des cadres administratifs, des cadres commerciaux et des informaticiens, l'enseignement et la recherche où l'on prévoit déjà un recrutement difficile, principalement dans les matières scientifiques [...]

En hausse: le social et la santé

Dans les métiers du social et des services aux particuliers, [...] de «nouveaux» métiers devraient voir le jour. On créera des em-

recruter qn jdn einstellen **8 vacant/e** libre, qui n'est pas occupé **10 outre** außer **18 or** nun aber **26 la cible** Zielgruppe **27 viser qc** auf etw (ab)zielen **36 la branche** (Berufs-)Zweig **36 en vue** *f.* im Blick **42 en hausse** *f.* im Ansteigen plois surtout dans les secteurs de la santé, de l'action sociale, culturelle et sportive et du service aux particuliers (emplois familiaux, sécurité, etc.).

Métiers de soutien et de soins. [...] Certaines professions actuellement considérées comme peu qualifiées, telles que les assistants maternels et les aides à domicile (412 000 postes) se développeront ces prochaines années. Le secteur du médical et du paramédical sera aussi attractif, avec des besoins croissants en infirmiers, sages-femmes et aides-soignants. [...] Enfin, les ophtalmologues, urologues, orthopédistes, masseurs-kinésithérapeutes seront particulièrement demandés [...]

Vers des parcours de plus en plus variés?

[...] Les jeunes qui entrent aujourd'hui sur le marché du travail doivent se préparer à exercer plusieurs fonctions dans la même branche. Même dans une seule société, la mobilité professionnelle risque de devenir normale. Le simple savoir technique ne suffira plus. Dans l'industrie du médicament par exemple, les candidats privilégiés seront ceux qui, en plus d'une formation scientifique de haut niveau, auront acquis des connaissances en management. Autant de raisons pour miser sur une diversification de ses connaissances ou de ses diplômes!

D'après: Éditions Génération – L'Étudiant, www.letudiant.fr, 2008

51 considérer qc comme etw. betrachten als **57 le besoin croissant** ansteigender Bedarf **74 miser sur qn/qc** auf jdn/etw. setzen

Objectif langage

Complétez votre associogramme de la page 216.

Pour aller plus loin

→ Méthodes, p. 254

Présentez et commentez la statistique.

Les métiers à l'horizon 2015 – Nombre de postes à pourvoir entre 2005 et 2015

cinq métiers d'avenir après des études longues

Enseignants	358 000
Cadres administratifs et dirigeants	304 000
Informaticiens	207 000
Infirmiers / Sages-femmes	201 000
Cadres commerciaux	189 000

cinq métiers d'avenir après des études courtes

Assistants maternels / aides à domicile	412 000
Agents de service et d'entretien	365 000
Aides soignants	260 000
Conducteurs de véhicules	240 000
Fonction publique (catégorie C)*	224 000

*Elle représente l'ensemble des métiers de la fonction publique accessibles sans le bac (adjoint administratif, chauffeur, auxiliaire de soins ...).

© Commissariat général du PLAN, 2005

Commentaire

→ Méthodes, p. 240/244

Dans quel secteur professionnel aimeriez-vous travailler? Expliquez pourquoi.

Activité

→ Méthodes, p. 241

Faites votre CV et rédigez une lettre de motivation pour un emploi qui vous intéresserait. Vous pouvez répondre à une des annonces, p. 216.

L'Homme et le travail (3)

Approches

1. *Combien de temps mettez-vous pour aller au lycée?*
2. *Décrivez votre trajet.*

Objectif lecture

→ Méthodes, p. 235

A Comprendre l'essentiel d'un texte

Lisez le texte en vous servant d'un dictionnaire et notez ce que vous apprenez sur la narratrice.

B Analyser un texte

→ Méthodes, p. 248

1. *Qualifiez le ton du texte. Donnez des exemples.*
2. *Quelle image ce texte donne-t-il du métro parisien aux heures de pointe? Justifiez votre réponse à l'aide d'exemples.*

10 juillet
Ça commence dans le métro

J'habite un quartier normal où la population est diversifiée, tant sur le plan ethnique que professionnel et culturel. Si on me laisse le choix, je m'en éloigne le moins possible, car, sortie du vingtième arrondissement, maintenant, j'ai peur.

Oui bien sûr, j'avais déjà pris le métro à l'heure de pointe avant de devenir accidentellement cadre d'entreprise, mais c'est un souvenir que j'avais refoulé.

Voilà dix jours que je réapprends à me lever aux aurores, pour emprunter un moyen de transport en commun qui me conduit dans un endroit sordide où j'accomplis, huit ou dix heures durant, une tâche dont la nécessité intrinsèque ne me paraît pas encore bien claire. Grâce à cela, j'ai remarqué que, depuis que c'est gratuit, les gens lisent énormément. On vous les tend d'un poing menaçant à l'entrée du souterrain. L'organe s'appelle 20 Minutes ou Métro, sans doute parce qu'il s'est trouvé de fins statisticiens pour démontrer qu'un trajet en métro dure en moyenne vingt minutes, et de rusés marketeurs pour transformer ce constat stupéfiant en concept à valeur ajoutée. L'information s'y résume à un mince prétexte pour vendre des aller-retour Stuttgart-Maubeuge à cinq euros, ou des entrées demi-tarif au salon international du piquet de tente. Mais je ne boude pas mon plaisir: j'y trouve aussi l'horoscope de mon chef de service, un moyen pas pire qu'un autre pour prendre la température de la journée à venir.

Je prends la correspondance à Hôtel de Ville, et c'est là que les choses se gâtent sérieusement. Au bout du couloir, un Cubain ténébreux exhorte les troupes au courage et à l'abnégation, entonnant avec conviction l'hymne cheguevariste «Hasta siempre blablablabla». Matin après matin, je m'interroge: les chants partisans ont-ils réellement vocation à ranimer les cerveaux engourdis de cadres fatigués?

Car, dans le train suivant, la population a changé du tout au tout: les dames sont convenablement vêtues et les messieurs arborent les airs sérieux de gens qui pensent à beaucoup de K € à la fois. Ce n'est pas de la médisance, je les ai étudiés de près. De là où je me trouve, chaque matin entre 8h45 et 9h25, je peux compter leurs pellicules, déterminer avec précision la fragrance de leur Axe 2 en 1, et prescrire un traitement dermatologique adapté aux plus jeunes.

À l'arrivée, le cadre est essoré et prêt à l'emploi. Il ne lui reste qu'à sublimer sa haine de l'existence en se jetant à l'assaut du CAC 40. Moi, je fais comme tout le monde sans me plaindre, car on est tous logé à la même enseigne sur le même bateau. Deux heures par jour, dix heures par semaine, quatre cent soixante-dix heures par an.

Coin lecture

1. *Décrivez la situation: À quoi voit-on que l'histoire se passe à l'époque du réchauffement climatique?*
2. *«Mais qu'allez-vous en faire?» Faites des hypothèses sur la réponse.*

3. *Dégagez le message de la BD.*

Point final

Faire le point
→ Méthodes, p. 261

1. *Faites le point sur ce que vous avez appris dans ce dossier. Notez les points importants et réunissez-les sous forme d'organigramme, d'affiche ou de journal de lecture.*

   En France, 23,1 % des jeunes sont au chômage.

   [...]

2. *Travaillez en groupes. Répartissez-vous le travail à partir des mots-clés ci-dessous. Un/e élève dit ce qu'il / elle sait sur son sujet, les autres complètent. Après, c'est le tour d'un/e autre élève avec un autre sujet.*

   le réchauffement climatique   la pollution de l'environnement
   les sources d'énergie   les moyens de transport   l'homme sous surveillance
   les jeunes et le travail

3. *Faites une liste des aspects / thèmes que vous aimeriez approfondir.*
   a *À partir de cette liste, formulez des questions.*

   Pourquoi les Français utilisent-ils l'énergie nucléaire comme énergie principale?

   [...]

   b *Lisez les textes que vous n'avez pas encore lus en classe pour voir si vous y trouvez les informations que vous recherchez.*
   c *Sinon, réfléchissez où vous pourriez trouver des réponses à vos questions.*

Activité
→ Méthodes, p. 238

Le congrès de futurologues
Formez des groupes d'experts. Chaque groupe travaille sur un sujet (voir Faire le point 2). Organisez un congrès de futurologues pendant lequel les experts discuteront de l'avenir de la planète.

Littérature

Collectif, Nouvelles vertes, Thierry Magnier Eds 2005
Denis Cheissoux (Collectif), Nouvelles re-vertes, Thierry Magnier Eds 2008

Films

Laurent Cantet, Ressources humaines, France 1999

Chansons

Ridan, Objectif Terre, 2007
Mes Aïeux, La ligne orange, 2008
Yannick Noah, Aux arbres citoyens, 2007

Pierre de Ronsard

→ p. 226

Naissance	10 ou 11/09/1524 à Couture-sur-Loir (Centre)
Décès	28/12/1585 à Saint-Cosme (Centre)
Activité littéraire	Poète
Métier	Carrière en politique abrégée pour cause de santé (surdité)
Mouvement	La Pléiade (groupe de sept poètes français du XVIe siècle rassemblés autour de Pierre de Ronsard et Joachim Du Bellay)
Œuvres principales	Odes, sonnets
Info supplémentaire	Plus grand poète de la Renaissance, surnommé «Le prince des poètes et le poète des princes»

Jean de La Fontaine

→ p. 228

Naissance	08/07/1621 à Château-Thierry (Picardie)
Décès	13/04/1695 à Paris
Activité littéraire	Poète, dramaturge, romancier
Métier	Avocat
Inspiration	Ésope, Phèdre, Arioste, Boccace
Œuvres principales	Fables (plus de 240)
Info supplémentaire	Académicien (1684–1695)

Molière

→ p. 229

	(né Jean-Baptiste Poquelin)
Naissance	15/01/1622 (date du baptême) à Paris
Décès	17/02/1673 à Paris
Activité littéraire	Auteur, comédien, dramaturge, directeur de théâtre
Métier	Tapissier du roi, études de droit
Inspiration	Commedia dell'arte (comédie italienne)
Œuvres principales	Comédies en prose (Dom Juan, L'Avare, Le Malade imaginaire, ...), comédies en vers (Le Misanthrope, Tartuffe, L'École des femmes, ...)

Voltaire

→ p. 230–231

	(né François-Marie Arouet)
Naissance	21/11/1694 à Paris
Décès	30/05/1778 à Paris
Activité littéraire	Écrivain, philosophe
Métier	Entrepreneur, vers la fin de sa vie
Mouvement	Lumières
Œuvres principales	Candide, Contes philosophiques
Info supplémentaire	Sa critique de l'absolutisme a contribué à la Révolution française. Académicien (1746–1778)

Paul Verlaine

→ p. 226–227

Naissance	30/03/1844 à Metz (Lorraine)
Décès	08/01/1896 à Paris
Activité littéraire	Poète
Métier	Employé à l'administration municipale de Paris, enseignant, fermier
Inspiration	Peinture (Watteau), Rimbaud, doctrine chrétienne
Œuvres principales	Poèmes saturniens, Les Poètes maudits
Info supplémentaire	Célèbre pour la musicalité de sa poésie

Guy de Maupassant

→ p. 232

Naissance	05/08/1850 à Tourville-sur-Arques (Haute-Normandie)
Décès	06/07/1893 à Paris
Activité littéraire	Écrivain
Métier	Employé au Ministère de la Marine, puis au Ministère de l'Instruction
Mouvement	Réalisme, naturalisme
Œuvres principales	Romans (Bel-Ami, Pierre et Jean, Une vie, ...), contes et nouvelles (au nombre d'environ 300)
Info supplémentaire	«Pierrot» fait partie du recueil «Contes de la bécasse» (1883)

Paul Éluard

→ p. 227

	(né Eugène Émile Paul Grindel)
Naissance	14/12/1895 à Saint-Denis (Île-de-France)
Décès	18/11/1952 à Charenton-le-Pont (Île-de-France)
Activité littéraire	Poète
Métier	Agent immobilier
Inspiration	Peinture surréaliste, dadaïsme
Œuvres principales	Poésie variée
Info supplémentaire	Engagement dans la Résistance, puis au Parti communiste

Eugène Ionesco

→ p. 233

	(né Eugen Ionescu)
Naissance	26/11/1909 à Slatina (Roumanie)
Décès	28/03/1994 à Paris
Activité littéraire	Dramaturge, écrivain
Mouvement	Théâtre de l'absurde
Œuvres principales	La Cantatrice chauve, La Leçon, Rhinocéros, Le Roi se meurt, Les Chaises
Info supplémentaire	Académicien (1970–1994), aujourd'hui l'auteur de pièces de théâtre français le plus joué au monde

LA POÉSIE

Pierre de Ronsard

→ Méthodes, p. 250

1. *Exposez brièvement la situation décrite: qui s'adresse à qui et à propos de quoi?*
2. a *Décrivez la structure externe du sonnet.*
   b *Expliquez les deux derniers vers du poème (lignes 13–14).*
3. *Donnez votre avis sur ces deux derniers vers (lignes 13–14).*

Sonnet pour Hélène XXIII

Quand vous serez bien vieille, au soir à la chandelle,
Assise auprès du feu, dévidant et filant,
Direz chantant mes vers, en vous émerveillant:
«Ronsard me célébrait du temps que j'étais belle.»

Lors vous n'aurez servante oyant telle nouvelle,
Déjà sous le labeur à demi sommeillant,
Qui au bruit de mon nom ne s'aille réveillant,
Bénissant votre nom de louange immortelle.

Je serai sous la terre, et fantôme sans os
Par les ombres myrteux je prendrai mon repos;
Vous serez au foyer une vieille accroupie,

Regrettant mon amour et votre fier dédain.
Vivez, si m'en croyez, n'attendez à demain:
Cueillez dès aujourd'hui les roses de la vie.

Pierre de Ronsard, Sonnets pour Hélène, 1578

1 la chandelle la bougie **2 dévider qc** etw. (Garn) abwickeln **2 filer qc** etw. (Wolle) spinnen **3 s'émerveiller** in Entzückung geraten, sich verwundern **4 célébrer qc** fêter qc **5 lors** à ce moment-là **5 ouïr qc** entendre qc **6 le labeur** le travail **6 sommeiller** dormir **8 bénir qn/qc** glorifier qn/qc; jdn./etw. preisen **8 la louange** le compliment **9 l'os** *m.* Knochen **10 par les ombres myrteux** im Schatten von Myrten (à l'ombre des bois de myrtes: d'après Virgile, c'est le lieu dans les Enfers où l'on accueille les amoureux après la mort) **11 le foyer** la maison, le chez-soi **11 accroupi/e** hockend **12 le dédain** Hochnäsigkeit, Verachtung **14 cueillir qc** etw. pflücken

Paul Verlaine

→ Méthodes, p. 252

1. *Relevez les informations fondamentales du poème: qui parle, qui sont les «deux formes» (ligne 2) et de quoi parlent-elles?*
2. a *Dégagez les moyens stylistiques / les images / le vocabulaire dont se sert l'auteur pour créer l'atmosphère de ce «colloque sentimental».*
   b *Analysez le point de vue des deux personnages sur leur histoire passée.*
3. *Commentez les points de vue des personnages.*

Colloque sentimental

Dans le vieux parc solitaire et glacé
Deux formes ont tout à l'heure passé.

Leurs yeux sont morts et leurs lèvres sont molles,
Et l'on entend à peine leurs paroles.

Dans le vieux parc solitaire et glacé
Deux spectres ont évoqué le passé.

– Te souvient-il de notre extase ancienne?
– Pourquoi voulez-vous donc qu'il m'en souvienne?

– Ton cœur bat-il toujours à mon seul nom?
Toujours vois-tu mon âme en rêve? – Non.

– Ah! les beaux jours de bonheur indicible
Où nous joignions nos bouches! – C'est possible.

– Qu'il était bleu, le ciel, et grand, l'espoir!
– L'espoir a fui, vaincu, vers le ciel noir.

Tels ils marchaient dans les avoines folles,
Et la nuit seule entendit leurs paroles.

Paul Verlaine, Fêtes galantes, 1869

---

3 la lèvre Lippe **3 mou/molle** weich, schlaff **6 le spectre** le fantôme **6 évoquer qc** se souvenir de qc, parler de qc **10 l'âme** *f.* Seele, *ici* Person **11 indicible** *adj.* unaussprechlich **12 joindre qc** unir qc **14 vaincu/e** besiegt **15 tel/le** ainsi **15 les avoines folles** *f.* Flughafer (unkrautartiges Gras)

Paul Éluard

→ Méthodes, p. 250

1. *Décrivez la relation entre les deux individus présentés dans le poème.*
2. *Analysez l'image que l'auteur donne de l'amour dans ce poème.*
3. *Est-ce une image positive? Justifiez votre réponse.*

L'Amoureuse

Elle est debout sur mes paupières
Et ses cheveux sont dans les miens,
Elle a la forme de mes mains,
Elle a la couleur de mes yeux,
Elle s'engloutit dans mon ombre
Comme une pierre sur le ciel.

Elle a toujours les yeux ouverts
Et ne me laisse pas dormir.
Ses rêves en pleine lumière
Font s'évaporer les soleils,
Me font rire, pleurer et rire,
Parler sans avoir rien à dire.

Paul Éluard, La capitale de la Douleur, Gallimard, 1926

---

1 être debout (aufrecht) stehen, wach sein **1 la paupière** Augenlid **5 s'engloutir dans qc** sich in etw. versenken **5 l'ombre** *f.* Schatten **10 faire évaporer qc** etw. verdunsten lassen

Pour aller plus loin

Indiquez des points communs et des différences entre ces trois poèmes.

Jean de La Fontaine

→ Méthodes, p. 251

1. *Mettez-vous à la place du rat ou du lion et racontez ce qui s'est passé avec vos propres mots en utilisant la première personne.*
2. *Analysez le choix des animaux et leur fonction dans cette fable.*
3. *Considérez la morale de la fable (lignes 14–15). À votre avis, est-elle bien choisie? Justifiez votre réponse. Tirez votre propre morale de la fable.*

Le Lion et le Rat

Entre les pattes d'un lion
Un rat sortit de terre assez à l'étourdie.
Le roi des animaux, en cette occasion,
Montra ce qu'il était et lui donna la vie.
Ce bienfait ne fut pas perdu.
Quelqu'un aurait-il jamais cru
Qu'un lion d'un rat eût affaire?
Cependant il avint qu'au sortir des forêts
Ce lion fut pris dans des rets,
Dont ses rugissements ne le purent défaire.
Sire rat accourut, et fit tant par ses dents
Qu'une maille rongée emporta tout
l'ouvrage.
Patience et longueur de temps
Font plus que force ni que rage.

Jean de La Fontaine, Fables choisies (Livre deuxième), 1668

1 la patte Pfote, Tatze **2 à l'étourdie** gedankenlos **5 le bienfait** *ici* la bonne action **7 avoir affaire de qn** *vieilli* avoir besoin de qn **8 avenir (ou advenir)** arriver, se passer **9 les rets** *m. pl. vieilli* Netz **10 le rugissement** le cri du lion **11 sire** alter Ehrentitel **12 la maille** Masche **12 ronger qc** an etw. nagen **12 emporter qc** enlever qc rapidement **13 l'ouvrage** *m.* Werkstück **15 la rage** la colère

1. *Résumez cette fable avec vos propres mots.*
2. *Expliquez pourquoi le renard ne mange pas les raisins.*
3. *Jugez le dernier vers et sa fonction dans la fable.*

Le Renard et les Raisins

Certain renard gascon, d'autres disent normand,
Mourant presque de faim, vit au haut d'une treille
Des raisins mûrs apparemment,
Et couverts d'une peau vermeille.
Le galand en eut fait volontiers un repas;
Mais comme il n'y pouvait point atteindre:
«Ils sont trop verts, dit-il, et bons pour des goujats.»
Fit-il pas mieux que de se plaindre?

Jean de La Fontaine, Fables choisies (Livre troisième), 1668

le renard Fuchs **1 gascon/ne** *adj. de* la Gascogne (cliché du Gascon: ne pas vouloir perdre la face, être fier) **1 normand/e** *adj. de* la Normandie (cliché du Normand: ne pas dire clairement ce qu'il pense, rester ambigu) **2 la treille** (Wein-)Spalier **3 le raisin** Weintraube **3 mûr/e** reif **4 vermeil/le** rouge **5 le galand (ou galant)** *ici* Schlaukopf **6 atteindre qc** arriver à toucher / à prendre qc **7 le goujat** Bauerntölpel

Pour aller plus loin

Nommez les éléments constitutifs de la fable comme genre littéraire à l'aide des deux textes ci-dessus.

LA COMÉDIE

Molière

→ Méthodes, p. 249

1. *Résumez la situation présentée.*
2. a *Étudiez l'attitude d'Harpagon envers son argent d'une part et envers maître Jacques d'autre part.*
   b *Analysez le rôle de Valère dans cette scène.*
3. *Jugez le comportement de Valère.*

L'Avare (Extrait de l'acte III, scène 1)

Le vieil Harpagon a décidé d'épouser la jeune et belle Marianne. Il l'a invitée à dîner pour lui annoncer cette nouvelle. Dans la scène ci-dessous, il prévient son cuisinier, maître Jacques, en présence de Valère, qui, lui, veut se marier avec la fille d'Harpagon.

[...]

HARPAGON. Dis-moi un peu, nous feras-tu bonne chère?

MAÎTRE JACQUES. Oui, si vous me donnez bien de l'argent.

HARPAGON. Que diable! Toujours de l'argent! Il semble qu'ils n'aient autre chose à dire: de l'argent, de l'argent, de l'argent! Ah, ils n'ont que ce mot à la bouche, de l'argent! Toujours parler d'argent! Voilà leur épée de chevet, de l'argent!

VALÈRE. Je n'ai jamais vu de réponse plus impertinente que celle-là. Voilà une belle merveille que de faire bonne chère avec bien de l'argent! C'est une chose la plus aisée du monde, et il n'y a si pauvre esprit qui n'en fît bien autant; mais, pour agir en habile homme, il faut parler de faire bonne chère avec peu d'argent.

MAÎTRE JACQUES. Bonne chère avec peu d'argent?

VALÈRE. Oui.

MAÎTRE JACQUES. Par ma foi, monsieur l'intendant, vous nous obligerez de nous faire voir ce secret, et de prendre mon office de cuisinier: aussi bien vous mêlez-vous céans d'être le factoton.

HARPAGON. Taisez-vous. Qu'est-ce qu'il nous faudra?

MAÎTRE JACQUES. Voilà monsieur votre intendant qui vous fera bonne chère pour peu d'argent.

HARPAGON. Haye! Je veux que tu me répondes.

MAÎTRE JACQUES. Combien serez-vous de gens à table?

HARPAGON. Nous serons huit ou dix; mais il ne faut prendre que huit. Quand il y a à manger pour huit, il y en a bien pour dix.

VALÈRE. Cela s'entend.

MAÎTRE JACQUES. Eh bien, il faudra quatre grands potages et cinq assiettes. Potages ... Entrées ...

HARPAGON. Que diable! Voilà pour traiter toute une ville entière!

MAÎTRE JACQUES. Rôt ...

HARPAGON, *en lui mettant la main sur la bouche.* Ah! traître, tu manges tout mon bien!

MAÎTRE JACQUES. Entremets ...

HARPAGON. Encore?

VALÈRE. Est-ce que vous avez envie de faire crever tout le monde? et monsieur a-t-il invité des gens pour les assassiner à force de mangeaille? Allez-vous-en lire un peu les préceptes de la santé et demander aux médecins s'il y a rien de plus préjudiciable à l'homme que de manger avec excès.

HARPAGON. Il a raison.

[...]

Molière, L'Avare, 1668 (première représentation)

---

2 faire bonne chère préparer un bon repas **11 leur épée de chevet** leur argument préféré **13 impertinent/e** unverschämt **16 aisé/e** leicht **18 habile** geschickt **23 l'intendant** *m.* une personne qui s'occupe de tout dans une maison **24 obliger** qn *ici* rendre service à qn **26 se mêler de qc** sich in etw. einmischen **27 céans** *ici* dans cette maison **27 le factoton** *ici* l'intendant **42 les potages** *m. pl.* plats de viandes et de volailles cuites au pot; la soupe **42 les assiettes** *f. pl. ici* les assiettes garnies (de charcuterie) **44 traiter qn/qc** nourrir qn/qc **46 le rôt** le rôti, la viande grillée **48 le traître** Verräter **49 l'entremets** *m.* plat qu'on sert entre le rôti et le dessert **52 crever** *fam.* mourir **54 la mangeaille** la nourriture abondante **55 le précepte** la règle, le principe **56 préjudiciable** ungesund

Voltaire

1. *Retracez les conditions de vie des habitants de Sirius et celles des habitants de Saturne sous forme de tableau.*
2. a *Comparez ces conditions de vie à celles du terrien.*
   b *Dégagez le message que l'auteur communique au lecteur dans cet extrait de texte.*

→ Méthodes, p. 240/244

3. *«Nous nous plaignons toujours du peu. Il faut que ce soit une loi universelle de la nature.» (lignes 33–34). Discutez cette phrase. Partagez-vous l'opinion de Micromégas? Justifiez votre réponse en vous référant à la société d'aujourd'hui.*

Micromégas

Chapitre second: Conversation de l'habitant de Sirius avec celui de Saturne

Micromégas est un géant qui vient de la planète Sirius. Ici, il se trouve sur la planète Saturne et y rencontre le secrétaire de l'Académie. Ils échangent des détails sur la nature de leur vie respective.

[...]

– Commencez d'abord par me dire combien les hommes de votre globe ont de sens.

– Nous en avons soixante et douze, dit l'académicien, et nous nous plaignons tous les jours du peu. Notre imagination va au-delà de nos besoins; nous trouvons qu'avec nos soixante et douze sens, notre anneau, nos cinq lunes, nous sommes trop bornés; et, malgré toute notre curiosité et le nombre assez grand de passions qui résultent de nos soixante et douze sens, nous avons tout le temps de nous ennuyer.

– Je le crois bien, dit Micromégas; car dans notre globe nous avons près de mille sens, et il nous reste encore je ne sais quel désir vague, je ne sais quelle inquiétude, qui nous avertit sans cesse que nous sommes peu de chose, et qu'il y a des êtres beaucoup plus parfaits. J'ai un peu voyagé; j'ai vu des mortels fort au-dessous de nous, j'en ai vu de fort supérieurs; mais je n'en ai vu aucuns qui n'aient plus de désirs que de vrais besoins, et plus de besoins que de satisfaction. J'arriverai peut-être un jour au pays où il ne manque rien; mais jusqu'à présent personne ne m'a donné de nouvelles positives de ce pays- là. [...] Combien de temps vivez-vous? dit le Sirien.

– Ah! bien peu, répliqua le petit homme de Saturne.

– C'est tout comme chez nous, dit le Sirien; nous nous plaignons toujours du peu. Il faut que ce soit une loi universelle de la nature.

– Hélas! nous ne vivons, dit le Saturnien, que cinq cents grandes révolutions du soleil. (Cela revient à quinze mille ans ou environ, à compter à notre manière.) Vous voyez bien que c'est mourir presque au moment que l'on est né; notre existence est un point, notre durée un instant, notre globe un atome. A peine a-t-on commencé à s'instruire un peu que la mort arrive avant qu'on ait de l'expérience. Pour moi, je n'ose faire aucuns projets; je me trouve comme une goutte d'eau dans un océan immense. Je suis honteux, surtout devant vous, de la figure ridicule que je fais dans ce monde.»

Micromégas lui repartit:

«Si vous n'étiez pas philosophe, je craindrais de vous affliger en vous apprenant que notre vie est sept cents fois plus longue que la vôtre; mais vous savez trop bien que quand il faut rendre son corps aux éléments, et ranimer la nature sous une autre forme, ce qui s'appelle mourir; quand ce moment de métamorphose est venu, avoir vécu une éternité, ou avoir vécu un jour, c'est précisément

6 aller au-delà de qc über etw. hinausgehen **8 l'anneau** *m.* der (Planeten-)Ring **9 borné/e** engstirnig **18 avertir qn** informer qn **18 sans cesse** sans arrêt **21 le mortel** Sterblicher **30 répliquer qc** répondre qc **33 il faut que ce soit** ... *ici* es scheint wohl ... zu sein **34 la loi** Gesetz **37 revenir à qc** *ici* correspondre à qc **45 la goutte d'eau** Wassertropfen **46 être honteux/-euse de qc** sich für etw. schämen **47 faire figure ridicule** eine lächerliche Gestalt abgeben **49 repartir** *ici* répondre **51 affliger qn** rendre qn triste **54 ranimer qc** etw. wiederbeleben **57 l'éternité** *f.* Ewigkeit la même chose. J'ai été dans des pays où l'on vit mille fois plus longtemps que chez moi, et j'ai trouvé qu'on y murmurait encore. Mais il y a partout des gens de bon sens qui savent prendre leur parti et remercier l'auteur de la nature. Il a répandu sur cet univers une profusion de variétés avec une espèce d'uniformité admirable. Par exemple tous les êtres pensants sont différents, et tous se ressemblent au fond par le don de la pensée et des désirs. [...]

Voltaire, Micromégas, 1752

61 murmurer *ici* se plaindre **64 répandre qc** etw. verbreiten **65 la profusion** une quantité énorme **66 une espèce de/d'(uniformité)** eine Art (Gleichförmigkeit) **68 le don** Begabung

→ Méthodes, p. 260

1. *Lisez le texte suivant à l'aide du dictionnaire.*
2. a *Racontez, avec vos propres mots, ce qu'on apprend ici sur les terriens.*
   b *Indiquez quelle image ce texte donne des terriens. Justifiez votre réponse.*

→ Méthodes, p. 245

3. *Vous rencontrez Micromégas: imaginez votre conversation.*

Chapitre septième: Conversation avec les hommes

Micromégas est arrivé sur la Terre. Il a une conversation avec les terriens.

[...]

«Je n'ai vu nulle part le vrai bonheur, mais il est ici, sans doute.» À ce discours, tous les philosophes secouèrent la tête; et l'un d'eux, plus franc que les autres, avoua de bonne foi que, si l'on excepte un petit nombre d'habitants fort peu considérés, tout le reste est un assemblage de fous, de méchants et de malheureux. «Nous avons plus de matière qu'il ne nous en faut, dit-il, pour faire beaucoup de mal, si le mal vient de la matière; et trop d'esprit, si le mal vient de l'esprit. Savez-vous bien, par exemple, qu'à l'heure où je vous parle, il y a cent mille fous de notre espèce, couverts de chapeaux, qui tuent cent mille autres animaux couverts d'un turban, ou qui sont massacrés par eux, et que, presque sur toute la terre, c'est ainsi qu'on en use de temps immémorial?» Le Sirien frémit, et demanda quel pouvait être le sujet de ces horribles querelles entre de si chétifs animaux. «Il s'agit, dit le philosophe, de quelque tas de boue grand comme votre talon. [...]

– Ah! malheureux! s'écria le Sirien avec indignation. [...] Il me prend envie de faire trois pas, et d'écraser de trois coups de pied toute cette fourmilière d'assassins ridicules.

– Ne vous en donnez pas la peine, lui répondit-on; ils travaillent assez à leur ruine. Sachez qu'au bout de dix ans, il ne reste jamais la centième partie de ces misérables; sachez que, quand même ils n'auraient pas tiré l'épée, la faim, la fatigue ou l'intempérance, les emportent presque tous. D'ailleurs, ce n'est pas eux qu'il faut punir, ce sont ces barbares sédentaires qui du fond de leur cabinet ordonnent, dans le temps de leur digestion, le massacre d'un million d'hommes, et qui ensuite en font remercier Dieu solennellement.» Le voyageur se sentait ému de pitié pour la petite race humaine, dans laquelle il découvrait de si étonnants contrastes.

[...]

Voltaire, Micromégas, 1752

Guy de Maupassant

→ Méthodes, p. 245

1. **a** *Exposez brièvement les raisons qui poussent Mme Lefèvre à se procurer un chien en général et ce chien en particulier.*
   b *Décrivez Pierrot.*
2. **a** *Faites le portrait de Mme Lefèvre.*
   b *Dégagez les passages dans le texte qui prouvent l'avarice de Mme Lefèvre.*
3. **a** *Commentez la décision prise par Mme Lefèvre à la fin de l'extrait et donnez votre avis.*
   b *Transformez la nouvelle en pièce de théâtre ou en scénario de film.*

Pierrot

Mme Lefèvre et sa servante Rose habitent à la campagne. Dans leur petit jardin, elles cultivent des légumes. Un matin, Rose constate qu'on leur a volé une douzaine d'oignons.

[...]

Le bruit du vol se répandit. [...]

Un fermier d'à côté leur offrit ce conseil: «Vous devriez avoir un chien».

C'était vrai, cela; elles devraient avoir un chien, quand ce ne serait que pour donner l'éveil. Pas un gros chien, Seigneur! Que feraient-elles d'un gros chien! Il les ruinerait en nourriture. Mais un petit chien (en Normandie, on prononce quin), un petit freluquet de quin qui jappe.

[...]

On se mit à sa recherche, mais on n'en trouvait que des grands, des avaleurs de soupe à faire frémir. L'épicier de Rolleville en avait bien un, tout petit; mais il exigeait qu'on le lui payât deux francs, pour couvrir ses frais d'élevage. Mme Lefèvre déclara qu'elle voulait bien nourrir un «quin», mais qu'elle n'en achèterait pas.

Or, le boulanger, qui savait les événements, apporta, un matin, dans sa voiture, un étrange petit animal tout jaune, presque sans pattes, avec un corps de crocodile, une tête de renard et une queue en trompette, un vrai panache, grand comme tout le reste de sa personne. Un client cherchait à s'en défaire. Mme Lefèvre trouva fort beau ce roquet immonde, qui ne coûtait rien. Rose l'embrassa, puis demanda comment on le nommait. Le boulanger répondit: «Pierrot».

Il fut installé dans une vieille caisse à savon et on lui offrit d'abord de l'eau à boire. Il but. On lui présenta ensuite un morceau de pain. Il mangea. Mme Lefèvre inquiète, eut une idée: «Quand il sera bien accoutumé à la maison, on le laissera libre. Il trouvera à manger en rôdant par le pays».

On le laissa libre, en effet, ce qui ne l'empêcha point d'être affamé. Il ne jappait d'ailleurs que pour réclamer sa pitance; mais, dans ce cas, il jappait avec acharnement.

Tout le monde pouvait entrer dans le jardin. Pierrot allait caresser chaque nouveau venu, et demeurait absolument muet.

Mme Lefèvre cependant s'était accoutumée à cette bête. Elle en arrivait même à l'aimer, et à lui donner de sa main, de temps en temps, des bouchées de pain trempées dans la sauce de son fricot. Mais elle n'avait nullement songé à l'impôt, et quand on lui réclama huit francs, – huit francs, Madame! – pour ce freluquet de *quin* qui ne jappait seulement point, elle faillit s'évanouir de saisissement.

Il fut immédiatement décidé qu'on se débarrasserait de Pierrot.

[...]

Guy de Maupassant, Contes de la Bécasse, 1883

6 donner l'éveil *m.* Alarm geben **10 le freluquet** Wicht **11 japper** kläffen **14 l'avaleur** *m.* gieriger Esser **14 à faire frémir** à faire peur **17 les frais d'élevage** *m. pl.* Aufzuchtkosten **26 le panache** *ici* Federbusch **27 se défaire de qc** etw. loswerden **28 le roquet** un petit chien qui aboie pour rien **29 immonde** dégoûtant/e, sale **36 être accoutumé/e à qc** avoir l'habitude de qc **38 rôder** herumstreunen **40 être affamé/e** avoir faim **41 la pitance** la nourriture **42 avec acharnement** hartnäckig **50 le fricot** la fricassée **54 faillir** + *infinitif* etw. beinahe tun **54 de saisissement** vor Schreck **56 se débarrasser de qn/qc** se défaire de qn/qc

LE THÉÂTRE DE L'ABSURDE

Eugène Ionesco

→ Méthodes, p. 249

1. *Résumez l'histoire que Mme Martin raconte aux autres.*
2. *Comparez l'importance de l'événement raconté par Mme Martin à la réaction des autres personnages.*
3. a *Commentez la scène en considérant aussi le sous-titre de cette œuvre («anti-pièce»).*
   b *Donnez votre avis sur le message de l'auteur.*

La Cantatrice chauve. Anti-pièce. (Scène VII)

M. et Mme Martin passent la soirée chez M. et Mme Smith, près de Londres.

[...]

Silence.

MME SMITH, *aux époux Martin.* Vous qui voyagez beaucoup, vous devriez pourtant avoir des choses intéressantes à nous raconter.

M. MARTIN, *à sa femme.* Dis, chérie, qu'est-ce que tu as vu aujourd'hui?

MME MARTIN. Ce n'est pas la peine, on ne me croirait pas.

M. SMITH. Nous n'allons pas mettre en doute votre bonne foi!

MME SMITH. Vous nous offenseriez si vous le pensiez.

M. MARTIN, *à sa femme.* Tu les offenserais, chérie, si tu le pensais ...

MME MARTIN, *gracieuse.* Eh bien, j'ai assisté aujourd'hui à une chose extraordinaire. Une chose incroyable.

M. MARTIN. Dis vite, chérie.

M. SMITH. Ah, on va s'amuser.

MME SMITH. Enfin.

MME MARTIN. Eh bien, aujourd'hui, en allant au marché pour acheter des légumes qui sont de plus en plus chers ...

MME SMITH. Qu'est-ce que ça va devenir!

M. SMITH. Il ne faut pas interrompre, chérie, vilaine.

MME MARTIN. J'ai vu, dans la rue, à côté d'un café, un Monsieur, convenablement vêtu, âgé d'une cinquantaine d'années, même pas, qui ...

M. SMITH. Qui, quoi?

MME SMITH. Qui, quoi?

M. SMITH, *à sa femme.* Faut pas interrompre, chérie, tu es dégoûtante.

MME SMITH. Chéri, c'est toi, qui as interrompu le premier, mufle.

M. MARTIN. Chut. *(À sa femme.)* Qu'est-ce qu'il faisait, le Monsieur?

MME MARTIN. Eh bien, vous allez dire que j'invente, il avait mis un genou par terre et se tenait penché.

M. MARTIN, M. SMITH, MME SMITH. Oh!

MME MARTIN. Oui, penché.

M. SMITH. Pas possible.

MME MARTIN. Si, penché. Je me suis approchée de lui pour voir ce qu'il faisait ...

M. SMITH. Eh bien?

MME MARTIN. Il nouait les lacets de sa chaussure qui s'étaient défaits.

LES TROIS AUTRES. Fantastique!

M. SMITH. Si ce n'était pas vous, je ne le croirais pas.

M. MARTIN. Pourquoi pas? On voit des choses encore plus extraordinaires, quand on circule. Ainsi, aujourd'hui moi-même, j'ai vu dans le métro, assis sur une banquette, un monsieur qui lisait tranquillement son journal.

MME SMITH. Quel original!

M. SMITH. C'était peut-être le même!

[...]

Eugène Ionesco, La Cantatrice chauve, Gallimard, 1964 (première représentation)

9 ce n'est pas la peine es lohnt sich nicht **12 la bonne foi** Aufrichtigkeit **13 offenser qn** jdn kränken, jdn beleidigen **28 vilain/e** méchant/e **30 convenablement** ordentlich, schicklich **31 être vêtu/e** angezogen sein **38 le mufle** Rüpel, Flegel **42 le genou** Knie **43 penché/e** gebeugt **50 nouer qc** etw. knoten, etw. binden **50 le lacet** Schnürsenkel

Pour aller plus loin

Inventez des indications scéniques et jouez la scène.

Méthodes

Compréhension écrite . . . 235

Compréhension orale . . . 236

Expression orale . . . 237
- Le dialogue . . . 237
- Préparer et réaliser un jeu de rôle . . . 237
- La discussion . . . 237
- La table ronde . . . 238
- Le débat structuré . . . 238
- Le commentaire personnel oral . . . 240
- Préparer et présenter un exposé . . . 240

Médiation . . . 240

Expression écrite . . . 241
- Écrire une lettre . . . 241
- Écrire son curriculum vitae (CV) . . . 242
- Résumer un texte . . . 243
- Écrire un commentaire personnel . . . 244
- Écriture créative . . . 245
- Faire le portrait d'un personnage . . . 245

Analyse et commentaire de textes . . . 247
- Le texte non narratif . . . 247
- Le texte narratif . . . 248
- La pièce de théâtre . . . 249
- Le poème, la chanson et le slam . . . 250
- Les moyens stylistiques . . . 252
- La statistique et le diagramme . . . 254
- L'image, la caricature et le tableau . . . 255
- La bande dessinée . . . 256
- Le film . . . 257

Outils de travail . . . 258
- Trouver le sens des mots . . . 258
- Comment utiliser un dictionnaire . . . 260
- L'associogramme et l'organigramme . . . 261
- Prendre des notes . . . 262
- Citer un texte . . . 263
- Les charnières . . . 262
- Éviter les fautes . . . 265

Méthodes

LESEVERSTEHEN / COMPRÉHENSION ÉCRITE

Préparer la lecture

Vor der Lektüre eines Textes sollte man sich das Leseziel vergegenwärtigen. Liest man zur Unterhaltung, weil man bestimmte Informationen sucht oder weil eine bestimmte Aufgabe zu bearbeiten ist? Die Struktur des Textes (Absätze, Untertitel, Fotos) kann helfen, sich rasch eine erste Orientierung über seinen Inhalt zu verschaffen; das beschleunigt den Verstehensvorgang. Außerdem sollte man sich in Erinnerung rufen, was man bereits über das Thema weiß, und es gegebenenfalls notieren.

Compréhension globale

Der erste Schritt zur Annäherung an einen Text sollte eine oberflächliche Lektüre, ein Überfliegen sein, das zu einem Globalverstehen führt. Diese Technik benutzt man zum Beispiel bei der Zeitungslektüre, um sich schnell über Neuigkeiten zu informieren. Will man Einzelheiten erfahren, geht man automatisch dazu über, einzelne Stellen auszuwählen und sie genauer zu lesen.

1. Versuchen Sie, das Thema des Textes zu erfassen, indem Sie den Titel, ggf. Zwischenüberschriften und fett oder kursiv hervorgehobene Wörter lesen.
2. Sehen Sie sich Fotos und Illustrationen an und lesen Sie die Bildunterschriften.
3. Lesen Sie den ersten Satz eines jeden Absatzes, denn dort werden oft die wesentlichen Informationen zusammengefasst.
4. Verlieren Sie sich nicht in Details. Es genügt, die Schlüsselwörter und -begriffe zu finden und eventuell zu notieren.

Mise en pratique

1. *Faites une lecture globale du texte «La soudure fraternelle» de Tahar Ben Jelloun.* ***(p. 20–21)***
2. *Résumez l'épisode de «À l'abri de rien» d'Olivier Adam en quelques phrases.* ***(p. 67)***
3. *Faites une lecture globale du texte «Collaboration et Résistance».* ***(p. 103–104)***

Lecture sélective

Wenn man eine bestimmte Information sucht, nutzt man die Technik des selektiven Lesens. Wenn Sie etwa wissen wollen, ob Ihr Lieblingssänger in Ihrer Stadt ein Konzert gibt, dann suchen Sie zunächst nur seinen Namen (das Schlüsselwort / *le mot-clé*) im Veranstaltungskalender und übergehen alle anderen Namen und Daten.

1. Bestimmen Sie ein Schlüsselwort oder einen Schlüsselbegriff.
2. Überfliegen Sie den Text und suchen Sie dabei Stellen, die das Schlüsselwort enthalten. Dabei ist es hilfreich, den Text von oben bis unten mit dem Finger „abzutasten".
3. Haben Sie eine relevante Textstelle gefunden, lesen Sie diese genauer, um festzustellen, ob sie die gewünschte Information enthält.

Mise en pratique

1. *Trouvez quel sport est privilégié par «Sport Sans Frontières».* ***(p. 65–66)***
2. *Qu'apprend-on sur le maréchal Pétain?* ***(p. 103–104)***

Lecture détaillée

→ Méthodes, p. 258
→ Méthodes, p. 260

Bei bestimmten Textsorten – z. B. bei einer Gebrauchsanweisung oder einem Gedicht – ist es wichtig, jedes Wort zu verstehen. Versuchen Sie zuerst, alle unbekannten Wörter zu erschließen, um notwendige Informationen von verzichtbaren zu trennen. Benutzen Sie nur dann ein Wörterbuch, wenn es Ihnen nicht gelingt, ein Wort mithilfe der auf der Seite 260 beschriebenen Methoden zu verstehen.

Mise en pratique

Faites une lecture détaillée du poème «Vieille chanson du jeune temps» de Victor Hugo et répondez aux questions. ***(p. 27)***

HÖRVERSTEHEN / COMPRÉHENSION ORALE

Préparer l'écoute

Bevor Sie einen Text – z.B. ein Gespräch, eine Beschreibung oder ein Lied – anhören, machen Sie sich klar, was Ihr Ziel ist: Suchen Sie bestimmte Informationen, oder möchten Sie „alles" verstehen? Verschiedenen Zielen wie Globalverstehen, selektivem Hörverstehen oder Detailverstehen entsprechen verschiedene Hörverfahren. Häufig beginnt man mit dem Globalverstehen und fährt mit selektivem Hörverstehen bis hin zum Detailverstehen fort. Auf jeden Fall sollten Sie Folgendes berücksichtigen:

- Der Ton eines Textes, die Sprechweise sowie Nebengeräusche können Hinweise auf den Inhalt geben.
- Konzentrieren Sie sich auf bekannte Wörter, auch wenn es zunächst nur wenige sind. Häufig helfen diese beim Erschließen anderer Wörter und zur Bildung eines Globalverstehens.
- Achten Sie beim mehrmaligen Hören besonders auf Konnektoren *(quand, parce que, en premier lieu, ensuite ...)*, weil sie darüber Aufschluss geben, ob es sich um z.B. eine Erklärung, eine Beschreibung oder eine chronologische Schilderung handelt.

Beim Hörverstehen kann es besonders hilfreich sein,

- Vermutungen über den Inhalt anzustellen (z.B. ausgehend vom Titel oder vom Kontext) oder, falls schon bekannt, festzuhalten, wer zu wem an welchem Ort worüber spricht;
- festzuhalten, was man bereits über das Thema weiß und es zu notieren, indem man z.B. ein Wortfeld erstellt;
- ein Schema mit den Fragen *qui?, quoi?, quand?, où?, pourquoi?, comment?* vorzubereiten, um sich während des Hörens leichter Notizen machen zu können.

Compréhension globale

Wenn man das Radio anstellt und die Sender durchgeht, um festzustellen, ob z.B. Werbung, Nachrichten, ein Interview oder Musik gesendet werden, will man sich nur eine allgemeine Vorstellung machen, von der dann die weiteren Entscheidungen abhängen. Diese Methode führt zu einem Globalverstehen. Hier kommt es wesentlich darauf an, sich nicht mit Einzelheiten zu verzetteln.

Mise en pratique

Faites l'exercice Écouter 1. ***(p. 35)***

Écoute sélective

1. Achten Sie auf Schlüsselwörter oder -sätze. Ignorieren Sie den Rest.
2. Konzentrieren Sie sich ab dem zweiten Hören auf den unmittelbaren Kontext um die Schlüsselbegriffe herum, um wichtige Einzelheiten zu erfahren.

Mise en pratique

Notez ce que dit la personne interrogée au début de l'interview. ***(p. 78)***

Écoute détaillée

In bestimmten Situationen, z.B. wenn man nach einer Adresse fragt, muss man auf alle Einzelheiten achten. Das bedeutet in der Regel, dass man in der Fremdsprache nur dann Detailverstehen erzielt, wenn man einen Text mehrmals hören kann.

1. Beginnen Sie mit dem Globalverstehen.
2. Nutzen Sie dieses, um aus dem Kontext zusätzliche Informationen abzuleiten.
3. Konzentrieren Sie sich in weiteren Schritten auf wichtige Einzelheiten und machen Sie sich Notizen (siehe oben), um kein relevantes Detail zu vergessen.

Mise en pratique

Écoutez l'interview plusieurs fois et notez successivement tous les détails que vous avez compris. ***(p. 78)***

Compréhension audiovisuelle
→ Méthodes, p. 257

Beim Hör-Seh-Verstehen gelten im Prinzip dieselben Regeln wie beim Hörverstehen. Beachten Sie, dass die Bilder das Gesagte oft unterstützen.

MÜNDLICHER AUSDRUCK / EXPRESSION ORALE

Dialog / Le dialogue

In einem Gespräch sind wir gleichzeitig Sprecher und Hörer. Das hat Folgen für unser sprachliches Verhalten.

Stratégies

Es ist ratsam, seine Redeweise an die Situation und den Gesprächspartner anzupassen (z.B. zu entscheiden, ob man jemanden duzt oder nicht, ob man die Umgangssprache benutzt oder nicht, ob und welche Höflichkeitsfloskeln man verwendet, usw.). Außerdem muss man wissen, wie man

- das Gespräch beginnt, das Wort ergreift und wieder abgibt,
- in bestimmten Situationen das Gesagte zusammenfasst,
- um Klarstellung bitten kann oder bei Zweifeln oder Missverständnissen selbst klarstellt,
- die Kommunikation, falls nötig, wiederherstellt,
- einen Gedanken umschreibt, wenn man die genauen Vokabeln nicht weiß,
- das Gespräch beendet.

→ Méthodes, p. 258

Ein Rollenspiel vorbereiten und durchführen / Préparer et réaliser un jeu de rôle

- Verteilen Sie die Rollen und studieren Sie die Vorgaben genau. Lesen Sie ggf. den Text, auf den sich das Rollenspiel bezieht, nochmals in Hinsicht auf Ihre Rolle genau durch. Entwerfen Sie dann Ihre jeweiligen Sprecherrollen und -texte.
- Achten Sie darauf, dass die Rollen nicht unabhängig voneinander ausgefüllt werden: Ein Dialog bedeutet ja, dass zwei oder mehr Personen miteinander kommunizieren, er enthält also Fragen und Antworten, unmittelbare Reaktionen auf das vom Gesprächspartner Gesagte, evtl. Ausrufe, Nachfragen o.ä.
- Füllen Sie Ihre Rollen mit Leben: Sprechen Sie sich Texte zunächst leise vor und überlegen Sie, wie Sie sie vortragen wollen. Verwenden Sie Mimik und Gestik und versuchen Sie, sich so gut wie möglich in Ihre Rolle hineinzuversetzen, damit aus Ihrem Dialog eine richtige Spielszene wird.
- Studieren Sie Ihre Rolle gut ein und spielen Sie sie dann so frei wie möglich vor (evtl. mit Hilfe eines Stichpunktzettels).

Mise en pratique

1. *Imaginez un entretien entre un jeune et un conseiller d'orientation. Jouez la scène.* ***(p. 35)***
2. *Deux jeunes se trouvent au supermarché pour acheter du chocolat. L'un d'eux veut acheter un produit classique, l'autre essaie de lui faire acheter un produit équitable. Trouvez des arguments. Prenez leur rôle et discutez.* ***(p. 57)***

Diskussion / La discussion

Um eine gewinnbringende Diskussion zu führen, sollte man:

- solide Argumente und objektive Gründe vorbringen,
- Argumente mit konkreten Beispielen veranschaulichen,
- nicht vom Thema abschweifen,
- sich aufmerksam anhören, was die anderen Gesprächsteilnehmer sagen, und im Zweifelsfall nachfragen,
- bereit sein, gute Argumente der anderen anzuerkennen,
- die Gesprächsteilnehmer respektvoll behandeln, auf keinen Fall beleidigend sein,
- falls es unvermeidlich ist, jemanden zu unterbrechen, dies zumindest höflich tun,
- klar und deutlich sprechen.

Runder Tisch / Table ronde

Bei einem Runden Tisch treffen sich Vertreter verschiedener Positionen, um – i.d.R. angeleitet durch einen Moderator – über ein Thema zu diskutieren. Jeder Diskussionsteilnehmer nimmt also eine bestimmte Rolle ein, auf die er sich vor Beginn des Runden Tischs durch das Zurechtlegen von Argumenten, die seine Position stärken, vorbereitet.

Debatte / Le débat structuré

Qu'est-ce que c'est?

Eine Debatte ist eine Diskussion mit festen Strukturen und Regeln. Sie besteht aus drei Phasen, deren Dauer vorher festgelegt wird:

1. Exposition *(exposition):* Die Sprecher jeder Gruppe stellen ihre Position dar. Nach jeder Exposition kann die gegnerische Partei Verständnisfragen stellen.

2. Refutation *(réfutation):* Die anderen Sprecher jeder Gruppe (oft zwei) tragen abwechselnd weitere Argumente vor, um ihren Standpunkt zu verteidigen und den gegnerischen zu widerlegen. Während einer Refutation haben die Mitglieder der gegnerischen Partei die Möglichkeit, die Hand zu heben, um dem Redner eine kurze Zwischenfrage zu stellen oder eine Anmerkung oder einen Kommentar vorzubringen. Der Redner kann dies zulassen oder ablehnen.

3. Schlussfolgerung *(conclusion):* Ein Sprecher jeder Gruppe trägt die Schlussfolgerung vor, zu der die Gruppe gelangt ist, wobei er noch einmal die wesentlichen Argumente zugunsten seiner Position hervorhebt.

Préparation

1. Formulieren Sie ein Thema (eine umstrittene oder provozierende Aussage oder eine kontroverse Frage).
2. Bilden Sie zwei Teams mit unterschiedlichen Standpunkten (ein Team Pro und eines Contra), wählen Sie einen Moderator aus und bilden Sie die Jury.
3. Sammeln Sie Informationen zum Thema (Fakten, Daten, Beispiele). Legen Sie die wichtigsten Argumente fest.
4. Tragen Sie das Vokabular und die Ausdrücke zusammen, die Sie brauchen, um Ihre Argumente darzulegen.
5. Verteilen Sie innerhalb Ihres Teams die Rollen und die Reihenfolge (Welche Argumente werden am Anfang und welche am Ende vorgetragen?). Überlegen Sie sich auch die Argumente der Gegenseite, um Schwachpunkte in deren Verteidigung aufzudecken.

Réalisation

Der Moderator eröffnet die Debatte, wobei er das Thema und die Teilnehmer vorstellt. Er schließt mit einer kurzen Zusammenfassung und gegebenenfalls mit einer persönlichen Stellungnahme.
Die Jury verfolgt die Debatte, wobei sie sich Notizen macht, um die beiden Parteien entsprechend den folgenden Kriterien zu bewerten:

- **Inhalt / Contenu:** Übereinstimmung der Argumente mit dem Thema der Debatte; Gewicht und Vielfalt der Argumente; Unterstützung durch Beispiele, relevante Ideen und ergänzende Daten.
- **Strategie / Stratégie:** Überzeugender Vortrag und logische Abfolge der Argumentation; Flexibilität und die Fähigkeit, die eigenen Beiträge dem Verlauf der Debatte anzupassen und auf die Argumente der Gegenseite zu reagieren; Zusammenarbeit innerhalb des Teams.
- **Vortragsstil / Présentation:** Sprachliche Richtigkeit; reicher Wortschatz; flüssiger Vortrag; angemessener Einsatz der Stimme; gute, überzeugende Körpersprache; respektvolle Haltung.

Mise en pratique

Vivre à la campagne, c'est fantastique! – Vivre en ville, c'est fantastique!
Choisissez une de ces affirmations et organisez un débat structuré. ***(p. 178)***

Expressions utiles

Donner son opinion
Je pense que ...
À mon avis ... / Je suis d'avis que ...
Selon moi ... / Quant à moi ...
En ce qui me concerne ... / Pour ma part ...

Souligner qc
J'aimerais souligner l'importance d'un point particulier. / insister sur un point particulier. / souligner le fait que ... / mettre l'accent sur ... insister sur le fait que ...

Ajouter un aspect
Je voudrais / J'aimerais ajouter que ...
J'ai une autre idée.
Il ne faut pas oublier que ...
Il faut ajouter également ...

Résumer
J'aimerais résumer les idées principales.
En résumé, on peut dire que ...
Ainsi ... / Alors ... / Donc ...
En fait ... / En d'autres termes ...
Pour conclure ... / En conclusion ...
Par conséquent ...
Bref ... / Finalement ...

Demander de préciser ou de répéter qc
Que veux-tu dire par là?
Pourrais-tu m'expliquer ...?
Tu peux répéter / préciser / expliquer, s.t.p.?
Permets-moi de demander pourquoi / si ...
Je ne vois pas ce que tu veux dire.

Exprimer son accord
C'est ça.
Bien sûr.
C'est entendu. / Bien entendu.
Exactement.
Justement.
Je suis (entièrement) d'accord (avec toi).
Parfait. / C'est parfait.
Je vois ce que tu veux dire.

Exprimer son désaccord
Surtout pas.
Rien à voir.
Absolument pas.
Ah, non.
Pas du tout.
Pas d'accord.
Je ne suis pas du tout d'accord avec ...
Je ne suis pas de ton avis.
Je ne pense pas que ... + *subj.*
Pas pour moi.
Je suis (absolument) contre ...

Exprimer des restrictions
Ce n'est pas exactement ça, mais ...
Oui, d'accord, mais ...
Ce serait bien, mais ...
Pas mal, mais ...
Pas vraiment, parce que ...
C'est possible, mais ...

Gagner du temps
Bon, ben ...
Eh bien ...
Tu sais ...
..., n'est-ce pas?
Comment dirais-je?
... c'est-à-dire que ...
Voyons ...
Euh ...

Interrompre qn
Je n'ai pas fini.
Tu permets?
Laisse-moi parler.
Laisse-moi terminer ma phrase.
Ben, écoute ...
Un instant.
Attends.

Proposer qc
Et si l'on faisait comme ceci: ...
Je vous soumets telle proposition.
Pourquoi ne pas ...?
Et si on ...?
On pourrait ...

Mise en pratique

Vivre chez ses parents jusqu'à l'âge de trente ans – qu'en pensez-vous? Discutez. ***(p. 12)***

Mündliche Meinungsäußerung / Le commentaire personnel oral

→ Méthodes, p. 239

→ Méthodes, p. 244

Die *commentaire*-Aufgaben können alle entweder schriftlich oder mündlich bearbeitet werden. Achten Sie auch beim mündlichen Argumentieren auf einen möglichst klar strukturierten Gedankenaufbau. Je überlegter Sie argumentieren, desto überzeugender wirken Sie.

Ein Referat vorbereiten und halten / Préparer et présenter un exposé

Préparation

1. Analysieren Sie das Thema und sammeln Sie nützliche Informationen, ohne sich in Einzelheiten zu verlieren: Was ist das Wichtigste? Was ist von untergeordnetem Interesse?
2. Strukturieren Sie die Informationen entsprechend der relevanten Aspekte und machen Sie sich Notizen auf Französisch (Schlüsselsätze, Zitate usw.). Aber: Schreiben Sie keinen vollständigen Text!
3. Gestalten Sie den Vortrag lebendig, indem Sie z. B. Hilfsmittel verwenden:
   - visuelle Mittel (Tafel, Transparente, Grafiken, schematische Darstellungen, Bilder, PowerPoint). Bedenken Sie dabei, dass die verwendete Technik der zu vermittelnden Information dienen muss und nicht zum Selbstzweck werden darf.
   - auditive Mittel (Lieder, Hörtexte, andere Aufnahmen).
4. Halten Sie einen Probevortrag: Tragen Sie Ihren Text laut vor, stoppen Sie dabei die Zeit und kürzen Sie den Vortrag gegebenenfalls. Funktionieren die technischen Hilfsmittel? Haben Sie sich auf Zusatzfragen vorbereitet?
5. Verteilen Sie unter den Zuhörern ein – ggf. stichpunktartiges – Resümee Ihres Vortrags.

Parler en public

- Beginnen Sie mit einigen einführenden Worten, die das Interesse der Zuhörer wecken sollen (eine Anekdote, eine Frage, ein Zitat, ein Witz usw.).
- Halten Sie Blickkontakt zu den Zuhörern, sprechen Sie laut, deutlich und langsam. Legen Sie kleine Pausen ein, die der Struktur Ihres Vortrags entsprechen. Fassen Sie das Wichtigste nach jedem Teilabschnitt zusammen.
- Bilden Sie kurze Sätze und verwenden Sie ein leicht verständliches Vokabular. Wenn es erforderlich ist, neue Wörter einzuführen, schreiben Sie diese so an, dass sie die Gesamtpräsentation (z. B. PowerPoint) nicht stören.
- Fassen Sie sich kurz: Man darf die Zuhörer nicht langweilen.
- Bereiten Sie ein kurzes Schlusswort vor.

Mise en pratique

1. *Faites une recherche sur l'utilisation des jeux vidéo en Allemagne. Présentez vos résultats en classe.* ***(p. 31)***
2. *Choisissez un des événements de la coopération franco-allemande, cherchez d'autres détails et préparez un exposé.* ***(p. 111)***

SPRACHMITTLUNG / MÉDIATION

Sprachmittlung ist keine Übersetzung! Bei der Sprachmittlung geht es darum, einem schriftlichen Text oder einer mündlichen Äußerung die wesentlichen Informationen, manchmal aber auch nur einzelne Details, zu entnehmen und in eine andere Sprache zu übertragen. Dabei ist es manchmal erforderlich, interkulturelle Unterschiede zwischen Ausgangs- und Zielsprache zu berücksichtigen.

Bei der Sprachmittlung sollten Sie Folgendes beachten:

→ Méthodes, p. 243

– Bestimmen Sie die wichtigen Teile des Textes (der Äußerung). Wenn er lang und schwierig ist, machen Sie sich ggf. Notizen oder strukturieren Sie die Gedanken in einem Organigramm.

→ Méthodes, p. 259

– Konzentrieren Sie sich auf die wesentlichen Informationen des Textes. Wenn Ihnen bei Ihrer eigenen Äußerung das genaue Wort fehlt, umschreiben Sie, was Sie sagen wollen.

Mise en pratique

1. *Résumez en allemand les points les plus importants de la biographie de Victor Hugo.* ***(p. 28)***
2. *Qu'apprend-on dans l'article du quotidien «Berliner Zeitung» sur la situation en Allemagne? Résumez les points principaux en français.* ***(p. 52)***

SCHRIFTLICHER AUSDRUCK / EXPRESSION ÉCRITE

Einen Brief schreiben / Écrire une lettre

Für Briefe gibt es einige feste formale Regeln. Hier ein Muster:

Augsburg, le 5 mai 2009	Datum
Luisa Mayer Doktorgässchen 3 D-86152 Augsburg tél. 0049/821/693475 sama@t-online.de	Absender bei einem förmlichen Brief
Monsieur Claude Dufour 25, rue du Dagsbourg 68 000 Colmar	Empfänger bei einem förmlichen Brief

Cher Jérôme, Chère Nathalie,	Anrede an einen Freund / eine Freundin
Monsieur / Madame,	an einen Unbekannten
Cher Monsieur / Chère Madame,	an einen Erwachsenen, den Sie kennen,
Monsieur le Directeur / Madame la Directrice,	wenn Sie die Funktion der Person kennen

Je suis ... Je voudrais ... / J'aimerais ... Pourriez-vous ...? Je vous remercie de votre lettre du 20 avril / de votre réponse si rapide.	Anliegen

Dans l'attente de votre réponse, Je vous remercie d'avance et	(je) vous prie de recevoir l'expression de mes sentiments les meilleurs.	Schluss bei einem förmlichen Brief
Meilleures salutations / Sincèrement / Cordialement		weniger förmlich
Donne le bonjour à tes parents. (Grosses) Bises / (Gros) Bisous		an einen Freund / eine Freundin
Pièce(s) jointe(s): CV, diplôme de ...		Anlagen

Einen Lebenslauf schreiben / Écrire son curriculum vitae (CV)

Comment structurer un CV

Der Lebenslauf hat eine klar strukturierte, feste Form, normalerweise in fünf Teilen:
- Angaben zur Person (Name, Geschlecht, Geburtsdatum),
- Schul- und Berufsausbildung,
- gegebenenfalls Berufserfahrung oder besondere Aktivitäten (z.B. in der Schule),
- besondere Kenntnisse (z.B. Fremdsprachen), die von Interesse sein könnten,
- zusätzliche Angaben (Hobbys, Sport usw.).

CURRICULUM VITAE

Beispiel für einen Lebenslauf

Nom:	Luisa Mayer
Date de naissance:	10/6/1993
Adresse:	Doktorgässchen 3 D-86152 Augsburg
Nationalité:	allemande
Situation familiale:	célibataire
Formation	
Études:	élève du Peutingergymnasium Augsburg, en préparation du baccalauréat
Langues:	allemand (langue maternelle) anglais (1ère langue, lu, écrit, parlé: niveau B2) français (niveau B1) espagnol (niveau A2)
Connaissances particulières	Maîtrise des logiciels Word, Excel et PowerPoint
Autres activités	Membre d'une ONG qui lutte contre la mondialisation
Loisirs	
Sport:	membre d'une équipe de football escalade judo
Musique:	membre d'un groupe de rock (saxophone)

Mise en pratique

1. *Vous voudriez travailler dans une entreprise qui se consacre au commerce équitable. Écrivez votre CV à ces fins.* **(p. 56–57)** *Après, comparez votre CV au modèle ci-dessus.*
2. *Choisissez une des annonces et écrivez votre lettre de candidature avec CV.* **(p. 219)**

Ein Resümee anfertigen / Résumer un texte

Qu'est-ce que c'est?

Ein Resümee enthält in klarer Form das Wesentliche eines Textes. Je nach Textsorte konzentriert es sich auf folgende Aspekte:
Wer?
Was?
Wo?
Wann?
Wie?
Warum?

Quatre règles d'or

1. Ein Resümee ist deutlich **kürzer** als der Ausgangstext.
2. Ein Resümee beginnt mit **einem einleitenden Satz,** der den Titel, den Autor, die Quelle und das Thema des Textes nennt.
3. Es wird in der **3. Person Präsens** verfasst.
4. Es wird in **neutralem, distanziertem Stil** gehalten. Es übernimmt nicht den Standpunkt des Erzählers / Autors und enthält weder persönliche Stellungnahmen noch direkte Rede oder Zitate.

Réalisation
→ Méthodes, p. 235

1. Überfliegen Sie den Text, um Thema und Hauptargument(e) herauszufinden.
2. Lesen Sie den Text erneut – diesmal, um alle Einzelheiten zu verstehen.
3. Unterstreichen Sie die wichtigsten Informationen oder schreiben Sie diese heraus (siehe oben).
4. Schreiben Sie nun das Resümee. Verwenden Sie beim Verfassen des Resümees Ihre eigenen Worte, zitieren Sie nicht aus der Vorlage, und verbinden Sie Ihre Sätze zu einem zusammenhängenden Text.
5. Lesen Sie das Resümee kritisch durch und überprüfen Sie, ob Sie die „goldenen Regeln" beachtet haben.

Résumé modèle

Extrait de À l'abri de rien, Olivier Adam (p. 67)
Dans cet extrait littéraire *(sorte de texte)*, tiré du roman «À l'abri de rien» *(source)* d'Olivier Adam *(auteur)*, la narratrice raconte un dialogue entre elle et son fils après le retour de la mère de son travail humanitaire *(sujet)*.
Marie *(qui?)*, mère d'un fils de dix ans *(qui?)*, rentre tard la nuit *(quand?)* de son activité clandestine *(pourquoi?)*. Son fils ne dort pas encore *(quoi?)*. Elle se met dans son lit *(où?)* et ils commencent à parler *(quoi?)*. Le fils veut savoir si elle vient d'aider des clandestins *(quoi?)*. Après avoir hésité un peu et lui avoir demandé de ne pas en parler à son père *(comment?)*, sa mère avoue qu'elle aide les réfugiés *(quoi?)*. Elle le calme en lui disant que les clandestins ne sont pas dangereux pour elle *(quoi?)*.

Mise en pratique

1. *Résumez la situation exposée dans le texte «Le cri de la mouette» d'Emmanuelle Laborit.* **(p. 38)**
2. *Résumez les avantages et les inconvénients de l'apparition d'Internet pour l'industrie musicale.* **(p. 79–81)**

Eine Stellungnahme verfassen / Écrire un commentaire personnel

Für das Verfassen einer schriftlichen Meinungsäußerung gibt es bestimmte Regeln.

Préparation

1. Notieren Sie die wichtigsten Argumente für und wider eine Idee oder einen Standpunkt. Hilfreich ist dabei eine Tabelle.
2. Wählen Sie die Argumente, die Ihre eigene Meinung am besten unterstützen. Verwerfen Sie schwächere oder unklare Argumente.

Réalisation

1. Schreiben Sie im Präsens. Beachten Sie, an wen sich Ihre Stellungnahme richtet.
2. Beginnen Sie mit einer kurzen Einführung, in der Sie das Thema nennen. Ein Satz ist meist ausreichend.
3. Vergleichen und bewerten Sie die verschiedenen Argumente. Führen Sie, wenn möglich, Beispiele an.
4. Präsentieren Sie am Schluss Ihre eigene Meinung und begründen Sie diese.
5. Achten Sie auf die Textkohärenz und verwenden Sie entsprechende Bindewörter.
6. Lesen Sie Ihren Text noch einmal durch.

→ Méthodes, p. 265

Expressions utiles

Énumérer et évaluer des arguments
D'abord, ... / Pour commencer, ... / Premièrement, ... / Au début, ...
Ensuite, ... / De plus, ... / Deuxièmement, ... / Il faut ajouter que ...
Enfin, ... / À la fin, ... / Finalement, ...
D'un côté ..., de l'autre côté ... / D'une part ..., d'autre part ...
Même s'il est vrai que ..., il faut dire que ...
Pourtant, ... / Mais ... / Au contraire, ...
Surtout ... / Avant tout, ...
Il faut souligner que ...
Sans (aucun) doute ...

Exprimer son opinion
Je pense / crois que + ind. / Je ne crois / pense pas que + subj.
C'est pourquoi ... / En général, ... / À mon avis, ... / Donc, ...
Je (ne) comprends (pas) que + subj.
Probablement, ... / Sûrement, ... / Vraiment, ...
Bref, ... / En un mot, ... / En résumé, ... / Tout compte fait, ...
Pour finir / terminer / conclure, ...

Donner des exemples
Pensons par exemple à ...
N'oublions pas que ...
Prenons l'exemple de ...

Mise en pratique

1. *Quels critères sont importants pour vous dans le choix d'un lieu de résidence? Exposez votre point de vue. Après, comparez votre commentaire personnel au commentaire-modèle ci-dessous.* ***(p. 176)***
2. *Le sport rapproche-t-il ou bien éloigne-t-il les gens? Donnez votre avis et justifiez votre opinion à l'aide d'exemples.* ***(p. 66)***

Commentaire personnel modèle

Choisir son lieu de résidence (p. 176)
(introduction:) **Bientôt,** je devrai choisir un autre lieu de résidence: en ce moment, j'habite encore chez mes parents dans un petit village de province, mais quand j'aurai passé le baccalauréat, il faudra bien que je déménage. Mais où aller? **Voilà** les critères qui sont importants pour moi dans mon choix d'un lieu de résidence:
(premier argument:) **Tout d'abord,** il est important qu'un endroit me plaise.
(exemple:) **Comme** j'adore la montagne, je ne voudrais pas vivre dans le nord de l'Allemagne. La proximité des Alpes est un critère important pour moi.
(deuxième argument:) **D'autre part,** je ne veux pas trop m'éloigner du lieu de résidence de ma famille, **parce que** j'ai de très bonnes relations avec mes parents, mon frère et mes grands-parents. **De plus,** tous mes amis habitent là. **C'est pourquoi** je tiens à ne pas vivre trop loin d'eux. *(exemple:)* **Ainsi,** je pourrai y aller le week-end, par exemple. *(troisième argument:)* **Cependant,** ces critères ne joueront aucun rôle si la matière que je désire étudier n'est pas proposée dans mon lieu de résidence préféré. **Il faut donc ajouter et souligner que** le critère le plus important dans mon choix sera sans doute celui d'une

université qui corresponde à mes besoins. **Il est sûr et certain qu**'en cas de doute, les aspects qui concernent mon avenir professionnel l'emporteront sur tous les autres critères.
(conclusion:) **En résumé,** je peux dire que j'aimerais bien que mon futur lieu de résidence corresponde à tous mes critères énumérés, **mais j'avoue que** le point décisif sera la question de savoir si je pourrai y faire les études que j'ai choisies.

Kreative Texte schreiben / Écriture créative

Kreatives Schreiben ist eine besondere Herausforderung, denn gerade wenn es darum geht, der eigenen Phantasie freien Lauf zu lassen, muss man gewisse Regeln beachten. Eine häufig gestellte Aufgabe besteht darin, auf eine Vorlage (einen Text, ein Bild oder einen Filmausschnitt) zu reagieren, indem Sie zum Beispiel
- die Textsorte verändern (z.B. einen narrativen Text in einen dramatischen Text umwandeln),
- Teile des Textes oder der im Bild oder im Film dargestellten Szene verändern (das Ende umgestalten, eine zusätzliche Person erfinden, usw.),
- sich in eine Person des Textes, des Bildes oder des Films versetzen, usw.
  Ihr eigener Text wird damit zu einer Antwort, einer Variation oder einer Fortsetzung des ursprünglichen Dokuments. Dabei beziehen Sie sich auf seine Elemente und interpretieren diese von Ihrem persönlichen Standpunkt aus.

Préparation

Achten Sie auf alle Informationen, die die Vorlage enthält, und überlegen Sie, welche Informationen gegebenenfalls fehlen.
- Schreiben Sie zunächst in geeigneter Form (stichpunktartig) alles auf, was Ihnen einfällt. Gleichen Sie diese Ideen mit dem Text ab. Überprüfen Sie, ob Ihre Ideen zur Vorlage passen. (z.B. eine ängstliche Figur wird nicht plötzlich mutig)
- Entwerfen Sie einen Plan für den Text, den Sie schreiben wollen. Wie wollen Sie ihn beginnen, wie ihn beenden? Welche Aspekte sollen enthalten sein? Was soll im Mittelpunkt stehen? Welche Gattung soll gewählt werden (Brief, Dialog, Zeitungsartikel, usw.)?

Réalisation

- Respektieren Sie die Regeln der zu wählenden Textsorte (z.B. Tagebucheintrag, Dialog, Zeitungsmeldung...), denn jede hat ihre eigenen charakteristischen Merkmale (Form, Sprache, Stil).
- Achten Sie auf den sprachlichen Zusammenhang Ihres Textes, indem Sie z.B. Konjunktionen verwenden.
- Bevor Sie den Text abgeben, lesen Sie ihn noch einmal kritisch. Überprüfen Sie dabei a) den Inhalt, b) die Grammatik und c) das Vokabular.

→ Méthodes, p. 264

Mise en pratique

1. *Imaginez la chambre «cocon version 2030».* ***(p. 13–14)***
2. *Que feriez-vous pour un/e ami/e? Écrivez une strophe alternative.* ***(p. 22–23)***
3. *Faites un slam sur votre ville, votre village, votre région.* ***(p. 49)***

Eine Figur charakterisieren / Faire le portrait d'un personnage

Die Beschreibung des Äußeren und der Verhaltensweise einer Person ist eines der wichtigsten Verfahren bei der Analyse literarischer Texte oder eines Films. Sie hilft, das Verhalten der Figur besser zu verstehen und so auch ihren Charakter zu erschließen.

Préparation

1. Lesen Sie den Text ganz genau, am besten mehrmals, oder sehen Sie sich die Szene(n) des Theaterstücks oder des Films mehrmals an.

→ Méthodes, p. 235

2. Streichen Sie die Stellen an, die etwas über die Figur aussagen, oder schreiben Sie diese auf, zum Beispiel über ihr Aussehen, ihre Familie, ihren Geschmack, ihr Verhalten. Oft sind Notizen in Tabellenform hilfreich.

Réalisation

1. Beginnen Sie mit grundlegenden Informationen über die Person (Name, Staatsangehörigkeit, Alter, usw.).
2. Beschreiben Sie ihr Äußeres.
3. Stellen Sie ihre persönliche / familiäre Situation und ihre Biografie dar.

→ Méthodes, p. 263

4. Beschreiben Sie ihr Verhalten und ihren Charakter; untermauern Sie dies mit Beispielen aus dem Text (Vorsicht bei Charakterisierungen, die von anderen Personen im Text stammen: sie sind meist subjektiv geprägt, daher muss man sie werten!). Im Anschluss daran analysieren Sie das Verhalten der Figur. Dies ist der wichtigste Schritt!
5. Als Ergebnis fassen Sie die wichtigsten Resultate Ihrer Analyse zusammen.

Expressions utiles

Description
Au début, le personnage est présenté comme ...
Après/Ensuite, le personnage se comporte comme ...
Le personnage s'intéresse à ...
Pour lui / elle, ...

Interprétation / Analyse
Ainsi, on peut constater que ...
Il s'ensuit que ...
Cela montre / signifie / prouve que ...
On peut en déduire que ...

Mise en pratique

1. *Faites le portrait du deuxième ami du narrateur.* ***(p. 20–21)***
2. *Qui sont les deux personnages? Décrivez leur comportement et caractérisez-les.* ***(p. 27)***
3. *Qui est le narrateur? Caractérisez-le à l'aide du texte.* ***(p. 36–37)***

Portrait modèle

Portrait du premier ami du narrateur (p. 20)

(introduction:) Dans son texte autobiographique «La soudure fraternelle», Tahar Ben Jelloun décrit son «premier ami».
(informations fondamentales sur le personnage:) On ne sait pas son nom, *(l'aspect extérieur:)* mais il est décrit comme un garçon blond, mince et élégant. *(l'âge:)* Il a un an de plus que le narrateur. À l'époque dont il est question, les deux garçons vont au collège, ils ont donc entre 10 et 13 ans.
Même s'il est un peu plus âgé que le narrateur, cet ami paraît plus jeune que lui. *(interprétation:)* Apparemment, il a l'air un peu enfantin: peut-être affiche-t-il une certaine naïveté, une certaine innocence.
(comportement:) D'autre part, cet ami se comporte déjà comme une grande personne. *(interprétation:)* Il n'est donc pas aussi indiscipliné que les autres enfants de son âge. *(centres d'intérêt:)* Ainsi, il est sérieux et s'intéresse non seulement à l'école et à la famille, mais – ce qui est extraordinaire pour un garçon de son âge - aussi à la politique et à la littérature. Les conversations que le narrateur entretient avec lui sont très profondes: le narrateur s'y prépare en étudiant les mêmes livres que son ami. *(interprétation:)* Cela montre l'importance que cet ami a pour le narrateur: il le prend comme modèle.
(comportement:) D'ailleurs, le narrateur perd cet ami quand il lui avoue qu'il lui a menti pendant un certain temps (en prétendant avoir le même âge que lui). *(caractère:)* Comme cet ami ne supporte pas les mensonges, il rompt avec le narrateur. *(interprétation:)* Cela prouve que c'est une personne très sincère, mais aussi très exigeante – envers elle-même et envers les autres. Il ne pardonne aucune faute, même si c'est une faute compréhensible.

TEXTANALYSE UND KOMMENTAR / ANALYSE ET COMMENTAIRE DE TEXTES

Sachtexte / Le texte non narratif

→ Méthodes, p. 235

Die meisten Texte, mit denen wir es im täglichen Leben, in der Schule oder im Studium zu tun haben, sind keine literarischen Texte, sondern Sachtexte (Zeitungsartikel, Interviews, Essays, Vorträge, Reden). Auch hier spielen formale Elemente wie zum Beispiel die äußere Anordnung, die Fotos, das Verhältnis von Text zu Bild, die Aufmachung usw. eine wichtige Rolle.

La **manchette** ou le **gros titre** (die Schlagzeile) indique le **sujet principal** (das Hauptthema) en résumant l'**événement** (das Ereignis) ou **la nouvelle à sensation** (die Sensation).

Le **surtitre** désigne la rubrique de la page.

2 France-Soir Dossier JEUDI 14 AOUT 2008

Les chiffres clés

Chaque année, plus de 2 millions de salariés occupent un emploi saisonnier. Les exploitants agricoles sont les plus gros employeurs puisqu'ils embauchent environ 800.000 personnes, soit 40 % d'entre eux. Une étude de Jeunesse ouvrière chrétienne (JOC), datant de juillet 2007, avait montré que 480.000 personnes travaillent dans la vente et 372.000 dans l'hôtellerie-restauration. Viennent ensuite l'animation pour 244.000 salariés et les services à la personne également pour 244.000 saisonniers. Selon la même étude, 65 % des 15-30 ans affirment avoir travaillé pendant l'été 2007, ce qui constitue bien souvent leur première expérience dans le monde professionnel.

Photo Sipa / Gile

Les dérives les plus fréquentes

Même si les conditions de travail ont tendance à s'améliorer, certaines situations abusives subsistent. La plupart du temps, cela concerne le non-paiement des heures supplémentaires. Vingt-cinq pour cent des employés déclarent en effet ne pas avoir été rémunérés pour leur surplus de travail. Les journées sans pause sont également monnaie courante. Pourtant, « l'employé a le droit à vingt minutes de pause après six heures de travail consécutives », rappelle Michel Larralde, de la CFDT. Mais la méconnaissance du droit du travail de la part des salariés est utilisée par certains employeurs. A tel point que 14 % des saisonniers ont été employés sans contrat de travail.

Photo Sipa / Gross

EMPLOI • Si la majorité des employeurs respecte le Code du travail, les infr

Travail saisonnier : des opportunités

Virginie Belle

Les 2 millions de contrats saisonniers signés en France sont autant d'occasions de découvrir de multiples horizons professionnels. Mais les infractions restent nombreuses. Et les sanctions sévères.

En France, où le tourisme est roi, de nombreuses opportunités professionnelles sont proposées dans le secteur de l'hôtellerie et de la restauration pendant les vacances d'été. Mais le secteur le plus gourmand en main-d'œuvre estivale reste de loin le monde agricole, qui embauche environ 800.000 personnes. Nombre d'étrangers viennent également pallier les difficultés de recrutement des secteurs en tension, environ 20.000, selon l'Agence nationale d'accueil des étrangers et des migrations.

Jusqu'en septembre pour les métiers main-d'œuvre se fait cruellement sentir. Les centres de loisirs et de vacances, pour les titulaires du Bafa, sont également un bon créneau pour l'été. Nombre d'étudiants profitent de cette période pour épargner avant la reprise des cours, ou vivre une expérience professionnelle dans leur branche. Au total, 75 % d'entre eux ont une activité rémunérée pendant l'été, selon le Conseil économique et social.

Heures supplémentaires non payées

Si les expériences sont généralement positives, les saisons riment pour beaucoup avec infractions... En effet 25 % des employés déclarent n'avoir pas été rémunérés pour les heures supplémentaires effectuées, selon la CFDT. D'autre non pas la chance de signer de contrat de travail et, enfin, quelques autres sont simplement "dédommagés". On ne parle plus ici de travail mais d'exploitation. L'Agence centrale des organismes de Sécurité sociale, organisme de l'Urssaf, s'est saisie du problème et « a décidé de frapper fort ». Elle vient de rendre publiques les nouvelles sanc-

Après le titre, on trouve souvent le **chapeau** (der Vorspann / der Aufhänger), un texte court qui présente les aspects les plus importants et qui précède l'article.

Les **premiers paragraphes** (die ersten Absätze) de l'article fournissent l'**information principale** (die Hauptinformation) en répondant aux questions qui?, quoi?, quand?, où?, comment?, pourquoi?

L'**intertitre** ou le **sous-titre** (der Zwischentitel) met en relief des aspects importants choisis.

Réalisation

Erster Schritt: die Einleitung *(introduction)*
Beginnen Sie mit der Information über die Textsorte (Zeitungsartikel, Auszug aus einem Sachbuch), über den Autor, den Titel und das Thema. Stellen Sie die Thematik, die der Text anspricht, kurz dar.

Zweiter Schritt: das Resümee *(résumé)*
→ Méthodes, p. 243
Fassen Sie den Inhalt zusammen.

Dritter Schritt: die Analyse *(interprétation)*
Analysieren Sie die Wirkung, die der Text hervorrufen will *(l'intention du texte)*: Will er Informationen vermitteln *(donner des informations)*, Tatsachen erklären *(expliquer des faits)* oder den Leser von einem Standpunkt überzeugen *(défendre une thèse, convaincre)?* In diesem Fall bewerten Sie den Standpunkt des Autors *(le point de vue de l'auteur)* und die Art, wie er ihn vermittelt. Erläutern Sie, ob Sie die Argumentation überzeugend finden.

Mise en pratique

1. *Lisez le texte «Enquête: ménage, courses, cuisine, chacun sa part». Dites de quel type de texte il s'agit et décrivez l'intention de l'auteur.* ***(p. 53–54)***
2. *Lisez le texte «Sport Sans Frontières». Dites de quel type de texte il s'agit et déterminez l'intention de l'auteur.* ***(p. 65–66)***

Narrative Texte / Le texte narratif

In einem narrativen literarischen Text präsentiert der Autor eine imaginäre Welt, in der sich Personen, Handlungen, Zeit und Raum entwickeln. Die häufigsten Gattungen sind
- der Roman *(le roman),*
- die Erzählung *(le récit),*
- die Novelle und die Kurzgeschichte *(la nouvelle).*

Qu'est-ce que c'est?

Der Erzähler und die Erzählperspektive / Le narrateur et le point de vue du narrateur

Ein Ereignis kann aus unterschiedlichen Blickwinkeln geschildert werden:
- Der Erzähler kann in der ersten Person sprechen und dadurch eine Innensicht, eine intime Atmosphäre schaffen. Beispiel: Jean-Claude Izzo, «Total Khéops», l. 1–2. **(p. 44)**
- oder aber ein so genannter allwissender Erzähler *(le narrateur omniscient)* sein. Beispiel: Anna Gavalda, «Ensemble, c'est tout», l. 6–14. **(p. 17)**
- In der dritten Person kann der Erzähler auch die Perspektive einer seiner Figuren übernehmen. Um dabei den Eindruck von unmittelbar erlebter Wirklichkeit zu erwecken, werden Gedanken oft im so genannten inneren Monolog *(le monologue intérieur)* wiedergegeben. Beispiel: Guillaume Chérel, «Sur la piste de Liza», l. 2–3. **(p. 32)**

Mise en pratique

Définissez le point de vue du narrateur dans les textes suivants:
1. Marcel Pagnol, «Jean de Florette». **(p. 179–180)**
2. Anna Gavalda, «Permission». **(p. 24–25)**

→ Méthodes, p. 245

Die Figuren / Les personnages

Die Hauptfigur *(le personnage principal)* nennt man Protagonist *(le protagoniste)*. Im Allgemeinen beschreibt man die Figuren nach ihren physischen, psychologischen und sozialen Merkmalen. Sie können komplexe Eigenschaften haben (vielschichtige Charaktere) oder aber nur wegen einzelner, typischer Merkmale dargestellt werden (Stereotype / *le stéréotype*).

Réalisation

Bei der Textanalyse ist es hilfreich, auf folgende Punkte zu achten:
Gibt es einen Bruch in der Handlung? Zum Beispiel:
- Verändert sich die Ausgangssituation?
- Verändern sich die Personen oder das Verhältnis zwischen den Personen?
- Verändert sich der Ort?
- Verändert sich die Erzählperspektive?
- Gibt es stilistische Brüche und Auffälligkeiten?
- Wann folgt auf eine Beschreibung ein Dialog und umgekehrt?
- Gibt es Zeitsprünge?
- Gibt es sprachlich auffällige Bilder? Wie wirken sie?
- Gibt es Entsprechungen zwischen der Beschreibung der Landschaft oder der leblosen Objekte und den Gefühlen der Figuren?
- Gibt es andere stilistische Besonderheiten wie Wiederholungen, rhetorische Fragen, etc.?

→ Méthodes, p. 252

Analyse modèle

À l'abri de rien, Olivier Adam, p. 67

Le texte est un texte narratif extrait d'un roman d'Olivier Adam, «À l'abri de rien». Dans ce passage, une mère rentre tard chez elle parce qu'elle a travaillé dans un organisme d'aide humanitaire qui distribue de la soupe aux clandestins. Elle retrouve son fils qui l'attend pour lui poser des questions sur ce qu'elle a fait.

La première partie du texte (l.1–8) montre l'intensité de la relation entre la mère et le fils. C'est un rapport physique, presque animal. On a l'impression qu'ils ont besoin de se toucher parce qu'ils n'arrivent pas à se parler, mais que chacun a besoin de l'autre. Elle lui demande si elle peut dormir dans son lit et il la regarde «en me bouffant des yeux» (l.6), c'est-à-dire comme s'il voulait la dévorer. À la fin de la première partie, Marie et son fils sont allongés l'un à côté de l'autre. On pourrait penser qu'il règne une grande harmonie entre eux. Mais la description de la peau de l'enfant «gelée et parfaitement lisse» annonce déjà un malaise.
La deuxième partie du texte (Übergang zum Dialog und Veränderung des Verhältnisses zwischen Mutter und Sohn) (l.9–25) débute par une question de l'enfant qui dévoile en même temps le conflit: l'enfant ne croit pas sa mère quand elle dit qu'elle était chez une amie. Il se fait du souci, parce que son ami Nicolas l'a vue avec des clandestins et lui a prédit qu'il allait avoir toutes sortes de problèmes. La mère écoute, pose des questions et conseille à son fils de dire à son copain «qu'il est un petit con» (l.23). Le choix de cette expression vulgaire a ici un effet comique et produit un moment crucial à partir duquel l'harmonie entre la mère et le fils semble rétablie: ils sont maintenant du même avis: «C'est ce que je lui ai dit. / C'est bien.» (l.24–25).
Après ce dialogue, la troisième partie (Rückkehr zur Beschreibung und auffällige Bilder) commence par une scène descriptive qui relativise l'impression d'harmonie. La comparaison entre le visage de l'enfant et celui d'un «écureuil inquiet» (l.26–27) montre sa fragilité et son affolement. Il a également «des yeux fiévreux» (l.27), comme s'il était malade. Le lecteur comprend que le conflit n'est pas encore résolu. Alors que dans la deuxième partie il s'agissait de savoir si son copain Nicolas avait raison ou non, il s'agit maintenant pour l'enfant de comprendre ce que sa mère a vraiment fait ce soir-là (Rückkehr zum Dialog und stilistische Besonderheiten). À deux reprises, la mère répond aux questions de son fils par d'autres questions, comme si elle voulait retarder le moment de l'aveu: («Qui?», «Tu le dis pas à Papa?» (l.32). Après qu'il lui a promis de ne le dire à personne, elle avoue: «Alors c'est vrai» (l.33–34). Le mot de liaison «alors» a ici un effet comique parce qu'il sert normalement à introduire une conséquence. Mais le fait qu'une chose soit vraie ne peut pas être une conséquence du fait de ne pas la raconter à quelqu'un d'autre. En fait, la mère n'accepte de dire la vérité que si l'enfant garde le secret. L'harmonie qui n'était qu'apparente devient maintenant réelle (Neues Verhältnis zwischen den Figuren). La mère et l'enfant s'embrassent et s'endorment ensemble. Mais la dernière phrase: «Dans trois heures à peine le jour allait se lever.» (l.42–44) montre que la paix qui règne entre eux reste fragile et menacée.
Dans ce texte, Olivier Adam montre grâce à l'exemple de Marie et de son fils les problèmes sociaux et familiaux auxquels s'exposent les gens qui se mettent dans l'illégalité pour aider les sans-papiers.

Mise en pratique

1. *Lisez le texte de Michel Le Bourhis, «L'échancrure», répondez aux questions de l'Objectif lecture puis rédigez une analyse du texte en vous aidant des conseils ci-dessus.* ***(p.36–37)***
2. *Lisez le texte d'Ahmed Djouder, «Désintégration», répondez aux questions de l'Objectif lecture puis rédigez une analyse du texte en vous aidant des conseils ci-dessus.* ***(p.60)***

Theaterstücke / La pièce de théâtre

Theaterstücke (Dramen) *(la pièce de théâtre)* lassen sich in verschiedene Formen unterteilen: Tragödie *(la tragédie)*, Komödie *(la comédie)* Tragikomödie *(la tragicomédie)*, um nur die wichtigsten zu nennen. Das Entscheidende an einem Theaterstück ist die Aufführung *(la représentation)*, daher ist es bei der Lektüre wichtig, sich auch das Bühnenbild *(le décor)* und die handelnden Personen *(le personnage)* vorzustellen.

Actes et scènes

Ein Theaterstück kann in Akte *(l'acte m.)* und Szenen *(la scène)* unterteilt sein, die einem Wechsel der Handlung, der Zeit oder des Ortes entsprechen können. Die dramatische

Handlung *(l'action dramatique f.)* entspricht den Elementen, die auch für die Prosaliteratur charakteristisch sind: Exposition *(l'exposition f.)*, Entwicklung *(le développement)* und Auflösung *(le dénouement)*.

Mise en pratique
→ Méthodes, p. 237

Lisez le début du texte «Art» de Yasmina Reza. Relevez les éléments typiques de l'exposition. Réalisez une mise en scène en tenant compte de ce que vous venez de lire. ***(p. 97–98)***

Absence de narrateur

Da im Drama ein Erzähler fehlt, der die Ereignisse kommentiert, müssen alle wichtigen Informationen (z. B. Handlungsmotive, Erklärungen, Hintergrundwissen, usw.) allein durch die Worte, Gesten und Handlungen der Darsteller übermittelt werden. *(le mot, le geste, l'action f., l'acteur m., l'actrice f.)*

Indications scéniques

Die Bühnenanweisungen (Bühne *la scène*) informieren darüber, wie sich der Autor die Szene *(la scène)*, die Personen, die Kostüme *(le costume)* usw. vorstellt. Sie können Anweisungen für Spezialeffekte *(les effets spéciaux m.)* (z. B. Beleuchtung *l'éclairage m.* und Ton *le son)* enthalten, um die dramatische Wirkung zu steigern oder die Bühnenatmosphäre *(le jeu scénique)* zu definieren.

Mise en pratique

Lisez l'extrait de «L'Avare» de Molière, répondez aux questions puis imaginez les indications scéniques qui permettraient de préciser ce que les acteurs doivent faire pendant cette scène. ***(p. 229)***

Gedichte, Chansons und Slams / Le poème, la chanson et le slam

Gedichte / Le poème

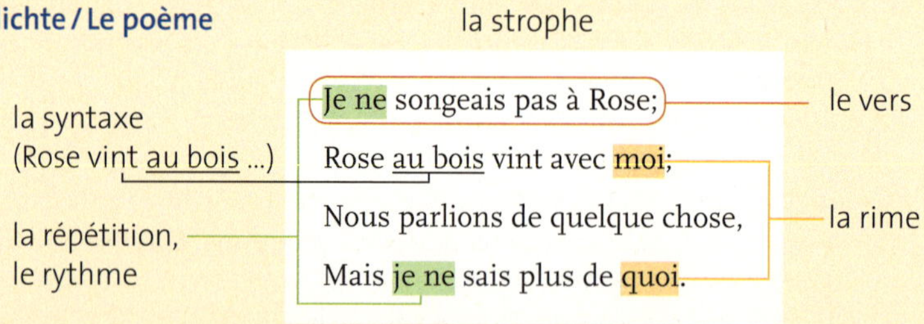

Analyse

Die Interpretation eines Gedichts erfordert die Analyse nicht nur des Inhalts, sondern auch und besonders die der formalen Elemente. Es gilt aufzuzeigen, in welchem Maß die einzelnen formalen Elemente dazu beitragen, dem Leser den Inhalt oder die Botschaft zu vermitteln.

Erster Schritt: den Text einmal lesen / hören
Lesen Sie das Gedicht laut oder hören Sie es sich an. Danach
- notieren Sie den ersten Eindruck, den es auf Sie gemacht hat,
- schreiben Sie die Wörter und Ausdrücke auf, die Sie behalten haben und
- formulieren Sie eine erste Hypothese über das Thema.

Zweiter Schritt: den Text mehrmals lesen / hören
Lesen oder hören Sie das Gedicht nun mehrmals, um festzustellen
- ob es eine Situation oder ein Gefühl beschreibt oder eine Geschichte erzählt,
- welches Thema es behandelt,
- ob das Gedicht in der Ich-Form (lyrisches Ich *le moi lyrique*) abgefasst ist oder nicht,
- ob sich das Gedicht an eine bestimmte Person wendet (an den Leser oder an eine andere im Text erwähnte Person),
- welche Beziehung zwischen dem Titel (sofern es einen gibt) und dem Inhalt besteht,
- ob ein bestimmter Rhythmus *(le rythme)* erkennbar ist, welche Wirkung dieser auf Sie ausübt und ob es einen Rhythmuswechsel *(le changement de rythme)* gibt.

Dritter Schritt: Eigene Lektüreeindrücke mit Hilfe des Textes erläutern

→ Méthodes, p. 252

Versuchen Sie die Eindrücke, die das Gedicht auf Sie gemacht hat, zu begründen. Achten Sie auf die Bilder und die Stilmittel, die diese Eindrücke hervorrufen. Hierbei hilft Ihnen auch der Fragenkatalog der Textanalyse (p. 248). In einem Gedicht spielen die Stilmittel eine noch größere Rolle als in einem anderen literarischen Text.

Besondere Gedichtformen

Das Sonett *(le sonnet)* ist ein Gedicht mit einer festen Strophenstruktur. Es besteht aus 14 Versen, die auf zwei vierzeilige Strophen *(le quatrain)* und 2 dreizeilige Strophen *(le tercet)* verteilt sind. (z. B. «Sonnet pour Hélène», Pierre de Ronsard, p. 226.)

Die Fabel *(la fable)* ist eine besondere Form von Dichtung, in der Tiere (manchmal auch Pflanzen) menschliche Eigenschaften und Verhaltensweisen verkörpern. Die Fabel erzählt eine Geschichte, die einen lehrhaften Zweck verfolgt und oft mit einer Lektion endet *(la morale de l'histoire)*. (z. B. «Le Lion et le Rat», La Fontaine, p. 228).

Mise en pratique

1. *Analysez le poème de Victor Hugo, «Vieille chanson du jeune temps» et comparez votre texte à la solution ci-dessous.* ***(p. 27)***
2. *Lisez le «Sonnet pour Hélène» de Pierre de Ronsard et répondez aux questions. Imaginez-en une variante moderne: Comment une personne dirait-elle à une autre qu'elle doit profiter de la vie avant qu'il ne soit trop tard au XXIème siècle? Vous pouvez aussi intervertir les rôles féminins et masculins.* ***(p. 226)***

Analyse modèle

Vieille chanson du jeune temps, Victor Hugo, p. 27

(Zusammenfassung des Inhalts) Dans le poème *Vieille chanson du jeune temps*, le poète Victor Hugo raconte une promenade dans les bois d'un jeune homme de 16 ans et d'une jeune femme de 20 ans. (Perspektivenanalyse) **Le point de vue du narrateur** est celui du jeune homme. Tout le temps que dure la promenade, la jeune femme s'intéresse à lui et essaie de le séduire, mais il ne remarque rien. Ce n'est qu'à la fin de la promenade, lorsqu'elle renonce à lui plaire qu'il se rend compte de l'occasion qu'il a manquée et qu'il commence à le regretter.

(Eindrücke über den Ich-Erzähler, erläutert anhand der benutzten Stilmittel) Dès le début du poème, le **narrateur** affirme son désintérêt pour la jeune femme qui l'accompagne: «Je ne songeais pas à Rose» (l. 1). Ses pas sont «distraits» (l. 6), ses pensées sont ailleurs: «Nous parlions de quelque chose / mais je ne sais plus de quoi» (l. 3–4). La **répétition** de phrases négatives souligne son désintérêt: «Je ne vis pas son bras blanc» (l. 20), «Je ne vis pas son pied nu» (l. 28), «je ne savais que lui dire» (l. 29). La **comparaison** «j'étais froid comme les marbres» (l. 5) montre qu'il ne pense pas à l'amour.

(Eindrücke über die zweite Hauptperson, erläutert anhand der benutzten Stilmittel) Rose, elle, nous est présentée comme une jeune fille qui a envie de séduire le **narrateur.** C'est elle qui prend l'initiative de l'accompagner «Rose au bois vint avec moi» (l. 2). Mais elle attend qu'il s'intéresse à elle et qu'il prenne l'initiative de lui parler d'amour «Son œil semblait dire: Après?» (l. 8). Elle montre «son beau bras tremblant / pour prendre une mûre aux branches» (l. 18–19), «son bras blanc» (l. 20) et «son petit pied dans l'eau pure» (l. 27). **L'allitération** en B puis **l'allitération** en P montrent la fusion de la jeune femme avec la nature qui l'entoure. Son bras blanc est comme la branche, son petit pied est pur comme l'eau.

(Entsprechungen zwischen der Naturbeschreibung und den Gefühlen der Protagonisten, erläutert anhand von Beispielen) La description que le poète donne de la nature reflète l'état d'esprit des **protagonistes.** Tandis que le **narrateur** s'identifie aux merles, des oiseaux qui ont la réputation d'être moqueurs, il assimile Rose aux rossignols qui sont des **symboles** de l'harmonie et de l'amour «Les rossignols chantaient Rose / et les merles me sifflaient», (l. 15–16). De même, «la rosée» qui «offrait ses perles» (l. 9) fait penser par **analogie** à «Rose» qui offre son cœur et sa beauté, alors que la **personnification** des bois fait penser au **narrateur** qui n'entend pas l'appel de l'amour, et ne se rend compte de la beauté de sa compagne qu'au moment où il sort «des grands bois sourds» (l. 34).

(Erläuterung der Schlusswende) La dernière strophe amène un **dénouement** inattendu. Au moment où la jeune fille renonce à le séduire «– Soit; n'y pensons plus! dit-elle» (l.35), c'est lui qui s'aperçoit de sa beauté et qui se met à regretter l'occasion manquée «Depuis, j'y pense toujours», (l.36). Ce **dénouement** explique aussi le titre du poème, «Vieille chanson du jeune temps». Il s'agit d'une chanson du jeune temps parce que quand on est jeune, on ne voit pas toujours les signes que nous fait la vie, mais aussi d'une vieille chanson, parce que l'expérience que fait le **narrateur** est une expérience vieille comme le monde mais qui se renouvelle toujours. Dans ce poème, Victor Hugo semble nous dire qu'il faut parfois manquer une occasion pour mûrir.

Lieder / La chanson

Lieder und Poetry Slams haben viele Merkmale mit Gedichten gemeinsam: Ihre Sprache ist rhythmisch gestaltet, manchmal gereimt.
Lieder sind i.d.R. in Strophen und Refrains gegliedert. Der Refrain liefert oft einen Schlüssel zum Textverständnis; die Melodie wirkt unterstreichend oder auch sinnbildend.

Analyse et interprétation
→ Méthodes, p. 250

Achten Sie zuerst nur auf die Musik. Wie ist die Melodie, der Rhythmus? Können Sie Instrumente erkennen?
Welche Stimmung verleihen diese Instrumente dem Lied?

Mise en pratique

Écoutez la chanson «Mon pays» de Faudel et répondez aux questions de l'Objectif lecture. ***(p. 42)***

Slams

Der Poetry Slam wird als eine Form von lebendiger Poesie betrachtet. An diesen Wettbewerben, die auch Showcharakter haben, darf jeder teilnehmen. Die Texte werden von ihren Autoren selbst vorgetragen; die zulässige Länge ist i.d.R. auf wenige Minuten beschränkt. Eine zufällig ausgesuchte Jury bewertet die Vorträge. Durch diese Art der Entscheidungsfindung wird die Subjektivität literarischen Geschmacks unterstrichen. Ein Slam ist üblicherweise ohne Musik.

Analyse et interprétation
→ Méthodes, p. 250

Achten Sie zunächst auf die lautliche Gestaltung.
Wie ist der Tonfall, der Rhythmus?
Gibt es Lautmalereien?

Mise en pratique

Écoutez le slam «Saint-Denis» de Grand Corps Malade et faites l'exercice de l'Objectif lecture B. ***(p. 47–48)***

Stilmittel / Les moyens stilistiques

Die Rhetorik ist eine sehr alte Kunst. Sie besteht darin, wirkungsvoll und elegant zu schreiben oder zu reden, um zu überzeugen, den Adressaten emotional anzusprechen, zu gefallen oder zu unterhalten. Im Folgenden werden einige häufig verwendete rhetorische Figuren – d.h. Stilmittel – beschrieben.

L'allégorie

Eine (abstrakte) Idee wird durch die Allegorie bildhaft ausgedrückt, ähnlich der Metapher, nur weiter ausgebaut.
Beispiel: Grand Corps Malade, «Les voyages en train»: «[...] les histoires d'amour c'est comme les voyages en train, [...] ces voyageurs [...] j'aimerais en être un», l.1–2. Der Ich-Erzähler möchte also eine Liebesgeschichte erleben. **(p. 28)**

L'allitération

Wiederholung eines Konsonanten in einem Satz mit dem Ziel, einen rhythmischen Effekt hervorzurufen.
Beispiel: Victor Hugo, «Vieille chanson du jeune temps»: «son **b**eau **b**ras trem**b**lant [...] son **b**ras **b**lanc», l.18–20. **(p. 27)**

L’antithèse

Die Antithese spielt mit gegensätzlichen Standpunkten, z. B. um die Bedeutung eines Gedanken stärker hervorzuheben. Es kann sich um einzelne Wörter oder komplexere Beschreibungen handeln.
Beispiele: Victor Hugo, **Vieille** chanson du **jeune** temps **(p. 27)**; Bénabar, **Tu peux compter sur moi** (l. 9)**– Je compte sur toi** (l. 61) **(p. 22–23)**

L’assonance

Wiederholung eines Vokals in einem Satz mit dem Ziel, einen rhythmischen Effekt hervorzurufen.
Beispiel: Grand Corps Malade, «Saint-Denis»: «Prends la ligne 13 du métr**o** et va bouffer **au** McD**o** ou dans les bistr**o**ts d’une ville pleine de bonnes g**o**s et de gr**o**s cland**o**s». **(p. 47–48)**

L’énumération

Häufung von Wörtern. Sie dient dazu, verschiedene Aspekte desselben Gedankens anzusprechen. Wenn die Wörter identischen oder ähnlichen Sinn haben, betonen sie eine Idee oder einen Gegenstand besonders oder schaffen einen Höhepunkt, wobei die Wörter von der geringsten bis zur höchsten Bedeutung angeordnet sein können (Steigerung *la gradation ascendante*).
Beispiel: Ahmed Djouder, «Désintégration», l. 1–2: «Nos parents ne joueront jamais au **tennis, au badminton,** au **golf**.» **(p. 60)**

L’hyperbole

Übertreibung. Sie überhöht den Gegenstand, von dem die Rede ist. Man verwendet sie zum Beispiel, um ein charakteristisches Merkmal hervorzuheben.
Beispiel: Marcel Pagnol, «Jean de Florette», l. 7–8: «[...] quelques sentiers qui menaient au ciel». **(p. 179)**

Le climax

Höhepunkt einer Handlung, der Punkt, an dem die höchste Spannung erreicht wird.
Beispiel: Anna Gavalda, «Permission», l. 84–86: «N’importe quelle fille aurait compris ce qu’elle a compris à ce moment-là». **(p. 24–25)**

L’onomatopée

Nachahmung eines Geräuschs oder eines Klangs mit sprachlichen Mitteln. Man verwendet sie, um eine Funktion oder ein charakteristisches Merkmal einer Sache hervorzuheben (z. B. das Tick-Tack einer Uhr). Es gibt Wörter, die durch Lautmalerei entstanden sind (z. B. susurrer, claquer, coucou).
Beispiel: Anna Gavalda, «Permission», l. 30: «Clac.» **(p. 24–25)**

La métaphore

Sie ähnelt dem Vergleich, verbindet also zwei Elemente, jedoch ohne ein Vergleichswort *(comme)* zu verwenden. Sie stellt dadurch eine Identität zwischen vergleichbaren Gegenständen her und erzielt damit eine stärkere Intensität.
Beispiel: Ronsard, «Sonnet pour Hélène», l. 14: «Cueillez dès aujourd’hui les roses de la vie.» **(p. 226)**

La personnification

Sie besteht darin, Tieren oder Gegenständen menschliche Züge zu verleihen. Besonders häufig wird sie in der Fabel verwendet.
Beispiele: Jean de La Fontaine, «Le Lion et le Rat», l. 3: «Le roi des animaux» **(p. 228)**; Grand Corps malade, «Saint-Denis»: «J’voudrais faire un slam pour une grande dame [...] pour une vieille femme [...] pour cette banlieue [...] qu’on appelle Saint-Denis» **(p. 47)**

La question rhétorique

Im Unterschied zu einer regulären Frage wird diese an die Person selbst gestellt, die sie formuliert. Sie kommt häufig in politischen Reden vor, da sie dazu dient, die Zuhörer zu einer bestimmten Schlussfolgerung zu bringen.
Beispiel: «La gratuité va-t-elle tuer la musique?» **(p. 79–81)**

Le symbole

Konkretes Element, das durch Analogie oder Konvention etwas Abstraktes darstellt. Die weiße Taube mit einem Olivenzweig im Schnabel ist zum Beispiel ein Friedenssymbol.
Beispiele: Karikatur von Tomi Ungerer: die Flaggen symbolisieren Länder, die Sterne Europa **(p. 115)**; Maïssa Bey, «Bleu, blanc, vert»: die Farben Blau, Weiß, Grün stehen für Algerien **(p. 135)**

La comparaison

Im Vergleich werden durch die Annäherung oder kontrastive Gegenüberstellung zweier Gegenstände oder Bilder Anschaulichkeit und Wirksamkeit eines Gedankens erhöht. Beispiel: Grand Corps Malade, «Les voyages en train», l. 1: «Les histoires d'amour, c'est comme les voyages en train» **(p. 28)**

La répétition

Bewusste Mehrfachnennung von Wörtern, Sätzen oder Vorstellungen, um eine bestimmte Idee zu betonen oder auf sie aufmerksam zu machen. In der Lyrik verwendet man sie vorzugsweise am Anfang (Anapher *l'anaphore f.*) oder am Ende (Epiphora *l'épiphore f.*) eines Verses.
Beispiel: Claire Bretécher, «Agrippine»: «[...] **tu vas** rencontrer des tas de gens, **tu vas** t'amuser, **tu vas** travailler, **tu vas** faire des voyages, **tu vas** avoir des amants» **(p. 19)**; Alexandrine Brisson, «C'était pas la guerre», l. 13–19: «Moi je suis née ici, à Alger. **Comme** ma maman [...]. **Comme** ma copine [...]. **Comme** beaucoup de petites filles [...].» **(p. 131)**

BILDANALYSE UND KOMMENTAR

Statistiken und Schaubilder / La statistique et le diagramme

Prozentzahlen und absolute Zahlen können auf unterschiedliche Weisen dargestellt werden, z. B. in Form

→ p. 46

einer Tabelle / le tableau:

1990	2000	2001
13 000	15 000	14 000

→ p. 10

eines Balkendiagramms / le diagramme à colonnes – Säulendiagramms / le diagramme à barres / à bâtons:

eines Kurven-/Liniendiagramms / le diagramme à courbe:

→ p. 191

eines Kreis-/Tortendiagramms / le diagramme circulaire / «en camembert»:

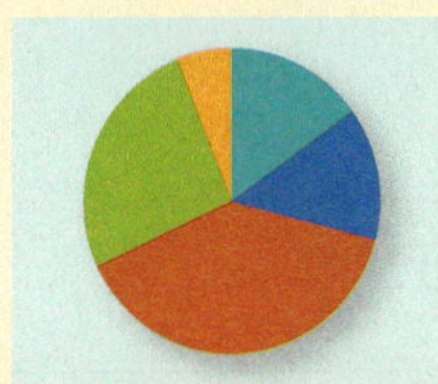

Analyse modèle

Tableau sur la répartition des immigrés en France, p. 46
Le **tableau** est une **statistique** de l'Insee de 2004 qui décrit la répartition des immigrés en France par pays d'origine en 1962 et en 1982.
On y voit qu'en 1962, plus des **trois quarts** des immigrés étaient d'origine européenne. **Presque la moitié** des immigrés venaient soit d'Italie (31 %), soit d'Espagne (18 %). En revanche, ils n'étaient **même pas 15 %** à venir d'Afrique.
En 1982, la répartition est complètement différente. Seulement **un peu plus de la moitié** des immigrés sont encore originaires d'Europe contre **un tiers** qui vient d'Afrique, et ce ne sont plus les Italiens mais les Algériens qui constituent la population immigrée la plus importante avec près de 15 %.
Le tableau montre donc qu'un **basculement** a eu lieu **en l'espace de vingt ans.** L'immigration européenne a été remplacée par une immigration provenant de l'Afrique et plus particulièrement du Maghreb.

Expressions utiles

Ce tableau présente un sondage / réunit les chiffres
un sondage réalisé en ...

La moitié Plus de la moitié La plupart La majorité / La minorité (Presqu')un tiers (À peu près) les deux tiers Un quart / Les trois quarts Un cinquième Quarante pour cent	des Français des jeunes des plus de 22 ans ...	trouvent que croient que possèdent déclarent que acceptent de préfèrent (ne) sont (pas) d'accord avec
La courbe	monte / descend atteint	son maximum / minimum

Un adolescent sur deux pense que ...
Pour (15) pour cent des jeunes, (la famille) compte énormément / il est important de (bien gagner sa vie).
Le nombre de / d'(élèves) a augmenté / diminué de (12) pour cent depuis (2009).
Il y a une différence entre (2009) et (2010).
Cette augmentation/diminution concerne (les métiers techniques.)
Un sommet est atteint en ...

Mise en pratique

1. *Faites le Pour aller plus loin de la page 12.*
2. *Faites les Approches de la page 78.*
3. *Faites les Approches de la page 88.*

Bilder, Karikaturen und Gemälde / L'image, la caricature et le tableau

Bei der Analyse einer bildlichen Darstellung muss man, wie auch bei allen anderen künstlerischen Texten, zwischen der Beschreibung und der Interpretation unterscheiden.

Description

1. Ordnen Sie das Bild ein. Handelt es sich um eine Zeichnung *(le dessin)*, ein Foto *(la photo)*, eine Karikatur *(la caricature)*, eine Anzeige *(l'annonce f.)*, ein Plakat *(l'affiche f.)*, ein Gemälde *(le tableau)?*
2. Halten Sie fest, wo sich die dargestellten Personen und Gegenstände befinden:

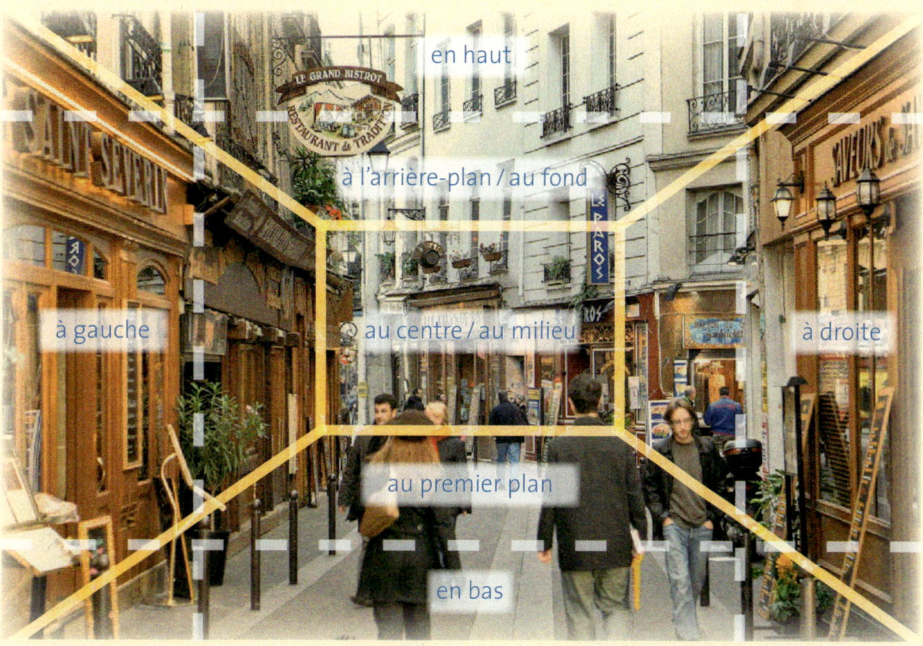

3. Beginnen Sie die Beschreibung mit dem dominierenden Element des Bildes. Normalerweise befindet sich dieses im Vordergrund und im Zentrum des Bildes.
4. Beschreiben Sie das Zentrum und den Hintergrund des Bildes. Sind Vorder- und Hintergrund nicht unterscheidbar, also ohne dominierendes Element *(l'élément central m.)*, beschreiben Sie das Bild in Leserichtung, also beginnend oben links.

Interprétation

1. Erklären Sie, was das Bild Ihrer Meinung nach ausdrückt oder symbolisiert: Cette image représente/montre/symbolise ...
2. Sprechen Sie über die Wirkung, die das Bild auf den Betrachter ausübt *(l'effet m. sur le spectateur)*.
3. Interpretieren Sie die Absicht des Künstlers: L'intention de l'artiste / du photographe / du peintre est de ... Le but de l'artiste est de critiquer ... / de rendre attentif / d'attirer l'attention du public sur ... / de susciter la peur / la pitié du spectateur.

Mise en pratique

1. *Décrivez le tableau et dites quelle atmosphère s'en dégage.* ***(p. 26)***
2. *Regardez l'affiche et faites l'exercice de l'Objectif lecture.* ***(p. 64)***
3. *Décrivez la composition du tableau.* ***(p. 86)***

Der Comic / La bande dessinée

Der Comic (*la bande dessinée,* abgekürzt *bédé* oder *BD*) wird auch als neunte Kunst *(le neuvième art)* innerhalb der bildenden Künste bezeichnet. Er erzählt Geschichten mithilfe einer Folge von Zeichnungen, die meist auch Textblasen enthalten. Die Techniken des Comics, insbesondere Bildausschnitt, Blickwinkel und Bildschnitt, und damit auch die Betrachtungsweise beim Leser, rücken ihn in die Nähe des Films.

→ Méthodes, p. 257

Seit Beginn der Comic-Kultur haben sich zahlreiche Typen von Comics herausgebildet. Der komische Typus (z. B. Astérix) ist nur einer unter vielen. Abenteuer-Comics, Mangas, Krimis sowie Fantasy- und Science-Fiction-Geschichten gehören zu den populärsten Typen. Speziell in Frankreich finden sich inzwischen immer mehr Comics mit ernstem Hintergrund, z. B. Darstellungen der Geschichte (siehe Jacques Tardi).

Petit lexique de la BD

la bulle parole	Sprechblase
la bulle pensée	Denkblase
l'onomatopée f.	Lautmalerei; lautmalendes Wort, das Geräusche imitiert, z. B. «vroum»
la planche	Seite eines Comics
le récitatif	Rezitativ (zeitliche und räumliche Situierung sowie szenische Hinweise)
le scénario	Drehbuch, Skript; enthält auf wenigen Seiten den schriftichen Plan einer Bildgeschichte und damit die Schnitte für den Zeichner
le / la scénariste	Drehbuch-/Skriptautor/in
la vignette	Einzelbild, Panel

Expressions utiles

Les différents types de BD	sont	le polar / le western, l'histoire d'amour / d'aventure / de science-fiction, l'histoire fantastique / l'héroïc fantasy / le manga
La BD L'album	raconte met en scène	une histoire / un conflit / une aventure.
L'image / La vignette / Le dessin / La planche	représente montre	un personnage / un héros / une héroïne un paysage / un détail une scène / un décor.
Ce qui me frappe, Ce qui saute aux yeux,	c'est / ce sont	les contrastes / les couleurs / [...] le réalisme

Le style / Le graphisme du dessinateur / de l'auteur.	est / me paraît	réaliste / caricatural / statique / dynamique / comique / drôle / gai / sérieux / critique / dramatique / triste / inquiétant / menaçant / délirant / tragique / conventionnel / traditionnel / d'avant-garde / [...]

Mise en pratique *Faites l'Objectif lecture A ou B, p. 88.*

Filme / Le film

→ Méthodes, p. 248
→ Méthodes, p. 249

Es gibt verschiedene Filmgattungen wie z. B. den Liebesfilm *(le film d'amour)*, den Action-Film *(le film d'action)*, den Dokumentarfilm *(le film documentaire)*, usw. Bei der Filmanalyse müssen Sie die Kategorien der narrativen Texte wie auch des Dramas präsent haben. Es kommen aber weitere, filmspezifische Kategorien hinzu.

Die Kameraeinstellungen / Les plans
Die Kameraeinstellung *(la prise de vue)* ist das, was wir auf der Leinwand sehen. Mehrere aufeinander folgende Einstellungen desselben Ortes sind eine Sequenz *(la séquence)*.

Die Bewegungen der Kamera / Les mouvements de caméra

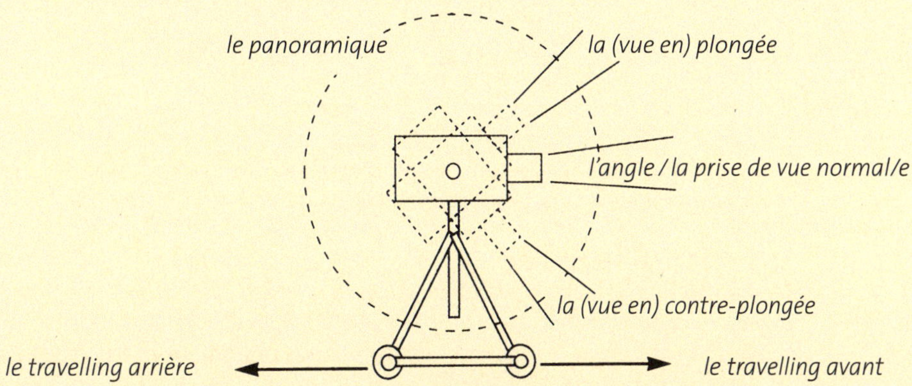

Le scénario

Wie der Text eines Dramas stellt das Drehbuch *(le scénario)* einen Stoff in Sequenzen (nicht in Akte) unterteilt dar. Auch die Kamerabewegungen sind normalerweise im Drehbuch aufgeführt. Es ist also die Grundlage für die Dreharbeiten *(le tournage du film)*.

Le vocabulaire du film

Ebenso wie in literarischen Texten wird die Handlung eines Films nicht notwendigerweise chronologisch dargestellt. Der Film kann u.a. Folgendes enthalten:
- flashbacks *(le retour en arrière)*: Rückblenden zu einem früheren Zeitpunkt der Geschichte, um die gegenwärtige Handlung zu erläutern,
- flashforwards *(l'anticipation f.)*: zeitliche Sprünge nach vorne, um anschließend zur Gegenwart der Erzählung zurückzukehren,
- Ellipsen (Auslassung) *(l'ellipse f.)*: Die Ellipse kann von der kürzesten Zeitspanne bis zum Überspringen von Jahrhunderten reichen.
- Schuss-Gegenschuss *(le champ-contrechamp)*: Montagetechnik, Sequenz von Einstellungen insbesondere in Bewegungs- und Dialogsituationen; dabei bewegt sich der Blick von einem zum anderen Betrachter.

La bande-son

Neben den Dialogen gibt es Toneffekte *(l'effet sonore m.)*, Geräuschkulissen *(le bruitage)* und Musik *(la musique)*, die im Soundtrack *(la bande-son)* des Films enthalten sein können. Der Ton unterstützt die erzählerische Entwicklung der Geschichte. Besonders die Musik spielt eine wichtige Rolle. Sie kann folgende Funktionen haben:
- Sie hat atmosphärische Wirkung *(l'atmosphère f.)* und kann ein bestimmtes Ambiente herstellen *(l'ambiance f.)*,
- sie kann dem Film Einheit verleihen *(l'homogénéité f.)*,
- sie kann ein wichtiges Element der Erzählung sein, z.B. kann sie die musikalische Vorliebe einer Person festlegen und so ihr Alter, ihren Charakter oder ihren Gemütszustand widerspiegeln.

Mise en pratique

1. *Regardez l'extrait de «Ensemble, c'est tout» et faites l'Objectif langage.* ***(p. 93)***
2. *Regardez l'extrait de «Ensemble, c'est tout» et faites l'Objectif lecture A ou B.* ***(p. 94)***
3. *Faites le projet 3.* ***(p. 92)***

HILFSMITTEL UND ARBEITSTECHNIKEN / OUTILS ET TECHNIQUES DE TRAVAIL

Trouver le sens des mots

Es gibt Techniken, die sowohl das Verstehen als auch das Sprechen / Schreiben in einer Fremdsprache erleichtern. Wenn man diese anwenden kann, ist es nicht nötig, jedes Wort im Wörterbuch nachzuschlagen.

Comprendre des mots inconnus

Internationalismen / Internationalismes
Nutzen Sie die Tatsache, dass – historisch bedingt – Wörter und Ausdrücke in vielen Sprachen ähnlich sind. Berücksichtigen Sie dabei aber mögliche Unterschiede in der Rechtschreibung, in der Grammatik und auch in der Bedeutung.
la société, society (Engl.), sociedad (Span.), società (Ital.), societas (Lat.)

Der Kontext / Le contexte
Berücksichtigen Sie den Kontext, also die unmittelbare sprachliche Umgebung, in der das unbekannte Wort erscheint. Nutzen Sie auch andere Elemente (Zeichnungen, Fotos, Aufbau des Textes, Titel, Zwischentitel), um die zutreffende Bedeutung zu ermitteln.
Beispiel: le perchoir, l. 28 **(p. 164)**

Wortfamilien / La famille de mots

Überlegen Sie, ob Sie schon ein Wort aus derselben Familie kennen.
Beispiel: la possibilité possible

Wortbildung / La formation des mots

Oft vermitteln Suffixe (Nachsilben) und Präfixe (Vorsilben) schon eine Information über die Wortbedeutung. Sie lassen z. B. erkennen, ob es sich um ein Substantiv, ein Verb, ein Adjektiv handelt.

Präfixe / Le préfixe

- Gegenteil: im(possible), in(fatigable)
- Wiederholung: re(partir), ré(intégrer)
- höherer Grad: sur(chargé), extra(ordinaire), ultra(secret), hyper(actif)

Suffixe / Le suffixe

Personen:
-ant/-ante (un commerçant / une commerçante), -teur/-trice (un présentateur / une présentatrice) -ier/-ière (un couturier / une couturière), -ien/-ienne (un comédien / une comédienne), -iste (un/une journaliste), -eur/-euse (un chanteur / une chanteuse)

Gegenstände, konkrete Handlungen:
-ade (la promenade), -age (le chauffage), -ment (le changement)

Eigenschaften und abstrakte Sachverhalte (Substantive):
-té (la liberté, la rivalité), -ment (le comportement),
-tion (révolution)

Eigenschaften (Adjektive):
-al/-ale (amical/-ale), -eux/-euse (amoureux/-euse), -ant/-ante (fatigant/-ante), iste (réaliste), -able (confortable), -ible (flexible)

Mise en pratique

Dérivez le sens des mots suivants à l'aide de vos connaissances et du contexte (Francis Mizio, «L'Agence Tous-Tafs»), ***(p. 71–72)****:*
la musculation (l. 7), pratiquer (l. 7), le corsage (l. 10), le curseur (l. 12), intergalactique (l. 13), insupportable (l. 25), impatiemment (l. 29), le fil électrique (l. 34), le câblage (l. 39), l'élevage (l. 40), a contrario (l. 58), reposer (l. 60)

Paraphraser

Wenn Ihnen ein bestimmtes Wort nicht sofort einfällt, versuchen Sie, diesen Gedanken mit anderen Worten zu umschreiben.
C'est qn qui ...
Cela sert à ...
Cela s'utilise pour ...
C'est le contraire de ...

Description

- Beschreibung des Gegenstands oder der Tatsache:
  ... une personne, une chose, un objet — qui / que / avec lequel / laquelle
  ... une activité, un sentiment
  ... un endroit, un moment — qui / que / où
- Ersetzen Sie das unbekannte Wort durch einen ähnlichen Begriff (Synonym) oder durch Verneinung seines Gegensatzes (Antonym) (Il n'est pas très intelligent = Il est bête).
- Verwenden Sie Gestik und Mimik, um die Botschaft zu vermitteln.

Mise en pratique

1. *Expliquez à un Français les mots suivants:*
   Linienrichter, Autobahnrastplatz, Strafraum, Zeugniskonferenz, Klassenbuch, Heimweh, Mehrwegflasche
2. *Organisez un jeu. Cherchez un mot, décrivez sa signification en utilisant d'autres mots. Vos camarades de classe doivent trouver le mot.*

Gebrauch eines Wörterbuchs / Comment utiliser un dictionnaire

Le dictionnaire unilingue

Das einsprachige Wörterbuch enthält eine Vielzahl von Informationen: die Schreibweise eines Wortes, seine Aussprache, seine grammatischen Eigenschaften, mögliche Kontexte, typische Wendungen.

Um das Wörterbuch sinnvoll einsetzen zu können, sollten Sie Folgendes beachten:

- Machen Sie sich mit allen Teilen Ihres Wörterbuchs vertraut. Am Anfang oder im Anhang findet man oft Listen mit Symbolen und Abkürzungen, schematische Darstellungen der Grammatik, Erklärungen zur Aussprache, usw. Manche Wörterbücher enthalten sogar Verbtabellen.
- Oft findet man Wörter mit gleicher Wurzel zu einer Gruppe zusammengefasst. Das hilft, Elemente einer Wortfamilie zusammenzustellen und anzuwenden.
- Wenn Sie eine genaue Kontextbedeutung suchen, lesen Sie sich alle Einträge zu einem Wort durch. Berücksichtigen Sie, in welchem Kontext das Wort verwendet wird, und lesen Sie die Beispiele idiomatischer Wendungen.
- Vergewissern Sie sich über grammatische Eigenschaften (z. B. ob ein Wort eine bestimmte Präposition erfordert, ob ein Verb unregelmäßige Formen hat, usw.).
- Viele Wörterbücher enthalten auch Synonyme und Antonyme.

genre:
m. = masculin
f. = féminin

syn. = synonyme
contr. = contraire

catégorie grammaticale:
v. intr. = verbe intransitif
v. trans. = verbe transitif

n. = nom/substantif
adj. = adjectif
adv. = adverbe
prép. = préposition

lutte [lyt] n. f. 1. Effort fait par une personne, combat mené par un individu ou un groupe pour venir à bout d'un rival, d'un obstacle, d'un danger ou pour résister à une attaque: *La lutte contre un adversaire* (syn.: CONFLIT AVEC; contr.: ACCORD). – 2. Sport consistant à essayer de renverser et de maintenir à terre un adversaire. – 3. Opposition de deux ou plusieurs choses: *Des luttes d'intérêts* (syn.: CONFLIT) ◆ **lutter** [lyte] v. intr. Entrer en lutte avec quelqu'un ou quelque chose: *Les deux boxeurs ont lutté avec acharnement* (syn.: SE BATTRE). *Cesser de lutter* (syn.: RÉSISTER) ◆ **lutteur, lutteuse** n. 1. Personne qui pratique le sport de la lutte – 2. Personne qui fait preuve d'ardeur, de ténacité, d'énergie: *Tempérament de lutteur.*

Mise en pratique

1. *Trouver un mot: cherchez dans le dictionnaire un substantif, un adjectif et un verbe. Présentez les éléments en expliquant les symboles et les abréviations.*
2. *Comprendre le sens d'un mot: expliquez la différence entre gymnase et lycée.*
3. *Cherchez*
   - un synonyme de dire, penser,
   - un antonyme de flou,
   - un mot appartenant à la même famille que jouer,
   - la prononciation d'un mot: le magazine,
   - le genre d'un substantif: eau, mer,
   - le pluriel d'un substantif: aïeul,
   - les formes au présent d'un verbe: acquérir, bouillir,
   - la bonne préposition après un verbe: jouer,
   - le sens d'une expression: toucher de l'argent.
4. *Vérifier l'orthographe de saoul / saoûl, phantaisie / fantaisie, créer / créér.*

Le dictionnaire bilingue

Das zweisprachige Wörterbuch enthält die Übersetzung der Wörter in der jeweils anderen Sprache. Sehr viele Wörter haben mehrere Bedeutungen, deshalb muss man den Kontext berücksichtigen, in dem sie verwendet werden sollen, z. B. „Umschlag“: l'enveloppe, la jaquette, la compresse, etc.; „la glace“: Eis, Speiseeis, Spiegel etc. Bei einer Übersetzung ins Deutsche können Sie aufgrund Ihrer Sprachkenntnisse rasch selbst entscheiden, welches Wort kontextuell sinnvoll ist. Will man sich jedoch vergewissern, ob ein französisches Wort passt, muss man oft zusätzlich in einem einsprachigen Wörterbuch nachschlagen.

Mise en pratique

1. *Faites l'exercice de l'Objectif langage 1.a, Guillaume Chérel, «Sur la piste de Liza».* ***(p. 32–33)***
2. *Faites les Approches.* ***(p. 56)***
3. *Cherchez les expressions correspondantes en allemand. Le dictionnaire bilingue vous aidera.*
   dormir à poings fermés
   mettre la puce à l'oreille
   être tiré à quatre épingles
   serrer la vis à quelqu'un
   c'est une autre paire de manches
   faire d'une pierre deux coups

Assoziogramme und Organigramme / L'associogramme et l'organigramme

Qu'est-ce que c'est?

Ein Assoziogramm *(associogramme)* macht die Beziehung zwischen Gedanken sichtbar. Um Einzelwörter besser zu behalten hilft es, sie strukturiert anzuordnen und um ein Schlüsselwort oder einen Schlüsselsatz herum miteinander zu verbinden.
In einem Organigramm *(organigramme)* werden die Beziehungen hierarchisch dargestellt.

Réalisation

1. Schreiben Sie das Schlüsselwort oder den Schlüsselsatz in die Mitte eines Blatts.
2. Fügen Sie andere Wörter hinzu und ziehen Sie Linien zum Schlüsselwort oder Schlüsselsatz. Assoziogramme können jederzeit erweitert werden.
3. Sie können Farben verwenden und Zeichnungen hinzufügen, um wichtige Aspekte hervorzuheben oder um sich Begriffe besser merken zu können.
4. Um logische Zusammenhänge herzustellen, verbinden Sie die Begriffe durch Linien.

Assoziogramm / l'associogramme

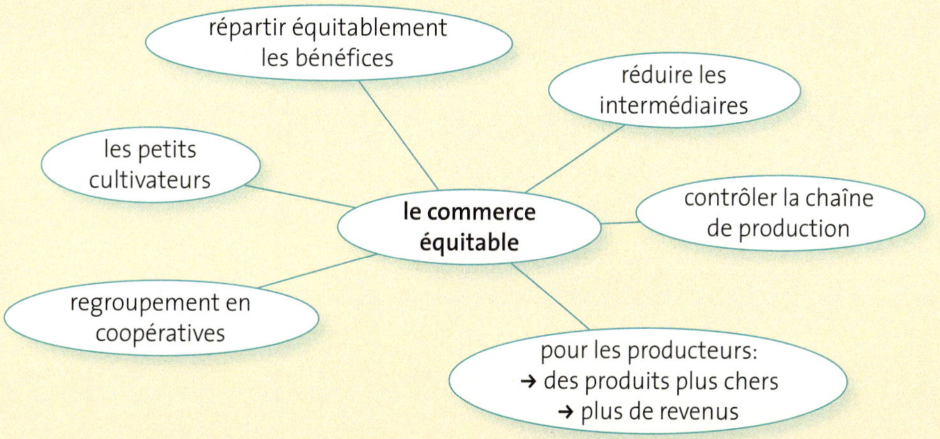

Organigramm / l'organigramme

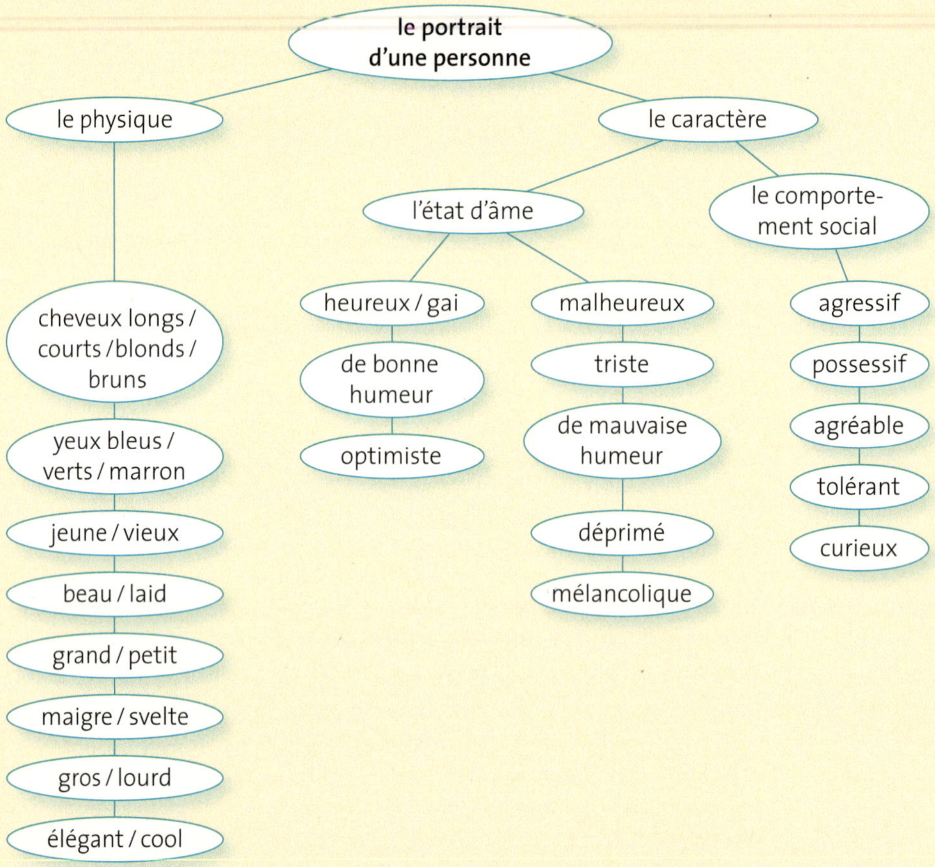

Mise en pratique

1. *Faites un associogramme sur le thème des tâches ménagères.* ***(p. 54)***
2. *Faites un schéma du circuit économique de l'industrie musicale avant l'apparition d'Internet, depuis l'apparition d'Internet et tel qu'il pourrait éventuellement être dans le futur.* ***(p. 81)***

Notizen machen / Prendre des notes

Diese Technik ist hilfreich, um sich an Informationen jeder Art zu erinnern, sowie um Informationen zu ordnen, die man braucht, um einen Text zu schreiben oder einen Vortrag vorzubereiten.

Préparation

- Nur Sie selbst müssen in der Lage sein, Ihre Notizen zu verstehen. Verwenden Sie deshalb ruhig eigene Abkürzungen und Symbole. Diese müssen nur eindeutig sein.
- Notieren Sie stets zuerst Datum, Titel bzw. den Text, auf den Sie sich beziehen, damit Sie Ihre Notizen zuverlässig zuordnen können.
- Notieren Sie keine Sätze; Stichwörter genügen.
- Schreiben Sie leserlich. Unleserliche Notizen sollten Sie neu schreiben, solange Sie sich noch erinnern können.
- Achten Sie beim Lesen oder Zuhören besonders auf Signale, die die Struktur des Textes oder des Vortrags deutlich machen und geben Sie diese Struktur wieder. Am Rand Ihres Notizblatts können Sie Einleitung, wichtigste Informationen und den Schluss vermerken.
- Unverstandene Passagen markieren Sie mit einem Fragezeichen. Am Ende versuchen Sie, diese aus dem Kontext heraus aufzufüllen.

Réalisation

surligner	Jobs d'été
entourer	découvrir en Allemagne le monde du travail
souligner	4 semaines

Anmerkungen am Rand

!!	très important	+	c'est juste
??	je n'ai pas compris / je ne suis pas sûr(e)	–	pas d'accord

Symbole

=	c'est la même chose que ... / c'est comme ...	>	cela mène à ...
≠	c'est le contraire de ...	<	cela vient de ...
:	ce qui signifie / pour préciser	↔	il y a une relation entre ... et ...
→	conclusion	par ex.	par exemple

Mise en pratique

Relevez dans le texte «Enquête: ménage, courses, cuisine, chacun sa part» les tâches ménagères effectuées par les deux couples. Mettez-les dans une grille en utilisant des abréviations et des couleurs différentes pour marquer les différences. Puis mettez des symboles comme + ou - pour évaluer leurs rôles. ***(p. 53–54)***

Zitieren / Citer un texte / un auteur

Beim Schreiben eines Textes oder bei der Vorbereitung eines Referats müssen Sie sich oft auf den Originaltext oder die Kritik eines literarischen Werks beziehen, um die Richtigkeit Ihrer Argumente zu beweisen oder Ihre eigene Interpretation überzeugend erscheinen zu lassen. Verwenden Sie nicht zu viele Zitate, um Ihre Äußerungen nicht zu überladen.

Introduire une citation à l'écrit

Ein Zitat gibt den Originaltext wörtlich wieder und es muss stets als solches erkennbar sein durch die Verwendung von
- Anführungszeichen, damit Zitatanfang und Zitatende klar erkennbar sind: «...»,
- Auslassungspunkten in eckigen Klammern: [...], wenn Wörter hinzugefügt oder weggelassen werden:
  «Ça [lui] a fait du bien de respirer un peu.»
  «Fatigués par les discussions [...] ils ont mis en place [...] un système d'alternance.»

Am Satzende zitieren / Citer à la fin de la phrase
Elle formule des phrases très simples telles que «les choses se sont faites toutes seules» (l.78).

Am Satzanfang zitieren / Citer au début de la phrase
«Stéphane assume les tâches qu'il juge plus masculines» souligne-t-elle (l.56–58).

Indirekte Zitate / Citations indirectes
L'auteur commence son article en affirmant qu' Isabelle et Yves ont tenté de partager au jour le jour les tâches ménagères (l.1–3).

Expressions utiles

L'auteur affirme
met qc en relief / souligne que
commence son article en affirmant
en conclut
utilise / emploie des mots / expressions / constructions / phrases
comme / telles que / tels que: [...]

Le texte nous révèle
nous montre
nous fait voir

Introduire une citation à l'oral

Bei einem Vortrag oder einem mündlichen Referat müssen Sie deutlich machen, wenn Sie jemanden zitieren – sei es direkt («Je cite littéralement ce que dit l'auteur ... - Fin de citation») oder indirekt (indem Sie eine kleine Pause machen, bevor Sie das Zitat vorlesen).

Citer une source

Man muss immer die Quelle eines Zitats angeben, sei es in Klammern im Text oder als Fußnote. Es gibt verschiedene Zitierweisen. Hier finden Sie sehr gebräuchliche Formen:
un livre: Anna Gavalda, Ensemble, c'est tout, Éditions J'ai lu, 2005, pp.73–76
un article de journal: Le monde, 14 août 2008, p.9
un site Internet: www.grandcorpsmalade.com, 2009

Verknüpfungswörter / Les charnières

Sowohl bei der Abfassung eines Textes als auch bei der Präsentation eines Themas verwendet man Verknüpfungswörter (Konnektoren), um die Äußerungen miteinander zu verbinden.

Expressions utiles

Exprimer une suite chronologique
(tout) d'abord / au début / premièrement / pour commencer ...
puis / après / deuxièmement / ensuite ...
en plus / ... aussi ... / de plus
pour finir / conclure ...
à la fin / finalement / pour terminer ...

Donner une raison
comme / puisque / parce que / car ...
c'est pour cela que ... / pour cette raison ...
... à cause de ...
c'est pourquoi ...
étant donné (que) ...

Tirer des conclusions
comme résultat / conséquence ...
par conséquent ...
on peut en conclure que ...

Exprimer un but
afin de + *infinitif* / pour + *infinitif*
afin que / pour que + *subjonctif*

Exprimer une condition
si / au cas où ...
à condition de + *infinitif*
à condition que + *subjonctif*

Donner de nouveaux arguments
de plus / en plus / en outre ...
à part cela / cela mis à part ...
il faut ajouter ...

Comparer
d'un côté ... d'un autre côté / de l'autre ...
d'une part ... d'autre part ...
mais / alors que / tandis que
plus ... que / moins ... que / aussi ... que
de même que ...
comparé à ... / en comparaison avec ...

Contredire
bien que + *subjonctif*
pourtant / cependant / toutefois ...
malgré (cela) ...
par contre / au contraire / contrairement à ...

Exprimer des relations temporelles
avant de + *infinitif* / avant que + *subjonctif*
quand ...
pendant (que)
au moment où ...
en même temps / parallèlement ...
après (que) + *indicatif*

Mise en pratique
→ Méthodes, p. 261

Partez de l'associogramme concernant le commerce équitable, utilisez les mots-clés et des mots-charnières pour en décrire le fonctionnement.

Fehler vermeiden / Éviter les fautes

Wer eine Fremdsprache lernt, macht Fehler – das ist ganz normal. Sie können jedoch lernen, Fehler allmählich zu vermeiden. Dazu müssen Sie zunächst herausfinden, welche Fehler für Sie typisch sind.

Réalisation

1. Bevor Sie einen selbst verfassten Text abgeben, lesen Sie ihn mehrmals durch. Nehmen Sie sich dafür bewusst Zeit! Konzentrieren Sie sich dabei nicht auf den Inhalt, sondern nur auf die Sprache.
2. Stellen Sie anhand früherer Arbeiten fest, in welchen Kategorien Sie die meisten Fehler machen. Sie können eine Fehlerstatistik nach folgendem Modell anlegen.

Orthographe	Vocabulaire	Prépositions	Accord	[...]

3. Erstellen Sie eine Liste Ihrer häufigsten Fehler und versuchen Sie bei den nächsten Arbeiten, diese anhand Ihrer Liste gezielt zu finden und zu korrigieren. Diesen Prozess sollten Sie bei jeder Arbeit wiederholen.

Wortschatz

Rechtschreibung	un ex**e**mple, la t**a**che rouge
angemessene Wortwahl	**commettre** un crime, il a de **l'imagination**

Grammatik

das Geschlecht	**le** groupe, **le** tour de France
die Verwendung des Artikels	**le** manche, **la** manche
der zusammengezogene Artikel, der Teilungsartikel, das partitive de:	boire **du** thé, la plupart **des** enfants
die Vergangenheitszeiten	Comme d'habitude, il **travaillait.** Tout à coup, il **s'est levé.**
der Gebrauch des *subjonctif*	Il faut que tu **viennes.** Il veut que nous **partions.** Avant qu'il **sorte** ...
die Angleichung zwischen Substantiv und Begleiter	**cette** méthode, **cet** article
die Angleichung des Verbs an das Subjekt	ils vienn**ent,** nous réfléch**issons,** tu arriv**es**
die Zeitenfolge im Bedingungsgefüge	Si tu ven**ais,** je ser**ais** très content. Si tu t'**étais** mieux préparé, tu **aurais obtenu** de meilleures notes.
die Zeitenfolge in der indirekten Rede	Elle a affirmé qu'elle **était** heureuse. Il a répété qu'il **ferait** des efforts.
der Gebrauch der Präpositionen	**sur** la côte, **à** la montagne, **dans** les Vosges
der Gebrauch der Pronomen	Elle s'est occupée de **lui.** Elle est rentrée chez **elle.**
die Angleichung des Adjektivs	un **vieil** ami, une **vieille** amie
die Stellung der Adjektive	sa propre maison, une maison propre
die Possessivbegleiter	Elle est partie avec **son** copain. Elle est partie avec **sa** copine.

Mise en pratique

Trouvez les fautes dans les mots soulignés et corrigez-les.

Au debut, Stéphane étais gestionnaire de portefeuille en région Paris dans une grand banque. Il travaillais avec des gens stressé et n'avais plus de chance. Il a donc décider de partir. Il suis une école de sept mois comme pâtissier. Un an plus tard, il emigre à Montréal où vive déjà deux de ses frère. Au Quebec il est facile à changer le métier. Stéphane travaille aujourd'hui dans une boulangrie à un quartier de Montréal.

Vocabulaire thématique

LA LITTÉRATURE ET L'ART

La littérature

le roman (policier / d'aventures / [...])
le conte
l'essai *m.*
le poème
la biographie
l'autobiographie *f.*
le récit de voyage
le livre de science-fiction
la bande dessinée

L'auteur *m.* L'écrivain *m.* Le romancier / la romancière	décrit qc. présente qc. montre qc. exprime son opinion sur qc. donne son avis sur qc. expose son point de vue sur qc. affirme que [...] commence/termine par [...] tire la conclusion que [...] parle de problèmes actuels. évoque qc. fait allusion à qc.
L'intention de l'auteur est L'auteur a l'intention	d'attirer l'attention du lecteur sur qc. de critiquer qc. de raconter l'histoire de qn / qc. de provoquer une polémique. de produire un effet (de choc) sur le lecteur. de divertir / d'éduquer.

un narrateur	à la première personne à la troisième personne / omniscient
Le titre Le premier chapitre Le prologue L'épilogue *m.*	fait allusion à [...] se réfère à [...] montre [...] traite de [...]
L'action *f.* L'histoire *f.*	se passe [...] se déroule [...] a lieu à / en / au [...] se développe [...]

Le lieu (de l'action) est [...]
C'est l'histoire de qn qui [...]
C'est une histoire d'amour entre [...] et [...]

C'est un livre	sur [...] qui parle de [...]

L'action du récit est convaincante.
Il y a des passages (fantastiques/réalistes).
Il y a du suspense / de l'action.
L'analyse des sentiments tient une place essentielle.

le personnage principal/central
le personnage secondaire

Les personnages ont un comportement convaincant.

La personnalité La psychologie	des personnages est bien rendue.

Le portrait que l'auteur brosse de ses personnages est convaincant.

L'histoire est racontée	de façon chronologique. par retours en arrière.
Le langage est Il s'agit d'un style	simple / complexe. clair / difficile à comprendre. neutre / ironique. littéraire / soutenu / courant / familier / populaire / vulgaire. précis. recherché. imagé.
J'attends d'un livre qu'il	me fasse rêver. me distraie. m'instruise. m'apporte des connaissances.
Je lis pour	le plaisir. me détendre. m'informer. découvrir un autre univers. savoir ce qui se passe autour de moi.
Le roman est	bien. génial. intéressant. triste. déprimant. passionnant. plein de suspense. touchant. captivant. plein d'humour.
C'est	facile à lire. bien écrit. ennuyeux. complexe. difficile à suivre. compliqué. amusant.

La peinture et les sculptures

Le peintre Le dessinateur La dessinatrice	peint dessine	un dessin. un tableau (abstrait). un portrait. un autoportrait. une nature morte. un paysage. une caricature. une bande dessinée. un nu. un triptyque.

la peinture	à l'huile à l'aquarelle au pastel

le pinceau / le crayon
le ciseau
le cadre

Le sculpteur La sculptrice	fait / cisèle	une sculpture un buste une figure	en	pierre. marbre. bois. plâtre.

Le tableau La sculpture	est	triste / pessimiste. optimiste / prometteur/-euse. beau / belle. laid/e / peu engageant/e.

La musique

écouter	une chanson une cassette un CD

Le compositeur L'auteur	compose écrit	la musique les paroles *f.* le refrain la strophe	d'une chanson.

Le musicien / La musicienne Le chanteur / La chanteuse	interprète enregistre sort	une chanson. un album.

fonder jouer dans	un groupe (de musique)

débuter en (2009)
donner un concert

Le chanteur chante bien / faux.

avoir une voix	trop (pas) assez	forte douce expressive haute grave éraillée tendre nasale	chaude aigüe agréable/désagréable

Le rythme est	lent. hésitant. rapide. stressé. entraînant. endiablé.

La musique / mélodie est Je trouve la musique	agréable. gaie. mélancolique. monotone. rapide. rythmique. harmonieuse. violente. lente. douce. agressive. discordante. romantique. langoureuse.	joyeuse. triste.

Les paroles sont	difficiles à comprendre.	
	trop (pas) assez	critiques. intéressantes. simples.

À mon avis, l'orchestration	est	trop (pas) assez	complexe. sobre. bruyante.

savoir jouer apprendre à jouer	d'un instrument de la guitare (électrique) du piano du synthétiseur de la batterie de la basse du violon de la flûte

s'inspirer de (la musique folklorique)

être influencé/e par être marqué/e par	différents courants musicaux

concilier (le rap) avec (le jazz)

le rock
le punk
le pop
le rap
le hip-hop
le reggae
le funk
le jazz
la musique classique
la techno

LES RELATIONS PERSONNELLES

Vocabulaire général

discuter avec qn
se faire du souci pour qn
respecter qn
consoler qn
conseiller qn
donner des conseils à qn

avoir confiance en qn
faire confiance à qn
compter sur qn
aimer qn / adorer qn / admirer qn
dire du bien de qn
s'amuser avec qn

avoir des problèmes avec qn
se disputer avec qn
ne pas pouvoir supporter qn
détester qn
critiquer qn
reprocher qc à qn
être déçu/e par qn

s'entendre bien / mal avec qn
avoir une bonne / mauvaise relation avec qn
traiter qn en ami / traiter mal qn
traiter qn avec affection / avec mépris

La famille

la famille / les parents
les amis / les copains / les connaissances
les beaux-parents / le beau-père / la belle-mère
la belle-fille / le beau-fils / le gendre
le cousin / la cousine
la nièce / le neveu
la belle-sœur / le beau-frère
les proches *m.*
les frères et sœurs
la femme / le mari

L'amour et l'amitié

sortir avec qn
draguer qn
se séparer de qn
rompre avec qn
quitter qn
vouloir une relation durable avec qn
se lier d'amitié avec qn
fraterniser avec qn
être ami/e avec qn / être l'ami/e de qn
tomber amoureux/-euse de qn
être amoureux/-euse de qn

La situation de famille

l'état civil *m.*

être	célibataire fiancé/e marié/e	séparé/e divorcé/e veuf / veuve

avoir: une liaison avec qn / un petit copain / une petite copine

La vie commune

le couple
les foyers *m.* de célibataires *m./f.*
les couples *m.* sans enfants *m./f.*

les familles *f.*: monoparentales / recomposées / homoparentales

LES ÉTUDES ET LE TRAVAIL

L'école

passer son bac

le **C**ertificat d'**A**ptitude **P**rofessionnelle (CAP)
le **B**revet d'**É**tudes **P**rofessionnelles (BEP)
le bac / le baccalauréat (littéraire / scientifique / professionnel)

Les études

réussir (dans) ses études *f.*
réussir / échouer à un examen
obtenir / décrocher une bonne note
choisir une filière / une matière
s'inscrire à l'université
faire des études de (médecine)
poursuivre ses études
terminer ses études
abandonner ses études

les études: de médecine *f.* / de droit *m.* / d'économie *f.* / de commerce *m.* / de langues *f.* / d'infirmier/-ière

faire une formation (de kinésithérapeute)
faire un apprentissage

l'enseignement général / professionnel *m.*

faire un stage de [...]

l'école *f.* de journalisme *m.*
passer sa maîtrise / son master / sa thèse de doctorat
obtenir un diplôme de [...]

obtenir un titre: universitaire / de docteur

Le travail

l'offre d'emploi *f.*
répondre à une offre d'emploi
postuler pour un poste de (technicien)
poser sa candidature
écrire une lettre de motivation
écrire un CV (Curriculum Vitae)
être convoqué/e à un entretien d'embauche
passer un test d'embauche
entrer dans la vie active
être surqualifié/e
avoir une bonne formation

travailler comme	médecin	à l'hôpital *m.*
	avocat/e	dans un cabinet
	journaliste	à la radio
	architecte	dans un bureau
	ingénieur	chez (Airbus)
	fonctionnaire	dans les services publics *m.*
	rédacteur/-trice	pour / dans une maison d'édition / un journal / magazine
	interprète	dans une entreprise
	cadre commercial	dans une multinationale
	employé/e de banque	dans une banque

être	employé/e	dans une PME (**p**etite et **m**oyenne **e**ntreprise)
	embauché/e	

travailler	à son compte
	dans le secteur privé / public

exercer une profession libérale
le travail illégal / au noir

avoir un **c**ontrat à **d**urée **d**éterminée (CDD)
avoir un **c**ontrat à **d**urée **i**ndéterminée (CDI)

travailler	à mi-temps
	à temps partiel
	à temps plein
	35 heures par semaine

gagner 1500 € bruts / nets
toucher un salaire de base / fixe / horaire / minimum
toucher le SMIC (**s**alaire **m**inimum **i**nterprofessionnel de **c**roissance)

toucher une rémunération
demander une augmentation de salaire
faire des heures supplémentaires

prendre un congé (non) rémunéré/payé

être en congé	maladie
	maternité

LES MOYENS DE COMMUNICATION

Vocabulaire général

la source

s'adresser à qn
s'abonner à qc
être abonné/e à qc

La presse

le journal
le quotidien
l'hebdomadaire *m.*
le mensuel
le magazine (électronique/féminin/ [...])
la revue (spécialisée en informatique/ [...])
le tirage

la une
la colonne
le compte-rendu
la rubrique (politique/économie/culture/société/dossier/sport/faits divers *m. pl.*)
le scoop

faire les gros titres / faire la une
faire les manchettes des journaux
donner un exemple / une explication / des informations
formuler une thèse
citer une étude / des statistiques
prendre position
citer ses sources
étayer sa thèse par des exemples
argumenter
expliquer qc
informer qn
convaincre qn
statistique à l'appui

publier imprimer rédiger	un article un reportage un commentaire	sur qc informatif, explicatif, descriptif, argumentatif, injonctif, polémique

Internet et l'informatique

allumer mettre en marche	l'écran l'ordinateur (portable)

taper sur le clavier
appuyer sur une touche

ouvrir fermer sélectionner	une fenêtre un menu un item	avec la souris avec une touche
ouvrir sauvegarder supprimer	des données un document	du disque dur (externe) du CD-ROM / du cédérom / de la clé USB

utiliser acheter travailler avec	un logiciel un programme	de traitement de texte de tableur de maths

faire un «copier-coller»

l'imprimante	à jet d'encre laser

le lecteur de cédérom
la webcam

imprimer un document

scanner	une photo un document	avec un scanner / un numériseur
graver	une chanson un film	avec un graveur de CD

télécharger une chanson

avoir accès être connecté	à Internet à toutes sortes d'informations à des banques de données au serveur

être en ligne

surfer se balader chatter/tchater	sur Internet sur le net sur le Web

travailler en réseau
travailler sur PC/Mac
écrire son blog

cliquer sur un lien (html)

le moteur de recherche
le serveur
la page d'accueil
la lettre d'information
le réseau sans fil
le forfait (d'accès) Internet illimité

aller sur (Wikipédia)
consulter une page Web
classer les résultats
dénicher des pages web / des résultats satisfaisants
faire le tri entre la vérité historique et la légende

avoir une adresse écrire/envoyer/recevoir un consulter son compte	message/mél/mail

avoir un mot de passe pour se connecter à sa messagerie
consulter sa messagerie (électronique)
aller au cybercafé

L'ÉCONOMIE

l'offre *f.*
la demande
le pouvoir d'achat
les biens *m.* (de production)
la croissance économique
le taux d'inflation
la productivité
la compétition entre les différents services
le niveau de vie
la crise économique

baisser
stagner
augmenter
doubler
tripler
s'améliorer
s'aggraver
représenter un problème

le secteur primaire
le secteur secondaire
le secteur tertiaire

les matières premières *f.*
les denrées agricoles *f.*
les produits industriels *m.*
les services *m.*

le secteur public
le secteur privé

la privatisation
le monopole

l'économie sociale de marché
le traité de libre-échange

le pays | industriel
| développé
| en voie de développement
| sous-développé
| du tiers monde

la multinationale
la **p**etite et **m**oyenne **e**ntreprise (PME)
l'ONG *f.* (**o**rganisation **n**on **g**ouvernementale)

créer des emplois pour | les jeunes diplômé(e)s
| les ouvriers spécialisés
| les employés
| les cadres

les conditions de travail
l'augmentation *f.* du temps de travail
les impôts *m.*
les charges sociales *f.*
la réduction du personnel
la suppression de postes
supprimer des postes
réduire / augmenter les effectifs
créer son entreprise
se lancer dans un projet
trouver des associés
obtenir des aides financières
établir un budget
faire faillite
déposer le bilan

le commerce équitable
négocier avec qn
un coût supérieur à celui des cours mondiaux
imposer un prix
couvrir les coûts de production
regrouper les producteurs / les petits cultivateurs en coopératives
augmenter ses revenus

L'ÉCOLOGIE

L'écologie

la planète
l'environnement *m.*
l'écosystème *m.*
le climat
l'atmosphère *f.*
l'air *m.*
l'eau *f.*
la nature
la faune
la flore
les ressources naturelles *f.*

Les problèmes écologiques

la pollution de la nature / atmosphérique / de l'air
la réduction de la couche d'ozone
l'effet de serre *m.*
l'espèce menacée *f.*
les déchets *m.* radioactifs / chimiques
le stockage / l'enfouissement *m.* des déchets
la centrale nucléaire
l'énergie *f.* nucléaire
la radioactivité
la catastrophe
la marée noire
le changement de climat
le réchauffement de la planète
la vague de chaleur
la sécheresse
la circulation dans le centre ville / sur l'autoroute *f.*
les embouteillages *m.*
l'approvisionnement *m.* en eau
la consommation d'eau *f.* / de gaz / d'électricité *f.*
la pénurie d'eau
l'inondation *f.*
les dégâts *m.*
le bruit
la fumée des usines
l'oxyde de carbone *m.*
le dioxyde d'azote
le soufre
la consommation
fort / élevé ≠ bas
consommer qc
gaspiller qc
se réchauffer
nuire à qc/qn
polluer qc
baisser
augmenter
stagner

Agir

s'engager pour qc / la protection de l'environnement
prendre des mesures contre qc / la pollution
lutter contre qc
se mobiliser
agir pour obtenir qc
préserver qc / l'environnement
baisser le niveau de la pollution
tout faire pour + *infinitif*
limiter la vitesse / la consommation de qc
inciter les automobilistes à ralentir
endiguer la marée automobile
changer son comportement
trier les déchets *m.*
recycler qc
économiser l'eau *f.* / l'essence *f.* / l'énergie *f.*
utiliser du papier recyclé / du papier brouillon / les énergies renouvelables
débrancher les appareils *m.* électriques / électroniques
acheter des produits du commerce équitable
éviter d'imprimer les textes
remplacer un bain par une douche

utiliser | l'énergie solaire
| l'énergie hydraulique
| l'énergie éolienne
| les énergies renouvelables

réduire les gaz toxiques

rouler | au diesel (écologique)
| au biocarburant
| au colza
| au gaz
| au super
| au gazole
| à l'essence *f.* sans plomb.

éviter de faire qc / de prendre la voiture / l'avion *m.*
utiliser les transports en commun
se déplacer en bus / en tramway / en métro / à vélo / à pied

réintroduire | le tramway
proposer | le covoiturage

utiliser des produits verts
être écolo
les Verts
la conscience collective

LA SOCIÉTÉ

L'origine d'une personne

être né/e en [...] / au [...]
être originaire de [...]
venir de [...]
s'installer dans un pays / dans une ville
obtenir la nationalité (française)
avoir la nationalité (française)
se faire naturaliser
abandonner son pays d'origine
fuir qc
émigrer de [...]
immigrer en [...]
le droit du sol
le droit du sang

L'immigration

ethnique
religieux
politique
culturel
la pauvreté
la faim
la misère
la persécution
la répression
la guerre civile
la dictature militaire
les (mauvaises) conditions de vie
l'immigré/e
l'étranger/-ère
le / la demandeur/-euse d'asile
le / la réfugié/e
l'exilé/e (être en exil)
le / la beur/ette
la population immigrée
le / la travailleur/-euse immigré/e
le / la compatriote
être déraciné/e
perdre ses racines culturelles
être en quête de bien-être
se sentir en sécurité
avoir le mal du pays
se languir de son pays
le pays d'accueil
la culture étrangère
le choc culturel
le déracinement / être isolé / l'isolement
s'adapter (à la culture) / l'adaptation culturelle
s'assimiler / l'assimilation *f.*
être intégré/e à la société
s'accoutumer au pays d'accueil *m.*
être partagé/e entre deux cultures
les lois sur l'immigration *f.*

le quota d'immigration
être de la deuxième / troisième génération des immigrés
être bilingue / plurilingue
maîtriser une langue
avoir ses papiers en règle
être clandestin/e
le sans-papier
légaliser une situation
réglementer qc
séjourner de manière illégale / clandestinement dans un pays
avoir un permis de séjour

Les relations sociales / les tensions sociales

faire (la) grève
la lutte des classes
la tolérance
l'intolérance *f.*
le racisme
la xénophobie
l'injure raciste *f.*
juger qn sur l'apparence *f.*
le préjugé
l'égalité *f.* des sexes
la répartition des rôles
être rejeté/e

se sentir / être	exclu/e de délaissé/e par isolé/e repoussé/e par oublié/e par marginalisé/e	la société

vivre en marge de

La population

la croissance de la population
le taux de natalité
le taux de mortalité
la tranche d'âge
la couche sociale
les jeunes *m./f.*
les adultes *m./f.*
les vieux *m.*
le troisième âge
les mineurs *m./f.*
la protection des mineurs
les riches *m./f.*
les pauvres *m./f.*
les classes favorisées/défavorisées
les SDF (**s**ans **d**omicile **f**ixe)
le / la clandestin/e
le / la réfugié/e
les sans-papiers *m./f.*
les chômeurs/-euses

être dans la vie active
le / la salarié/e
le / la retraité/e
partir / être à la retraite
la femme au foyer / l'homme au foyer

La religion

pratiquer une religion
croire en dieu
être croyant/e
(ne pas) être pratiquant/e
être musulman/e / catholique / protestant/e / juif/juive / athée
aller à l'église / au temple / à la mosquée / à la synagogue
prier
porter le voile

Le chômage

le licenciement

être
- demandeur/-euse d'emploi
- licencié/e
- au chômage / sans emploi / chômeur/-euse
- inscrit/e à l'ANPE

l'ANPE (**A**gence **N**ationale **P**our l'**E**mploi)

toucher une allocation de chômage
se sentir menacé/e par / craindre le chômage
le taux de chômage (longue durée)

Engagement

s'engager pour qn / qc
défendre une cause / qn
manifester
la couche sociale
les riches *m./f.*
les pauvres *m./f.*
lutter contre qc
être bénévole
faire / signer une pétition
une ONG (**o**rganisation **n**on **g**ouvernementale)
une association (Les Droits de l'Homme / Médecins sans frontières / terre des femmes / terre des hommes ...)

faire partie
- d'une association
- d'une organisation humanitaire

L'HABITAT

venir de habiter en habiter dans résider en	province ville le centre-ville banlieue *f.*

l'inconvénient *m.*
l'avantage *m.*

La campagne

l'isolement *m.*
la tranquillité
aspirer au calme
fuir le stress de la ville
le village
habiter / vivre à la campagne
avoir de la place
la verdure
suivre le rythme des saisons
vivre proche de la nature
rêver d'authenticité *f.*
s'ennuyer à la campagne
faire la navette

La ville

souffrir	de la solitude de l'anonymat *m.*

ne pas supporter le bruit
vivre dans une tour
habiter dans un/e H.L.M. (= **h**abitation à **l**oyer **m**odéré)
la ville-dortoir
le quartier chic / pauvre / modeste / chaud / à problèmes / multiculturel / résidentiel / animé
la périphérie
le centre-ville
la cité
le bidonville
le citadin / la citadine
urbain/e
l'urbanisation *f.*

la zone	surpeuplée densément peuplée

offrir des activités culturelles

Présenter un endroit

couvrir une superficie de [...] kilomètres carrés

la capitale une ville un endroit un village	sur la côte / en montagne situé/e sur la rive ouest de la rivière / au bord de / pas loin de [...] en pleine montagne dans la banlieue de [...]

une ville de [...] habitants
compter plus de [...] millions d'habitants
représenter (40 %) de la population totale

être concentré/e sur les côtes / dans les villes
La plupart des habitants vivent en ville / sur la côte.
L'âge moyen est de 16 ans.
Environ 46 % de la population est âgée de moins de 15 ans.
les ressources principales *f.*
l'agriculture *f.*
la pêche
l'industrie *f.*
le tourisme
vivre de l'agriculture / du tourisme / [...]

L'HISTOIRE

La colonialisation

acquérir envahir conquérir occuper coloniser annexer libérer	un pays une province une région un territoire

réduire un peuple en esclavage
abolir l'esclavage

connaître vivre traverser	une phase une période	d'exploitation *f.* de dépendance *f.*	économique politique culturelle

être colonisé
devenir une colonie
dépendre d'un autre pays
garantir le maintien de la religion / de la langue

la décolonialisation
la révolte
l'émeute *f.*
mener une guerre d'indépendance *f.*
obtenir son indépendance
le passé colonial
rester dans la sphère d'influence de [...]

retourner à ses propres valeurs	culturelles religieuses

La guerre

entrer en guerre avec un pays
déclarer la guerre à qn
déclencher une guerre
un conflit (mondial)
l'armée *f.*
le soldat
la Première Guerre mondiale
la Seconde Guerre mondiale
la guerre de tranchées
bombarder un pays
lancer une bombe sur qc

conquérir un pays
occuper un pays
annexer une région / un pays
être envahi/e par (les troupes allemandes)
être vaincu/e
capituler devant qn / qc
entrer dans la Résistance
faire partie de la Résistance
prendre le maquis
la collaboration
l'ennemi/e
les Alliés *m.*

Les relations franco-allemandes

la réconciliation
la coopération
l'entente *f.* / l'amitié *f.* franco-allemande
la première communauté européenne
le marché commun
l'union *f.* monétaire
l'Union Européenne
l'OFAJ (l'**O**ffice **f**ranco-**a**llemand pour la **j**eunesse *m.*)
les accords *m.* de Schengen
se réconcilier avec qn
coopérer avec qn
faire la paix
signer l'armistice *m.*
négocier / signer | un traité / le traité de (Rome) / fondateur / un accord au Parlement européen
abolir les frontières *f.*
participer à un programme d'échange bilatéral
organiser un jumelage
être jumelé/e avec une ville

LA POLITIQUE

La démocratie et les institutions

la séparation des pouvoirs
le pouvoir | législatif / exécutif / judiciaire
la séparation de l'Église et de l'État

la liberté d'expression/de réunion

reconnaître les droits de l'homme
avoir le droit de vote / exercer son droit de vote
la majorité à dix-huit ans

le chef d'État
le Premier Ministre
le chancelier / la chancelière
le Président de la République

le ministre	des Affaires étrangères / de l'Intérieur des Finances / de l'Économie de la Justice

le ministère
le député
l'Assemblée nationale
le sénateur
le Sénat
le / la maire
l'hôtel de ville *m.* / la mairie
le préfet
la préfecture
le conseil régional
le préfet de région
l'État *m.* fédéral/centralisé
le régionalisme
prendre des mesures *f.*
discuter une loi / un projet de loi
nommer qn ministre
former / renverser un gouvernement
gouverner
démissionner

Les partis politiques et les élections

le parti politique de gauche / du centre / de droite / libéral / conservateur

militer pour un parti

parler faire de la se lancer dans la s'engager dans un parti être membre d'un parti	politique

nouer des contacts
adresser la parole au public
convaincre ses opposants

être	minoritaire majoritaire
se présenter aux élections	présidentielles législatives municipales

organiser une campagne électorale
élire qn au suffrage universel / à la proportionnelle

le bulletin	de vote blanc nul

s'abstenir
le premier tour des élections
le second tour
obtenir la majorité absolue
être en ballotage
voter pour qn / qc
voter contre qn / qc
gagner / perdre les élections

Bildquellen:

Fotos:

© AFEV/Patrick Sagnes Graphisme: Genaro, S. 64 – © Alstom Transport, S. 209 (oben) – © Areva/EURO RSCG C&O – Illustration: H5, S. 201 – © ARTE, S. 122 (3. v. unten) – © Bonne France, www.bonne-france.de, S. 114 – © Canadian Tourism Commission, 4/2001, S. 125 (Mitte links, Mitte rechts u. unten), S. 145 (Mitte rechts u. unten rechts) – © cb-globe-image, S. 126 – © CEA Cadarache, S. 185 – © Comité du Tourisme des Îles de Guadeloupe, S. 124 (oben links, oben Mitte u. oben rechts) – © Comité du Tourisme de La Réunion, S. 125 (Mitte, oben links u. oben Mitte) – © CRT PACA, S. 186 (Mitte rechts u. unten rechts); CRT PACA: © P. Leroux, S. 184; © R. Schetter, S. 186 (2. v. oben Mitte); © Spiegelhalter, S. 186 (2. v. oben links) – CRTB: © Bobrovitch, S. 27 – © Digitalstock, S. 13 (oben rechts), S. 75 (oben rechts), S. 170 (1. Reihe, links), S. 179 (unten links), S. 219 – © European Central Bank, S. 122 (2. v. unten) – © European Communities, 2009, S. 100–101 (oben Mitte), S. 101 (Mitte rechts u. oben links) – © Festival d'Avignon, S. 82 (oben rechts) – © Festival de Cannes, S. 82 (unten links) – © FIBD 2003, François Schuitten, S. 82 (oben links) – Fotolia.com: © Albert, S. 182 (1); © Andre, S. 182 (2); © Blot, S. 179 (oben links); © Bogicevic, S. 194 (Mitte); © Bonardelle, S. 155 (oben Mitte); © Bumann, S. 195 (Mitte); © Devanne, S. 170 (2. Reihe, links); © Flippo, S. 195 (oben); © herreneck, S. 154 (unten links); © Lansing, S. 170 (2. Reihe, rechts); © Nathalie P, S. 28 (oben); © Stephi, S. 40 (unten rechts); © Tuffé, S. 154 (oben links), S. 179 (Mitte links); © Watts Jr., S. 194 (unten); © yellowj, S. 195 (unten); © Zaharov, S. 182 (3); © Zoppi, S. 194 (oben) – © Francofolies La Rochelle, S. 82 (unten rechts) – © Französische Botschaft Berlin, S. 122 (3. v. oben) – © Hydro-Québec, S. 203 – © iStockphoto, S. 145 (Mitte links), S. 170 (2. Reihe, Mitte), S. 182 (4, 5, 6, 7 u. 8), S. 186 (3. v. unten Mitte), S. 192 (oben), S. 207 (oben rechts), S. 209 (unten), S. 212, S. 242 – © Jerry Woodhead, S. 143 – © Maison du Tourisme Provence d'Azur, S. 186 (unten links u. unten Mitte) – © mauritius images/Phovoir/RF, S. 255 – © MFC Nyeteaa (Mali-Folkecenter), S. 206 – © Ministère de l'Éducation nationale/Agence W&CIE/Denys Vinson, S. 120 – © Ministère des Affaires Étrangères, Images de France, édition 2000, S. 170 (1. Reihe, Mitte) – © National Registration Department of Malaysia – 2008, S. 214 – © ODT – Provence, S. 186 (2. v. unten Mitte) – © OFAJ-Dfjw, S. 74 (unten rechts), S. 100 (oben links), S. 112 – © Office de Tourisme de Nantes Atlantique, S. 208 – © Pathé Distribution, S. 93 (rechts) – Public Domain: © Hyacinthe Rigaud, S. 158; © Claude Monet, S. 87 (oben); © Jacques-Louis David, S. 121 (2. v. unten); © Paul Cézanne, S. 181, S. 186 (oben rechts); © Paul Gauguin, S. 87 (unten); © Vincent van Gogh, S. 186 (oben Mitte) – © Réseau «Sortir du nucléaire» – Corinne François, S. 200 – Shotshop.com: © Obst, S. 13 (oben links) – © shutterstock, S. 145 (oben rechts) – © Sport Sans Frontières Burundi, S. 65 – © Staatliches Marokkanisches Fremdenverkehrsbüro, S. 124 (Mitte, unten links u. unten rechts) – © Wikimedia Commons/GNU: © Scott Lanphere, S. 74 (oben links); © Semnoz, S. 105 (unten).

© A1PIX, S. 47 (1), S. 52 (links), S. 74–75 (Mitte) – © akg-images, S. 100 (Mitte rechts), S. 101 (2. v. oben rechts), S. 121 (2. v. oben, Mitte u. unten), S. 122 (2. v. oben), S. 225 (oben rechts); © akg-images/Succession Picasso/VG Bild-Kunst, Bonn 2009, S. 87 (Mitte); © akg-images/VG Bild-Kunst, Bonn 2009, S. 26; akg-images: © Lessing, S. 86 – © Bildagentur Geduldig, S. 55 (links) – Caro: © Hechtenberg, S. 47 (2) – Ce Quit Me Meut, S. 216 – © Cinetext/Prokino, S. 93 (links) – © Collection Christophel, S. 12, S. 17 – Corbis: © Bettmann, S. 133; © Frei, S. 83; © Kashi, S. 139 (unten); © Kulish, S. 81; © Turnley, S. 40–41 (unten Mitte); © Corbis/Atlantide Phototravel, S. 10 (unten rechts); © Corbis/Hulton-Deutsch Collection, S. 46; Corbis/Reuters: © Naegelen, S. 136 (2. v. oben links); Corbis/Sygma: © Montserrat, S. 42 – Das Fotoarchiv: © Bartolucci, S. 47 (4) – © DHM, Berlin, S. 106 (links) – © F1 Online, S. 164 (oben) – Getty Images: © Bouchier, S. 14 (5); © Fitzjones, S. 14 (2); © McNatt, S. 14 (1); © Moore, S. 14 (3); © Getty Images/AFP, S. 139 (oben), S. 141; – © Keystone, S. 100 (unten rechts); Keystone: © Schulz, S. 80 – laif: © Hilger, S. 136 (2. v. oben rechts); © laif/Eyedea Illustration/Yann Guichaoua/Hoa-Qui, S. 193; © laif/Eyedea Presse/Keystone France/Collection ES, S. 224 (oben links); © laif/Keystone France, S. 134 (oben u. unten); laif/REA/Express: © Dudoit, S. 47

(3); laif/REA: © Allard, S. 60; © Bessard, S. 11 (Mitte links); © Craig, S. 45 (unten); © Damoret, S. 177 (oben); © Decout, S. 41 (1. v. oben rechts); © Guittot, S. 100 (Mitte links); © Hamilton, S. 55 (rechts) © Lespinasse, S. 192 (unten); © Ludovic, S. 154–155 (Mitte); © Maigrot, S. 41 (2. v. oben rechts); © Malglaive, S. 62; © Perri, S. 136 (1. v. oben rechts); © Sittler, S. 14 (4), S. 41 (3. v. oben rechts); © Tavernier, S. 11 (unten rechts); © Villerot, S. 10 (oben links) – © Les Films du Losange, S. 177 (unten) – mauritius images: © Hicker, S. 147; © Scott, S. 140; © Vidler, S. 85; © mauritius images/age, S. 145 (oben links u. unten links); © mauritius images/Botanica, S. 10–11 (Mitte oben), S. 13 (Mitte oben), S. 51; © mauritius images/imagebroker, S. 75 (unten rechts); © mauritius images/Oxford Scientific, S. 186 (2. v. unten links); © mauritius images/Photononstop, S. 136 (1. v. oben links), S. 155 (unten rechts), S. 175, S. 176 – Ostkreuz: © Schönharting, S. 52 (rechts) – © Pathé Production 2006/TF1 Production, S. 94 – © picture-alliance/dpa, S. 49, S. 74 (unten links), S. 74–75 (oben Mitte), S. 75 (Mitte), S. 105 (oben), S. 110 (rechts); © picture-alliance/maxppp, S. 106 (rechts) – Sipa: © Abecasis, S. 157; © Alfred, S. 155 (oben rechts); © Bordas, S. 10 (unten links); © Capman, S. 33; © Chibane, S. 67; © Facelly, S. 40–41 (Mitte); © Lalance/Namur, S. 107, S. 130; © Lydie, S. 41 (4 v. oben rechts); © Meigneux, S. 122 (unten); © Morris, S. 104 (Mitte); © Motte, S. 40–41 (oben Mitte); © Rudling, S. 225 (unten rechts); © Simon, S. 136 (unten); © Stevens, S. 101 (unten rechts); © Witt, S. 164 (unten); © Sipa/Collection YLI, S. 155 (2. v. oben rechts); © Sipa/Universal Photo, S. 104 (links) – © Thomas Wieck, S. 170 (1. Reihe, rechts) – © ullstein bild, S. 207 (Mitte links); ullstein bild/AISA, S. 161, S. 224 (oben rechts u. unten rechts); ullstein bild/Alinari, S. 28 (unten), S. 101 (oben rechts); ullstein bild/AP, S. 110 (Mitte); ullstein bild/BPA, S. 110 (links), S. 111; ullstein bild/ddp, S. 43; ullstein bild/Granger Collection, S. 121 (oben), S. 160; ullstein bild/Imagno, S. 207 (Mitte rechts); ullstein bild/KPA, S. 45 (oben); ullstein bild/Roger Viollet, S. 100 (unten links), S. 103, S. 104 (rechts), S. 122 (oben), S. 156, S. 162, S. 207 (oben links), S. 224 (unten links), S. 225 (oben links u. unten links).

Illustrationen/Grafik:
S. 19: Claire Bretécher, 1988, Agrippine, Psaume – S. 24: Detlef Surrey – S. 29: Creative Commons/Goshu-neko – S. 31: Bayard Presse, Okapi N° 797, février 2006, Téhem – S. 36: Casterman, Philipp Geluck, Le chat – S. 57: Le Monde des ados N° 164 – Mai 2007 – S. 61: Éditions Glénat-2008, «Titeuf, Tome 12, le sens de la vie» par Zep – S. 63: Éditions Audie/Fluide Glacial, 2008, Dupuy & Berberian, Bienvenue à Boboland – S. 79: Éric Meurice – S. 89–91: Casterman, Jacques Tardi/Léo Malet, Brouillard au pont de Tolbiac – S. 92 (1. Reihe, 1. v. links): Casterman, Bastien Vivès, Le goût du chlore – S. 92 (1. Reihe, 2. v. links): Dargaud 2002, Jean-Yves Ferri/Manu Larcenet, Le retour à la terre Tome 1: La Vraie Vie – S. 92 (1. Reihe, 3. v. links): Casterman, Philippe Geluck, Télérama hors série - Le Chat, quel cabot! – S. 92 (1. Reihe, 4. v. links): Dargaud 2007, Tonino Benacquista/Nicolas Barral, Dieu n'a pas réponse à tout (mais il est bien entouré) Tome 1 – S. 92 (2. Reihe, links): Gallimard 2008, Clément Oubrerie, Zazie dans le métro – S. 92 (2. Reihe, rechts): Moulinsart 2009/Hergé, Tintin au pays de l'or noir – S. 115: Diogenes Verlag AG Zürich, Tomi Ungerer – S. 144: Casterman, Québec un détroit dans le fleuve: De la fondation de Québec, Jimmy Beaulieu/Emile Bravo – S. 166: Jiho – S. 192 (links u. rechts): Annick Le Hène – S. 193: Annick Le Hène – S. 221–222: Éditions Audie/Fluide Glacial, 2008, Dupuy & Berberian, Bienvenue à Boboland – S. 257: Laurent Lalo.

Cover:
S. 76: France Soir N° 19875, 14/08/2008 – S. 77: Le Monde N° 19766, 14/08/2008 – S. 96: Le Dilettante, 2008 – S. 129: StudioCanal/TF1 Vidéo – S. 169: Diogenes Verlag AG Zürich, 1988, Patrick Süskind, Das Parfüm – S. 247:France Soir N° 19875, 14/08/2008.

Parcours plus
Französisch für die Oberstufe

Im Auftrag des Verlages erarbeitet von
Catherine Jorißen (Wiesbaden), Dr. Hans-Ludwig Krechel (Köln),
Catherine Mann-Grabowski (Berlin), Axel Polleti (Passau),
Dr. Christine Wlasak-Feik (Selb)

und der Redaktion Fremdsprachen in der Schule
Dr. Yvonne Petter-Zimmer (Projektleitung), Burcu Kiliç, Marie-France Lavielle
Sabrina Battaglini (Assistenz)
Sabine Arnold, Yvonne Hildebrandt (redaktionelle Mitarbeit)

Beratende Mitwirkung: Dr. Martin Braun (Nürnberg), Hermann Demharter (Heidelberg), Marliese Frings-Mock (Köln), Jutta Hanna Knoop (Hannover), Nicole Luigs (Marburg), André Lukoschek (Düsseldorf), Martina Mäsch-Donike (Düren), Klaus Mengler (Buseck), Olaf Meurer (Duisburg), Peter Schmachtel (Lübeck), Karl Stoppel (Biberach), Silke Topf (Frankfurt/Main)

Gesamtgestaltung und technische Umsetzung: werkstatt für gebrauchsgrafik, Berlin
Kartengestaltung: Dr. Volkhard Binder
Umschlagfoto: Corbis/zefa: © Moses

Begleitmaterialien zu Parcours plus:

Audio-CD:	ISBN 978-3-06-520071-4
DVD:	ISBN 978-3-06-520072-1
Carnet d'activités	ISBN 978-3-06-520075-2
Handreichungen:	ISBN 978-3-06-520073-8
Klausurvorschläge:	ISBN 978-3-06-520074-5

www.cornelsen.de

Die Links zu externen Webseiten Dritter, die in diesem Lehrwerk angegeben sind, wurden vor Drucklegung sorgfältig auf ihre Aktualität geprüft. Der Verlag übernimmt keine Gewähr für die Aktualität und den Inhalt dieser Seiten oder solcher, die mit ihnen verlinkt sind.

1. Auflage, 5. Druck 2015

Alle Drucke dieser Auflage sind inhaltlich unverändert
und können im Unterricht nebeneinander verwendet werden.

Druck: Firmengruppe APPL, aprinta Druck, Wemding

ISBN 978-3-06-520070-7

PEFC/04-32-0928

PEFC zertifiziert
Dieses Produkt stammt aus nachhaltig bewirtschafteten Wäldern und kontrollierten Quellen
www.pefc.de